謫花

——再詳張愛玲

魏可風 著

目次

（推薦序）

謎樣女人，魔樣人生
——讀《謫花》有感

簡媜

沒有人會反對，張愛玲已是一則傳奇。

從一九四〇年代以令人驚豔且驚嘆之姿崛起於上海文壇，至今年百歲冥誕，這則傳奇不僅不老且勢必依隨時光長河達到我們無法想像的地方，繼續去認識等在未來的讀者。

幾乎每個文青都會邂逅張愛玲，說得出屬於自己的「張愛玲時光」，以及伴隨著成長那段時光如何成為詭麗的人生印記。年輕時雖讀遍張愛玲作品，嚴格說，我只是不計其數雲煙般飄浮的讀者之一，非其鐵粉，更談不上被祖師奶奶勾魂攝魄而投效其門派之下。我的張愛玲經驗初始非常單純，她引領我探頭看到有個地方叫做人性的魔域，那些被時代巨輪無情地輾過、身上染著他人之血與自己創傷的人，那些只不過想從情愛廢墟中刮一點餘脂潤潤乾裂嘴唇的人，在她筆下展現人性的極致狀態，是人是鬼一線之隔，讀來過癮卻也渾身冷顫。都說，讀過《三國演義》就懂政治，讀過《紅樓夢》懂愛情，讀過張愛玲呢？再怎麼魯鈍的人也懂半斤人情八兩世故。她是能給人開竅的人。後來，事情變得複雜，跟張愛玲無關，而是作為一個讀者不得不接收鋪天蓋地的張愛玲訊息讓我難以消化，這名字變成金礦，電影、戲劇、專書、文章，無窮盡的挖掘與獵奇使我遠避，我以自身習性設想她不是個喜歡活在探照燈或顯微鏡之下的人，基於尊敬，我不想讀。

人在出版江湖完全略過不讀不可能，多少翻過幾本。與其說好奇，不如說，基於那段被扭曲美化、迷醉多少張迷的愛情故事的刺激，想聽聽不同版本，想離真相近些。於是進入新階段，從一個讀者角度轉成創作者之心的關注：她是個什麼樣的人？她經歷什麼樣的一生？

傳奇若是一張奇木製成的桌子，讚賞桌面精雕如此目眩神迷之餘，或許有好奇者將它翻個面，循其刀工、沿著紋路，探看是什麼撐起那不朽江山。把張愛玲翻個面，當會發現撐著桌面的四隻腳踏得穩穩實實，每隻桌腳都刻上大工匠才有資格刻下的字，一個「苦」字。張愛玲是傳奇，張學、張派、祖師奶奶、一代文學女皇，這是正面話，翻過面，那是跟你我一樣的肉體凡胎世界，在這個真實冷酷、荒謬無解的世界裡，張愛玲是個苦命女人——而且必須是個女子，從出生開始苦，苦到老苦到孤獨死。

橫空出世的才華讓她出手不凡無須多言，時代與衰頹家族給了她一塊奇木讓她下筆如刀，這也不必再論，真要細看，她不多不少是個夾縫人，或許也應對天秤座星象特性——她的生日如謎，正式文件上標示不一，但本書已做釐清——永遠必須在兩個極端中尋找平衡：時代、家族、家庭、愛情、婚姻、自我、家國、異國甚至文壇歸屬，而不管如何努力尋找，破滅與孤獨永遠纏著她。所以，翻過面，那四隻桌腳叫「家苦」、「情苦」、「財苦」、「病苦」，踏得穩實，不可撼動；明明活著卻往死裡磨，磨出一個五百年才見得到的祖師奶奶。

她生在那樣的家庭是三生不幸，重臣名門家譜借用她的形容只是牆壁上的一抹蚊子血，更不幸擁有愛自己勝過愛孩子的父母——她因過繼給伯父喊親生父母「叔叔嬸嬸」已不是隱喻而是神諭，而離異的怨偶各自追求奢靡生活、時髦浪旅，一個走在時代最後面抽鴉片打嗎啡、一個走在時代前端追求自我，忘記還有兩個孩子需要父愛母愛澆灌。有父母如是，張愛玲的童年少女時期怎可能快樂，怎可能有花不完的愛與信任？十七歲女生已有女性意識、主體認知、夢幻憧憬以及薄得像蟬翼美得像花瓣的自尊，卻被她父親用腳踹、關在閣樓懨懨一息大病一場，這是家暴等級，卻沒人報案。生在這種家庭，抑鬱是她的天色，碎裂是她的心跳。她命大沒死，因為老天不讓她死。

第二「情苦」，她一生登記（或認證）有案的三個男人——請恕我基於某種負面情緒不想提他們的名字——第一個男人大她十四歲，這人身上「女人」太多，像嚼花生米，多到張愛玲只是他的一張珍稀集郵卡（另有一功能疑似提款卡）。第二個男人年齡近些，大她四歲，可這男人身上「家人」太多，兄嫂姊妹一掛，多到高瘦像根竿子的張愛玲擠不進去。第三個男人大她二十九歲，沒其他女人爭寵也沒家人糾纏，這可好，但一樣不妙，這男人年紀大身上「病」太多，從婚後兩個月開始中風，一路病到癱瘓，婚姻十一年張愛玲帶病、侍病十一年。

大凡評定女人好命與否，其中一項要看「男性緣」；在家有慈父疼愛栽培、兄弟全心呵護，婚嫁有良人寶愛、孝子承歡，若此，這女人焉能不享全福。反之，若遇到狠父、狼兄、惡夫、孽子，一生用來療傷尚嫌不夠，焉有幸福可言。張愛玲在陰魂不散的戀父情結作用下，誤以為年長男人能與之在精神世界印合，卻忽略有一種男人自戀或自私到能把虎豹變成豬狗，從一歲到一百歲他要的都是能照顧他的人，不管妳在他幾歲時遇見，他都不可能照顧妳。祖師奶奶有一管能呼風喚雨的筆，紙上掀起大時代風雲、建造人性煉油場，回到她說的「這社會上有吃人的魔鬼」的現實世界，她的擇偶能力，奇差。

什麼樣的女子會一而再再而三犯糊塗，去找女人多、家人多、年紀大病多的男人？任何一個敬業的、大字不識幾個的媒婆，都不會幫二十四歲、二十七歲、三十六歲時的「張愛玲小姐」介紹以上那三個男人。

「情苦」帶動「財苦」，她無祖蔭——祖產被那個不配擁有如此優異女兒的父親給敗光——亦不善投資生財，全憑搖筆維生、鬻文養家。她當了一輩子專業作家等同文學公務員，也帶上專業作家才有的病根，「財苦」帶動「病苦」。本書附錄表列張愛玲疾病年表，從三十出頭開始，她的病遍及牙科、骨科、復健科、皮膚科、婦科、腸胃科、免疫風濕科、感染科、精神科。我尚未見過比她更嚴重的職業傷害。自信件記錄得知，一九八〇年（六十歲）七月出現「擔心生蝨子」，至一九九五年（七十五歲）辭世，至少有十五年，獨居的銀髮張愛玲受困於蟲患魅影身心煎熬，已達精神科醫生推斷的「妄想性蟲爬」地步。一個作家豐富了華文界無數讀者的精神世界，卻換得身陷痛苦的精神深淵；一九八四年一月二十二日信件：「從聖誕節起，差不多一天換個汽車旅館，一路扔衣服鞋襪箱子，搜購最便宜的補上……」這樣的搬法，往後四年持續著，一個獨居美國、不會開車的六十多歲老太太，幾乎每日提著可拋式衣物換旅館以躲避跳蚤，如果路上有監視器錄下她的栖皇身影，這不是難民是什麼？如此「病苦」，蒼天何其殘酷？實言之，她的作品已不易惹我熱淚，但她被病魔折騰的信卻逼出兩行苦淚。我不禁想，如果一九六七年她在夫婿辭世後來台灣定居，祖師奶奶的晚年會否好些？

她是個謎，她的人生著了魔。直到離開，還是個謎，九月八日是被發現之日，沒人知道，祖師奶奶何時息了心跳。

原以為不會對同一個人第二次動心，卻因可風這本《謫花》而重新認識張愛玲——對謎一樣的人，每次相遇都有初相見的驚嘆——張愛玲身上帶有能引動爭議、窺伺、追隨的詭異特質。

可風以獨門手法自一九四四年張愛玲崛起文壇下筆，採編年史，用小說體寫出張愛玲五十多年漂泊旅程、創作軌跡與懺情苦錄。在不可勝數的關於張愛玲的書籍中，她兼蓄史家眼界，上窮碧落下黃泉搜羅專書、文獻、史料甚至七十多年前上海報紙廣告、啟事，以刻意貼近四、五〇年代上海風情的小說妙筆，重視對話與情節，把活生生的人與事喊出來，重現張愛玲的一生。尤為特殊是，正文行進之外，附注更是精彩；或交代時代背景、材料來源，或評析事件，或比對爭議，或爬梳疑點，或揭穿謊言，或檢測當事人難言之隱，或忍不住做張愛玲喉舌伸張正義。這樣的寫法，我在柏楊版《資治通鑑》看過，本書近三十萬字規模也堪稱是可風版「張愛玲通鑑」。她已不是一個單純的寫作者，讀者不難讀出這本書裡「有情」，可風對張愛玲動了真情，是以有別於論文與評論文章，讀得出字裡行間洋溢著純粹的尊敬、深切的憐惜，她恨不能穿越時空成為益友——尤其針對病苦，可風擅食理與醫理自有緩解之法——她是張愛玲的跨時空閨密，有可風做嚮導，我們跟著張愛玲迎著時代的風口浪尖，走過恩怨情仇的歧徑，越發佩服其修養與高潔的精神人格，認識到她對文學忠貞，對多病災的婚姻不背棄，文格人品合一，絲毫不覺祖師奶奶已一百歲，反而驚覺她永遠年輕。

如果一個人讓你覺得她永遠年輕，毫無疑問，她已穿越時空，她已不朽。

一九四四年春天

五千年的男尊女卑傳統，到了張愛玲手上成為多采多姿的小說之外，她自己也成為傳統劇變中的女主，為了拒絕那令人厭惡的五千年，命運安排她必須先遇到胡蘭成。

上海道路兩旁多的是洋梧桐，在葉子飄飄搖搖開始發黃，一片片往下墜的一九四三年入秋，張愛玲已經發表了著名的《傾城之戀》，以及〈第一爐香〉、〈第二爐香〉、〈心經〉等等多篇精采短篇。她像最優秀的籃球手，手裡的球從不虛發，她的小說獲得每本雜誌主編的欣賞，吳誠之主編的《雜誌》、柯靈主編的《萬象》，只要第一篇刊出，接著就會陸續邀稿，稿酬也越來越高。還有更多其他雜誌注意到這位超新星。她的創作力正在大爆發！

中秋過後寒涼，無雨的夜晚月色也冷，聽著樓底下的電車叮噹，愛玲正在思索一篇關於電車的小說，正卡在其中幾個環節怎麼連貫。姑姑從洋行回家，從開電梯門房手裡拿過好幾封信，都是讀者信以及邀稿信。這時看到信還會興奮的二十三歲張愛玲，索性停筆暫時不想了，先拆信。她對讀者的看法是有興趣的，上海人喜歡讀有趣的小說。

「唔，」其中一封邀稿信才看上一段，愛玲笑起來：「這人說『叨在同性』。」

「因為同是女性，你就該給她稿子？這人是誰？說得特別！」姑姑正在浴室洗手邊從洗手台抬起臉笑道。

「蘇青，她辦的《天地》月刊。」愛玲說。

「就是寫《結婚十年》那個蘇青？很有名嘍！」姑姑說，稍停了停又說：「聽說她印書賣書都很有辦法。果真，這人辦雜誌一定可以付高稿酬。得多找些故事寫，來這麼多邀稿信。」她們的親戚很多，蘇青是賣書高手，這點消息沒有不靈通的。愛玲又拆下一封，笑道：「姑姑想到什麼再說給我聽。」

「我哪能天天講個不停？找你舅舅說去，他肚子裡故事多。」姑姑正把水潑到臉上，眼睛閉著頭也不抬地說。

愛玲一陣沉默。她是喜歡舅舅舅媽，他們總是很寵她，但是她從香港回上海後才驚訝三表姊家漪得肺結核過世，這年代尚未研發出對治的抗生素，但是對肺有幫助的外國補藥倒有一百多種，不論針劑、液狀飲劑還是藥片，天天在報上打廣告，原本進口藥就昂貴，加上打仗，簡直得變賣金子才能買到。花再多錢也不見得治得好，這種病長久以來被稱為肺癆，是公認的絕症。[1]

「我不想再去找他們！」愛玲才說一句竟哽咽起來。

「他們夫妻倆抽鴉片也不知花了多少錢，這種地方偏不省，唉嗐！」姑姑嘆氣說。是省在孩子的醫藥費上了。

但是舅舅舅媽卻十分喜歡愛玲的文章，一篇篇按時找來讀，到了大冷天的十一、二月，《雜誌》上發表的《金鎖記》，舅舅先讀了，得意地推推橫臥煙鋪上的太太說：「看看！曹七巧？這不都是我給講的?!小煐的聰明像姊姊，以前老愛纏著我問，什麼三媽媽四媽媽，什麼六祖奶奶，要知道什麼我哪樣不給說。」

「撈這些親戚間的事你也高興成這樣。沒準哪天也寫起我們來了。上海寫小說的，不都喜歡寫些真人真事？」舅母就著煙燈已經燒好了幾個煙泡，邊皺眉有點委屈咕噥著說：「都幫你燒好幾個了，我也自個兒用一個罷。」日本人來了之後鴉片抓得緊，老貴的，有時她還忍著癮多讓給丈夫用。舅舅似乎沒聽到她咕噥，煙槍只有一支，仍然從舅母手中接過去，橫躺下直接湊上嘴吸了。

「噯，不會不會，就是寫咱們也是寫好的！」舅舅吸足幾口，精神一振，信心十足地說：「我們那麼疼小煐！」舅母眼看舅舅吸過好幾口還不知道讓，有點不高興地說：「噯，我去叫阿媽買幾碗麵回來，今晚沒精神煮飯了。」舅舅聽著知道太太意思是沒享受到沒精神了，才不情願地把煙槍掉頭遞過去，說：「不是還有封蹄膀？炸個銀絲卷，炒幾樣熱菜，大丫頭今天不是說要帶孩子回來看我們？」

「唔，我沒忘，」舅母接過煙槍吸上了，閉著眼睛緩緩地吐出一口煙，覺得自己這煙泡燒得好，滿意地說：「大丫頭總算嫁得不錯，大姊介紹的人是洋派又老實。大姊對我們好，我們回報在小煐身上，她總應該也知道。」

1 蘇青在《結婚十年》以及《歧途佳人》中都寫到肺結核，後者尤其書一開頭就描述結核菌無藥可醫治的悲慘情況。一九五二年張愛玲到香港以後認識的好友宋淇也是早年得肺結核，誤被醫生用硫磺治療而帶累終生，以致關鍵時刻無法申請移民赴美。見宋以朗著《宋淇傳奇——從宋春舫到張愛玲》（香港牛津大學出版社，二〇一四），大概肺結核在對治的抗生素發明以前，在全世界都猖獗，既容易傳染，死亡率又高。

「我這個當舅舅的，總算她開口我都給上了，沒開口的，就是眼光掃過，我哪有吝嗇的。有一次連父親留下的紅纓官帽都開箱子讓她看個夠。」舅舅又接過舅母的煙槍，慢慢吸著，知道太太已經過癮了，不會再跟他計較，於是放心地吸吐著。

「也是，總不能沒良心，上次來，還不翻出一件舊皮襖子給她。」舅母一手支著頭，仍貪著閒空氣裡甜甜的鴉片味，說著說著快要睡著了，她是吸得恰恰過癮而已，癮過了，反而變得更沒精神。

「她就喜歡清朝時候那些個老東西，反正都過時不穿也賣不了幾個錢的。」舅舅吞雲吐霧中忽然覺得高興起來，接著說：「你沒見這裡頭寫到圓光？」

「是嘿，不就是李家三房的事？」舅母好幾天沒這麼通體舒暢的，半瞌睡半敷衍著說。

「噯噯，李家沒這事，」舅舅一手撐扶著煙槍，一手亂搖說：「你還記得那次日本人攻閘北？一九三七年，我們住飯店，幾個孩子讀《歇浦潮》讀來的。」

「小煐總喜歡問東問西，你跟她說圓光說了半天，真好笑，根本你自個兒都不信！」舅母仍然閉著眼睛嗤笑地說。

《歇浦潮》背景在民國初成立，終結於袁世凱大總統企圖當皇帝的時代。其中有兩章回直接在回目上表述圓光情節。第五十八回：「敘年興群雌開賭局，表心跡眾婢請圓光」。這一回從貴婦們過年搓麻將賭錢開始寫，幾家有錢的太太小姐姨太太輸贏都在好幾千幾萬銀元洋錢上下，一點不手軟，其中卻有一位賭場新手李霞仙，父親早逝，家中老母親為這個獨生女兒招贅一位姑爺楊世芳，是個家道中落的體面富家後代。這天霞仙第一次參加賭局跟著人壓寶，竟然贏了兩百多洋錢票子，回家歡歡喜喜把一疊紙鈔放進沒上鎖的化妝台抽屜裡，又開心地跟丈夫楊世芳說賭贏了，世芳本來是個嫖賭鴉片樣樣會的公子哥兒出身，只因招贅新婚裝乖巧，隱匿自己各種癮癖，這下被霞仙撩撥得十分手癢，趁霞仙熟睡拿了才贏來的兩百元熱錢出門賭，當然把一早進房打掃的傭人冤枉了。打掃傭人本來是規矩人，很不服氣，聽說四馬路有術士做圓光法術可以顯現出賊人原形，於是糾結其他傭人們紛紛湊錢請求圓光。第五十九回的回目：「賊姑爺空伸三隻手，癡女子徒傷一片心」。這一章的前半回都在敘述楊世芳如何用豬血抹在臉上，忍耐著腥臭，生怕在圓光時童子看到的就是他的臉，也怕術士在紙人上戳洞，戳瞎他的眼睛。

「《金鎖記》裡頭蘭仙和三爺這套圓光，你看看，不就整套小說情節搬進去了。我看時還怕有人讀穿了，不過後來想想《歇浦潮》過時了，應該沒多少人知道這一大段。總不能說我們小煐翻襲舊書罷，三媽媽家倒好在沒人喜歡讀書，跟親戚都斷了來往，也不怕誰去傳話。」舅舅倒是怕親戚們傳話罵自己姊姊和姪女。[2]

「瞧你說的，作書的人怎麼寫都有道理。怪倒我們這麼疼她，好兩年在上海都出點小名兒了，也

2 如果比對《金鎖記》的三爺偷蘭仙的首飾，又在旅館裡用豬血抹臉躲避圓光法術，最後都由童子說出「看到紅臉怪物」了結了好險沒被查出的尷尬。張愛玲屢次提及自己受了《歇浦潮》很深的影響，這一大段的確真有所證。在莊信正的《張愛玲來信箋註》第五信，張愛玲曾請莊信正代查「南朝金粉，北地胭脂」典出於何處，當時張愛玲正在改寫《金鎖記》為英文版的《北地胭脂》，在《歇浦潮》前幾回就出現過兩三次，「南朝金粉，北地胭脂」，描述妓院中的鶯鶯燕燕。實際上南朝金粉指的是南北朝時期宋齊梁陳糜爛文化中的女子，北地胭脂原本指北方燕國出產的胭脂，引伸為北方的豔麗女子，徐陵的〈玉台新詠序〉中有「北地燕脂偏開兩靨」的句子。在信八，莊註中寫到張愛玲不只一次請莊轉贈書給陳世驤教授，「包括名著《歇浦潮》都是帶到美國的家傳善本書。」可見張愛玲直到一九六〇年代，手上還有《歇浦潮》善本書。

沒見她年節上門來，」舅母其實不很清楚也沒怎麼讀《金鎖記》，裡頭什麼是什麼也不想認真知道，卻明顯覺得人情沒得到回饋，嘰咕著說：「那次剛從香港回來，還只為了讓表弟帶去上家潲的墓。我們想問問香港什麼情況，要不叫住她，還不坐下來說話呢！」

「年輕人做事業時間緊麼！又說家潲做甚？」舅舅低沉地說，吐一口煙，閉上眼，翻過身去再不說話了。

舅舅是除了父親之外，另一最親近的男性長輩，愛玲和父親的愛恨斷裂在十七歲，然而和她同齡稍大一兩個月的三表姊家潲去世之後，她和疼愛她的舅舅也斷裂了。連帶和他們所代表的舊時代男性文化傳統也徹底斷裂，失去他們的支持力量，她需要找到另一個支持她、欣賞她並且願意無條件讚美她的男性。

一張飽滿清秀的鵝蛋臉，前額上的頭髮向下稍稍向後翻捲成寬V字形，兩鬢高攏攏梳起來，留下許多俏麗鬈髮在耳後，是上海最時髦的髮型。兩彎柳眉，小挺鼻子，外罩一件藏青色兔毛衣，裡面是厚緞子旗袍。蘇青說話直接爽快。她寫的書裡頭，都是婦女的生活、愛情與婚姻，述說到「性欲」、「生理需要」、「月經」全攤開來講。以當時代的風氣算作風大膽，不能理解的人就目為驚世駭俗，甚至認為風塵淫蕩。

這是愛玲第二次來蘇青辦公室。一九四三年十一月號的《天地》刊登了〈封鎖〉，寫上海偽政府每每抓犯人，尤其是政治犯，就將街道封鎖以便甕中捉鱉，封鎖範圍中的電車和行人都不許動，電車中的男女思維在末日情緒中發生瞬間的情愫化學變化。[3]

這次來辦公室，她腋下夾的是〈公寓生活記趣〉，未來直到《天地》停刊，她在這個刊物上發表的多半是散文，從〈第一爐香〉、〈第二爐香〉在《紫羅蘭》發表之後，中篇和篇幅較長的短篇小說多半交給《萬象》和《雜誌》發表，寫稿供不應求的情況下，她開始將之前以英文發表在《二十世紀》月刊上的文章翻譯成中文給《天地》和《古今》這類較輕鬆的雜誌。

「住這樣時尚的公寓真有趣。您的文字真老練！」蘇青老早接過稿子，讀沒兩三行就稱讚起來。

「向來寧波人自有一種氣質，幹練直爽卻又令人舒心。」聽起來這回答並不對應蘇青的稱讚，但愛玲不提蘇青的作品，直接說寧波女兒的氣質，是因為上海人手一本蘇青的書，回讚就太俗了，而且顯得巴結。

「太能幹了不好，要不為了賺錢，也不會想到辦這份雜誌。我倒寧願待在家中享受丈夫的錢。」蘇青沒否認能幹，卻笑著直說到錢。

「我喜歡您的《浣錦集》。」才幾句話，愛玲已經接收到蘇青的善意，也因為短短一篇〈封鎖〉，蘇青給的稿酬算很高的。她喜歡這樣不矯揉的人。

「噯呀，真合我心。《浣錦集》裡才有我真正的想法理念。您的小說散文寫得這樣好，一兩年內也許就出集子了，到時候您也會覺著，出書嘍，都是自己的孩子，可心裡也還是有些不同的評價。」

3 幾十年後張愛玲寫《色，戒》，王佳芝失手後，所有夥同暗殺易先生的同伴同樣被用「封鎖」的方式全數撲殺。《色，戒》，皇冠，二〇一〇，頁二〇七、二〇八，可見得日據時期的上海封鎖，在張愛玲記憶中應有深深的震顫。而用「封鎖」這個詞，就代表了牢籠、恐懼與人生橫斷面的裂變。

蘇青說著從攤在桌上的稿件底下摩挲著找了找，疑惑地說：「怪了，方才明明特為拿出來的呀！」

「掉了東西嗎？」愛玲看著蘇青有點慌的樣子問。

「說到評價，這封信對您可有真評價！」蘇青急了，雙手在桌上桌下胡亂摸索。

「是讀者的來信嗎？慢慢兒找，不急！」愛玲說，她已經很習慣雜誌社轉來許多讀者信件，裡面充滿了讀者的羞澀與鼓勵讚美。

蘇青抬頭看了一眼愛玲，說：「這可不是一般讀者。」手上沒停。愛玲疑惑著，只能繼續默不作聲。忽然蘇青一聲歡呼喜道：「哪，這可不是！」蘇青手裡多了一張信箋，愛玲接過展開，第一眼就瞧見的句子：「女娘筆下有這樣好的文采，實在難得！」

「這封信不是給我的，」愛玲看了信的上下款，把信箋還回說：「是給您的！」

「雖是給我，稱讚我只幾句，其餘都是稱讚您的呢！有整整兩三段，帶回去看看吧！」蘇青笑著說。

「不用了，我只寫我的，別人批評稱讚都是別人的事。」愛玲的表情向來表現出不在意，也不好意思露出想看的樣子。

「這人可不是普通的讀者吶，」蘇青說著又把信塞到愛玲手中說：「隨便看看吧！又不損眼。」

愛玲只好把信紙攤開，寫她的部分，第一句就問，張愛玲是何人？後面又接著寫讀〈封鎖〉的感想。「才看得一二節。不覺身體坐直起來，細細把它讀完一遍又一遍，見到朋友也推薦著讀……」讚美得沒有痕跡的句子，和狷勁的毛筆字，愛玲看著心中不免有點牽動，想起父親也習慣用毛筆，極力令自己的表情如常不驚動。看完這一頁還給蘇青，後者卻盯著她說：「怎麼樣？這人可有才氣得很！」

「哦？」愛玲仍茫然。

「人很斯文，博學多才，還能吟詩，國學底子又好！才不過三十幾歲的人，就做過宣傳部政務次長。」蘇青像打啞謎似的說了許多，想愛玲應該已經知道是誰了，見她還是懵懂，忍不住說出了「政務次長」。誰知這位二十出頭女作家從不關心時局，部長、次長什麼的，除了向來沒興趣知道之外，以她家族從清末以來的政治出仕紛紛擾擾，母親姑姑常常告誡，最好什麼政黨什麼人都不沾邊保命避嫌的好。

蘇青見愛玲不說話，以為她真猜不到，蘇青笑著一拍掌說：「啊！還不曉得？簡直豈有此理，就是胡蘭成哪！」

「上次交稿時您說原本有篇評論我的文章，就是胡蘭成寫的？」愛玲想起本來蘇青要把那篇評論和〈封鎖〉一起刊登在《天地》第二期。

「是呀！就因為他被關入獄，只好作罷！」蘇青大聲地說，彷彿太為打抱不平，又添了一句：「他倒是個硬漢！」

她記起那是交稿後不久，她也擔心過那篇評論因為作者入獄而沒辦法刊登，畢竟對一個剛冒出頭的新銳作家挺重要的。但是既沒刊登，也就忘了這件事。她喜歡蘇青的直白，也和這種人能知心，和炎櫻比起來，蘇青倒還多了一點說話做人的圓滑，少了一點天真活潑，畢竟蘇青比她們大好幾歲。

「那麼您知道《風雨談》麼？」蘇青接著問。

愛玲笑出聲，這是上海發行量最大的雜誌，簡直不可能沒聽過，說：「我姑姑訂了，每期都拜讀《結婚十年》，實在精采！」

「編這雜誌的陶亢德邀請我們喝咖啡，您去不去？」蘇青輕鬆地，終於說出別人代為請託的話。出門赴約的對象以前還有家滸，現在只剩炎櫻。也許再過不久會多一個蘇青，不過現在還早呢！

關係還不夠好。[4]

客廳裡兩盆炭火紅紅透，正暖，開電梯的人送來報紙和牛奶，一開門一屋子暖氣立刻從門縫溜走，鑽進幾絲凍意，炭焦味登時沖散了些。報紙下有幾本雜誌，愛玲抽出《天地》，這期刊頭應該有張她的照片。

為了照那張相片，那天炎櫻替她設計了中分髮型，又拿起相機前後左右拍了好幾張，結果蘇青挑了只有頭臉的一張正面照。現在姑姑端著雜誌瞧，笑著說：「照片看著端莊賢淑，這麼滿框，簡直成了相親照。」

「蘇青喜歡這張。」愛玲其實是滿意的。

「別人的小照都有身體。」姑姑又打趣說：「放大頭臉也好，說不定有良人找上門來，可以結婚了。」

自從名氣打開後，雖然叮囑過雜誌編輯們不能透露地址，不少人還是想方設法打聽到張愛玲的住處。對於訪客，她不論認不認識，沒事先約好，一律拒絕招待進屋裡，也不隨便赴人的約會，有時是姑姑擋駕，姑姑不在家，索性囑咐阿媽說張小姐不在。才寫稿一年多，整個大上海文人圈就盛傳：「張愛玲是不隨便見人的，不但奇裝異服，還脾氣古怪。」

接近春三月天氣乍暖還寒，這天氣溫陡降，家家窗戶落地門都關得嚴嚴的，這時上海的咖啡廳仍和日軍占領前沒兩樣，只是電暖爐常常因為供電不足不能使用，有些店家因為供電斷斷續續使得暖爐壞了，生產電暖爐的英吉利公司也早已關門，沒得維修，只能在店裡角落用多幾盆炭火盆增加暖氣，有時客人覺得冷也就移一盆過去腳邊，反倒方便。

火盆裡暗紅熟炭一掀一掀閃著，穿著灰背心的男人將手裡香菸在菸盤裡捻熄，說：「約了張愛玲和蘇青，不知道等等是否會來？」這人看上去大約四十歲出頭，手指頭敲著桌面說話。對面坐著一位看起來較年輕的男子，瘦長臉型，默默抽著菸，向窗外藍得有些假的天空望去，有種事不關己的味道。倒是另一位穿著長袍灰夾襖卻梳著西裝頭的男人，眼神顯得有些興奮說：「蘇青說了會帶張愛玲來嗎？」

4　胡蘭成的《今生今世》中寫入獄，蘇青曾邀張愛玲一起去周佛海家求情，這實在頗不合理。蘇青想求情有可能，因為原本和胡蘭成認識，但張愛玲的個性不可能為一個素未謀面，又曾經是個什麼部長次長的人去政治人物家幫忙求情。胡蘭成給蘇青的信中稱讚〈封鎖〉寫得好，是在出獄之後。而在雜誌上真正發表第一篇捧鑑性質的評論是在《雜誌》一九四四年五月號和六月號上的〈評張愛玲〉，多多有溢美之詞，那是距離他們交往剛認識已經三、四個月了。對張愛玲來說，一九四三年底到一九四四年初的胡蘭成，連作為讀者的信都沒寫過，更何況張愛玲又才剛剛認識蘇青。以張愛玲與人慢熟的性情，一起去周佛海家求情的橋段也太牽強。可說《今生今世》裡的這段描述是「海內外孤證」。比對《小團圓》，皇冠，頁一六三，張愛玲這麼寫這個事件：「九莉／愛玲有點擔憂書評不能發表了——文姬／蘇青沒提，也許沒問題。一方面她在做白日夢，要救邵之雍／胡蘭成出來。她鄙視年輕人的夢。」這裡「她在做白日夢」的她是二十歲出頭才稍有文名的九莉，緊接著下一句「她鄙視年輕人的夢」中的她，指的是已經三十歲的九莉。別忘了，整本《小團圓》的開頭和結尾，頁一八以及頁三一九，都點出整個故事是書中女主角九莉三十歲時的回憶。粗糙的五彩影片《寂寞的松林徑》是已經三十歲的九莉二十年前（十歲）看過的影片，邵之雍是三十歲的九莉十年前（二十歲）認識的人。在三十歲的九莉回憶中，不但沒做過去營救的事，也鄙夷那時年輕做的種種白日夢。因為去周佛海家求情這種白日夢，太不符合張愛玲的性情。只能推測當年胡蘭成是不是希望藉著《今生今世》每個情節的溢美，看看是否可以重新打動張愛玲對他的憐愛。

「蘭成，你這次坐監可真驚險！」陶亢德說，他沒直接回答。原來方才開口說話者就是胡蘭成。

「這可不用說了，連中國日本真正的情勢都寫不得，根本我這是文字獄！他汪精衛也不過爾爾。」胡蘭成不屑地說。

「要從大牢裡出來簡直不可能。這是大難不死啊！聽說是池田篤紀他們從中奔走。自然日本人還是高過南京政府。」陶亢德豎起大拇指說。

「我算了算共四十八天。在牢裡想著天不可能就此亡我！哼，他也不想想，能不能坐穩總理位置，難道不是日本人說了算？他不過是時運好。池田他們是真了解我的。」胡蘭成說，言下之意，如若時運不差，做領導人的才能他也不是沒有。

「聽蘇青說她本想去周佛海家幫你探聽消息。」陶亢德是十幾年的老編輯，二十歲出頭就和林語堂一起辦過《論語》、《宇宙風》，一路辦《人間世》、《古今》到現在，上海文人沒有他不熟悉的，老編和文人作者的關係常常超越拉稿給稿，在編輯位置上越久，朋友關係越深，也能很清楚知道每位作家的私人生活與許多八卦消息。

「嘿，蘇青這女娘兒真有心，要不是生過那麼多孩子了，還真是個美佳人。」胡蘭成輕佻地說：「可惜周佛海老早被日本人冷凍，對汪精衛來說也就只是個沒用的老糊塗。女人可也不懂這些。」

「別看她是個離婚女，寧波女兒可強悍，別得罪為上，她可有大後台！」陶亢德對胡蘭成的輕佻頗不以為然。

「後台不過就是陳公博罷！離婚女有離婚女的好處，說好聽是浪漫，其實對她說點體己話，多稱誇幾句，很容易弄到手。倒是……」胡蘭成輕鬆地說到後來卻打住了，要打動張愛玲的心，可還不知道難易度。

「老兄，你想見的張愛玲，現在正如日中天，每本雜誌都在搶她的稿子，連崔承禧來都還邀請她。當然沒熟人輕易不能見到。」陶亢德看看手錶，蘇青只答應邀約看看，並沒有真正說定。張愛玲也沒直接給《風雨談》稿子，給《古今》刊登的散文都從蘇青那裡轉來的。他自己都還在想辦法和張愛玲建立直接關係，當然不能保證今天張愛玲就會出現。[5]

「依你說，要見這張愛玲是很難嘍。」胡蘭成邊說，蹺八字的腿不由得搖了搖。他這個人可是對越難上手的女人越感興趣，又問：「張愛玲是幾歲的人？」

「才二十三四歲，年紀算小嫩，又有天才。」雜誌社算稿酬都必須要有作家的基本資料，陶亢德深知胡蘭成不是單純愛才，其實更多成分是好色，又要掩飾在書卷氣裡，所以知道跟胡蘭成說到女作家都得拿捏好分寸。

5 一九四六年二月二十二日，農曆正月二十一日，張愛玲在溫州一住二十幾天，這時她已經知道胡蘭成的外一腿又增加了范秀美，正掙扎著心中最後的決定。上海《大公報》筆名章緒，刊出一則小道消息，標題聳動「附逆未遂之女作家／張愛玲琵琶別抱」，對於太習慣傳奇八卦的上海讀者來說應該很吸睛。第一、二段即略述一九四四年初，胡蘭成張愛玲二人經由陶亢德在飛達咖啡屋引介，當時是明日之星的張愛玲赴約，在座除了胡蘭成之外，還有柳雨生。這個部分如是作者純粹臆測，就不必言之鑿鑿提到柳雨生以及陶亢德，以一九四四年初上海文壇的情況，張愛玲給蘇青的《大地》稿子在先，給陶亢德的《古今》稿子在後，蘇青又給《風雨談》連載多期《結婚十年》，編輯圈要認識張愛玲，老編陶亢德透過蘇青介紹應該很正常。但在張愛玲的脾氣，前一註釋已經說過，不大可能赴陌生人的約。所以《大公報》這篇報導只能相信一半。也許陶亢德真有想要引介，但張愛玲並沒有赴約。

「今日就算不來，我總也要去闖闖會會。」胡蘭成聽說年紀輕之後喜道。

「文章寫得好的女人不見得都像蘇青那麼漂亮浪漫。」望向窗外藍天的男子忽然回過頭發話，顯得有點潑冷水，他實在不喜歡胡蘭成說話的滑皮樣。

「雨生你說對了，張愛玲是年輕有才，但聽說不是典型漂亮，蘇青說是照片拍得好。」陶亢德說。發話男子就是柳雨生，他對張愛玲的小說散文頗為欣賞，也與宋淇夫婦、傅雷都是朋友，只是張愛玲現在還不認識他們。[6]

「年輕有才就值得了。」胡蘭成笑著輕輕一拍桌子說。他仍然不相信他們說的不漂亮，明明照片那樣美。

「看樣子今天是不會來的。不出我所料。」陶亢德看著手錶說。

「那麼你給我地址吧，我自己上門去試試。」胡蘭成說。

「地址當然可以給你，不過，」陶亢德沉吟說：「可不知道會不會讓吃閉門羹。要不是透過蘇青，連我親自打電話都接不上線。」他的編輯性格常常是四面圓融，作家文人之間最容易發生摩擦，鬧出問題的時候，往往兩頭都要怪上中間牽線的人。陶亢德深知其中三昧，所以先把醜結果說了，以防萬一。

「一個小小女娘兒有這麼厲害?!」胡蘭成輕笑起來，他什麼沒把握，女人不過就這麼回事，總能十拿九穩。

火盆裡的炭木木的，愛玲往裡頭搧一搧，灰黑的部分又重新紅起來，添進一塊新的，遠處有一隻紅繡花拖鞋歪在地板上，阿媽繞著走過去拿茶壺，又繞著走回來放碗筷，愛玲看著有點好笑，繡花拖鞋在替她宣稱主人權。這是她和姑姑的家，其實也是母親的家，她們三個人的王國，現在剩兩人。不論外界如何變動，這公寓裡是安穩的。但不知在南洋的母親現在好不好，沒有幾封信來，又還不知道母親的男友還在不在她身邊。雖然想著，卻也不是很擔心，知道自己只不過是想到而已。

畢竟還有姑姑。

「姑姑，有個茶會，你陪我同去好嗎？如果不行那我就回絕了。」愛玲不喜歡面對陌生人，或是不熟悉的朋友，又不好得罪邀約的雜誌編輯，只好找姑姑當擋箭牌，對姑姑就這點任性。[7]

「也沒見你這脾氣像誰？」姑姑笑起來，並不仔細問時間地點，知道就算在平日，也只好洋行那裡請假陪著去，又說：「你小時候並不怕陌生人，你叔叔嬸嬸待人接物上也都能說能笑，獨獨就你討厭人多。」[8]

6 柳雨生即是柳存仁，是宋淇上海時期的好友，一九四〇年代宋淇還不認識張愛玲，但柳雨生已經頻頻注意到張愛玲，之後寫了好幾篇張愛玲的好評，一九四九年以後移民澳洲教書。見宋以朗的《宋淇傳奇》寫柳雨生的部分。

7 《張愛玲資料大全》上許多次的座談會照片都有姑姑張茂淵一同出席，可見張愛玲依賴姑姑很深，也不喜歡單獨出現在公眾場合。

8 叔叔嬸嬸指的是張愛玲自己的父母親，張愛玲是頭胎女兒，她的祖母是祖父的繼室，張愛玲的父親張志沂之前其實有兩個哥哥，大哥志滄生病早逝，二哥志潛就是後來侵占家產那位伯父。張愛玲在《愛憎表》中解說是二伯家沒女兒，想要個女兒，所以談過繼，後來因為分家產的關係也就索性不提。《我的姊姊張愛玲》中張子靜也指出張愛玲應該是過繼給二伯，所以稱自己父母為叔叔嬸嬸。但二伯有自己的兒子，反倒是大伯無妻室無子女，自古香煙傳遞重視有無一男半女祭拜，談過繼反倒是給早逝大伯父才合理。但從張愛玲所寫的散文以及《對照記》、《小團圓》看來，她也似乎不清楚自己到底過繼給哪位伯父。

「那些人我又都不熟，話題聊得不得體，隨便說些什麼指不定反而得罪了，還不如少說話不見人，也惹不出些不需要的人情世故。」愛玲說得很入理。

「我看你是像了葛麗泰．嘉寶。」姑姑指指愛玲鼻頭笑著說。

「毛姆也不見人的，都透過經紀人給稿子，自己住在漂亮的法國別墅裡。」愛玲憧憬著說。

「真到毛姆那樣的程度也就太好了！有錢有閒又還創作不斷。」姑姑點頭說，毛姆在一九二〇年以前早已因為寫書寫劇本而家喻戶曉，不但母親、姑姑都熟悉他的短篇長篇小說，話劇電影也一遍一遍地看，等到愛玲讀中學時，毛姆已經五十幾歲，仍然創作力旺盛，那時愛玲已經直接讀毛姆的原文，不必假手翻譯文字閱讀了。

「我要當個永遠的暢銷作家！」愛玲開心姑姑把她和毛姆做比，她喜歡毛姆。

「你已經是個暢銷作家了。」姑姑微笑著說。

「要像蘇青那樣，上海人手一本。還要像林語堂那樣，全世界聞名。」愛玲說著望向陽台，風吹得布簾子撲吸在欄杆上，母親還不知道她已經小有名氣了，如果知道了會開心嗎？

正出神，忽然響起一陣門鈴聲，這時剛在午飯後準備晚餐之前，阿媽在自己房間休息沒出去，假日姑姑的朋友沒約好不會隨便來，這又是什麼碰運氣的讀者嗎？愛玲往姑姑那裡望過去，姑姑會意，披上絨線衫站起來，嘴裡還嘀咕著：「冷著，不會是小魁吧！」接著揚聲問。姑姑拉開門從裡面瞧出去，只見一個戴帽子、穿長袍馬褂的男人，卻不認識。

「冒昧得很，我是張愛玲先生的讀者，慕名來拜訪。」外面的男人透過門洞說話，聽來有特殊的低沉磁性。

「請您留張名片，屋裡凌亂著，一時間實在不方便，」姑姑客氣卻乾脆地三言兩語擋掉了。

「我身上沒有名片，」對方說著，從口袋裡掏出紙筆來寫了寫，又從門洞遞進去說：「要不，我留張字條，請張先生同我聯絡。多謝！」

把門關上之後，姑姑回頭向愛玲笑著說：「看吧，小照刊登，這才第幾天？」把字條遞給愛玲，字條上簡單寫了幾句：「來訪不見，失望而回」，下方留了姓名電話，以及「務必聯絡」字樣。

「啊！」愛玲詫異地輕呼一聲。

「怎麼？這人你認識？」姑姑奇怪地看著愛玲的詫異表情。

「蘇青給我看過他寫的信。彷彿是個文化官員。」愛玲解釋不清楚，因為她當時不在意蘇青說些什麼，所以也沒記得是什麼職稱。

「現在還做官嗎？」姑姑皺起眉頭說，意思似乎是怎麼惹上這樣的人。

「我也不清楚，聽蘇青說很有才華。」愛玲還瞪著那張字條，想到那天看到信紙上的筆跡，和父親類似的毛筆字，同屬瘦金體，卻又比父親的更有稜有角，小字條捏在手上，卻比那天拿著信紙的感覺更近一些。

「如果真還在政府職位上，那別碰還是比較好。政治總是起起伏伏，也不知道將來這些人會怎麼樣。」姑姑有點憂心地說。

不過因為父親是祖父張佩綸排行第三位兒子，應該稱自己父母為「三叔三嬸」，《小團圓》省儉了沒作用的大伯，直接讓父母成了二叔二嬸。

「嗯，不過聽蘇青說他好像去年底入獄，年初放出來，應該已經沒有官職了，好像挺出名，文人圈都知道他。」愛玲想不起在哪本雜誌上看過他的文章。

「那就算是作家文人了，你現在靠寫文章賺錢，若是覺得將來大家總要遇到，他又是前輩，那禮貌性回拜倒也無妨，免得被人說你驕傲不懂事。」姑姑聽說沒有官職了才鬆口，畢竟張愛玲三個字，在上海文壇也才剛嶄露頭角一年多，沒理由一上來就得罪前輩。

一九四一年日軍進入租界，結束了英美法租界的上海孤島時期，那之後汪精衛政府將租界路名更動了不少，只要是帶著翻譯味濃的路名，或從英美人名而來的路都改了。愛玲與姑姑住的愛丁頓公寓名稱沒變，門前的跑馬廳路卻給改成了靜安寺路。愛玲拿起話筒搖了字條上的號碼，接電話的是一個女人，聽說找胡先生，把話筒暫時放下，就在電話那頭尖聲喊：「蕊生！蕊生！你的電話！」

「蕊生」聽起來卻又好，像古時候書生的名字，想像中這人應該是長臉斯文氣的，懂得京戲申曲，又能吟詩作對。

「張先生！」胡蘭成聲音裡有驚喜。

「昨天實在抱歉，一時間家中沒收拾，無法接待貴客。」愛玲輕聲抱歉著，這是她對陌生人一貫的說詞。

「啊，不不，總之，是我太冒昧。」胡蘭成抱歉著，口氣裡卻沒有真的抱歉。

「如果您不介意，是否可以讓我過去拜訪您？」愛玲落落大方地說。她的成長一路受西方教育，沒什麼男女授受不親的隔閡。

「當然歡迎之至，還是，」胡蘭成趕忙說：「約個時間我再過去拜訪您，昨天實在太突兀，正想跟您道歉。」

「沒關係，還是我去您那兒的好。」愛玲向來不邀請陌生人來家裡。

「那麼，好，」胡蘭成也不再堅持，說：「我這兒是長安路美麗園，離您住的地方不遠。」

「長安路？」愛玲不記得附近有這樣的路名。

「喔，就是大西路。」胡蘭成索性說舊路名。

那是一座花園洋房，傭人領愛玲進屋裡，脫下暗咖啡呢大衣掛到門口木櫥子裡，露出裡面穿的嫩黃底碎花厚緞旗袍。跨進客廳，迎面的牆上掛有幾幅書法，客廳一角放了一只落地青瓷大花瓶，上面插些柳青青的植物，整套紅木家具方方的放在客廳中央，歐式壁爐裡燒得紅紅火光，看起來像是女主人喜歡的東西。整個廳堂布置是雅致的。一個穿著藏青長袍夾襖褂的寬額男子從客廳裡站起來，宏聲說：「張先生，請坐請坐！」又指指一旁站著微笑著的圓方臉女子說：「這是我姪女青芸。」

很快的，青芸幫愛玲倒茶水勸一點瓜果，彷彿是這家女主人。愛玲謝過，才剛坐下，已經沒有什麼話題說了。她靠在椅子上，似乎在等對方說話。愛玲拂拂肩上的長鬈髮，又把手放到膝上，看在胡蘭成眼裡，卻像個幼稚可憐的女學生，但又連女學生的自然成熟都沒有。嫩黃灑花旗袍反映著不知所措的表情，看起來像十六、七歲的貧寒家女孩子，穿了有錢親戚的衣服，瘦削的身材似乎還在成長，不是楚楚可憐，卻是身體與衣服彼此叛逆著。這是一位女作家嗎？在電話話筒裡輕柔的女聲，竟造就了白流蘇那樣的狡詰角色，又能寫出曹七巧的狠辣，在胡蘭成原本的想像中，應該是個圓熟世故、靠寫作賺錢維生的女人。

但是，眼前的女孩明明是張愛玲！

胡蘭成有些不能置信。看著她，圓圓的眼瞳裡，似乎什麼想法也沒有。孩童一般，可以天真無慮地直視另一個人，卻不感到一點焦慮尷尬。其實愛玲是真沒想法，不過來回拜應個卯而已。有那麼一兩分鐘，胡蘭成覺得自己的眼神無法從這女孩的眼瞳中移開，那樣的眼瞳，既凌亂了人的心，又讓人莫名地生出疼惜。

「張先生的人和文章，似乎不是我想像中的一致。」胡蘭成嘗試打開話題，一開口竟變得過分小心。

「哦？」愛玲的眼神閃了一下，短短一個字的問句就結束了，又恢復正經專心聽人說話的神情。

「我讀完您的〈封鎖〉，又去找來之前您發表過的許多文章，」胡蘭成說著，已經順利打開話匣子，說話也恢復平常的流暢，「只覺得這世上但凡有一句話、一件事是關於張愛玲的，都是好的。」

「您真是過誇了！」愛玲仍然在禮貌合宜的態度裡，心裡卻已經願意聽這個人說話了。

「不不，真真如此，」胡蘭成看著愛玲瘦削的樣子，不禁脫口問：「每個月能發表這麼多篇文章，真是不容易，張先生是靠稿費維持生活吧？」這一出口，胡蘭成自己頓覺失言了，硬生生轉彎說：「我的意思是，您只靠稿費生活，還可以嗎？」

「多寫些總還算可以過得去，」愛玲並不是很介意他的問話，也回答得老實，彷彿眼前這個人真的是關心她的生活所需，這種年紀的男人如果再多幾歲，那就是她的父親輩了，一種奇怪的熟悉感使她很自然地又多說了一些：「現在正寫的《連環套》是長篇，事前說好了，雜誌社不論字數每期付我一千元。」

「單純的生活真令人羨慕。我的工作就不同了，日本文化和中國文化來自同一個源頭，中國人又和埃及人、白種人從同一種文明分走出來。」胡蘭成侃侃談起他最拿手的文化問題。

「怎麼說呢？」愛玲問。中日民族同文同種，日本人卻在現代化上更優秀於中國人，所以大東亞應該交給日本人管理共榮，在電台報章上，這個理論早已宣傳成濫調了，但是說中國人和白種人有同樣的根源，卻是愛玲從沒聽說過的。

「第一次世界大戰到第二次世界大戰之間，考古學者在俄屬土耳其斯坦的阿瑙，以及伊朗高原的古都蘇轍，挖掘出全新的證據。在新石器時期他們是一隊人往西南走，到了尼羅河流域，一隊人往西走，去到右發拉底、底格勒斯兩河流域，又一隊人往南到恆河流域，最後另一隊人往東到黃河流域。」胡蘭成說。他比張愛玲大將近十五歲，學歷雖然不怎麼樣，卻很肯隨時隨地自修，加上看到的、聽說的，因為天資聰穎，總能一點就貫通，全都成為口才資料。[9]

「所以說，黃種人也有可能長出高鼻子深眼窩？」愛玲被人種話題觸動，主要因為母親的長相常常被誤認為是混了白種人。

「這也是有可能。不過，這些考古學家不斷發現的新物件，在在只更證實了中國古代史官寫得準確無誤。」胡蘭成不知道愛玲心裡所想，仍然繼續說他自己的一套文化理論，其實他也很需要傾聽者：「你看，文明原是自證的，歷史的大信生於現前，一個民族文化與另一個民族相比，該是只為了對世人皆有親情，或者如姊妹們刺繡，彼此把手中鮮亮的針線比併比併，亦有一份喜氣。」

「對世人皆有親情——」愛玲咀嚼這句話，恍惚間若有所悟，她開始欣賞這個人的學問和表現出的大胸襟。

9 當時代的考古學已經發展出這些理論，胡蘭成寫成文章發表，散見於胡蘭成的《山河歲月》、《文明的傳統》中。

青芸又進來加些熱茶水，端兩盤糕點，雲糕上幾點山楂紅，盛在細緻的描紅白瓷碟子裡，看起來像也有一份尋常的親切貼心。她不知道這的確成為後來她瘋狂崇拜胡蘭成，喜歡看他寫散文的起源。[10]

他們聊許多話題，批評當代的文學作品、上海文人，也說到左派、十幾二十年前時興的「新文學」，多半是胡蘭成發表意見，張愛玲只是話不多地聽著，她對於那些政治、文學爭論並不是很有興趣。這有點像十三、四歲時，父親還沒娶後母前，往往在書房跟她討論文學祂說時事，到晚餐開飯了都還停不了。父親在寂寞時是愛她的。對於胡蘭成滔滔不絕的論說比喻，愛玲靜靜聽著，有時恍惚回到十三歲陰暗的老宅裡，那裡總有甜甜霧霧的鴉片味。

「張先生，您說是不是？」胡蘭成忽然問了一句，把已經恍神的愛玲拉回現實，這裡並沒有鴉片煙，眼前這個人穿長袍的樣子雖然有點像，但也的確不是父親。

「的確，您這是把歷史理論落實在人世間，使人感覺人間是有色彩氣味的。」愛玲雖然聽得走神，總也還能說兩句像樣的回應，這是小時候和父親相處時訓練成的。

「照啊！」胡蘭成一拍掌，更興奮地繼續說下去了：「中國文化就是人間味濃，這一點西方人怎麼也比不上。」

整個下午，青芸來換過五六次茶水，窗外的天光也慢慢暗下來，到底說了多久的話他們自己也不曉得。聽著的人看似禮貌專注地聽下去，說的人更從聽者的崇拜中得到滿足。胡蘭成的話題最後又回到張愛玲的作品上，一一仔細分析那些作品，像一位謙虛滿才的長輩，說裡面有哪些好處，在他看來又有哪些需要增添。愛玲雖然疲倦，但眼瞳閃著光，無端想起十四歲時候父親和她討論《摩登紅樓夢》的情景。

「這個人是真的欣賞我！」愛玲心想。

「在您的作品裡，我讀到一種青春的美，彷彿一隻鴿子時時想衝破這美麗的山川日月，飛到無限的天空裡，或是墜落到海水地極深處。」胡蘭成評語中參半想像，愛玲臉上逐漸出現一種驚異的表情，「這個人了解我！」她又想。半晌才說：「有一陣子，我獨自的時候，常在屋頂仰望朗朗藍天，那種濃烈的、迫人的藍，令人窒息，我想衝出那種藍的包圍，但是一點可能也沒有。那時我常想，就是我自己一個人在那底下死去，也不會有人知道。」她一下子說出這許多話，不知不覺間，她已經從剛開始純粹禮貌性的回答，轉變成信賴的訴說。

屋裡已經全暗了，什麼時候燈全點亮的，他們也沒發覺。這時屋外一陣汽車聲，愛玲聽見僕婦去開門，一個柔糯的女子聲音說：「咦？今天有客人？」燈影裡走進一位婀娜的女人。

「英娣，這位是張先生，現在上海最有才氣的女作家。這是拙荊。」胡蘭成兩方介紹著。愛玲起身，英娣漂亮的瓜子臉微微笑，點點頭，一陣風轉身就走入內室，也並不招呼客人。愛玲竟沒看清楚她的長相，只對她前額披著的雲堆鬈髮印象深刻。[11]

10 張愛玲承認當時她狂熱地崇拜胡蘭成一向驚人產量的散文。《小團圓》，皇冠，頁二二八。

11 參見《印刻文學生活雜誌》二〇一九年十二月號，黃惲《張愛玲一九四四初夏斷章》，這篇文章雖然重點在房紫拜訪張愛玲，但初訪張愛玲在一九四四年六月二十六日之前四日，房紫與胡蘭成、應英娣夫婦一同到上海，第一次拜訪後又回到胡蘭成處談張愛玲。從這裡很明顯看到應英娣應該是認識張愛玲或者至少也「知道」張愛玲的。並且胡張也根本不可能在一九四四年夏天結婚。《小團圓》中，張愛玲清楚指出，胡蘭成認識小周／小康時，根本還沒跟應英娣／緋雯離婚。

「天晚了，就留這裡吃飯吧！」反倒是青芸堆著笑臉來招呼愛玲了。

「不了，打擾一整個下午，我也該回去了，還有好些稿子要寫。」愛玲不但怕與陌生人應酬，更怕一起同桌吃飯。都不知道該說話、聽話，還是該動嘴咀嚼、還是該拿筷子挖飯夾菜。

「這樣，我們也不好勉強您，有空多來玩玩。」青芸卻是女主人的樣子，應英娣已經不見人影了。

「讓我送送你。」胡蘭成說著，稱呼上已經從「您」到「你」了。

他打開木櫥拿出長外套披上，先推門走出去，愛玲謝過青芸之後也跟著出去。外面的空氣冷脆，愛玲縮起肩膀，胡蘭成卻在前頭停住等她走過來。兩人並肩走在一起，路燈沒點亮，漆黑中，卻有大圓月光照得路面亮晃晃。

「我們是在百色認識的。那時候我在那裡當教員。」寂靜中胡蘭成沒頭沒尾說了一句。指誰呢？剛剛那位「拙荊」？愛玲沒說話，這話在第一天說難道不嫌太過了？胡蘭成見愛玲沒說話，自顧自感嘆地說：「我不像你，能夠順利讀到大學，中學畢業後我做過小學教員、郵局郵務員，也曾經異想天開去燕京大學旁聽，那時候，我家裡給娶的玉鳳去世，她短短的一生沒嫌棄夫家窮，總對我溫柔依順，最終卻連給她下葬的錢都不夠。」胡蘭成語調淒楚，彷彿對亡妻有無限的纏綿，卻不知道在百色認識的是哪個。[12]

「現在環境卻好了。」愛玲只覺得自己該說點什麼，總不能一直都沉默。平常是不該這樣直接的，好像說人家做了官就「闊了」，有點不屑的意味。不過以他家的排場看來，現在活生生坐汽車回家的太太的確可以有點闊樣子，恐怕是文化部長還是次長任內來的錢罷。

「我是幼年時的啼哭都還給了過世的母親，成年後的號泣都還給了玉鳳，覺得此心已回到天地不仁的境地。只是，那麼多的人和事都過去了，眼前我與英娣也有夫妻的安穩。」

愛玲只是靜靜地聽，月光下，街道兩旁的商店因為夜晚管制的關係緊閉著門，黑沉沉的，原本繁華的上海，這時候卻有一種荒冷的景象，在那荒冷裡，他們的腳步卻逐漸一致地靠近。胡蘭成說著自己的事，語氣上奇妙地彷彿想求得愛玲的理解。

「這種月色，倒讓我想起小時候，」胡蘭成走得慢散散說：「夏天的夜晚，我家台門前，母親、小嬸嬸和一些女眷坐在屋簷月光地下剪麥莖，我和幾個孩子在地裡捉螢火蟲。」

「童年的月光總是好的。」愛玲仰頭看看那過了十五還正大圓的月。

胡蘭成轉頭看著，愛玲的側臉上有牙白月色的溫潤光澤，深又寬的雙眼皮緣線分明，這麼美好年輕又有才華的女子，眼瞼上的長睫毛一眨一閃的陰影裡有一種魅惑。讓人很想拿手去撫一撫。胡蘭成忍住手，嘴裡卻禁不住問：「長大以後的月光，不好了嗎？」

「天津的九月十月，人家屋瓦上已經有白霜了，那麼小的時候我被保母抱著看月亮，把手伸進她的頸子裡，她是我們家三代的老僕人，那時候已經有些年紀了，揪揪那裡的軟皮暖呼呼的。」愛玲說著眼裡有點濕潤，何干在她去香港以前回鄉下老家了，在車站跟她見最後一面，而她卻不能為這個已經是祖母年紀的老僕做什麼，甚至不知道現在這個老人還活著不。愛玲忍住鼻酸淡淡地說：「長大後的月是越來越冷森了！」

12 在百色認識的是全慧文，為胡蘭成生了五名子女，此時已經精神異常。應英娣則是住進家中的無名份小妾，但人前人後都讓人稱她「胡太太」，應英娣也以「胡太太」自居。

「是麼？」胡蘭成兩手插在褲袋裡，忽然停下腳步，一轉身，遮在愛玲面前，「啊！」愛玲吃一驚，幾乎停不住要撞上去。心上卻撲突突跳幾跳。胡蘭成忽柔聲說：「那麼今天以後的月色，要更和以前的，全都不同了！」愛玲的眼神閃爍了一下，移開了，又自顧向前走。胡蘭成仍在她旁邊沉默地陪著，忽又走得更近些說：「我們幾乎並肩，你的身量這樣高，怎麼可以？」愛玲詫異地看他一眼。其實她習慣穿平底繡花鞋，她的身高遺傳父親的頎長，所以和胡蘭成並肩走反倒顯得還高些。「怎麼可以」這四個字裡飽含了大男人的各種男女想法。這才第一天認識，這個人想到哪裡去了？

「快到了，您忙，還是別送了。」愛玲忽然回復到有距離的語氣說。

「沒關係，晚上沒事，前面的路這麼黑。」胡蘭成還想送她到家。

「不，真的不用。」愛玲有些反感起來。

胡蘭成當然察覺了，站住，愛玲向他微點個頭，仍向前走去，走了一段路，忍不住回頭略看了看，他卻還在遠遠的目送著，明明是個紳士樣子，還舉起手來揮揮，那模樣有點幼稚可笑，愛玲心裡不禁又軟下來，畢竟是個怎麼樣的人呢？前面轉個小彎，再回頭已經看不見那個人影。一路上跟她說了那麼多家裡太太小孩的事，又還能任性地講那些挑逗的話，實在讓人不懂。想想又後悔自己在人家面前少了平日的戒心，談一個下午，又讓人得寸進尺，要是母親知道，又該說她是少根筋了。這個胡蘭成，太懂得說話，太知道如何導引別人的心思！

才第一次見面，還是個有孩子妻室的人！不過那種年紀的中國男人，哪個不是有妻室？愛玲踢走腳下一塊小石子，柏油路面上怎麼會有那樣的小石塊呢？這世界變得真怪，簡直就是莫名其妙。那分明是個八竿子打不著的人，也值得為他反覆思量?!

愛玲對著自己失笑，從明天起，仍然清清楚楚地實行她的「嘉寶政策」，她仍只是她自己。

一九四四年春天以後

每天開電梯的人會來撳門鈴，送進小報以及兩份牛奶，姑姑邊看報喝牛奶，吃阿媽準備好的早餐火腿夾蛋吐司，吃完了再喝杯咖啡，回房穿戴整齊準備去洋行公事房。這時阿媽就該開始準備還在家中的另一位女主人的早午餐了，不帶急地慢慢做，等開電梯的翻完《新聞報》又送上來，阿媽早午餐也做得差不多，愛玲才姍姍起床，睡眼惺忪地梳洗。

但是最近有些反常，愛玲常常在姑姑吃早餐時就醒來，把另一份牛奶喝光了，還又多吃了些麵包。二月快要過完的時候天氣完全回暖，阿媽也奇怪愛玲怎麼還不去睡回籠覺，卻看著那扇大門失魂落魄，沒動靜的門就像一尊神一般地立在那裡，不可欺不可侮，又不會說話告訴，愛玲瞪著那道咖啡色門，變得心神不寧，總聽著門外動靜，電梯的嘎嘎響聲，還聽得出隔壁娘姨大姊開門進進出出，在門口交談聊天，說些自己主人的雜碎，她知道那門鈴今天或許不會響，因為胡蘭成昨天才來過，這三四次大約都是隔一天的，都在下午，彷彿成了規則定律。但是以後呢？都這麼規律嗎？她為什麼又要去等候門鈴？沒這個道理！

她討厭自己變成這個樣子，怎麼人家才來幾次，她就不像原本聰明機智的她了。總知道自己的缺點是口拙，卻老忘了，又在人家面前說起自己的事情，老是自曝短絀。她坐在書桌前攤著稿紙，卻寫不出一個字來，蘇青已經打電話來催了，眼看雜誌三月十日要出刊，連炎櫻都快要說她沒良心，約兩三次，稿子沒寫好，就是不能出門逛街喝下午茶荒廢時間。這篇稿子怎麼就這麼難寫？腦子裡想到幾個句子，轉了轉，又轉回胡蘭成在她的客廳帶著手勢滔滔談話的樣子。

這些麻煩煎熬著她，又沒人可說。愛玲拿起話筒撥給炎櫻，電話通了，可是僕人說小姐不在。炎櫻這人是，她找你可以，千方百計總要被找到，可是你要想找她，可難了，上天下地的，最終還是由她找到你。愛玲放棄了。

也許把煩惱告訴姑姑吧！姑姑大概不會說他是漢奸，租界文化裡的輕性知識分子，一向最討厭別人給自己下定論，所以也不喜歡給別人下定論。但是姑姑會不會說他是個有妻室的人？李開第也有妻室。[1]

這公寓建造時就設定要租給西方人，所以有個小型壁爐，上面放有許多她和姑姑喜歡的小擺飾，愛玲想伸手去把那些小擺飾一件件摔在地上。她摸不透胡蘭成到底是什麼樣的人，一方面坦然自己有妻室，另一方面又要頻繁地來找她，說她是知音。

昨天，胡蘭成一進客廳，就說想看看她的房間，她居然讓他進去了。

「這房間真是簡潔得華麗！」胡蘭成撫著書桌椅說，居然有愛不釋手的神情。

「這是我母親出國前布置的，要是我，就喜歡用更刺激的顏色。」愛玲微笑著說，胡蘭成的表情讓她覺著自己是品味貴族。

「這藍綠色挺好的，」小小房間裡，胡蘭成興奮地四處打量，又自己拉開椅子自顧自坐下嘆氣著說：「哎唷，這樣華貴！要是我能在這裡寫稿，定然文思泉湧！」

愛玲笑起來，覺得眼前這個男人也有幼稚的時候，竟是真的羨慕她，不知是羨慕她的出身，還是羨慕她的成長養成，於是說：「真的？桌上一疊稿紙，要不，你現在就慢慢寫，我泡杯熱茶來給你！」

胡蘭成也真老實不客氣，眼前正有一疊空白稿紙，一枝愛玲慣用的自來水派克鋼筆，他拿上手竟直接寫了起來。愛玲見他真能說寫就寫，掩嘴笑了笑，退出房間去廚房找些外國餅乾，又沖泡一杯咖啡端到客廳，自己邊喝邊慢慢翻姑姑訂的各種雜誌。自己的餅乾咖啡吃喝夠了，才又泡杯紅茶，一旁放一小塊牛油麵包，又多切一份牛油，用個小碟子裝好放在托盤裡，輕輕敲門，裡面胡蘭成居然應聲道：「門沒鎖，請進！」

一進門，只見胡蘭成頭也不抬，好像他天然十足該坐在自家書房裡寫稿似的。見他的側面專注的神情，愛玲緩緩把托盤放到書桌邊角上，胡蘭成還在寫，她覺得自己現在的動作很像一個太太服侍著忙碌的先生，心中暗自好笑之外，又往稿紙面上看過去，已經滿滿幾頁寫完翻在一旁，她有點吃驚，這種文思寫稿速度，不是只有張恨水那樣的人物才做得到嗎？據說張恨水可以一進報社，把手錶在桌台前一放，攤開六百字稿紙，計時起來，一小時就能交稿，完成當日的報紙連載，且又剛剛好幾張稿紙滿幅，不多一字少一字。

「好了，你看看，交給哪個雜誌好？」胡蘭成放下筆，抬起頭來對著愛玲一笑。愛玲拿起那幾頁

1　李開第是姑姑張茂淵愛情長跑的對象。最後終於在一九八二年兩人都年老的時候結婚了。

稿子，臉上一貫輕鬆地說：「啊，這是政論，我也沒主意。」心裡頭卻驚異他在這樣短的時間內還能文筆流暢磅礴。

「你的房間有種異香，總是女兒閨房！」胡蘭成得意地笑著收回他的稿子，說：「方才邊寫稿，不時還想到你說想要房間用更刺激的顏色。」寫稿還能一心二用，也太有才了！愛玲想著卻沒說出口，他們才認識幾天，卻彷彿相互變得非常熟悉，但是已經不知不覺露出讚嘆的神情，裝不了故作鎮靜了。

「我喜歡橙紅色，小時候我有一間臥房，就貼了橙紅色的壁紙。」愛玲撫著母親裝潢的壁紙說。那時候的橙紅色壁紙，其實也是母親回國後安排的。記憶與防衛的高牆已經被胡蘭成的魅惑衝破。

「趙匡胤形容旭日是『欲出不出光辣撻，千山萬山如火發』，」胡蘭成比著手勢說：「你說的橙紅色，應該就是這種光輝的顏色！」

「怎麼能夠有這麼恰當的比喻?!」愛玲打從心底佩服，又嘆笑著說：「上海人說：敲敲頭頂，腳底板也會響！」夕陽斜暉透過玻璃掩映在胡蘭成的頭髮面龐上，勾勒出他的鼻嘴弧度，金光裡泛著銀亮，愛玲愣看著，忽然說：「你這麼坐在我的書桌前，像嵌在神龕裡的一座小銀神！」

愛玲覺得一隻手被拉住，竟跌坐在書桌旁的睡床上，胡蘭成轉身凝視著，她只能從那樣的眼神中轉開，彷彿直視了，就看到自己的原形。今天愛玲穿著桃紅織金綢褲，當然是清朝時候祖母的被面改做成的，指甲塗上金粉色蔻丹，奇裝異服的張愛玲年少豔美，胡蘭成的眼神彷彿被攫住了，把一隻手掌放在她肩上，輕慢地順著短綢寬衣袖滑進她細瘦的手臂內側，一壁話卻還能沒停地說：「桃花是真正世間的好花，桃花飛揚，桃紅卻是危險的紅，就是仙子穿著，也不免要思凡。這金色，像唐朝婦女額際妝點的嬌黃，就像是佛菩薩的金容。」

愛玲坐在床沿聽著，眼前無端浮現一座白色大理石天使，張開翅膀，垂頭合掌，白色的眼眶低垂，沒有眼瞳與眼珠，她認出那是她和表弟去家滃墓時看到的大天使加百列，表弟說墓前的天使是後來看風水的說要加上才好，要不就是中式地藏菩薩，要不就是西式的翅膀天使，舅舅舅母後來選擇大天使，聽說加百列一吹號角，群魔都會被鎮住，以免未嫁女死後成為孤魂作祟母家。

「然而，這菩薩的金容又是現世女子的面容。」愛玲耳邊繼續輕吹著胡蘭成的口氣，催眠般的低沉聲音，她的半邊身體已經酥麻到頭頂，天使在往後褪，褪向床對面的穿衣鏡裡。愛玲已經聽不清楚胡蘭成嘴裡又說了什麼，他邊把身體移坐到床沿，從後方又把手圈到她的另一只袖子裡，卿卿摩挲她衣服裡的身體，她竟不懂得移動，他的手指有一種奇異又粗糙的觸感，手掌和手背又是不同的指節力度，在那安靜裡，聽得見客廳檯鐘的擺聲，時間這樣慢，又這樣快，電車叮叮的聲響從公寓底下過去。阿媽拖著慢腳步從過道走向廚房，應該是去準備晚餐了，還好吩咐過要多加菜，這是愛玲意識中最後一絲理智。他的手沒停，繼續往內衣裡探，嘴唇蓋住她的嘴，身體壓向她的身體。愛玲只能望上看，白色大理石天使嵌在天花板上，天花板彷彿褪到天極，加百列的號角下卻出現大大小小許多小天使，上上下下十多對眼眶裡都沒有眼瞳，都是白色大理石，冷而冰冽地，遠遠地俯瞰這一切。

愛玲把頭微側點，藍綠壁紙就透入眼角，這是母親的房間，那時母親的情人也時常來這裡過夜。穿衣鏡就嵌在衣櫥上，現在她躺平了，沒辦法看見鏡子裡他們兩個人怎麼了，天花板上的天使已經消失，她恍惚一轉頭，從他的手臂身體縫隙間窺看到狹長的穿衣鏡裡沒有天使，遠遠地，只有一隻赭紅木雕的史前巨鳥矗立在深處。很小的影子卻占據著強大的存在感，彷彿搧搧翅膀就能掀翻整個太平洋，永恆的、無所不在的，人類自古以來的生殖傳統與欲望。

天使敵不過那隻巨大的木雕鳥。[2]

昨日發生的事還歷歷，現在愛玲就坐在胡蘭成坐著的椅子上，輕輕撫摸椅子的紋路，冷涼冷涼的。

她翻開相簿，手指停在一張照片上，裡面是位燙了鬈髮的少女，笑靨如花，那是和她同齡的三表姊家漪，那一年母親回上海，幫她介紹一位留學歸國的醫師，訂了約吃飯的時間之後，愛玲陪她去燙頭髮，這是才剛燙完，開心地去照相館照的。第一次吃飯之後家漪興奮地告訴愛玲，醫生很斯文，人品又好，還約她下次見面的時間地點，看起來醫生也很喜歡她。她羞澀地說她很願意十八、九歲就嫁給他。

「嗳，表姊，你覺得胡蘭成怎麼樣？」愛玲對著照片輕輕地說。照片裡的人似乎也輕輕地回應：

「嗳，表姊」，她倆同齡，所以從小就互稱表姊，最體己，有時根本像雙胞胎，她聽見家漪繼續說：「別煩惱，我們去霞飛路逛逛，看場電影，自然能想出辦法！」家漪既不會批評她，也不會碎嘴說給別人聽。

但是，連霞飛路早就改名為泰山路，上海變了，再也沒有任何租界地，家漪也隨著租界消失。

愛玲痛苦地哭起來，她拿起昨天胡蘭成用過的自來水筆在稿紙上胡亂塗著，這個時代最浪漫，在男女交往上最放得開的女性代表是蘇青，但是真正熟悉蘇青的人就知道那是叫作沒辦法，被生活逼著，也不是蘇青故意和那麼多男人交往，她也只想找到真正幸福的歸宿，偏偏找不到。

她看向穿衣鏡，愛玲的身高長相全和母親的秀麗不同，唯一相同的是纖細和不同方向的敏銳脆弱。細細的手臂，家常單旗袍裹著扁平的少女骨盆和小腹，母親很少穿旗袍，多半都是洋裝，也是柔若無骨腰肢一握那種。聽姑姑說母親也有過幾個男朋友。母親來信中並沒提，但是應該隨時有男人會愛上她，男人應該是任由她選擇的！

她也可以和母親一樣自由選擇男人，而不是讓男人自由選擇她？她沒有自信。

「表姊，怎麼辦？」愛玲無聲地問照片上的少女。現在只剩下靈魂的家漪仍然溫柔微笑地望著她，彷彿說的是：「那就來來去去，最低限度可以看到他。」

家漪一向在眾多姊妹中最懂得委曲求全。

委屈自己就不必取捨，相對也沒有道德判斷，這的確是條路。愛玲逐漸平靜了，她撕掉胡亂塗寫的那一頁，從一張空白的稿紙開頭寫下題目「花凋」，愛玲要把家漪的肉身重建在小說裡。[3]

新的相簿只用了幾頁，後面還空著，掀拉起透明塑料紙，相片沒了真空擠壓，很容易就剝下了。

2 墓園與大理石天使，在《花凋》中第一次出現之後，又在電影劇本《小兒女》中成為驚悚場景，在《易經》，皇冠版頁二二六中寫香港空襲時琵琶／張愛玲去跑馬地墳場，入口的詩句使她記憶深刻：「此日吾軀歸故土，他朝君體亦相同」。《同學少年都不賤》中，在趙玨逃婚的時候，恩娟約她去逛墓園。在《小團圓》頁五九，再次重複前面墓園的兩句半通不通詩句，墓園景象與墓碑上的天使們，是在戰爭、倖存、恐懼與欲望中飄浮不定的人生與未來的終結。《小團圓》兩處提及木雕鳥。從胡蘭成五〇年代出版《今生今世》之後，張愛玲應該也因為憤怒而開始構思，《小團圓》初稿完成於一九七六年，距離賴雅去世不到十年。張愛玲與賴雅曾住過紐約，也有可能與賴雅一起參觀過紐約大都會博物館以及印地安人博物館，兩個大博物館都有相關印地安人以及非洲土著的長期展覽。除了印地安人有木雕鳥圖騰之外，幾乎是各種原始部落都有長柱型鳥圖騰。多與生殖神、繁衍後代以及靈魂飛翔回歸祖靈世界相關，這麼推測，把木雕鳥放入小說中，是否張愛玲想表達邵之雍的性欲多過於真正的愛情？九莉只是被動的配合者，因為每次邵之雍說：「我們來睡一睡好不好？」九莉感受到的只有機械撞擊的疼痛和瀕臨死亡的忍耐，而邵之雍並不覺得抱歉。這裡寫的是，九莉作為愛情故事的女主，情和欲都是無望的、不被珍惜和呵護的。

3 《花凋》發表在一九四四年三月的《雜誌》月刊，同月張愛玲在《天地》發表散文〈談女人〉，寫男女的欲望，引用「大神勃朗」的話：「我不要公平的審判，我要愛！」在時間點上剛好與胡蘭成相識不到一個月。張愛玲一開始就知道胡蘭成有妻室兒女，這兩篇文章其實可以窺看到張愛玲對胡蘭成的愛戀掙扎。

這個年代還只有這種相簿。愛玲端詳著手中這張照片裡的自己，雜誌上刊登過的，有雙溫順的眼睛和微微的笑意，像個典型的中國姑娘。胡蘭成一開始是為了這張照片才來找她的吧！後來他又跟她提過兩三次照片，他喜歡女子有這種氣質。連論說文化時都會順帶說到舊時女子的柔性，是典型讓女性長輩寵大的中國書生。比父親舅舅更純粹的中國，因為他連英文也聽不懂，父親卻有很好的英文說寫讀的能力。

愛玲在照片背後寫了一行字：「見了他，她變得很低很低，低到塵埃裡，但她心裡是歡喜的，從塵埃裡開出花來。」寫完，又反覆看那行字，想像胡蘭成來的時候，她將親手交給他。

「今天牛奶瓶沒送上來，只有小報，不知道怎麼回事。阿媽，等等讓開電梯的搖電話去問問。」姑姑的聲音，

「好，我這就下去了，去菜場，遲了買不到新鮮的魚。」阿媽回答。

「怎麼，晚上有客人？」姑姑問了之後，沒聽見阿媽回答。愛玲走出房間，姑姑詫異地說：「咦？這樣早起！」

「是我要阿媽添些菜。」愛玲其實整夜沒睡，說完忍不住打個大呵欠。雖然起先胡蘭成都午飯後過不久就來，傍晚五點多姑姑還沒回家就走，但是這星期從南京回來後，不知道為什麼特別興奮，除了滔滔說個不停，有時兩人也在房間男歡女愛，已經連著三天都在這裡吃晚餐。

「那位胡先生一陣子沒來，這幾天又天天都來。」姑姑沒說好也沒說不好，但是知道除了少數女同學，愛玲從沒招待男性朋友在家吃晚飯。

「他呀，也不知道哪兒來那麼多時間！」愛玲紅著臉說。

「他不是在南京政府機關做事？怎麼能停留在上海這麼多天？」姑姑邊整理自己皮包裡的物件，

也沒大驚小怪，看起來像隨便問問。

「上次他太太說要跟著一起去南京，這次又一起回上海。明天又得回南京。」愛玲對姑姑從不欺瞞，只是姑姑沒問的，她也就不說。這次因為留吃晚飯的情況太明顯，只能主動說了：「他是一個月裡總有八九天會回到上海來。」

「太太這麼跟來跟去，是不是聽到什麼風聲？這八、九天該得瞞著太太了，要不，大西路那裡不是翻了！」姑姑提上皮包準備出門，輕輕笑著說。

姑姑才出門，門鈴卻又響了，愛玲心中一緊，不等阿媽應門，自己走過去往門洞裡瞧，是炎櫻，頓時鬆了一口氣，但心中卻有點失望。

「一天到晚就是寫稿寫稿，忙著賺錢，你一定是發財了！」炎櫻這個只會說英語的外國姑娘一進門就嘰呱嚷嚷。

「你也不打電話給我，打去你家都說不在。」愛玲抱怨地說。炎櫻眼珠子轉了轉，說：「才昨天不在嘛！」又不忘記數落說：「你一定是昨天才開始想念我！說吧，一定有什麼事。」

「也沒什麼。」愛玲微笑著，因為不知道該怎麼開頭敘述最近發生的事情。

「你很有事，」炎櫻把食指拿起來對著愛玲的臉搖搖說：「說沒什麼，就一定有什麼。快點說吧，我今天就賴在這裡吃午餐晚餐了。」說完一屁股坐進沙發深處，大咧咧拿起雜誌隨便翻。

「拿反了啦！」愛玲大笑說。炎櫻看中文雜誌只看圖片，廣告又不拘橫豎，亂翻一氣。

「是不是交男朋友了？告訴你，我昨天去相親，那個男的又矮又肥，醜不拉基，但是很有錢，你覺得呢？」炎櫻擠擠眼拿肩膀撞撞愛玲說。

「他中意你嗎？」愛玲笑著問。兩人平常坐進沙發都是這麼戲謔來戲謔去。

「這不重要，我不中意他，這才是重點。不過他約下次去飯店請客吃大菜，我們一起去吧！」炎櫻唱歌似地說。不中意還是要開心地利用吃喝玩樂一下，炎櫻就是這樣。

「你真要在這裡一整天？」愛玲手扠腰斜睨著打量炎櫻問。

「嗯哼，」炎櫻聳聳肩說：「當然。今天又沒人請我看電影。聖約翰大學那些男生笨死了，都還沒找到工作。」她從香港回上海後，進入聖約翰大學復學，今年已經畢業了。

「沒工作沒賺錢的男人不可靠。」愛玲同意地說。

「我可是要愛情也要麵包，沒麵包沒辦法過活。」炎櫻說著看到阿媽提著大網籃進門，又高興地說：「你怎麼知道我今天要來，要阿媽多買些好菜招待我嗎？」

「除了招待你之外，還有另一個人會來。」愛玲神祕地說。

「誰？張秀愛不是和男朋友去內地了？」炎櫻的八卦精神來了，從沙發深處直起身子來說。

「一個跟汪政府有些關係的男人。」愛玲平板地說，盡量壓抑著興奮的情緒。

「汪政府?!日本人嗎？」炎櫻帶點恐怖的表情誇張地說。

她們正胡亂說笑，門鈴又響了。還不到中午，難道真的是胡蘭成?那今天他就是更提早到了。

「我去開門，應該是你剛剛說的那個男人。」炎櫻促狹地，起身時又回頭說：「我倒要看看他是什麼科學怪人，可以衝破你的圍牆！」威爾斯寫的《科學怪人》是她們這一代人耳熟能詳的小說。

炎櫻一開門見到一個瘦削結實的男子，不等愛玲介紹，就衝著人家笑嘻嘻說：「嗨，我是 Fatima Mohideen，愛玲給我一個中文名字，所以你也可以叫我炎櫻。」說完也不管對方聽不聽得懂，手直接伸出去擺出等待握手的姿勢。

愛玲笑著在一旁翻譯了，胡蘭成覺得這個黑皮膚矮胖的混血女孩很有趣，也用中學時學了一點的蹩腳英文回答：「哈囉，你好嗎？我很好，我是胡蘭成。」平常他是不會用「哈囉」的，竟然也「哈囉」起來。愛玲聽著差點笑出聲，極力忍著，她不喜歡讓人感到困窘。

「胡——蘭——成。」炎櫻饒舌地學中國發音，學完說：「蘭——成——，Do you have English name？」這句簡單，而且故意放慢說，胡蘭成聽懂了，說：「呃，沒有。」

「這樣好了，既然張愛給我一個中文名字，現在換我給你一個英文名字，成——不好取名，」炎櫻又恢復原本的說話速度，真的努力想著：「蘭——，就叫——Lenny 蘭你好了！」愛玲在一旁看著炎櫻發笑，幾乎忘了翻譯。覺得炎櫻出現的時間對極了。炎櫻卻轉頭拍了拍愛玲肩膀說：「喂，你什麼時候認識的人哪?!」

「因為蘇青的緣故。」愛玲沒打算說得很清楚，但是故意用比較古典的英語說：「總之很複雜，必得慢慢說才說得清楚。」

「認識就認識，有什麼複雜的？喔，蘇青帶你去參加什麼派對？」炎櫻還在大學生的邏輯中，學生之間派對舉辦本來就很多。

「不是派對，他自己跑來找我的！」愛玲煩惱地大概說了一些，說得又快又英國腔重。炎櫻算了算，她們是兩三個星期沒見面了，有點摸不著頭腦地問：「可是上兩個星期你還不認識他呀！」因為愛玲提也沒提過。

「就這兩禮拜的事，到這幾天還天天來。」愛玲盡量沒什麼表情地說。她不想讓胡蘭成覺得她們兩人正在議論他。炎櫻卻恍然大悟地指著愛玲說：「噉！就因為這個，你才一直說『寫稿』！是不是？真不夠朋友！」

「我總叫他別來了。」愛玲把炎櫻的手指頭抹下去，停了一下子說：「他有太太的。」

「這可麻煩了！有太太比什麼都麻煩！」炎櫻的表情變了，真正擔心的情況出現，於是重複愛玲的話說：「你叫他別來他還一直來！」認真地想也想不出解決的辦法，兩人都有點沉默，愛玲眼角餘光掃過胡蘭成，他可能因為聽不懂，已經乾脆不理會她們說些什麼，蹺著二郎腿翻起雜誌報紙。

「可是你愛他嗎？」炎櫻想了半天只能迸出這句問話。

「嗯哼，有點，我們認識的時間這麼短，挺奇怪。」愛玲不是沒想過這個問題，只是很難分析，有時又覺得自己很蠢。

「浪漫的事情總是這樣，電影上不是常有一見鍾情麼？」炎櫻又開始了，唱歌似地吟起來：「愛情來時總是靜悄悄，不知不覺你就上了它的當。」想不起是哪部片子裡葛麗泰．嘉寶的台詞。

「你這麼高興做什麼！」愛玲瞪炎櫻一眼說：「可是太太小孩怎麼辦？」

「愛上了，沒辦法呀！他吻你了嗎？」炎櫻還是像唱歌一樣。

「你正經點，我是真煩惱呀！」愛玲佯怒說

「你為他煩惱，你真的愛他。」炎櫻嘆氣說：「女人的心可以愛得那麼廣那麼深，像安娜．卡列妮娜，有時也要學郝思嘉，懂得引誘的政治手腕。」炎櫻自己很會這些手段，愛玲筆下角色也不乏這樣的人，但是炎櫻不懂中文，她寫的中文小說、散文，炎櫻一篇也沒讀過，都只聽她說過故事大綱。炎櫻想想又說：「愛情裡缺少遊戲和手腕，可就被對方吃定了。你自己都會寫，怎麼遇到卻又不會了。」

「寫的是別人，自己真要去做卻難了。難道你遇到男人想也不用想就能要手腕？」愛玲反問說。

「現在還沒遇到我真正喜歡的，遇上了才知道會怎麼樣嘛！」炎櫻笑著，又說：「你這個，應該是他比較吃虧，是他有太太小孩，他應該煩惱，你是單身，你才不用煩惱呀！」炎櫻說得簡單，總是一派樂觀。愛玲笑了，不論有沒有真的討論到重點，聽了這一團亂七八糟的話，總能又開心起來。

阿媽中午煮麵，又有些小菜擺好之後，愛玲招呼大家上桌開動。

「這黃魚麵好香！」胡蘭成不知道是真的餓了，還是無趣中找話講，他很少被人冷落在一旁，所以主動發話，想引起注意。

「聖誕節的時候你沒去舞會，真可惜！」炎櫻還是自說自話，因為她也不懂胡蘭成到底想說什麼。

「是啊，阿媽手藝很好。」愛玲不得不敷衍兩句，接著又變成英文說：「我又不會跳舞，去了也還是站在一邊。」她從上大學以來，炎櫻找去舞會她從沒答應過，但畢竟年輕女孩總喜歡聽這些社交八卦。

「你該去看看，他們去年玩的遊戲叫作『向最智慧的鞠躬，向最美麗的下跪，向你最愛的接吻』。」

「喔？結果許多人向你下跪嗎？」愛玲開玩笑地說。

「唔，也有人說我是他們的最愛。德國人、義大利人、日本人、中國人、雜種人、白俄，大家亂吻一通，燈光那麼暗，也不知道誰吻了誰，真傻！」炎櫻邊把麵條吸進嘴裡邊糊著說。

她們用英文交談，胡蘭成既插不上嘴，又聽不懂，只好自己一人吃著麵，也不作聲。炎櫻看了，用手肘碰碰愛玲說：「喂，張愛，蘭你很無聊了，把接吻的事情翻譯給他聽吧！」

這表示炎櫻不知道要對人家要什麼把戲，愛玲會意，把剛剛說的話簡單翻譯了一遍。胡蘭成聽著笑說：「西方人有這種奇怪的風俗！你幫我問她，她自己喜歡這種遊戲嗎？」

炎櫻只是不會說寫中文，但是聽倒會聽，因為母親是天津人，胡蘭成一說完，她就回答：「我自己是不喜歡，但是大家都這麼做，在一個派對裡絕對不能做局外人，顯得你更愚蠢了！」炎櫻說完，愛玲又翻成中文。胡蘭成沉默了片刻，愛玲看著好笑，故意眨眨眼頑皮地問炎櫻：「他們都吻在嘴上嗎？還是臉頰上？」她雖然沒參加過舞會，總也知道舞會是怎麼回事，何況炎櫻每次參加完都跟她「實況轉播」，這問題的答案當然知道。炎櫻誇張地嘟起嘴，又看胡蘭成一眼說：「當然是嘴上，他們只稱在嘴上的才叫吻。」

「是只碰一下嘴唇那種？」愛玲又忍著笑表情嚴肅地問。

「不是吶，很深的，真討厭，那種吻讓人感到不潔。」炎櫻帶著無辜的表情說。

「上海那些雜七咕咚的外國人，美國氣真重，當眾擁抱接吻對他們來講很平常罷！」愛玲說著，又把對話一一翻譯給胡蘭成聽。

胡蘭成卻開始驚訝，她們這些留過洋的學生，言談舉止中原來洋派到這樣程度，簡直令人無法相信，這麼閨秀氣的愛玲也有那一面。他不大高興地說：「也許我太老式了，我是非常不贊成的。」

「是嘿，別說當眾了，這樣的接吻法，也會讓男女雙方都有誤會，如果是個喜歡你的男人，而你不喜歡他，對他是不公平。」炎櫻故意轉個方向說。

「相反的，如果男人不把你看得太嚴重，又放鬆地給他種種自由來對待你，那自己就更顯得下賤了！」愛玲有感而發，她幾乎在罵自己，惹得炎櫻深深看她一眼。愛玲其實矛盾地想過胡蘭成是不是沒太看重她，以致竟敢長驅直入她的房間。

「如果女孩子只是趕時髦，跟著大家一起做什麼事，或者只是感到有需要，去誘惑挑撥一下，這麼做也是很危險的。」炎櫻把話題拉回普遍的男女情愛策略上。

「感情的危險性總是有的。」愛玲下個結論說。

「所以啦，蘭你，」炎櫻居然轉頭直接對胡蘭成嘰咕嘰咕說了起來：「還是多認識些對象比較好，男人女人都一樣需要，並不是鼓勵感情氾濫，而是有比較，危險性也會降低許多。」這句話雖然對著聽不懂的胡蘭成講，實際上是在藉機建議愛玲，這男人年紀這麼大，又有太太小孩，實在不是什麼好對象。

「嗯哼，我同意。」愛玲說。兩人又用英文感嘆了一番，愛玲才將想翻譯的部分說給胡蘭成聽。

這下胡蘭成聽完，覺得和炎櫻一起，愛玲就直接顯現出他這幾日看不出的另一面。這麼年輕的女性當然和各種男人交往的可能性很多。但是他心裡想著，表面上也沒露出什麼憂喜色，反而索性笑笑著說：「那麼你們對於戀愛的看法呢？」

「我是沒有想像的，遇見了，就轟轟烈烈談場戀愛。」炎櫻手勢浮誇地比畫著。

「不計後果的嗎？」愛玲笑起來。

「當然表面上是不計後果的，至少如果愛對方，就要讓對方這麼覺得，才像戀愛嘛！可是我們是女人，遇到一些情形還是得計較一下。」炎櫻扳著手指頭像是真要計算什麼。

「有人追求你？」愛玲像是替哪個雜誌做訪問般開玩笑地問。

「有啊，但是戀愛和結婚也許會是不同的對象。也說不定吶。」炎櫻聳聳肩攤開兩手說，看胡蘭成一眼又加了一句說：「現在你可以翻譯了。」

胡蘭成聽完翻譯，以他的經驗怎麼會不知道兩個小女子在逗他，於是笑著說：「都是炎櫻對結婚的意見，你怎麼說？」愛玲畢竟年輕，沒想到這一著反問，也認識沒多久，就要講什麼結婚不結婚的。她紅著臉說：「我的意見和炎櫻差不多，戀愛就戀愛，結婚當然得慎選。」

「大器量的男人是志在四方，對於結不結婚都是慷慨不在意，」胡蘭成說得一副壯志滿籌的樣子。愛玲像所有年輕女性一樣很吃這一套，正看著他有稜有角的眉骨弧度，想到曾聽舅舅說過，眉骨突出的男人多半有作為，自己的父親眉骨就不怎麼突出。想得有些出神，卻被炎櫻的話打斷。

「蘭你，這話說得有偏差了，我們女子的慷慨不是這樣的，反而結婚的考量比戀愛要多許多，張愛是這樣的意思，我也同樣。要有相當不錯的對象，只要看條件對了眼，我也不挑，不多要求自己對他的愛情，但是他一定要對我有愛情。」炎櫻說著，充分顯現她精刮的打算，讓愛玲想起港戰後她們去賣配給米，把賣得的錢拿去逛熱鬧市集買土花布，炎櫻用唾沫沾指頭去揉土花布看看會不會褪色，一點也不顧及優雅情面與否，就覺得該是這麼現實。她那時像被針扎了一下，現在也是。

不知怎地，她對胡蘭成精刮不起來，她沒計算過他對她真的有愛情嗎？這才只是小小試探，像用唾沫揉搓土布，不知道將來會不會一下子就褪色！愛玲對炎櫻瞥一眼，笑著說：「這個我可不打算翻譯了，免得他以為我那麼想要他的愛情！」[4]

「你不想要他的愛情嗎？才怪！」炎櫻取笑著說。

「至少直到剛剛我跟他扯平了，這就好。」愛玲說。胡蘭成的表情老練不在乎，的確讓她很疑心。

「還不謝謝我！請我吃奶油蛋糕！」炎櫻鬧著說。

「原來你幫我是有目的的！」愛玲也鬧起來。兩人笑在一團。

胡蘭成在一旁卻莫名其妙。她們的確讓他覺得不知道哪裡被笑話了，於是臉上有些悻悻，說：「怎麼？炎櫻想說什麼？」

「炎櫻想吃蛋糕，我說她已經夠胖了，得節制些。」愛玲說完又看炎櫻一眼，忍不住還是吃吃笑起來。

「這樣吧，我請你們去吃東西。」胡蘭成釋懷地笑了，覺得自己也太量狹，怎麼想得到這麼年輕的兩個小娘兒能嘲笑他。

「好啊，蘭你，」炎櫻立刻說：「我要一塊奶油蛋糕，外加一份奶油。張愛也是一樣。」愛玲沒翻譯，嘲笑說：「那麼多奶油，只聽得清楚你說奶油。」

「現在奶油這麼貴，總要多敲詐些，才能看到他對你是不是真有愛情呀！」炎櫻說得理直氣壯。

「奶油愛情嗎？這句話我也不翻譯。」愛玲大笑著，朝向胡蘭成隨口說：「她一定要凱司令咖啡那種等級的蛋糕。」

炎櫻做個鬼臉，走向門口拿皮包，愛玲跟著，胡蘭成對自己搖頭笑起來，怎麼和這兩個才二十歲出頭的小女孩也能鬼混得這麼愉快。

中篇小說〈紅玫瑰與白玫瑰〉從五月號的《雜誌》開始刊登到七月號，同時有胡蘭成的〈評張愛玲〉，愛玲在七月同時在不同雜誌發表了〈說胡蘿蔔〉、〈詩與胡說〉，文壇中看得懂的人都已經多少知道兩人的情事。這天下午兩人正在客廳裡說笑，炎櫻卻來了。她父親的珠寶店就開在靜安寺路上，炎櫻畢業後也還沒有固定工作，常常想到父親珠寶店裡轉轉玩玩，也就順道來找愛玲。炎櫻有種本事，似乎她只要一進門，那門裡就要開始風風火火熱鬧起來。一看到桌上亂放著的雜誌就拿起來翻，反覆

4 炎櫻用唾沫試試土花布會不會褪色，寫在《易經》中。《小團圓》裡又出現好幾次，寫九莉像給針扎了一下。第一處是頁二一，同學們要求九莉考前講點歷史教授安竹斯關於一八四八年的筆記。第二處是和燕山看電影之後，燕山說他喜歡男主角毫無誠意的眼睛。第一處是讓九莉想到母親浪費安竹斯作為獎學金給的八百元港幣，因為誤以為九莉用身體和教授換交情。這是天大的冤屈，深深的人格傷害。第二處卻不是燕山／桑弧傷了九莉／愛玲，而是讓九莉聯想到燕山也許會像邵之雍一樣，毫無誠意。同樣是情感上深深的傷害。「被針扎」，是張愛玲想表達深層受傷的記憶，會被一件日常相關的聯想直接拉出難受的感覺。

翻了好一會兒，眼裡總有一種調皮，旁人卻不知道她想做什麼。

愛玲看著笑起來，用英文說：「別裝了，你根本看不懂！」

「我看上面的插圖，哪，坐在池塘邊，到底誰給你照的？眼睛汪著，嘴又扁著。」炎櫻很有意見地說。

「我就知道你會說。那天開完座談會就說大夥隨便照照，哪裡知道登出來了，也沒讓我挑過。」愛玲也不滿意地說著，想起那天開座談會遇到的潘柳黛，不知道為什麼總在言語中帶刺，可能因為心情被挑得不是很順暢，連帶那會後照的相片也怪怪的。

「一副被欺負得要死的樣子。」炎櫻笑起來說。

「我自己看看都可憐相，好像挨了人一棒似的。」愛玲也笑著說。

「像個奴隸，世代都為奴的那種。」炎櫻更樂不可支了。

胡蘭成看他們兩人的話搭來搭去，頗覺得莫名其妙，愛玲有點看出他的不悅，就把炎櫻的意見翻譯給胡蘭成聽。

「這就叫它逃走的女奴，也滿合適！」胡蘭成哈哈大笑說。

「蘭你說得不錯，像個從主人家和小廝私奔的女奴！」炎櫻邊說邊笑，眼睛還滴溜轉。

「那個小廝有太太小孩。」愛玲在炎櫻面前沒有忌諱，更何況胡蘭成聽不懂。

「是第一次被突破城牆的公主，戰敗了淪落為女奴！」炎櫻擴張想像力說。

「你們又說些什麼？炎櫻怎麼直望著我發笑？」胡蘭成有點疑心她們正不知說什麼消遣他的話。

「欸欸，她說這張照片正想著蛋糕被人都吃了，連咖啡也沒得喝，一副倒楣樣。」愛玲隨便編，掩嘴笑著。胡蘭成見到炎櫻的次數越多，就越習慣了她們同學那麼久，總有些暗語在說話間，旁人也插不上嘴。

「蘭你——」炎櫻在愛玲翻譯時坐在沙發上，一手支著頭一手又翻另一本雜誌，沒等胡蘭成說話，竟然像個小孩子認字似地讀著：「這個標題：什麼張愛玲什麼小什麼的？」炎櫻只認得張愛玲三個字和大小的小字，看了半天摸不著頭腦，又換了一本雜誌翻，在目錄頁上又找到一條有張愛玲三個字，還是一樣看不懂的標題。愛玲冷不防從炎櫻手裡抽出雜誌，就著翻到的目錄看，臉上卻出現和炎櫻相似的疑惑，掉頭問胡蘭成說：「你知道迅雨是誰嗎？」

「迅雨？沒聽過，恐怕是筆名吧！」胡蘭成好不容易說句話，眉頭皺起來。炎櫻在一旁不甘寂寞，開始用不流利的中文和胡蘭成有一搭沒一搭說廢話。愛玲卻翻到內頁讀了起來，越讀表情越嚴肅，最後說：「我得想一想該怎麼回一篇文章。」

「怎麼了？讓我看看。」胡蘭成覺得奇怪，平常愛玲遇到批評文章總不是很在意。今天的反應頗為不同，似乎是「迅雨」說中要害。[5]

愛玲當即說：「我要掛電話找柯靈問問。」

5 迅雨就是傅雷，在文章中給《金鎖記》非常高的評價，卻給《連環套》很多意見。直接導致後來張愛玲腰斬《連環套》，多年之後張愛玲也承認這是多產之後的「壞」小說，《連環套》中有炎櫻家庭的影子，但因為炎櫻根本看不懂中文，在人情上這麼寫好朋友的家庭沒有壓力，之外，這一段時間也可能張愛玲真的因為談戀愛而有點荒廢。如《今生今世》裡胡蘭成的用詞，兩人成天關在房間裡說笑談天玩樂，兩人世界中，「男的廢了耕，女的廢了織」。

「怎麼會刊出這樣的評論文章呢？」胡蘭成當下讀完那篇〈論張愛玲的小說〉，雖然心裡清楚那是一篇不錯中肯的評論，表情上倒是氣憤不平。

在愛玲來說，有沒有人幫她氣憤與否並不重要，只是有些震驚，自從她成名以來的一年多，還沒有人寫評論這樣犀利又切中要害。不過是突然之間情緒有點起伏。先打電話找柯靈問問這人是誰也好。電話撥了，才接通，對方不曉得說些什麼，愛玲十分吃驚，三兩下結束電話說：「糟了，柯太太說柯靈昨晚被日本人帶走了！」這一說，胡蘭成也嚇了一跳。他低頭思索了一下，說：「他是你的朋友？」這話問得奇怪，他又不是不認識柯靈，然而愛玲知道意思很明顯，編輯和朋友是不同的，如果不過是編輯，那交情不到，也沒必要幫這個忙，誰不知道貝當路76號魔窟有進無出？

「當然！」愛玲立刻說，著急起來：「《傾城之戀》改編成舞台劇本，還由他看過，給了許多建議，又勞他奔走引介劇團的人，這個朋友，我真不希望他出事！」

「既是如此，我先撥幾個電話問問。」胡蘭成拿起話筒，搖過幾個電話，有用日語也有用中文的，看樣子問得很仔細，也有許多環節。愛玲在旁邊只能乾著急，告訴炎櫻，惹得炎櫻也急得在客廳走來走去。好容易等胡蘭成掛了電話，愛玲問：「怎麼樣了？」

「是進了貝公館，」胡蘭成臉色凝重地說：「倒不是特工總部，不過也夠瞧了！」

「有得救嗎？」什麼寶公館貝公館的，愛玲聽得一頭霧水，也不管哪裡是哪裡，只直接問重點。

「唔，這樣罷，」胡蘭成沉吟道：「我先去日本憲兵隊跟他們說一聲。」

這時客廳裡電話卻響了。

「我是，啊，是的，我在雜誌社見過您，」愛玲拿著話筒表情嚴肅之外，還多了一點異樣，聽著又說了些客套話之後，說：「這沒關係，稿件先放著……您別哭啊！」

「誰呢？」胡蘭成詫異地問。

「這位是幫著柯靈編雜誌的小姐。原本是通知我因為柯靈被抓，下期雜誌恐怕會停刊。」愛玲顯然話只說了一半就停了。

「是了，盛傳老柯有一妻一妾就住上下樓，太太凶得很，精明能幹幫著做生意賺錢家用，姨太太就忙著管雜誌出版社，兩人生許多孩子，也不知道這樣的文人能怎麼維持生活！」最後一句胡蘭成說得有點輕蔑，因為柯靈其實和他不對味，說過自己絕不做那些個「落水文人」，現在好了，還得「落水文人」來幫忙罷！文人圈裡的八卦當然胡蘭成都有管道知道。

「我同你一起去成嗎？」愛玲平常雖然喜歡聽八卦，但現在聽著也沒什麼滋味。以胡蘭成的身分地位當然去憲兵隊沒問題，但是張愛玲是他什麼人？能不能一起去可還有點問題。

「我回上海幾乎天天來你這裡，就算跟蹤，特工早也都調查清楚了，就一同去吧！」胡蘭成倒不忌諱地說。

特工早知道了？難道特工也把她當作他的姨太太？愛玲當下有點不高興。但轉念一想，不管了，人說是還不是，反正也不敢當面說就好！愛玲暫時把這部分的忸怩心情放在一邊，又跟炎櫻說幾句，讓她先回家去。

一九四四年夏天之後

兩輛黃包車在鐵柵欄前停下，六月的上海，無雲的藍天下是一片碧綠的草地，草地前平和地立著一棟漂亮雪白的大花園洋房，數度易主之後，曾經成為美國學堂，清朗得像天使居住的好地方，對門是莊嚴肅穆的國際教堂，醬紫色的斜屋頂，牆上爬滿了常春藤，這條貝當路，優雅安靜，租界時期是情侶散步的好地方。現在柵欄遠遠地把整條路封死了。他們必須下車步行進去，前方不遠就有日本士兵把守著。是日本滬南憲兵隊駐紮處，現在這所美國學堂被稱為「貝公館」。

愛玲只穿一件家常二藍竹布旗袍，外面罩一件簡單的絨線衫，跟緊在胡蘭成後頭。胡蘭成對士兵說幾句日語，士兵放行了。兩人進入白色建築之前，不知道哪裡傳來一陣淒厲陰慘的嚎叫，錐心蝕骨，愛玲陡然變了臉色，這是一個現世地獄，而她的文人朋友卻在裡面。她忍不住去拉胡蘭成的手臂，胡蘭成反過來握住她的手，還用另一隻手輕拍一下她的手背。彷彿她是個小女孩，被爸爸牽著過馬路。在建築物的長廊裡面，走這裡彎那裡，森冷冷地照不到陽光的地方多得是，愛玲這才知道她來這趟其實根本什麼忙也幫不上，只是被握在這隻大手裡，反倒感覺篤定，覺得事情有希望。

她的日文程度沒那麼好，港戰時期日本人派了俄國老師去教學生們日文，她學會一些，炎櫻學得比她好，又因為回上海繼續在聖約翰大學修日文，炎櫻現在讀說寫都已經沒問題了。

胡蘭成竟然可以見到憲兵隊首腦，愛玲在一旁靜靜聽他們交談，只知道胡蘭成首先搬出一些日本友人的名字，強調他們的交情，又替柯靈說些掩蓋的好話。忙一下午，從白色建築物出來時，天色已接近黃昏。兩人在夕陽中輕鬆地牽手走路。

「你覺得下午的交涉能成嗎？」話一問出口愛玲就後悔了，她是眼見胡蘭成盡力了不是？所以趕緊補充一句：「其實我沒大聽懂你們談話。」

「日本人說柯靈這不是第一次，前頭已經寫過好幾次對大日本帝國有惡意的攻擊文字。」胡蘭成說著，舉起袖子擦擦額際的大汗珠。初夏還沒大熱，這汗珠子當然是因為深入虎穴。

「所以有點難了，」愛玲想到那女編輯在電話中說著說著就哭了，於是說：「還需不需要再去找熊劍東？」她知道這名字是因為胡蘭成經常提起，只要說到理想抱負，時常就脫離不了熊劍東這個伯樂。胡蘭成想了想，方才那日本頭目的語氣似乎不是很想放人，但是女人這麼眼睜睜盯著他，第一次有求於他就做不到，成什麼話，他搔搔頭又抹了一次汗珠說：「可惜池田這時不在上海，不然他能幫的忙可大著。說不準熊劍東是可運動一些關鍵人物。」

「你的人脈這麼廣，我相信一定有辦法！」愛玲幾乎毫無心機地崇拜說。

八、九天時間很快就過去了，胡蘭成又回南京去。公寓裡少了這個男人的聲響和氣味，愛玲反而可以專注寫稿。針對迅雨，她寫〈自己的文章〉刊登在《新東方》七月號作為筆仗回覆。這天愛玲去《雜誌》交稿，本來是編輯接待，沒想到袁殊在辦公室。他負有政府要職，工作地點本來也應該在南京多過於上海，自從《雜誌》去年頻繁刊登愛玲的稿件起，文壇紛紛傳說，只要張愛玲來交稿的時間確定，袁殊那天就多半會在這個不起眼的小辦公室裡待一下午。

袁殊一見愛玲，把手裡的菸捻熄，笑著起身說：「正想搖電話給你呢！我們真有默契！」袁殊二十幾歲時是方長臉，可能因為公務應酬太多，現在兩頰變得圓潤，笑起來顯得和善，三十幾歲的人，卻有四、五十歲的老成樣。平常話不多，就是不說話時的臉也總像慈眉善目的菩薩微笑著。

「我知道快截稿了，這不就來交稿了？」愛玲笑著說。她的稿件從來都是袁殊親自聯繫。

「在你心中，我就這麼功利？只知道拉稿。」袁殊笑笑說，眉目間有點失望。

「就是知道你是好朋友，才不能拖你的稿子。」愛玲也笑著不肯鬆口，把關係鎖在寫稿拉稿上。

「我看你發表的小說，算算應該足夠成集子了，有沒有想過出書？」袁殊往長背椅一靠。舒一口氣說話，看來一派輕鬆。以他的政治活動複雜度，和這樣單純的年輕女作家相處說話，不需要防備，也就算能在忙中偷點閒散了。

「有的，這幾天才計算過，原本考慮中央書店……」愛玲說著，竟然發現袁殊皺起眉頭來，因此後面的話就停頓了沒說，畢竟袁殊對愛玲而言是文壇前輩，也和柯靈一樣是她的伯樂。

「那是專門剋扣作者，又印書偷工質劣的出版社，你怎麼想到他們？你這是第一本書，這麼個出法！又不是沒人要的書。」袁殊低聲地說，他不習慣直接批評，卻又不能不說。

「怎麼你和柯靈說得差不多。」愛玲有點吃驚地說，彷彿踏錯一步就會掉入墨黑陷阱，出書這件事，可得多小心些。

「柯靈說什麼？」袁殊眼神一閃，頗感興趣地問。

「說我應該要愛惜羽毛，第一本書要慎選出版社。」愛玲在這些識途老馬面前總是老實地說，不過柯靈要她慎選，是除了出書利益之外，最好不要碰和日本人太近的文人地盤，這個部分愛玲就不在袁殊面前說了，因為袁殊這裡正是拿日本人的錢開的。

「柯靈放出來了，老胡的確盡力。」袁殊意味深長地看著愛玲說。柯靈自己並不知道是胡蘭成幫的忙，張胡兩人也都沒說。怎麼袁殊會知道？愛玲有點訝異。

「也沒什麼，這事大家都知道了。」袁殊聳聳肩，雲淡風輕地水上打漂兒似滑過去。實際上他認識更直接的日軍要人岩井英一，後者曾經因為這件事來詢問他的意見。什麼熊劍東之類的人物，根本不在袁殊眼裡。[1]

「依你看，我應該給誰出這集子比較好？」既然柯靈已經釋放，愛玲就不是那麼關心了。重要的還是自己作品集的成敗，對於這件事，她時時認真地計畫著，其實從一開始刊登短篇小說，她就有計畫地計算著什麼時候可以成為毛姆。

「我不是自誇，其實我們《雜誌》月刊社應該是最好的地方了，如果你願意，我已經有許多行銷宣傳的想法，出書後，可以在《雜誌》上開座談會，《雜誌》的銷售量本來就大，銷售宣傳上特別方便。」袁殊說得條理清楚，語氣雖然溫和，卻很有說服力。

「聽說現在印書的白報紙越來越貴。」愛玲有點擔心地說，她的小說散文雖然深獲好評，但畢竟是第一本書，如果要像蘇青那樣自己叫白報紙印書製作，那她可完全不懂了。

「的確印書的白報紙都上漲了，不過這你不必擔心。這樣吧，交給我，出書賣書賺得的錢不用抽版稅算，但你得給我印書的成本，我們六四分，我們月刊社六，你四，如何？」袁殊這就根本不是開條件，而是幫忙，他知道眼前這個瘦弱的女子需要賺稿費維持生活。袁殊喜歡善用日本人的資源，大方分配給自己喜歡的作家，那不是一石二鳥嗎？愛玲當然想不到那麼多，聽到這樣好的條件，內心感激也很震動，看著袁殊肉胖臉頰，卻莫名其妙有點內疚，這樣為她設想的男人，又這麼有辦法，為什麼她的情感仍舊卡在另一個人身上？兩個男人的外型差別很大，莫說男人看女人要纖細窈窕，女子看男子也一樣有苛刻的外貌比較，胡蘭成是太極拳練家子，身體精肉結實，又自誇多話，處處能表現風度翩翩的引誘。袁殊和善內斂，雖然不矮，卻圓墩墩的，當然不是愛玲的菜。

「真是謝謝，這幾日我就開始整理，先把目錄寫好，書名早已想好了，就是《傳奇》。」愛玲想到要出書了，不禁興奮起來，又有點不好意思地說：「稿費和賣書的錢，真是謝謝！」

「這書名好！」袁殊說，看得出他是真開心這位天才女作家要出書了。

「我會請炎櫻設計封面。」愛玲歡喜地補充，其實她才二十四歲，還沒過生日，這麼年輕的女孩，享受被騎士呵護的感覺是應當的。

一九四四年八月十五日，《傳奇》由《雜誌》月刊社出版了，由於其中的小說都刊登過，才出版四天就銷售一空再版，這本書和蘇青的《結婚十年》一樣，上海幾乎人手一本。八月二十六日，《雜誌》月刊社又在康樂酒家召開《傳奇》集評茶會，找來許多書評家、媒體，袁殊在場招呼，並不掩飾他對

1 袁殊留學日本，日文好得像母語，日本人根本不懷疑他是軍統、中共的地下人員，直到一九四五年抗日戰爭結束後才暴露臥底身分。這期間袁殊應該有告訴張愛玲真正的身分，後來張愛玲在給宋淇夫婦的信件中還提到袁殊。見《小團圓》前言，宋以朗，張愛玲一九七六年四月二十二日信件中寫道：「我是太鑽在這小說裡了……再也沒想到重慶的地下工作者不能變節！袁殊自命為中共地下工作者，戰後大搖大擺帶著廚子等一行十餘人入共區，立即被拘捕，但是他的 COVER 是偽官……」張愛玲顯然很清楚袁殊臥底的身分，不是交情夠深，這也不可能知道的。

張愛玲的欣賞。

一大早，太陽已經曬得扁擔攤販子們晶汗晶汗的，吆喝買賣聲此起彼落，市場窄窄的過道裡熱鬧喧嘩，一雙鳳頭粉色繡花鞋，輕巧踏過菜攤旁滿地亂丟的白菜爛葉子，又踢走一兩顆掉在地上的蘆栗，這是愛玲逛靜安寺廟會買的鞋子，現在她彎腰揀選面前攤上的茭白。

「這茭白好咧！無錫蘇州來的，別處的吃起來還沒這麼嫩脆爽口。」這賣的人是個黝黑漢子，穿著短打，翹起大拇指自賣自誇，又指指別的說：「這些白蒲菜也好，都打崇明北沙那兒來，鮮嫩的。」

「這時候已經有茭白了，倒想不到。」胡蘭成背著手在一旁看著說。

他昨天剛從南京回上海就直奔公寓，吃過晚餐又說話說得晚了，這種時候姑姑總是識趣地回房緊閉著門，房客阿媽當然更早就拉著孩子回後頭的小房間不出來了，過道上每間房門都關得緊緊的，方便他們經營兩人世界。所以胡蘭成也變得放心大膽在愛玲房間過夜，一早原本想趁姑姑起床前出門，他又不喜歡躡手躡腳拎著皮鞋走過道，總要體面地穿著鞋子，怕不小心姑姑一開門看見他一副賊樣子，多難為情。有過頭一兩次，愛玲聽著清晨鞋子在狹窄的過道上喀啦聲響，她想姑姑一定聽到了，皮鞋敲著地板實在大聲，所以後來只要他留過夜，愛玲總是一整晚不好睡，天才發白就催著他從後門安全梯走下六層樓。

夏天天亮得早，總不好四點多五點鐘就把開電梯的吵醒吧！

今天索性刻意不在東方發白就叫他，男人每每完事後都能睡得像豬一樣，愛玲想起蘇青說的話，在床上自笑了起來。看看擱在床頭的手錶，她聽見緊關著的房門外阿媽的拖鞋聲，小男孩窸窣著帶飯包課本，被阿媽小聲敲打叫罵著，這些壓抑的嘈雜聲成為姑姑上班前的鬧鐘，所以愛玲預估大約再過頂多三、四十分鐘，姑姑也起床了。再一個多鐘頭，阿媽送孩子上學順便上菜場，姑姑去上班，家裡就沒人了。

因為不用沒睡飽被叫醒，也不必偷偷摸摸下樓，胡蘭成心情好，今日居然自己說要和愛玲一起來附近菜場逛逛。

「噯，先生您不知道，這剛出的才上好哩！」小販還在極力吹捧茭白，見愛玲又去摸旁邊的大藕，就說：「太太真懂得貨色，您看看，還沒脫泥巴的藕呀！整大根的，最香甜！」

「能煮得爛嗎？」本來沒想買，被小販叫著太太長太太短，愛玲有點調皮地裝腔作勢，學平常阿媽挑三揀四的樣子皺起眉頭，用兩根手指頭捏著滿是汙泥的蓮藕枝子，翻來覆去地看。

「哪能不爛?!保證下了滾水就能爛！」小販誇口說時已經主動把蓮藕用報紙包包好，寧可買的人別先付錢，又說：「那茭白不要嗎？不要挺可惜的，就我這攤最好！」

下滾水當然能爛，問題是，得滾多少時間？這菜販子也真能說。愛玲本來就只打算逛逛，因為阿媽會打理該買的菜，不過看在攤販這樣努力，總不好意思什麼都不買點就走了，愛玲不禁笑了起來說：

「就這兩樣，你算算多少錢吧。」

「你想不想吃牛肉粥？」愛玲轉過頭問。

「是你煮的我都想吃。」胡蘭成微笑著說。

「你美得！」愛玲啐他一聲，「當然是買回去阿媽煮！要不，你連阿媽煮的都別吃！」說完自顧往前走去。胡蘭成膩在她耳朵旁說：「哪，到我餓得狠了，只好吃你！」愛玲紅起臉來，想到昨天他一進門，就把一個白鐵箱子交在她手裡，低聲地說，我們進房間去打開，其實那時候四下裡也沒人，用不著這麼鬼鬼祟祟。沒想到進房間打開鐵箱子之後，發現全是錢。

愛玲沒經驗過這種事，總覺得窘，好像收受了人家的錢又不用心招待，會讓人心寒。但是一拿了錢又特意多招待，又像太過巴結了，真難拿捏，反而因為這樣整夜沒睡好，雖然今日沒在東方發白就趕走他，已經是一箱子錢換來的一點獎賞，只給這麼點獎賞也許還是過意不去，想來想去決定做點特別的湯，這才安心一點。

「肉店到了，你倒說要不要啊？」愛玲用手肘撞胡蘭成一下說，邊看攤子上的牛肉，又用兩根手指頭翻過肉塊下的皮看看，再把油膩的兩根手指頭在肉攤邊掛的抹布搓掉油。這是學炎櫻的，這麼做看起來精打細算。

「太太您放心，」那肉販子兩手油溜地笑著說：「那就是戳印子了，上面是『滬衛生局驗訖』。」

「這是黃牛肉還是水牛肉？」愛玲能懂得問這個，是年紀小的時候聽何干和廚子說話記來的。

「水牛肉經緯粗，脂肪油白色，皮上戳的印子是三角形，」肉販子邊說邊翻肉皮解釋：「我賣的這是黃牛肉，不是水牛勞作老了才賣來殺的，肉老硬，煮不爛。這黃牛肉經緯細又嫩，黃脂肪，蓋的是圓印子。我做生意，您問問看，菜場上誰不曉得。」肉販越說越高興大聲起來。愛玲笑道：「好好，就要這塊吧！幫我把那大塊油切掉。」

「等等再去買條魚，忽然想吃醋溜魚片！」愛玲看看網袋裡面居然有幾樣東西，覺得自己頗有點居家太太的樣子，雖然不是真的。

陽光燦燦，連手裡提著放青菜牛肉的網袋也晃亮晃亮的，在人群裡摩肩接踵地走著，愛玲自言自語說：「想吃生菜沙拉，還得往回走，那些個東西阿媽可就不懂得買了。」說著向胡蘭成笑笑，拉起他的手走進街角一家洋式食品店，比起市場裡鬧烘烘的，這店裡明亮，大白天也到處點著燈，卻相對冷清許多。雞蛋一盒盒裝著，洋蔥、生菜、牛酪、酸橄欖、鵝肝醬、切片牛排小羊排，以及各式西菜用品，有些放在玻璃冷凍櫃裡，有些放在木台架子上，都整整齊齊。倒有兩三個外國女人在這裡翻揀東西，看著看著就放到自己的提籃裡。

「這種店裡的東西新鮮嗎？」胡蘭成邊說邊伸手拿一條錫箔包裝牛油，一看上面的訂價老貴，心中咋舌了一下又放回去，他也不是沒在大菜館吃過這些東西，但是這麼近距離把西菜館的商品全擺在眼前，而且可以慢慢挑選還是第一遭。

「別看人家冷清清的，這家店在靜安寺路可有名的，」愛玲笑著說：「外國人在別處買不到的東西，自然這裡頭都有。現在英國人美國人少了，德國人、義大利人、俄國人還時常來。」

「還有中國人也常來。」胡蘭成正經地說。

「嘎？」愛玲詫異著。

「你啊！」胡蘭成笑著點點愛玲的鼻子說。

經過炎櫻父親的珠寶店，在門口張望了一下，裡頭的小姐認識他們，笑著迎上來說，早上還沒正式開店，炎櫻不會這麼早來。他們往回走，停下來買一瓷碗豆腐，在另一家又買一瓷碗的豆瓣醬，瓷碗都是預先備著，買好了放入網袋得小心不能傾倒，在悠閒裡買的都是些不必要的食物，路上兩人說笑著，為了那兩只碗裡頭的湯汁，又走得非常小心，有種小夫妻兩口子過生活的滋味。

到了公寓門口，開電梯的人看見愛玲卻說：「剛剛您姑姑出門不久，有位胡小姐來找呢！說有急事，請她下來坐著等也不願意，這會兒該在樓上門口站著。」

「胡小姐？」愛玲怔了怔，不知道是誰，又疑惑地看看胡蘭成，他也搖搖頭，提議：「先上去再說吧，總得把這些東西擱屋裡去。」電梯往上去，鐵柵欄才一開，卻聽見一個女子聲音喊：「六叔！」原來那位胡小姐就是青芸。胡蘭成愣了一下，有點不高興地說：「你怎麼找來這兒？」

「張小姐，真對不住，」青芸先向愛玲道歉，又十分著急地轉向胡蘭成說：「英娣抓了刀片子鬧起來，非要六叔回去說清楚不可！」

胡蘭成才掉過頭來，愛玲已經開口了：「趕緊回去看看吧！」胡蘭成愣了一下，又握了握愛玲的手，才直接跟青芸又進電梯裡，愛玲望著向下沉的兩個人，忽然看見地上的青菜網袋，心裡一驚，連忙扶起來打開看看，裡面的兩只瓷碗打翻了一只，豆腐只是歪斜碎了一角，豆瓣醬卻糊遢得一網袋裡頭都是，還滲些到外面，進屋裡得一樣一樣重新洗過。麻煩了。

一九四四年十二月《傾城之戀》改編成話劇登上新光大戲院舞台，造成全市大轟動，連演八十場。《流言》由街燈出版社重印，內中收入三十篇散文，市面上反應幾乎和《傳奇》銷售得一樣好，一九四五年初，張愛玲已經名利雙收。

春天寒凍逐漸過去，她與炎櫻兩人逛到新新公司，因為正在冬季服飾大減價，人擠人的非常熱鬧。又有賣小吃的攤販吆喝著，附近有許多遊藝場廣告，兩人邊走，炎櫻照例說這說那，愛玲左顧右盼看那些廣告看板，引得炎櫻也往看板上望。忽然炎櫻指著一個巨幅女人說：「你看，這個跳舞女人，是不是一下子令人想起蘇青那嘰哩喳拉的美。」愛玲笑起來，說：「你自己不就嘰哩喳拉的！」

「真的！畫得這麼惡俗，蘇青見了一定要生氣，單穿了件短短淡紅背心，手腕腳踝上各圍了一圈水鑽荷葉邊，短短的紅白手腿，嘖嘖，」炎櫻睥睨著退一步又瞧瞧，說：「可是又俗氣得好！那淺紅的鵝蛋臉，人情味極濃的笑眼都像她。」

「嗯唔，」愛玲停下來手端下巴看，說：「被你說著，還真覺得像了起來。」

「不如把蘇青找出來，看她今天有沒有空。」炎櫻建議。

兩人沿街走著走著，竟也走到蘇青的編輯部大樓。蘇青桌上散放許多清樣，見她們來，反身取了黑呢大衣就一起出門。三人走在路上，橫攔著一個行人道的寬度。

「這件大衣我認得，就是去年秋天時候一起去做的麼！」炎櫻摸摸蘇青大衣袖子說。

「摩黛，還好沒照你意思，大衣扣子總得要的。」遇上炎櫻得用英文，蘇青雖然中央大學外文系沒讀完就結婚，英文能力卻還算不錯，又笑著想起，轉頭對愛玲說：「怎麼你今天沒穿那件行頭大襖？這種天氣，裡面穿一件薄呢旗袍才剛好。」

「又不是座談會，張愛寶貝著，不肯隨便穿出來逛街。」炎櫻替愛玲回答了。

「嗳，能用男人的錢做幾件衣服，我也多羨慕。」蘇青點點頭說。

「也不過一次。」嘴裡這麼說，心裡卻甜酸甜酸的，愛玲永遠是三個人中話最少最短的，最好周圍充滿人聲，她放鬆聽著就好。

「男人寵女人給錢用，天經地義嘛，有魅力的女人才能享受到！」蘇青笑著說。

「在我看來，你也是魅力十足，」炎櫻對蘇青說：「男人和你相處時總像很安心，不欠你什麼似的。」

這話倒引得蘇青嘆氣說：「我就是吃虧在這裡，男人看得起我，把我當男人看，上天下地我全包了，人家也不疼惜我。」

「這是真，最好新式女人的自由和舊式女人的權利都有。」愛玲說著自己也覺得不可能。

「愛玲，要是你呢？願意做專門的家庭主婦，拿丈夫的錢花，但得服侍整家子老小，還是做職業婦女自己賺錢用？」蘇青反問道。

「我已經是職業婦女了。」愛玲笑著回答。

「做職業婦女，每天花俏俏，好得很。最好家用再拿丈夫的。」炎櫻搶著說。

「倒反呢！摩黛，我這個職業婦女除了賺錢，回家照樣帶孩子，新女人的自由沒有，舊女人的權利也拿不到。」蘇青說。

「如果再婚，你想選什麼樣的男人？」炎櫻好奇地問。

「起碼吧，要比我大個五到十歲。」蘇青扳著手指說。

「你們不是和好了？」炎櫻指的是蘇青和前夫，他們同歲數。

「好是好點了，難保過一陣子又原形畢露，已經離婚也回不來的。」蘇青沒好氣地說，她的前夫不但錢上面不可靠，家中大小事從不幫忙也不體貼，她想想又說：「歲數大小其實也不是問題，有些男人年紀小一點，卻老成。」

「要是又不好了，反正負擔生活的是你，也能再有選擇。」愛玲忍不住安慰說，知道蘇青說年紀小點的其實是她的小叔子，成熟可靠又有責任感。

「我也覺得男子歲數大點好，不過上海那些印度人我都看不上眼。」炎櫻說。

「對，大上十幾歲也行。」愛玲微笑著說。

「喔，就是蘭你吧！」炎櫻聲調說得有點滑稽。愛玲看炎櫻一眼，心想，不光是因為胡蘭成，從小看到同齡的父母吵架分合，她早想過是不是男人年紀大些比較好，像她的奶奶二十二歲嫁給五十出頭的爺爺。

「胡蘭成，他幾時回上海？」蘇青也問，從去年知道張胡兩人的事情之後，她當面就稱胡先生，背後就連名帶姓的叫。她和胡是過過招的，後來她對胡只剩下嫌惡。

「快了，就這兩天。」愛玲輕鬆地說。

「張愛將來的丈夫一定得大她很多歲，她喜歡崇拜他。」炎櫻又把話繞回頭說，自顧自嘰咕下結論說：「男子就是放著讓人崇拜的，女子則需要崇拜男子，但是又不能崇拜得超過自己的利益。那可不行。」

「哎呀，我們這麼說話，都可以讓雜誌登個談話記錄了。」蘇青笑了起來。

三個人還在街上走，整條路上行人車輛來往嘈雜，他們不時停下來看看路邊的雜貨攤子，拿起毛衣、帽子、手套比了比又放下，最終愛玲買了幾雙深藍絨線襪，預備給蘭成帶去武漢，他信上說青芸準備的給沈啟無他們拿去用了。

愛玲早已叮囑過阿媽[2]，那天一早去市場買了東西就來，特為做了紅燒禿肺、清炒鱔背、醋溜黃魚、羊肉粥。在物資越來越緊的時候，戶口米戶口麵有些人都配搭不夠，還能弄上這麼些東西是真不簡單。

「哎喲，這阿媽伶俐的！」姑姑看著滿桌菜，笑著說，當然知道愛玲花了不少錢。

「他去年給的一箱子錢，好容易回來總得接風洗塵一下。」愛玲有點不好意思地說，像分辯解釋什麼。姑姑本想取笑一番，見她這麼赧赧的，也就只抿嘴笑笑說：「回來直奔這兒也算不容易了。」

愛玲知道姑姑指的是應英娣。

2 《浮花飛絮張愛玲》，李黎，印刻，頁二三、二四，李黎查出一九四七年九月張愛玲搬離愛丁頓公寓前，她和姑姑的戶口中有另一名女子王阿秀，和阿秀十二、三歲的男孩。判斷《桂花蒸　阿小悲秋》中的阿小應該脫胎於這位女傭阿媽。

「他去年答應我要跟她離婚，說會娶我。」愛玲邊把燈罩上的防空黑布套整整邊說。[3]

「男人會放整箱的錢在女人這裡，也是表明有這個心。」姑姑怕愛玲多心，連忙順著她的話說。

「是呀！去武漢辦《大楚報》之前巴巴的拿來。」愛玲想起蘭成那時信誓旦旦，說等他來年從武漢回上海，離婚手續定然是要辦妥的。

胡蘭成過中午才到，阿媽端出熱菜，又現炒一盤銀芽肉絲上桌。今天周末洋行不上班，姑姑早吃了中飯回房休息去。阿媽自去廚房整理，也就在過道後的小房間休息。外面剩他們兩人，沒正式結婚也像久別新婚。

「真香。」胡蘭成看著桌上豐盛的菜餚說。

愛玲邊幫他把外套脫下邊皺眉：「衣服上全都灰撲撲的。」

「一早就看了你和蘇青的對談，」胡蘭成捏了愛玲的臉頰，二十五歲還沒滿，臉頰粉嫩嫩的。

「一早？武漢有這本雜誌？」愛玲奇怪地問，難不成在飛機上就看到的，她沒坐過飛機，也不能想像當時代簡陋的噴射機能有什麼完備的服務。

「我昨晚回來的。」胡蘭成說，沒什麼的態度。這就當然昨晚住美麗園，青芸、應英娣那裡，他的家。胡蘭成見愛玲沒說話，就把話題轉到他處：「那談話會真有創意，你們怎麼想得到職業婦女和家庭婦女這個話題？女子總是細膩。」

又是堆著虛偽好話，但總稱讚得恰當，女人多少受用。

「和關永吉、沈啟無他們在武漢過年，幾個大男人的，都怎麼過？」愛玲也覺得一上來就擺臉色不好，隨意找些話說。

「上次信裡告訴過你，漢陽衙門的人為我們在縣立醫院清出樓下兩間大房。每日渡漢水去《大楚報》上班，開始時真是糟糕，簡直本來那些人都叫不動的，難用。醫院有女護士六、七人，我們算初來是客，多幾次在我房裡請他們吃茶點聊聊，」胡蘭成邊喝粥邊說：「這粥真好！」愛玲見他吃得高興倒也歡喜，又夾點韭黃鱔和銀芽在他的盤子裡。

「這麼做有理，熟了才能缺什麼要什麼。」愛玲邊說邊側頭看他鼓著飯菜嚼動的臉頰，腮上沒鬍碴，鬍子在美麗園家裡也已經刮乾淨了。

「大夥晚上在醫院後門口江邊上看武昌空襲，一下子起大火，飛機在雲端幾次掠過江邊這裡，又轉回對岸，嚇得我們連話也噤了，見飛機遠了才玩笑說，莫說話，給飛機聽見了！一語沒完，武昌又給投了兩顆，像連串大霹靂！」胡蘭成邊嚼飯菜邊空出舌頭迫不及待稀哩呼嚕地說。

「這裡年關有幾次轟炸，都在遠處，悶雷一樣。」愛玲一貫不大驚小怪的語氣。其實胡蘭成說的這些都在信上寫過，顯然要強調他為國為民經營的事業是經歷著高風險。愛玲看他一副說著就驚魂的樣子不覺好笑。她是個經過一九三七年滬戰和一九四一年港戰的人，知道再驚怕，躲得過能躲，躲不過也只能下輩子再說。

3 胡蘭成與應英娣的協議離婚啟事刊登於當時上海兩大報，《申報》、《新聞報》，一九四五年五月二十六日星期六頭版，見上海《申報》影印本第三八七冊第三七三頁。廣告很大，當天刊出後，上海文人紛紛猜測胡蘭成與張愛玲可能將要結婚了，這裡請注意，是一九四五年，並不是目前所有張學研究者所知道的一九四四年，所以這時候他們兩人連祕密結婚都還討論不上。廣告有圖為證。認為張胡於一九四四年七月祕密結婚，多半是從《今生今世》推算猜測來的。但這新出土的廣告日期不能騙人，那麼難道胡蘭成是故意這麼蒙騙讀者？為什麼這麼做？請看官沿路往下瞧即可知。

「武昌漢口真糟透了！」胡蘭成見她不慌不忙還繼續夾菜到他碗裡，真有點不滿意，所以再強調一次，又說：「關永吉有天帶了個短髮女孩回來，還說，說不定明兒見不到日頭了，不如談談戀愛栽入溫柔鄉的好。他家裡已經有兩個姨太太了！」

「關永吉，真的！那小姐漂亮？」愛玲的興趣這才開始，她喜歡聽這些。

「你不知道，在武昌、漢口，那真是叫作出生入死，過得了夜晚，大白天裡看見被炸的斷垣殘壁，死人都被壓在散磚裡，哎唷，心驚呀！」胡蘭成又強調一次，覺得愛玲應該和他一樣心驚。

愛玲正慢緩緩舀幾勺子湯，自己拿起湯碗吹著喝著，胡蘭成看著更不開心了，覺得這個女人怎麼可以這麼沒心肝，難道她不關心自己的男人在生死關頭怎樣嗎？他是不好直接說她沒心肝。

「當然心驚了。」愛玲敷衍了一句，又興興地問：「關永吉的女朋友幾歲了？也是你們醫院的護士？」

「那王小姐也是看護，不過是漢口另一家教會醫院的，說她自己也是教徒。」胡蘭成訕訕地回答，已經很不悅。

「漂亮吧！」愛玲這麼說，因為知道他們一夥人常去舞廳喝酒嫖舞女，應英娣不也是這麼娶來的。

「一雙眼睛烏黑烏黑，大大的，可以定定地看你，癡癡迷迷一往情深，裝模作樣，面對面站在男人面前，好像柔弱得立時可以昏厥斷氣。」胡蘭成已經開始生氣了，所以越說越難聽，但是愛玲卻笑壞了。

「是你說得太過了吧！」她繼續大笑，不太想理會胡蘭成一直想表達的戰爭轟炸驚恐。他不過是希望她柔聲應和安慰他幾聲，說他這麼奔走辦報實在辛苦，又最好表現出女人慌張擔心的樣子，問有沒有哪裡可以躲藏，又有沒有人可以給他點什麼方便服侍他。他離開上海前總算有在這裡放一箱錢的不是？她想到了，可是愛玲偏偏和那王小姐不同，說不出做不出那些裝模作樣。幾個男人去那麼遠的地方，應該不只關永吉需要女人吧！

「護士六、七人裡，山東護理長過年應該是回鄉了，其他人也都留下來陪你們嗎？」愛玲像個太太漫不經心地家常問搭。

「醫院裡是有幾個護士留下來陪我們。」胡蘭成回答得很簡短，本來他已經不想說話的。

「幾個月裡，沈啟無那些其他人也應當有女伴了吧！」愛玲覺得有趣，嘴角竟微笑了起來。

「過年人都走光了，只留下護士長和小周兩人。」胡蘭成說了小周，心裡忽然出現一絲狠辣勁，報復一下也好。

「山東護士長反而沒回鄉呀！小周定然成了誰的女朋友，才不走了。是沈啟無還是你說過的那個姓什麼龍沓的？」愛玲最不能記名字了，但凡只要是八卦她都不想錯過。

「小周才十七歲，在那些護士裡年紀最小，卻最有女兒家的志氣，做事不落人後，」胡蘭成吃飯的速度緩和下來，他想看看愛玲表情的變化，繼續說：「她是見習護士，學的是產科，風裡雪裡夜半也常出去接生，日裡又負責幫同醫生門診配藥，她的做事即是做人，雖穿一件布衣，也洗得比別人潔白，燒一碗菜，捧來我房裡一起吃，也是端端正正的。」

「你們常常在房裡兩人一起吃，一起看武昌空襲大火。」愛玲重述一遍，語氣沒什麼不對，說話聲音仍然柔柔的，只是沒有表情。她已經知道無意間問出不該知道的事。

「還一起去看轟炸過的街道。」胡蘭成盯著她的臉看，彷彿想看她斷氣了沒有，又說：「有個這樣好的人陪著，轟炸裡也不心驚，亦是好的。我是一貫不喜歡隱瞞你，說實話亦是好的。」

「哎喲，這鱔背炒得真滑脆，」愛玲彷彿沒注意他說了什麼，忽然有滋有味邊吃邊說：「多吃點，你信裡不是說武漢物資緊，飯裡都有砂。這鱔背武昌可該吃不到嘍。」

「等下子我拿小周照片給你看看，長得清秀人也好，她比你矮些，也苗條，瘦卻不見骨，豐滿卻沒餘肉。」胡蘭成還在說，心裡本來的狠辣勁也沒了，是想到小周的溫柔真的喜孜孜，放下筷子拂拂愛玲額上的髮絲說：「你我知心，說與你聽也是讓你替我歡喜，有個這麼好的女人在那裡體己，替我做這做那。」

「這樣的姑娘過起日子來總也不錯。」愛玲反諷地說，口氣卻輕柔無比，她從來也出不了惡聲。

「小周又不比尋常，她看重世人，總顧到對方的體面。有一天——」胡蘭成沒臉地還要講下去，卻被愛玲生生打斷說：「只要年輕總是美。其實年輕女子的可能性總很多。上次我同姑姑一起逛皮貨店遇到的德國人，居然到公事房找姑姑談，要她回家問問我，願不願意同他一周住幾天，每月貼點錢給我們。真是挺有趣的！」愛玲笑著說完，胡蘭成忽然把碗和筷子摜下，說：「怎麼，你覺得挺有趣的?!」

「怎麼？難道你不覺得有趣？」愛玲微笑盯著胡蘭成繼續說：「那個德國人哪，還說喜歡我這種細長型氣質又好的東方女人，最重要是溝通得上！」

溝通得上，指的當然是外文能力好。胡蘭成只有中學畢業，自學雖然駁雜，英文能力自然不行，別說愛玲的英文程度，就算是他看不起的離婚女蘇青也還高攀不了。平常愛玲是盡量不讓他有這方面的難堪，總是說西方文學沒中國小說的好。因為胡蘭成只能讀翻譯的西方作品，國學底子和中國小說卻熟溜透裡。

胡蘭成不吃飯了，臉繃著，起身走到洗手台搓洗手臉，又熟門熟路逕自開她的房間進去休息。過道裡每間房間的門關嚴嚴的，姑姑識趣的。愛玲從客廳悠晃到廚房，吩咐阿媽準備點紅酒和蛋糕。阿媽拿了一瓶特藏的雪瑞酒，愛玲搖搖手，他今天沒資格喝這個！阿媽又換了一瓶普通紅酒，兩只高腳杯，端在圓盤裡給愛玲，自去收拾碗盤。

房裡胡蘭成已經脫了襪子襯衫，橫躺在床上，手裡夾根香菸，是愛玲早放在房間裡為他準備的。這房間不大，一有淡巴菰味就變得霧霧的。愛玲拿起她的男人隨意丟在書桌椅背上的領帶襯衫，把托盤放書桌上，若無其事地問：「喝杯紅酒？我看中國茶你應該家裡喝過了。」

她的五斗櫃裡現在也有胡蘭成整套的內衣褲、襪子，衣櫃裡的西裝西褲、襯衫、領帶領帶夾袖夾，也都是她和炎櫻幫著配好。他晚上不知道還有什麼事，今天是穿西裝來，她從他的西裝口袋竟掏出一邊一只花樣不同的布手帕，雖然都方方正正，摺法卻不同。胡蘭成吸完菸，把菸蒂在菸灰缸裡按掉，從床上坐起來伸手拿起倒了紅酒的高腳杯，拍拍他坐著的床邊說：「坐這兒，我們睡一會兒好不好？」愛玲把身子靠在桌邊拿起高腳杯啜了一小口，又把鼻子湊上帕子去嗅嗅，輕笑道：「這手帕子疊得不同款，香香的真好聞。你哪像個水裡來火裡去做戰爭活兒的人。」

家裡有應英娣，武漢有小周，也不知道他來這裡做什麼，大概這裡也就是「亦是好的」罷。

一九四五年三、四月的豔陽天，胡蘭成在愛玲處吃過午飯，要去舊法租界出席一項時事座談會，愛玲坐在床沿遞給他一雙乾淨襪子，一件夾綢背心，抬頭看他正套上長袍，也許應英娣在美麗園的家也這麼做吧。

她想起去年他們的關係才剛開始，為了避免姑姑撞見尷尬，胡蘭成當然不可能在公寓過夜。大概他那天實在太想繼續和她在一起，那正是兩人最火熱的時候，他說服她，帶她去美麗園過夜。在美麗園，他們說話說晚了，又翻雲覆雨，花了許多時間，天快亮時他用粗壯的手臂圈著她，她從小習慣側身睡，縮蜷得像隻小貓，枕在他胳肢窩下才睡著，第二天醒來已經下午一兩點，沒看見胡蘭成，她心中一咕嚕，驀地緊張起來。這張古老灰舊的大床，幸好房間大，不然昨夜嘎吱嘎吱聲響難免讓隔房的人聽到。

她瞪著木大床的床頂板，想起進美麗園時青芸的笑容。

「歡迎張小姐，這房間雖然久沒整理，被子枕頭倒都是乾淨新鋪。」青芸笑著把她讓進房間說。應是六叔帶來的女人多了，安排得嫻熟。看得出青芸肯為她六叔做一切的事情。家中上上下下也是她打理得整齊。

「家裡都沒有我能睡的房間了。」胡蘭成跟青芸說話倒有點兒子跟主母耍賴的樣子，讓愛玲聯想到自家阿媽十歲的兒子。

「六叔又糊塗了，整棟樓不都是你的。」青芸仍舊笑著說。沒離婚的第二個妻子全慧文的房間，當然胡蘭成早已不進去了。沒正式名分的應英娣的房間好好的，怎麼不能睡？青芸又轉頭向愛玲說：「張小姐如果有什麼不方便，儘管告訴我。」青芸比愛玲大幾歲，在大家庭裡打點慣了，說完該說的話就要反身下樓去的樣子。

「謝謝。」愛玲只能尷尬簡短地回答。

進了一間大洋房，裡面住了他的太太、姨太太、姪女和小孩們和傭人，指不定還有些往來的親戚。就這麼靜悄悄趁著黑夜來住，又不是旅館，好意思天亮以後大白日頭出門回家？青芸該不會也把她當成了第二姨太太吧？

現在她望著大床木板頂，應該快中午了？還是已經下午了？望過去牆上沒有鐘，愛玲躺在床上，偷眼看自己的衣服都翻在床下床尾，連三角褲都褪在被子腳邊，那時還怕姑姑知道，胡蘭成大概不耐煩悄聲悄氣的，所以才冒險來這人生地不熟的地方，像闖進了什麼奇怪的兔子窟，愛麗絲夢遊醒來，還得想辦法回到現實生活中。

等她穿戴整齊，試著轉銅門把，那房門挺重的，推開，樓梯過道裡，陣涼風吹進來，沒有人。她挺直了身子走出去，還好繡花鞋沒有高跟鞋的塊頭腳步聲，她像隻鬼一樣下樓梯，轉個彎忽然有間房門開開，探出半張臉，方形蒼白，額上幾綹鬈髮亂披著，是傳說中那個發神經的第二任妻子全慧文吧！愛玲故作鎮定繼續向下走，大概認為是親戚來找青芸，那女人看看又把門關上，愛玲鬆了一口氣。

現在回想，全慧文發神經，胡蘭成總告訴她，是更早前在香港莫名其妙發瘋的。都生了五個孩子，還會這樣發神經，沒有事由實在不太可能。

樓下隱隱傳來前間打牌的說笑聲。過道只有一條，她必須往前穿越，那前間門開著，幾個女太太在裡面打牌說笑，她忍不住好奇轉頭看一眼，一個年輕瓜子臉，頭髮鬈鬆鬆俏皮地堆兩旁，手上閃閃兩隻金剛鑽，這一瞬間彷彿對方也抬眼看到她。愛玲一驚趕緊走過去，耳裡聽到一個女人說：「噯噯，你發什麼呆？不輪你哪！摸什麼牌，愛相公啦！」愛玲已經快要走出門了，另一個取笑的聲音遠遠傳來說：「她相公近來要升官嘍，不看英娣今日輸了萬把塊也不眨眼的！」

一九四四年初剛認識胡蘭成時，第一次來美麗園坐在客廳裡聽胡蘭成長篇大論一下午，那天傍晚已經天色昏暗，應英娣從大門進客廳來只驚鴻一瞥，愛玲那時不在意，也對她的臉沒記性，現在才真算看見，那個女人是應英娣沒錯，嚮導社舞女出身的，聽說也不識字，能掙到這個地位不錯了，這樣的妖姬住進家裡，全慧文不發瘋才奇怪。[4]

但是愛玲自問自己現在又算什麼？

胡蘭成的座談會時間還早，下午房間裡的光線很亮，夾綢背心光閃閃，他的側面有尖挺的鼻子，稍微深凹的眼瞼，睫毛在光裡面覆下，一眨一眨，正翻著愛玲書桌上的雜誌，說：「這《創世紀》寫得真好，這樣稍微讀著就想讀下去。」

「寫的是我祖母的妹妹，李鴻章把她嫁給一個小她六歲的小丈夫，一輩子到老不懂世事。」愛玲喜歡聽他誇讚她，總像年幼時父親給她的鼓勵，合理又恰恰說到她心坎。

「這本雜誌先讓我帶走，晚上就想讀完，以免想著遺憾。」胡蘭成說著就把雜誌揣入大衣口袋。這意思也很明顯，今天會後晚上不來這裡說話吃晚飯了。他還不知道這篇小說會分三期刊登，愛玲聽懂他話裡的意思，也就懶得多解釋。

還不知道小周以前，只覺得自己是個多妻者的地下情人，知道小周後，更異樣了。愛玲從小讀《九尾龜》、《海上花》、《海上繁華錄》、《歇浦潮》。父親那一輩的男人誰沒玩過長三，更知道上海高級妓女文化，都經營著一個溫暖家庭的假樣貌，男人來了，溫溫存存地服侍吃飯，妓女和老鴇也多少裝裝樣子陪吃些，然後同枕共衾，唧唧噥噥說話，動手動腳，完事後一夥睡到第二天午後。第二天男人醒來梳洗打扮好，又興興地出門去，也許約在另一個妓女家，長三書寓常是生意人碰頭處，一個富有的生意人往往有幾個相好妓女，有兩三處可去。

她可以當胡蘭成現在也是出去做生意。她也不是沒想過，他就這麼不跟她結婚，沒給她名分，在她這裡來來去去也可以。妓女相好還可以在朋友間公開關係，而她和胡蘭成之間的關係根本不在光天化日之下。

忽然她不甘心起來，嬌聲說：「蘭成，我也同你一塊去！」

「你不都對時事沒興趣，怎麼突然想去？」胡蘭成有些詫異道。

「只要同你一起，我都有興趣了。」愛玲說得任性俏皮，她比他小十幾歲，在他面前難道一定得成熟懂事？《海上花》裡的妓女們不開心時也能在男人面前任性撒潑的。

「好啊，只要你聽了不覺得無聊就成。」胡蘭成笑笑說。

一出門，正巧來了兩輛黃包車，胡蘭成待要把兩輛都攔下來，愛玲卻按下他的手說：「叫一輛好了。」胡蘭成看她一眼，卻也由她。車座窄，兩人無法齊齊坐上去，愛玲卻要他先坐上去，自己再側著挨坐到他身上。車身一路顛簸，車夫在前面顯得吃力，兩人要坐得穩必須他摟著她的腰，今日愛玲穿一件桃紅軟緞遍灑翠綠小花單旗袍，外面鬆鬆罩一件粉白絨線衫，兩手摟在他脖子上，因為兩人都高大，車座顯得更小，似乎引起街道上許多行人側目。

愛玲在他耳朵旁吹咬著話說：「蘭成，你說——他們看我們，看起來像什麼？」

「你說呢？我可不敢說。」胡蘭成笑起來。

「你哪，像陪長三去挑鑽戒的。」愛玲也笑出聲說，她想到應英娣手上那兩顆金剛鑽。

「你要扮長三，還得更豔些，」胡蘭成只比他父親小一些，雖然出身農家沒玩過長三，但還有么

4 見上海《海星》雜誌一九四六年第十期，〈胡蘭成的年輕太太〉二至三頁。說胡蘭成在宣傳部長任內，當時《中華日報》社社長閒來常找朋友在辦公室打牌，有一天胡帶了應一道去，大家都稱她太太，牌桌幾圈後到了晚飯時間，社長當然請客，下樓時報社幾個排字工人不知情，見到應竟然上前熟稔打招呼，應脹紅了臉跑下樓，這段文字如下：「印刷工人還不死心，四處打聽到底誰叫的嚮導社，後來問到茶房，茶房說：『胡說，哪裡有人叫嚮導社，嚮導社也未必叫到報館裡來。』排字工人說：『誰說不是嚮導社呢？剛剛走下去的便是XX社的XX，我們從前叫過她的，XX還同她有過關係的。』茶房把他喝住了，說：『不要胡說，剛才下去的是胡次長的太太！你沒有聽見胡次長跟在背後。』排字工人都伸了一伸舌頭。」

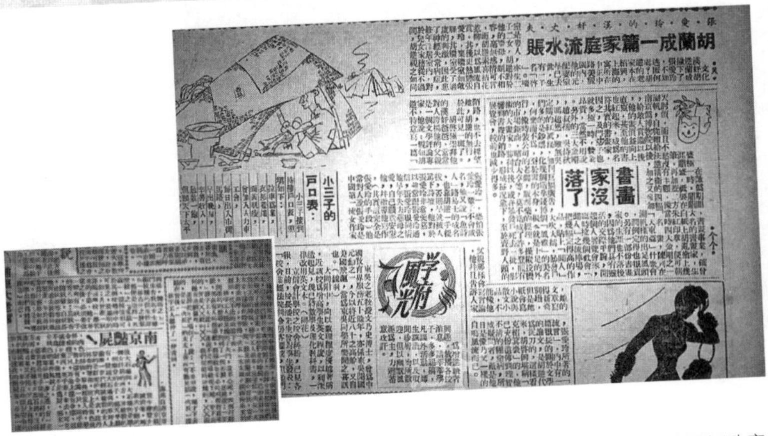

胡蘭成一篇家庭流水賬

書畫家沒落了

「胡蘭成的年輕太太」，講的就是應英娣。日本投降後的一九四六年，因為沒有了汪政府的勢力，一下子言論大開放，許多小報開始追胡張八卦，起底胡蘭成。連應瑛娣的出身都挖出來。

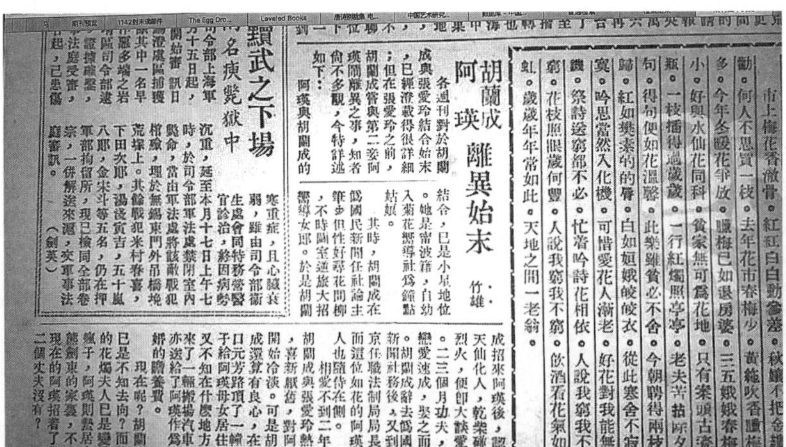

胡蘭成 阿瑛 離異始末

竹雄

各週刊對於胡蘭成與張愛玲結合始末，已經澄截得很詳細；但在張愛玲之前，胡蘭成曾與第二姿阿瑛鬧離異之事，知者尚不多覯，今特詳述如下：

阿瑛與胡蘭成的結合，已是小星地位。她是當波籍，自幼入菊花㶊導社爲鐘點姑娘。

其時，胡蘭成在僞國民新聞任社論主筆，但性好尋花問柳，不時闢室逆旅大招㶊導女郎。於是胡蘭成招來阿瑛後，認爲天仙化人，乾柴碰着烈火，便即大談愛情。二三個月功夫，就戀愛速成，娶之而去。胡蘭成辭去僞國民新聞社務後，又到南京任職法制局局長；而這位如花的阿瑛夫人也隨侍在側。

相愛不到二年，胡蘭成與張愛玲熱戀，喜新厭舊，對阿瑛開始冷淡。可是胡蘭成還算有良心，在虹口元芳路頂了一幢房子給阿瑛母女居住。又不知在什麼地方弄來了一輛搬場汽車，亦送給了阿瑛作爲離婚的贍養費。

現在呢？胡蘭成已是不知去向？而他的花燭夫人已是變了瘋子，阿瑛則蟄居在能劍東的家裏，不知現在的阿瑛招着了第二個丈夫沒有？

市上梅花香澈骨。紅紅白白勤參差。秋鐘不把金樽勸。何人不思買一枝。去年花市春梅少。黃綿吹香臘梅多。今年冬暖花爭放。臘梅已如退房婆。三五娥娥春梅小。好與水仙花同科。貧家無可爲花地。只有案頭古瓷瓶。一枝插得過歲歲。一行紅燭照亭亭。老夫苦拈原夕句。得句便如花溫馨。此樂雖貧必不舍。今朝聘得兩枝歸。紅如樊素的的唇。白如姮娥皎皎衣。從此寒舍不寂寞。吟思當然入化機。可惜愛花人漸老。好花對我能無譏。祭詩送窮都不必。忙着吟詩花相依。人說我窮我不窮。花枝照眼歲何豐。人說我窮我不窮。飲酒看花氣如虹。歲歲年年常如此。天地之間一老翁。

顯武之下場 一名瘐斃獄中

寒重症，且心臟衰弱，雖由司令部衛生處會同特務營醫宜診治，終因病勢沉重，延至本月十七日上午七時，於司令部軍法處禁閉室內斃命，當由軍法處將該敵戰犯棺殮，埋於無錫東門外吊橋塊荒塚上。其餘戰犯米村春喜，下田次郎，湯淺貢吉，五十嵐八郎，金朱斗等五名，仍在押軍部拘留所，現已檢同全部卷宗，一併解送來滬，交軍事法庭審訊。（劍英）

記者去找應瑛娣訪問離婚始末。

二的時代他也開過眼，更下等些就是舞女，他當然玩得箇中高手。他分出一隻手，去捉舞在愛玲臉上的白柳絮說：「眼睛要畫上眼線兒梢，嘴要黯紅，兩腮得更粉嫩些，頭髮要梳梳高，攏著捲起來，腳登一圈水鑽高跟鞋，兩只耳墜子得鑲上金剛鑽。行頭足，貴客才上得門來。」

愛玲捶他一下，「你倒很懂哪！」又飛來幾絲柳絮繞在胡蘭成身上，愛玲也分一隻手去捉。這個時代當然已經沒有長三了，但是還有許多嚮導社和交際花。

「我可是不去惹那些的，都是關永吉他們常說。」胡蘭成隨意一句撇得乾淨。

越來越多柳絮成團成球在車子前後飛繞，他們互相在髮際、膝上捉柳絮，嘻嘻哈哈的，愛玲說：「這些柳絮，只管撩臉拂頸子的，真癢。」胡蘭成接著說：「說它無賴一點也沒錯。」

「就像你！」愛玲說著又在他頸子上捉一把柳絮，卻被胡蘭成捉住手響亮地吻一下，車夫轉彎時向後看了看，愛玲趕緊抽回手，胡蘭成笑著說：「你到底不能是長三罷！」

終於到了一棟有白石庭階草地的洋房前面，柳絮下得更緊，才立在門口一會兒工夫，就被柳絮撲滿一身，再往回頭看看來時路，紛紛揚揚都是柳絮在空中，恍若不合時宜的大雪紛飛，空茫茫，像她的心。

開會場在樓上，約有二十多位青年參加，像教室一般的排出許多位子，愛玲坐在後面最不顯眼的地方。他還是一套自己的理路講演：「中日應該合作，文化大一統」，雖然總旁徵博引些古人學說，講大同、和平，其實他的「和平運動」理論不大實際。為了反對共產黨陰慘慘的共產觀念，又是日本官方立場，也只好硬拗出理來。他理想化中國農村，說得興奮時，平時也能每天去公寓，從早到晚跟她發表想法，她覺得不過是懷舊，也都不去注意聽，饒是這樣，從早到晚，他走了之後，她總是累得發抖，整個人都快虛脫掏空了。[5]

現在坐在會場後端，根本沒注意那到底是什麼會，連她的蘭成都說些什麼也不很清楚，只顧著看他說話的樣子，遠遠的一個雄才大略的剪影，許多才華洋溢的手勢，可是越看這樣的剪影，越是感覺不到裡頭的血肉。

他不是她的，他們可以持續多久，她心底也隱隱懷疑，也許到頭來，這一切可能都不算數。就像她努力了三年半，一場戰爭全毀了她所有的在校成績與去英國留學的機會。她不相信美好的事情能真的落在她手裡。

會開到一半，空中忽然拉起警報來，大家慌忙伏下。愛玲不顧一切跑到離胡蘭成近些的地方，不久就聽到攢炸彈的聲音，一記一記悶響，飛機的爆音掠過頭頂，時遠時近，胡蘭成幾次還想站起來發言，這男人重視舞台多過生命嗎？真是不可思議。她索性過去拉他伏下，空襲的時間很長，警報久久不解除。他伏下的肩背很寬，想到不久他又要回武漢，那裡還有個十七歲的小周。

也許炸彈這時候掉在他們兩人身上也很好，她想。

從這時候起直到二戰結束，她的腦袋內心都有種說不出的混亂，像一層冰封住了水底下的波動，表面上是白皚皚的平靜安全，這段時間內到底曾經發生過什麼，潛意識像一扇石門，把她的記憶力固執地屏擋在外。除非從別人或別的地方證明是一九四五年發生過這些事，否則她總不相信。她自己稱之為「失落的一年」。[6]

5 見《小團圓》，頁一六六，九莉回憶邵之雍的長篇大論。張愛玲曾去信向胡蘭成借《戰難和亦不易》、《文明的傳統》，是胡蘭成在《中夏日報》與《大楚報》的社論集結，當然在《今生今世》公開張愛玲去信借書，是得意揚揚的。《今生今世》頁四九九。胡蘭成不是不了解張愛玲重視隱私，而是他的自我更大。他想重獲聲名，需要藉著說張愛玲的隱私吸引讀者，也順道撩撩張愛玲看看可否恢復舊好。這是《今生今世》下卷的內容，這部分專講佘愛珍，張愛玲看了上卷裡的〈民國女子〉，已經氣極，哪裡知道下卷更夾纏。張愛玲寫給夏志清表示生氣，是一九六六年十一月，這封信以後都沒再提到胡蘭成。直到一九六七年十月賴雅去世之前，這時期的張愛玲在照顧賴雅之餘，正因電懋老闆飛機失事去世之後兩三年，已無電影劇本可寫，需要靠申請藝文經費、稿費和版稅生活，收入不穩定，請夏、莊兩位幫忙注意有沒有可能找到一份固定薪水的工作，有點眉目是加州柏克萊陳世驤主持的中國研究中心，給莊信正信件八，莊註中指出，她還不只一次託轉交珍貴的家傳善本書給陳世驤。美國的醫療費根本是無底洞，從這些對比資料看來，張愛玲要借胡蘭成這兩本書，應該以為自己必須多懂得些左派右派政治意識形態，尤其中國過去十幾年來政局的變動，以利未來一旦中國研究中心能有固定工作缺，去了才不至於太貽笑大方。

6 「失落的一年」是《小團圓》中張愛玲直陳的語句，頁二四一，第八章開頭，這裡所說的「從這時候」，指的是第七章說的，與緋雯／應英娣尚未離婚，去武漢又遇到小康小姐／小周。胡應離婚，胡張結婚，在小報們爭先恐後刊出消息的一九四五年五月末六月以後。一九四四年，張愛玲還不知道小周。胡蘭成在《今生今世》裡把時間蒙混過去，造成一種離了婚才與張愛玲結婚的假象，討好喜歡張愛玲的讀者只為了自己，所以張愛玲給夏志清的信才會說：「他也不至於老到這樣。」《小團圓》裡好幾處是把蒙冤不白的時序扭轉回來。根本邵之雍／胡蘭成的女人是一個重疊一個的，確實是上海人說的「糟哚哚一鍋粥」。

一九四五年夏天、結婚

其實就在一九四五年三月胡蘭成從武漢回上海前的一個月，有個德國人真的上門來表白。

那天不到黃昏姑姑就回家了，愛玲看著姑姑換上比家常穿的旗袍更漂亮點的洋裝，知道等等大概有客人。果然姑姑交代阿媽，煎牛排多添兩樣配菜。

「小煐，等會兒聽到臭豆腐乾叫賣，趕緊拿鍋子下去裝，嗯！」姑姑這麼說，愛玲本來樂意。

「還要多買些其他的？」愛玲問。

姑姑開開冰箱看了看。

「蛋糕被我吃了。」愛玲無辜地說。

「那蛋糕是咖啡店的，太遠，算了。我看這裡還有盒外國餅乾，將就吧！有雪瑞酒行了。」姑姑已經開了餅乾罐子看過。

「Not matter，Uncle 喜歡吃那種，黃包車很快的。」愛玲的話都沒有問句。她知道姑姑這個德國朋友來的時間都是傍晚，直到九點多才回去。

「不用老遠去買，這個人今天八成又是來炫耀的。」姑姑有點不耐煩地說。

「他真的升官了？」愛玲有點驚訝，真被姑姑說中了。

「德國人在上海還能風光幾時？這不是連連轟炸，多數德國人回家了，就他和太太兩人捨不得，上頭都沒人了，當然他要升官。」姑姑邊擺盤邊說。

「我還是比較喜歡KD叔叔。」愛玲知道姑姑最喜歡聽她說這句話。

「當然，李開第不一樣。這個德國人平常雖然斯文，酒喝多就不認人了，髒話也罵得出。」姑姑一直想念的李開第，是從少女時代就認識的人，留學比利時、法國、英國，他們在回上海的輪船上相識，可惜李開第的父母後來幫他和閔行富商夏家訂親，在大華飯店結婚，那時愛玲才十一、二歲，姑姑還願意當他的女儐相。上海淪陷時，KD舉家遷到重慶，從此姑姑和KD才失了聯繫。

「已經好幾年了，應該也沒有不好，有太太照顧。」姑姑小聲嘟囔。她想念他，可是也有點怨他。以前KD來時照例都有臭豆腐乾，他們三人都愛。所以追姑姑的男人，不論他們愛不愛，姑姑也都循例給臭豆腐乾。

「算是過考試第一關。」愛玲笑著說。

「當然啦，不愛吃臭豆腐乾，將來怎麼跟我一起生活？」姑姑理直氣壯也笑了。

「這個德國人居然能接受臭豆腐乾！」德國人第一次上門時，愛玲也頭一回見到外國人一口一口夾著吃，完全適應，筷子也用得挺好。

「他是在四川出生，父母是傳教士，不是猶太人。」姑姑說著又補充一句：「他們討厭猶太人。」猶太人不承認《新約聖經》，和傳教士的信仰差異很大。

「我覺得他很細心，熱湯也先幫姑姑舀。」愛玲說，知道姑姑不忌諱她對開第以外的追求者品頭論足。

「他說他可以教我德文，我也不是不想學，都四十好幾了，這樣自找麻煩，又不做生意。」姑姑癟癟嘴說。

「也許他想幫你，在洋行可以做到更高的位置。」愛玲說。

「當主管的錢雖多，現在卻是朝不保夕，何必！何況他說的話總多半是虛。」姑姑哼著說。

愛玲邊想著之前和姑姑的對話，微笑起來，邊幫著阿媽打手巾把子，方形白色小毛巾，沾濕了水扭半乾，摺成正反兩個三角形放在手巾盤裡，像西餐廳裡正式的餐位擺置。

德國人來時，剛好臭豆腐乾擔子遠遠的叫賣聲從底下傳上來，德國人個子老高，愛玲拿著鍋子一開門幾乎撞上他的前胸，來不及招呼叫電梯，點個頭就三兩步往樓下衝，慢了擔子擔遠去豈不麻煩。

她不負使命，除了臭豆腐乾之外，黃包車轉幾轉在咖啡店買了蛋糕回來。進門才覺得氣氛怪怪的。阿媽跟愛玲使個眼色，向餐桌努努嘴，桌上的西餐牛排都沒動，酒杯裡的頂級紅酒晃也不晃一下，黑罩子燈下顯得特別潤豔豔，兩人坐著也沒說話。

「臭豆腐乾嘍！」愛玲裝作輕快的英文邊說邊擺上盤子，這種時候她慣於裝傻。

「我真心喜歡你，難道不行嗎？」德國人的金髮在燈下變成褐色，臉上有憂鬱的神情，漂亮的希臘鼻子，活像是毛姆小說裡的角色，可惜不是英國人。如果是，姑姑也許會對他好一點。

「但是我沒那麼喜歡你。」姑姑的英語也溜，不忌諱愛玲也坐在餐桌上，就像愛玲對姑姑不避嫌一樣，德國人也習慣了這個姪女。

「那沒有關係，我每個月給你錢，想來這裡住時你招待我就行了。」德國人說著，又把地上一個手提箱要提到桌邊上，似乎是一箱子錢。發覺七巧桌放不下才又放到地上，又說：「我不能離婚，離婚了將來就回不去德國了。我和太太的親戚全都認識。」

「這叫包養！」姑姑用中文脫口而出。他把她當什麼了，外國人在遠東都這麼幹的！

「什麼？你說英文好不好？」德國人雖然在中國出生，但一兩歲就送回德國，是祖父母帶大，不會聽講中文。會用筷子是這幾年和太太一起來上海學的。

「我不知道你到底喜歡我什麼。」姑姑的教養使她總說不出惡聲。愛玲這一點倒很像姑姑。

「你這樣的臉，這樣細長的身材，其實就像我死去的中國母親。她在我一歲半時死了。」德國人說。原來他也是雜種人，愛玲想，那他的傳教士母親應該也是後媽了，難怪要被送回德國養。他該是隱瞞身分很久了，否則無法在德國社會立足。真是毛姆小說世界的現實例證。

「少來，我又不是你媽！」姑姑又說中文，說的內容凶猛，語調卻輕柔。

愛玲看姑姑真的很氣，可是她極力忍著，生怕自己笑出聲。

「什麼？你在生氣嗎？」德國人用哀求的眼神和語氣說：「別這樣，我真的很愛你！」

「Uncle，用點蛋糕。」愛玲有點同情他，起身把兩份蛋糕送上，也不管他們的主菜還沒動，姑姑不會介意的。自己坐到沙發上端著蛋糕吃，邊翻小報看。

「這樣吧，讓我考慮幾天再答覆你，我今天太沒精神了。」姑姑還是輕聲細語地說話，沒惡聲。

「你考慮很久了，就不能現在決定？還要我忍耐多久？」德國人急切地說。

但是你有太太，愛玲心中複誦著姑姑心中的話。聽姑姑的回答就知道，過幾天一定沒下文，到時候姑姑還如往常一樣，男朋友只是她一時的選擇，她愛他來陪伴就讓來，不愛就不讓他來，敲門敲腫了手也不開。說實在，是她沒那麼愛他，她在他面前是個大女人主義，這就是德國人急著要給錢，以交換女友承諾的原因。

她讓他把錢帶回去了。不要最大。

可是愛玲不一樣。胡蘭成去年帶來一箱錢，說是辦《苦竹》之外，還要去武漢辦《大楚報》，上頭給的錢。《大楚報》是本來辦壞了的報紙，不但沒影響力，效果不好之外，裡面的人事亂七八糟，拿錢不辦事的人多著。整理這份爛報紙大概是沒有人要去的苦差事，這個困難的節骨眼終於有人願意去了，也願意讓他敲點竹槓，胡蘭成拿了一箱子錢過來公寓，應該美麗園也放了足夠的錢。

姑姑說趕緊去換成金子，現在錢不值錢哪！

她是沒骨氣，把錢收了。但也不是沒骨氣，她是想，這是男人表達離婚的決心，另一方面也和德國人一樣，怕她跟別人好了，甩掉他。難道他道聽途說了才子袁殊也在追張愛玲？[1]

胡蘭成這種人也知道吃醋緊張嗎？這一點常常會讓戀愛中的女子覺得甜滋滋的。但是愛情的權柄就在誰比較在乎誰。不在乎的那一端可以任意指揮在意的那一端。難道一箱子錢就可以代表他在意她？那小周呢？他應該沒先料想到又多出個女人要包養，所以沒先準備好錢。

「包養」歷來只用在高級妓女身上，她想起姑姑那天對德國人說的話。

她覺得自己的腦袋越來越不靈光。

1 袁殊那時是《雜誌》半月刊的編者，也是中共地下黨人，這一點張愛玲是清楚的。張愛玲很多篇小說和座談會都是在這個雜誌發表，當時文壇盛傳袁殊一度想追求張愛玲，所以不但刊登文章，張愛玲出小說集《傳奇》、散文集《流言》也都是袁殊幫忙策畫宣傳。

胡蘭成四月再去武漢後，來信裡越來越多小周，想讓她顧左右而言都變得不太可能。她在十幾歲的時候曾經羨慕過同儕，埋怨自己的母親不忍耐，父親又不是不愛她，只是那個時代所有的男人都三妻四妾又狎妓。她的聖瑪莉中學和港大同學，幾乎每個女孩都有好幾位母親，雖然這種母親也許自己忍耐得很痛苦，但大家都這麼過，不論和母親親密還是疏離，女兒總可以過得富裕，至少不會出現個像蜘蛛精似的後母。她可以理解母親不能接受三妻四妾之外，應該也是瞧不起父親，或許一開始就不愛他，才堅持離婚。如果母親知道她是這樣委屈地跟胡蘭成交往，不知道會怎麼想？

那些信裡面的意思她當然看得懂，似乎小周在漢陽替她照顧他，她還應該感激才是，女子才德兼具甚好，但有德更重要，有德的首要就是不嫉妒。胡蘭成仍在五千年男尊女卑的空想裡。

上海的空襲越來越頻繁，他現在正與小周一起躲警報吧！在各種不確定和無望裡相互珍惜對方。荒謬的是，這也是《傾城之戀》的主題。更可笑的是，她連自己筆下的白流蘇都不如，名分上她既不是胡蘭成的妻，連姨太太也不是。只不過是姘居，高級調情的情婦而已。

憑什麼寫信？又該寫什麼？

坐在書桌前，燈忽然暗了，停電，也沒多晚，不到限電時間，現在電來來去去越來越沒規則。在黑暗中，她握著筆的手撐著，她很混亂，寫不出什麼回信給他。空轉著，太累了，慢慢的她打起瞌睡來，朦朧間，彷彿又回到香港山上那個多霧的宿舍，外面是霧是雨都分不清楚，但是她剛剛明明還在書桌前，為什麼一晃眼卻蹲踞在半山腰？不是霧，卻是密斜斜的冬天的冷雨。她沒有帶傘，這是港大宿舍的側門，她身旁傾棲著從上海帶來的行李，沒有炎櫻。這麼黑又濕冷的半夜，她弄不清楚為什麼她的船要在半夜到達？她是被人丟了不要的嗎？

她整個人捲在門洞子裡，雨點不斷掃到她身上，冷得她腳一縮一縮的。

忽然一陣車燈在她眼前打亮，車子裡來了一位華貴的施主太太，跟出來的是個穿著入時的小姐，一個僕人提著書箱和行李，愛玲趕忙拎起自己的東西跟上前去。修女向她瞥一眼，她像見了後母似的陪笑喊了一聲：「Sister！」修女只冷淡地說：「你也來啦！」她像知恩的小狗委委屈屈跟在修女後頭，正想進門，不料她個子高，忘了微彎肩膀，腳一跨，頭磕在門頭上，極痛——愛玲睜開眼睛，房間裡很暗，筆打橫了壓在手中，攤開的信紙被鋼筆斜斜戳過，劃破了，燈被打翻，燈上一圈黑紙罩子，紙縫間仍透出青絲絲的光，電卻莫名其妙來了。

「你怎麼啦？」姑姑聽到碰撞的聲響，顧不得敲門，急忙進來看看。

愛玲手撫著額頭，眼淚卻流下來，仍答說：「沒什麼。」

「還說沒什麼，很痛麼？」姑姑邊幫著揉邊說。愛玲卻伸出手把姑姑攔腰抱住大哭起來，姑姑也不再問了，只是輕輕拍著她，像每次她遭遇災難的時候。

雖然總會收到胡蘭成的「定期報告」，她也沒數，似乎已經很久沒回信。那天胡蘭成帶走放在她桌上的《雜誌》裡，刊登的《創世紀》是這一時期的最後一篇小說，接下來她只零星寫些散文、簡單的短文和別人整理的談話記錄。[2]

一九四五年五月下旬，胡蘭成忽然回上海，先給應英娣一大筆錢，足夠她去做生意，要重回舞女

2 直到一九四六年初，整整一年多期間她都沒辦法有真正的小說創作發表。

申報
「義烈空挺隊」壯舉
今日本報登張
代客收買下列股票

離婚啓事
胡蘭成與應瑛娣業經雙方同意解除夫妻關係

協議離婚啓事

葛宅訃告

一九四五年五月二十六日星期六《申報》第一版，胡蘭成刊登的與應英娣解除夫妻關係。請注意，是解除夫妻關係，而不是離婚啟示。因為無婚可離，應英娣並非胡蘭成法律上正式的太太。這張廣告的刊登日期直接戳破《今生今世》所說的「英娣竟與我離異」然後於一九四四年七月左右與張愛玲結婚。胡蘭成在一九四五年五月底才刊登廣告，距離日軍投降已經不到三個月，又已經去過武漢沾惹小周了。張愛玲在《小團圓》裡極力反駁《今生今世》的各種說法，卻一生都沒出版，最後仍在遺囑中要求朋友幫她銷毀，可嘆啊！

行業，還是當個嚮導社老闆娘，又或者，反正她還年輕，嫁人也很好。總之應英娣是答應了。[3]

那天一早，胡蘭成夾著兩份報紙來撳門鈴，一進客廳就丟下報紙在茶几上，狼狽、氣急敗壞，天大的事都比不上在這麼差的時局下了個大決心，原來他一口氣登了兩份報：「胡蘭成與應英娣，業經雙方同意，解除夫妻關係」。[4]

距離八月日本投降還有三個月。這時的文壇政壇還在日軍的勢力範圍，兩份報紙一刊出，所有小報消息全都猜測張胡二人要結婚了。一九四五年六月一日的《海報》署名喜鵲，寫了〈張愛玲將嫁胡蘭成〉，六月六日的《力報》署名老鳳，也寫了〈賀張愛玲〉，喜氣洋洋之後，署名黃瓜，在六月十一日《力報》上有個極短篇幅報導拿這件事找蘇青問消息的結果，〈張愛玲婚事〉這篇內容頗露一點蘇青與愛玲摯友之間互動的蛛絲馬跡：

「張愛玲曾著〈我看蘇青〉一文，刊於《天地》，邇來外間盛傳張愛玲將嫁胡蘭成，唯張本人猶

3 見一九四六年，〈胡蘭成，阿瑛離異始末〉，《萬花筒》創刊號。以及〈胡蘭成一掌情傷：應娣訴往事：他們是這樣離婚的！〉，《新天地》一九四六年第三期。

4 登報日期是在一九四五年五月二十六日，當然胡張結婚就不可能是眾所周知的一九四四年七月。張愛玲把這情節編入小說中，見《小團圓》，張愛玲，二〇〇九年三月，頁一九一，變成對全慧文／陳瑤鳳和應英娣／章緋雯各刊登一份離婚啟事。其實廣告刊登是兩份報紙同刊一種，就是與應英娣離異。這刊登只是公告，讓認識的人知道胡蘭成的決定，並沒有真正的法律效力，因為胡蘭成正式結婚的第二任妻子是全慧文，胡並沒有去辦與全的法律離婚手續，藉口當然是全慧文為他生五個孩子後，又得了瘋病。所以當汪政府結束後，上海的大小報紙雜誌就開始八卦張愛玲是胡蘭成的第三妾，以及風聞他們姘居的情況。

無若何表示，有人以此事尋諸蘇青。她答得甚妙，曰：予本擬撰〈我看張愛玲〉一文，惜事冗未曾完篇，故張胡結合問題，予此刻亦看不出也。」[5]

作者與編者之間天然有結構上的現實，寫稿的人希望多多賺稿酬，編雜誌書籍的人需要流暢有趣又動人的書寫，兩人總要維持親密的互動才能消息有無。端午後的天氣漸熱，讀者們雖然在小報上看得眼花撩亂，愛玲這時卻正和炎櫻、蘇青一起逛街，腳痠就近找家咖啡廳坐一坐聊聊也很有趣。她們常常逛一半就遇到空襲，蘇青立刻想到孩子們有沒有地方躲避，但炎櫻絲毫不受影響，休息休息還能繼續逛。

「等等要不要再去看看大衣布料。」炎櫻興致高昂地說。

「這天才要大熱不是？」蘇青訝異地說著笑起來。

「愛美的女人找合適的材料不受季節限制。」愛玲說著端起紅茶啜一口。

「厚布料現在不趕緊買，冬天要更貴了。」炎櫻說。

「這麼說也得理，連我們這兒資金都有點緊。聽說有日本人讓先停我們月刊。」蘇青向來對朋友說話直接，也不隱瞞實情。

「日本人還給不給錢可以問問蘭你。是不是，張愛？」炎櫻總一派無所謂地說，實際上她覺得自己是外國人，辦不辦報，月刊持不持續得下去，跟她沒天大關係，也不想搞清楚情況。但既然說到胡蘭成，她想到了另一個更重要的問題，轉頭向愛玲說：「善女人，你們訂的那天一早我認為你應該先去讓頭髮上些捲子。」

「報紙登也登了，結婚的誠意應該拿出來的呀！」蘇青隨口問了問，但整件事早已從陳公博那裡聽說了。

「他說是時局不好，不誇張辦婚事對我才好。」愛玲木木的說。

「哼，男人！」蘇青忽然憤怒地頓聲說完就打住。

比愛玲長幾歲，蘇青成名也早幾年，汪政權裡來往的人多，眼目也多，愛玲看著蘇青，覺得顯然她有什麼沒說出的話。

「日子是訂了。」愛玲在重複廢話，這是她不知道該怎麼接下去的說話方式。

「聽說是熊劍東覺得時局不好，」蘇青看著這一向精神不是很好的愛玲，停了停咬咬下唇，還是決定說了：「說是預想將來，越少家眷越好，勸他，一個姨太太帶來帶去，又不懂事，也不識字沒文化，只會打牌花錢，離了省點鈔票，也能順水推舟給張愛玲名分，豈不是一石二鳥？終究你是個作家，可以自己獨立生活，將來能不靠他之外，以你的名氣，說不定對他還可有幫助。」[6]

以她倆的交情，蘇青被人問到張胡結婚含糊帶過，實際根本是蘇青覺得那男人狡詐極了，沒什麼好宣揚慶祝的。

上海人把蘇青和愛玲當作明星來閱讀，關注她們的小道消息不算，只要有兩人參加的談話會，不

5 以上諸篇皆出自《舊聞新知張愛玲》，華東師範大學出版社，蕭進編，二〇〇九年六月，頁五三—五五。

6 《浮花飛絮張愛玲》裡，青芸回憶胡蘭成告訴她，熊劍東要他離掉應英娣，從青芸的整體描述，例如舞女出身的應英娣看到青芸嚇得願意守家裡人的規矩搬進美麗園，是個雖然漂亮但沒腦袋的女人，難保將來逃難時口風不緊，或婊子無情見利思遷，先登報離婚讓她嫁人，也是為免將來後患。這是完全在胡蘭成的利益考量，根本也不是為了張愛玲才登報離婚。

論各自還是對話，那份雜誌就能銷量沖天。到了七月二十一日舉辦的「納涼會記」中，愛玲被問：「小報上常看到關於張小姐戀愛的消息，所以想問問張小姐的戀愛觀怎樣？」[7]對於這種隱私問題，當場她回答得很四兩撥千斤：「就使我有什麼意見，也捨不得這樣輕易地告訴您的罷？我是個職業文人，而且向來是惜墨如金的，隨便說掉了豈不損失太大了麼？」

其實她的愛情從一開始就沒有純粹的欣喜，現在雖然要結婚了，也不能公開。

愛玲尤其忘不了他帶了報紙來的那天。

「他滿臉捨不得應英娣。」當天晚上胡蘭成走了之後，愛玲跟姑姑說。

「吃在嘴裡是骨頭，丟了是塊肉。」姑姑看著小報邊拿諺語比喻，把小報翻摺過去，眼睛也沒離開，稍停又說：「現在還當你是塊肉，保不定將來也會這麼對你。」

「他已經這麼對我了。」愛玲幽幽地說，她指的是胡蘭成又沾惹小周。

「那你還跟他？」姑姑說不出「結婚」兩個字，根本沒離婚結什麼婚，自騙自，她把頭從小報中抬起看著愛玲

「他給了我那一箱子錢，要不，我得還他。」愛玲猶猶豫豫的說。

「那就把錢還他，要沒名分養出個孩子怎麼辦？」姑姑本也心直口快，急起來直截說了。想想又哪裡不對，補充說：「當然他對你也許會比較小心。」因為也沒名沒分一年多了。

「他也沒比較小心。」愛玲低頭嘟囔一聲：「還說如果有孩子青芸會幫忙。」

「嘖嘖，這人不知是真大氣還是隨便！」姑姑不屑地說。

「他痛苦得很，因為登報了。」愛玲不開心地說：「方才還要把報紙留在這兒，我要他拿回去。」

「可不是？那又不是個離婚證明，有什麼好留的！總之這人不可靠。將來只有你幫他，沒有他幫

你的份。」姑姑說。

「日子訂了。」愛玲的意思有兩種，日子訂了還能反悔？以及，日子反正已經訂了。

「我得上班。」姑姑柔聲說。

「是禮拜天。」愛玲輕輕說。

「禮堂在哪裡？總不又是你自己去訂禮堂吧？」姑姑說。

「不用禮堂，就在這家裡客廳。」愛玲說得更輕了，彷彿非常心虛。

「既不是去法院登記結婚，又不去禮堂宴請賓客觀禮，難道是妓女從良給個姨太太名分？」姑姑氣得脫口說：「好吧，客廳借給他，我窩在房裡睡覺總成了。」

「姑姑不參加？」愛玲有點失望的說。

「他又沒誠意，不過是給你一個滿足而已，誰看不懂。」姑姑氣極了倒平靜地說。

「他說總不能把全慧文趕出家門，五個小孩都是她生的。」愛玲細聲地說。

「那只不過是法律上一道手續，連這個都做不到，又還有武漢那個，想怎麼樣？」姑姑輕蔑地說。

「他說時局不好，這麼不聲張對我比較好。」愛玲沒說她自己本來也反覆猜測，為什麼這個時候了胡蘭成才想辦結婚。

7 茶宴記錄刊登在《雜誌》第十五卷五期，內容見《張愛玲資料大全》，唐文標編，民國七十三年六月，頁二八八—二九三，裡面刊登的兩張照片張愛玲都是唯一坐著的人，以同樣慵懶事不關己的姿勢，眼瞼下垂不看鏡頭的態度留影。

「請了哪些客人？」姑姑見愛玲執意做了，已經不多反對，改問點細節。

「只有炎櫻。」愛玲機械地說。

「好吧！」姑姑沒好氣地說。

「姑姑知道要去哪裡買婚書？他要我趕緊辦。」愛玲對結婚的細節其實很困惑。

「哪有叫個新娘子自個兒辦這些事！」姑姑又怒道。

「也沒見這附近有這種店。」愛玲慢慢地說。

「在四馬路上吧，找炎櫻和你一道去。」姑姑簡短地說，又嘆了一口氣。至少有炎櫻可以出點主意，她是不想看愛玲這麼委屈。這麼辦結婚。就算《海上花》裡頭張蕙貞出嫁王蓮生，都還貴客往來慶賀，紅燭喜幛一應俱全，給女客們伴手禮帶回的都是精緻的金玉銀飾。姑姑手裡有家傳善本書《歇浦潮》，裡頭的名妓眉月閣嫁人，也公開熱鬧又正式。還有貴人給題幅對聯。如今李鴻章曾外孫女張愛玲結婚要這麼掩掩藏藏，作賊似的。姑姑真真是心裡難受。如果母親李菊藕還在世，該怎麼想？何況母親最小的妹妹，她的姨母一家也還在上海。

「好，我找炎櫻商量。」愛玲愣愣說著忽然流下淚。她其實知道姑姑最不會責備人的，但結個這麼委屈的婚，她也是被逼的。

「噯唷，」姑姑見愛玲哭了，慌得趕緊拉起她的手改口說：「我是真氣那渾球，不過心裡倒滿高興你結婚。這麼多年了，大家總說小煐就因為跟我住，所以也傳染成了獨身主義，這下子總算離了這個罪名！」

「誰這麼說啊？」愛玲被逗笑了。[8]

桌面胡亂堆疊著雜七雜八的物件。結婚當天一大早炎櫻就來了，穿著一件碧藍地灑小粉花洋裝，說是母親交代不可穿大紅的，以免搶了新娘子的風采。

「婚書、蠟燭、大紅新娘旗袍、彩帶結紅花，還缺什麼？」炎櫻點數著，她也不是很懂結婚儀式應該有哪些東西。半天忽然大叫：「對了！該還要有鮮花，你覺得要買多少錢的鮮花才夠呢？」

「新娘捧花就算了，那是外國人的禮數。」愛玲回答得不起勁。

「我就是外國人呀！我覺得該有的還是應該有！」炎櫻忽然變得興致勃勃一頭熱。

「難道你想接這個捧花，成為下一個新娘？」愛玲笑著打趣說。炎櫻最大的好處，常常是很快地能轉換愛玲的心情。

「那可不一定喔！」炎櫻唱歌似的。

「下午晚點蘭成才會到，好像差不多了。」愛玲懶懶的說，她也不想再有更多的動作。

「別擔心，我現在就幫你去找鮮花，坐黃包車去，給我錢！」炎櫻邊伸手已經走到門口了，愛玲數錢給她說：「不夠先用你的，回來再還你。」她們仍舊是學生時代的交情和習慣。

等炎櫻也熱熱鬧鬧出門了，一對紅蠟燭插在兩個大饅頭裡面，還沒點上，她們把七巧桌移到窗台前，桌的兩端一端一只直立立冷清清地放好，不是因為炎櫻忘了買燭台，而是買婚書的時候的確看中一對好看的燭台，銀製鑲包金，手工花樣細緻，但是很貴，兩人商量只用一次，太不划算。炎櫻結婚

8 《浮花浪蕊》中，青芸回憶張茂淵並沒有參加婚禮，以張愛玲與姑姑的親密，定然有內情，不反對卻未必就很贊成。

一定是家裡頭包辦飯店的，不可能承接這對燭台。不貴的都像寺廟供神似的，索性不買了，簡便就索性簡便到底了。

姑姑午飯後早進房去，不願看她們布置。愛玲見過李開第在大華飯店舉辦的盛大婚禮，也見過父親娶後母，在比較老舊便宜一點的查禮飯店舉行的婚禮，都是新娘換裝，人來人往敬酒笑鬧。

這是戰爭時期，愛玲這樣說服自己。

胡蘭成來了身後竟多跟了青芸。他是穿著正式的西裝打領結，頭髮梳得油光，這才有點新郎味。青芸卻只穿了家常布旗袍。愛玲當然穿著大紅旗袍，沒做新娘捧花，炎櫻卻把兩大束鮮花裝瓶擺在兩只大紅蠟燭旁，窗前蠟燭已經點上，兩張紅紙婚書攤開。看著胡蘭成執毛筆，飛揚地在兩張灑金的紅紙上重複寫下：願歲月靜好，現世安穩。

這麼看著，愛玲所有的委屈竟都消失了。

「這個人是真愛我的。」愛玲心裡想。她把自己的規矩方圓小字簽在他跋扈的大字旁，顯得娉婷裊裊。夫妻是該這樣。

各自簽了名，各執一份。炎櫻和青芸一旁觀禮，寧謐的午後，只聽見電車叮噹，今天連轟炸都沒有，天空是願意配合他們的。兩人於是牽手轉身準備向紅蠟燭所在的窗台鞠躬，因為沒有祖先牌位，只算是拜天地。沒有男儐相女儐相，也沒有司儀，兩人動作不整齊地，第一拜愛玲先鞠躬，胡蘭成才慌忙跟著，第二拜本該拜長輩，但是沒有長輩出席，胡蘭成已經轉身面對愛玲準備對拜，愛玲卻以為第三拜才應該是對拜，所以沒轉身，眼角餘光見胡蘭成轉身了，才又轉身面對，沒想到胡蘭成看愛玲沒轉身，早又把身子轉回去面對窗台，轉了兩三次，兩人想法才一致卻又太近了，差點彼此磕到對方的頭。只聽青芸咯拉咯拉笑出聲，胡蘭成回頭瞪青芸一眼，也忍俊不住，往青芸額上敲個小爆栗，輕輕喝一聲：「笑什麼！不許多話！」

愛玲也笑了，看到炎櫻卻沒笑，她很少看到炎櫻這種嚴肅的表情。顯然她對這敬拜來敬拜去疑惑之外，還可能覺得哪裡不大對。愛玲忍不住心底一陣淒酸。兩個鐘頭的儀式過去了，也近傍晚，愛玲把婚書珍重收入箱子底，胡蘭成的一份由青芸帶回美麗園保管。

「大功告成，吃飯去吧！」炎櫻又恢復一貫的快樂。

「當然要慶祝慶祝，去哪兒吃好？我看前頭有家小餐館，就那裡吧！」胡蘭成說。他不想暴露兩人的關係，大餐館容易遇到熟人。

「青芸一起去吃飯！」愛玲覺得可以直呼青芸的名字了。

「不了，家裡還有好多事，張小姐，謝謝，你們去吃吧！」青芸笑容滿面的很客氣，仍然稱呼她張小姐。在她來說，愛玲既不搬入美麗園，也沒真的正式和六叔結婚，只是兩人的約定，讓她不小心參與了而已，今早她也只是聽說了，好奇跟去看看，六叔也並不是真的想邀請她做見證人。當然六叔的事情，她是什麼都好。[9]

9 參見《浮花飛絮張愛玲》，頁一五九—一六一，張偉群訪問年邁的胡青芸整個結婚的過程。兩張婚書和張愛玲自己所描述的只買了一張不一樣，顯然《小團圓》不斷強調這個婚姻所有面向的不完整，甚至描述買婚書的時候只買一份，應該被店家看出這只是男方給非婚女人一個安心，不過是「自騙自」，不當場點破是老式生意人厚道。所以把《小團圓》全部當真是非常危險的，因為作者的確有意圖沿著自己的情緒，而非真實事件處理小說所有的安排與細節。

他們特地選了個窗邊的位置，飯菜差強人意，吃到一半，忽然停電，警報大響，轟炸又開始了。炎櫻繼續理直氣壯拿筷子吃她的青椒洋蔥爆牛肉，這次換胡蘭成拉愛玲伏下。他的手很大很有力量，握在他手裡，愛玲覺得溫暖又安全。餐廳裡暗，外頭的月光透過玻璃顯得冷森森，今天晚上他會回美麗園還是住她這兒？她等會兒還要回去把客廳都恢復原狀。雖然姑姑沒說什麼，但總不能讓七巧桌一直擱在窗邊，明天阿媽還要擺早餐盤。最好今天他別說要一起回公寓。

但是明天他就又回武漢，如果有一天他真把小周帶回上海……她想到小時候讀過的《兒女英雄傳》裡安公子大婚的結局，新郎安公子在中間，一邊是金鳳另一邊是玉鳳，金玉滿堂，還是他會登上兩份報紙，啟事張愛玲與胡蘭成協議離婚？但是炸彈也許現在忽然掉下來！那麼直到目前為止就真是圓滿的！愛玲吃吃地笑起來，抬眼看他，月光下十字窗稜影橫在他臉上，淡淡地畫出深淺幽影，旁邊是炎櫻粗短的雙腿，彷彿一隻猙獰的鬼預備吃掉一雙人腿，愛玲想著看著忽然覺得滑稽可笑，從吃吃的笑變成大笑，惹得炎櫻放下筷子也蹲下地來。

「張愛，什麼好笑的？快告訴我。」炎櫻把臉湊進窗稜格子裡說。

胡蘭成似乎很尷尬，愛玲酒醉似地笑個不停，直到眼淚從眼角流出來，笑聲早停了，卻成了隱隱的啜泣，炎櫻已經把手環繞住愛玲。

「愛玲小姐，電爐上的水開時，記得灌進熱水瓶裡，灌的時候小心別燙著手，冰箱的撲落也得記得插上去。」阿媽這天下午跟主人家告假，要去參加兒子學校的親子會，臨走不放心，又巡巡廚房，把木檯子上的陶瓷碗盤收拾整齊，這愛玲小姐多半時候糊塗，又喊了一聲：「等等就該沸了，小心哪！」

「喔，知道了。」愛玲從房間喊得響亮，也不回身看，她正埋頭寫點短文，總不能沒有生活費。

「噯，」阿媽正好帶齊東西開門，忽然詫異一聲，又往房裡喊：「愛玲小姐，您弟弟來啦！」

子靜比她小一歲，已經工作了。姊弟倆幾乎難得見面，只有一個弟弟，也不好說他是「無事不登三寶殿」。

「最近都說你結婚了。」子靜眨著大眼睛說。

是來探聽還是來證實？

「也沒什麼，簡單登記結婚而已。」她不想多說，只能隨意敷衍一下，以免說多了又傳到後母親戚那些人當中，又不關他們的事。

「爸爸手裡的股票早沒了，地產也都光了。趁現在手裡還有點可以變現的東西，娘打算跟伯伯商量。」子靜說。

原來仍是來透消息。但是愛玲聽到這些消息常常很矛盾。不是頂愛聽，但又覺得知道一點總是應該。港戰以後，她好不容易弄到船票回上海，她從戰爭中學到許多，也已經不介意與父親面對面碰上。[10]

「她手裡應該有攢錢吧！」愛玲十四歲時父親再娶，那時她和弟弟被規定要稱呼後母為「娘」，現在她連這個字都懶得說，但子靜簡直成了後母的兒子，再怎麼虐待他也還靠到後母身上，整天「娘」

10 《易經》，張愛玲一九六三年作，二〇一〇年九月皇冠出版，趙丕慧翻譯，頁三六六。這裡的一段透出張愛玲在四十幾歲時已經從理解父親到原諒父親，但是仍然稱後母為蜘蛛精。

啊「娘」的。

「也不能怪娘，都是爸爸自己不好，喜歡揮霍，大筆輸掉股票，又被人騙投資許多空頭公司，娘攔也攔不住。」子靜說。

「她應該也拿他不少錢，首飾什麼的也好些吧！光是我們看到戴的就不少了。當初嫁來就知道這邊有錢的。」愛玲根本不相信她有什麼好心眼。

「女人嫁人不就是圖個安穩，錢本來就重要。也不是娘的錯。」子靜一味幫後母說話，又覺得姊姊不想聽後母的事情，話題又轉回頭說：「上次舅舅當你的面說什麼漢奸的，你別在意就是。」那當然是在《花凋》發表之後，舅舅舅母以及表姊妹們，大概全家對愛玲都反感了，要不是看在母親的分上，根本簡直要斷交了。

「那麼久的事情，我早忘了。」愛玲雖然心裡不耐煩，臉上還是平常。

子靜從口袋裡掏出一張報紙，說：「那天四姨給娘看這報紙，因為是講你的，趁她們說話，我給你存下來了。」

是《力報》那篇報導，愛玲看一眼早知道內容。因為姑姑這裡也訂《力報》。

「早看過了，這種道聽塗說的，就不必留了。」愛玲說著，手也沒伸出去接。子靜尷尬地又收回口袋，但是看著姊姊忍不住又問：「真的跟他登記結婚了？」

「嗯，那不過是道法律手續。」愛玲不耐煩地重複姑姑說過的話作為搪塞。她當然知道子靜帶來的《力報》上有報導，〈應英娣是二皇娘〉，說應英娣不過是姨太太，真正的太太生兒育女迄今尚未離婚，所以愛玲跟胡蘭成是不是真的法律登記，就關係到名分真假。11

「那你可當心了，日本看來是不行了，胡蘭成做官的，將來總不免牽連。」子靜表情上有些擔心地說。

「戰爭嘿，總不是人可說得定。」愛玲無可無不可地說。可以想像後母與那些姊妹親戚碎嘴的模樣，定然是這麼說的：「哎喲，這婚也能結？也不知是姨太太還是太太？現下要是姨太太還好些，日本人要走了她男人也得失勢，還可以趁年輕再嫁。」

子靜走了之後，愛玲也寫不下文章了，爐子上開水一直滾著，這才想起去灌到熱水瓶中，瓶口小，

11 《今生今世》含糊地把結婚時間拉在日本敗象還沒大露的一九四四年，故意插入一句「英娣竟與我離異」，讓喜歡張愛玲的讀者誤讀之下大為感動，以為當時是張愛玲逼著他離婚，非得要離成了才結婚。張愛玲並不是沒提出要求，而是胡蘭成沒真的因為她的要求而做這件事，之外，也自認男人不必在女色上自律。然而最不堪的還是多年後把兩人私事寫入書中，又還不在時間上誠實，一九四四年七月和一九四五年六月差距的一年多裡，除了沒離婚、又有姨太太之外，沾惹張愛玲還又有小周。在張愛玲盛名於台灣的七〇年代，全攤開給讀者看。寫得自己是多情又多才。在《小團圓》第六章，頁一九一，邵之雍夾著報紙來公寓，她「看著非常可笑」。這是張愛玲當時的心情，還是幾十年後回憶的心情？有可能都是。證諸日後台灣文壇的發展，的確許多人的文學閱讀，先接觸張愛玲之後才連帶發現胡蘭成。張愛玲反過來帶給胡蘭成許多名氣與好處。《今生今世》在台灣賣翻了。書裡暴露許多兩人之間的八卦祕密，策略是成功的。重隱私的張愛玲氣極了，在給夏志清的信中寫道：「胡蘭成書中講我的部分夾纏得奇怪，他也不至於老到這樣……後來來過許多信，我要是回信勢必『出惡聲』。」《張愛玲給我的信件》，夏志清二〇一三年三月，第二十三信。其後在台灣出版《今生今世》的遠景負責人沈登恩，還搞不清楚狀況，多次去信給張愛玲，說如張願意授權出書，還可請胡蘭成寫序。

一岔神壺嘴歪了一下，幾乎要翻倒熱水瓶，還是有些熱開水潑到腳上，幸而潑到拖鞋背上，腳趾頭只隱隱覺得熱，險些燙著。她還是放著等阿媽回來做，開水冷了也沒辦法。她就是弄不好這些事。

就是，實際上她什麼也沒弄好，燙死活該。

一九四五年八月十五日以後

愛丁頓公寓通往頂樓的樓梯陡，她每次上到樓頂都有冒險刺激的感覺。頂樓鐵門重，用力一打開，風猛然吹得髮絲亂舞，上面地方不小，她攀著築得很高粗重的水泥欄杆向下望，五、六月交的晚春，道路兩旁的洋梧桐抽新芽，電車噹噹走過，大中午的，菜肉攤販應該都快收了，也還有人挽著網籃來往匆匆採買，金色的太陽已經有點烈性，行人都踏著自己的影子急急往前走。她瞇起眼望向遠方，沒有一點雲，這是一九四六年，已經沒有轟炸了。她靠著欄杆翻身倒折，看不見底下人車，卻聽得見身後身下整個上海的嘈雜，藍得嚇人的天空彷彿成了地面，像是可以直接把臉湊貼上去。她在幾年前把這個公寓迷人的夜景寫入《心經》中，小寒的戀父情結裡有她自己的一點成分。她的腿長，如果她再更用力撐上去些，說不定會倒栽往下摔，重重的，讓大地摔她一個大嘴巴子，讓那個人也沒心思逃亡了，「看吧，事情就會變成這樣！」讓事件本身惡狠狠戳他，告訴他，他對她做的好事！但是她也可以想見胡蘭成會怎樣合理化身邊女人的不幸，合理化之後，她們的命運絕對與他並不相干。他就說過第一任妻子玉鳳為了他焦慮生病死了，是因為被狐狸精附身的緣故，說不定他還真能說服自己相信有狐狸精這回事。

一陣小販挑擔叫賣的聲音，她這麼熟悉的上海，她是極為喜歡做上海人的，難道她要為不愛她的男人捨棄？她迅速把身體轉回來，重新瞇著眼睛望向遠處，上海的邊界似乎有起伏的山巒。這個念頭已經是第二次，第一次發生是在母親回上海時。現在是一九四六年五、六月交，她的靈魂已經兩次過鐵了。[1]

從童年到青年因著母親成了竹節運，眼見她的愛情也因著胡蘭成成了更短的竹節，短竹節運。一九四五年夏天才舉行的祕密結婚儀式，不論哪種名分，總還有胡蘭成更愛的小周横在信紙裡。

她回想，一九四五年八月十五日日本投降之後，胡蘭成曾裝扮成日本兵逃回上海，頭也剃光了，池田篤紀跟她約好時間要去看他。後來每次去都得前一次先約好，連去幾天卻發覺不大對勁了。

愛玲這天正打著包袱，卻已經黃昏姑姑正巧回家。

「今天這麼晚要去。」姑姑有點詫異地問。

「今天不去，約好過兩天和青芸一起去。住人家裡總不方便天天都去。」愛玲悶悶地說。

「他什麼時候走？」姑姑問。

「指不定，得等到有人帶路。」愛玲把包袱結子狠狠打死了說。

「不天天也好，街上人擠人，扒手也多，黃包車到外灘就動彈不了，得冒險走路，怪麻煩的！」姑姑說。

愛玲本來是個路癡，一開始急，連著三天都去也走熟了。她的苦惱不是在路熟不熟或者走路得走多久，對於這些苦頭她的韌性非常足夠。

「我是不是該問他要不要用錢？那二兩金子剛好現在還他？」愛玲把包袱又緊了緊說。

「他問你要？還是暗示你？」姑姑邊準備餐盤邊說。預備等會李開第來，他們全家又從重慶回上海了。

「沒問我要，也沒暗示，不過就是，」愛玲猶豫地咂咂嘴說：「我昨天特為帶蛋糕去，那家的日本主婦還惡狠狠瞪我，瞪著我進門，瞪著我出門。」

「那主婦長得漂亮罷，這裡頭又另伸出一腿了！」姑姑說到第二句笑了起來。

「我想把錢還他。」愛玲低聲氣悶地說。

「傻瓜，他這樣的人逃亡都有朋友家可以去，你那天不是幫他起課了，往東走，哪有什麼不好。這時意氣用事？金子收好，將來用到的時候才多著。」姑姑笑著說。[2]

所以那次胡蘭成逃回上海，她竟真沒提過錢的事情。他也照愛玲用課書占卜出的東方逃亡。東方就指向溫州了，剛好是他的故鄉，那裡也有斯頌德老家宅可以照應。一次又一次，胡蘭成的書信裡除了許多客居的生活點滴之外，仍然每信必提小周，他每天去榴園圖書館翻看南京上海的報紙，仍然注

1 不論是《小團圓》還是《易經》，都數次寫女主角有過自殺的念頭。導致她想自殺的對象主要指稱胡蘭成和她的母親，都是傷她極深的人。

2 《小團圓》裡邵之雍／胡蘭成辦報主要為了錢，也不只一次要拿錢放到九莉／愛玲這裡，不只一次九莉覺得拿他的錢不對勁而且尷尬。一方面他給錢的態度是「放在你這裡」，像讓個值得信任的姨太太幫他保管錢，也不真的可以隨意用，另一方面也沒有結婚的真正許諾。如果九莉是張愛玲的化身，這些不斷湧來的錢當然很燙手。後來雖然結婚儀式辦了，也沒多少親友知道，更難堪了。

意政治新聞，也才能知道政府對漢奸處理的態度。又去圖書館旁的準提寺，向菩薩祈求小周的安全。[3]

馬路上天天國旗飄揚，大光明戲院在南京西路上，離愛丁頓公寓還一段距離，姑姑每每下班只好走路回家。過了一兩個月，上海人因為物價不停上漲，生活痛苦指數快速上升，歡迎國軍的熱情滅滅了，黃包車才又走得動。那時已經過了光輝十月，天涼了。

「今天的戲不錯。」愛玲和炎櫻去看了大光明戲院的免費電影，賣票剪票的都認得她們。

「第二次上檔了。ＫＤ也說不錯。」姑姑說。

「ＫＤ回來了？台灣怎麼樣？」愛玲問。日本人投降，除了中國日軍占據的地方收復之外，當然台灣也一併收回，「這不能不說是老蔣的功勞。」她想起這麼說話是父親姑姑那一輩人的口氣，尤其是父親，總是「老袁」、「老蔣」、「老毛」的稱那些檯面上的政治人物。

「他覺得很不錯，比上海溫暖，合適老人家住，立時也買了一棟房子。」姑姑有點不很開心沙嘎地說。

「連父母全家一起搬過去？已經決定時間了？」愛玲詫異地問。台灣，她在一九四一年從香港搭輪船回上海時，曾短暫從海上一瞥。因為傳說與祖父張佩綸的海戰有關係，雖然遙遠陌生也還是有神祕的親切感。

「指不定。」姑姑搖搖頭，又說：「等等他來時，聽到臭豆腐乾叫賣趕緊拿鍋子下去，嗯！」

「還要不要點別的？老大昌的百頁包碎肉？」愛玲問，她今天有時間。

「你看著辦，挑新鮮的兩樣成了。」姑姑簡單地說。

愛玲回來時已經聽到李開第的笑聲，看到桌上一顆大鳳梨，綠黃綠黃，不似菠蘿的亮橙。

「ＫＤ非要等你回來才切鳳梨，」姑姑的聲音很開心，每次ＫＤ來都是這樣，她轉頭向阿媽喊道：

「可以切了，愛玲看過了。」

「等等，我摸摸。」愛玲也笑著伸手摸，奇異的蜂窩狀外皮，比菠蘿沒那麼外突。姑姑和ＫＤ叔叔都看著她微笑，愛玲喜歡這種氣氛。她坐著聽他們講話，說到台灣的氣候，但是開第的父母親嫌太遠，不願意離開上海，上海到底方便又好。又討論現在的金價和美元。

「手上如果有金子，放著別動。現在雖然政府發行法幣，我看也很難說。可以換成美金最好。」李開第說。

「美元真比法幣好些。我看每天的行情，剛開始發行時一美元兌二十元法幣，才兩個多月，就成了二十七，又還不斷升，要上破三十了。」姑姑憂慮道。

「照這情勢看來，破五十也不無可能。所以說中國錢不值錢，錢也別存銀行，手頭有美金黃金最保險。」開第說。

能這麼永遠聽兩個人討論下去，她的世界就是美好安全的。[4]今天她才收到胡蘭成一封信，每每他的信一來就要打斷她所有的生活規律。那逃亡中的信往往厚厚一疊，越寫越多，幸好藉著斯君往來攜帶，要不然早被特務拿到地址逮捕了。

3 《花開》，淳子，二〇一七年十月，立緒。頁一六二。這位作者很可愛，只要是張愛玲和胡蘭成著作中提到的相關地址，都想辦法去走一趟，甚至訪問故老鄰居。自己花費許多金錢時間循著張愛玲的生活路線走，而不求報償。

「出遠門身上帶金子，還是美金比較好？」愛玲忽然插嘴問，使得兩人似乎嚇一跳，同時轉過頭看她。

「你想去溫州？」姑姑早猜到了。

「也別帶太多，怕一路盜匪多被搶，現在鄉下更亂。日本敗兵、新四軍、土匪、共產黨，各種各樣都有。能不出遠門最好別出遠門。」李開第看張茂淵的神情擔心，越說越想勸愛玲別去。

「我本來也沒打算，但是信一封封來，看得鬧心。」愛玲把最新的一疊信紙放到桌上。姑姑拿了打開看。

「還說學佛，簡直作者給他回信還把作者罵得！」姑姑讀信一半看不下去了，說：「又還想著是時運不濟，要不，」姑姑又讀一段笑了起來說：「他說他自己的才智也不比誰差。我看他該能準備當皇帝罷。」

「他的心智在崩潰。在鄉下太悶了。」愛玲憂心地說。

「極不正常了！」開第接過姑姑遞來的兩張信紙看了看說：「不過，這是男人沒了舞台後當然的情況，過陣子就好了，其實你去也不能幫他什麼，主要，也不能給他發揮的舞台。」他說得很理智卻也很保留，沒說出「去也沒用」或者「反而增加他的麻煩」這類的喪氣話。

「但是人在寂寞中有人陪總是好，要不然，我看他到時候會不會發神經？」愛玲說出心中最擔心的情況：「況且溫州又沒有小周。」在絕望中愛玲偶爾會想，如果現在他身邊有小周，倒還可以讓人放心些。[5]

十一月她真的動身了。去溫州必須先經麗水換船，交通住宿上有許多波折，多可怕的辛苦折磨都打不倒去見她夫君的意志。

臨行姑姑又塞些錢給她，說：「溫州又不比上海，鄉下地方別自己亂闖，走糊塗了，連熟人也找不到你。」她怕愛玲回不了上海。

途中走走停停，等人帶等交通，耽擱了將近兩三個月才好不容易到溫州，她被安排住進一間已經是地方上最好的旅館。房間還算打掃得乾淨，白牆壁泛著灰黃，裡面的白瓷洗手台都有裂紋黑垢，有一面窗臨著公園，其實只是荒草一片，胡亂長出東一叢西一叢樹木立著，哪裡有公園的景致。

溫州街上狹窄，兩旁房子一間挨一間過去，沒有高樓，有店面也有人家，還在農曆年裡，門牆上貼著簇新的紅紙春到福到和對聯，幾個婦女穿著碎花襖褲坐在門口剝豆子聊天，四、五個孩子在路中央團團耍著嬉戲，挾著幾聲爆竹響，偶爾有鐵殼牛車騾車經過。愛玲一路穿著臃腫的二藍竹布大襖，是離開上海時姑姑交代裁縫特為做得不顯身段，一個年輕姑娘出遠門這麼穿安全些。

二月的陽光灰灰的，沒什麼熱度。她緊緊跟著斯君夫婦，他們帶她彎進一條路，再走不遠，看見一塊被炸得平白的地，是鄉紳徐家宅門的正廳，鄉里都稱徐家台。整座徐家宅院分住好幾戶人家，成

4 《小團圓》、《雷峯塔》、《易經》裡面多處描述姑姑和表姪子亂倫戀愛，兩人在陽台上說話，愛玲化身的女主角成了小輩，在一旁聽著，覺得非常安全，實際上張茂淵二十歲時就認識李開第，從後來李開第的回憶得知兩人一直是情人，所以張愛玲的書裡寫姑姪畸戀、花用了嫂子的財產為表姪子營救父親，又與嫂子有同性戀愛，對照與李開第愛情長跑的事實，明顯的小說裡的姑姑是角色創作。因為姑姑是張愛玲一生唯一敬重又親愛的長輩，在她心中的地位甚至超過母親。有可能根本不寫現實中真正的姑姑，而是取姑姑的性情，嫁接其他人的事件。

5 《小團圓》中九莉甚至慌得去找秀男／青芸問該怎麼辦，頁二六〇。

了大雜院。穿進一個門又拐入另一個門，後頭出現一個小天井，開著一間長方形瓦屋，一個矮小老婆婆佝僂著背對他們站立在門前，斯君進前喊了一聲「外婆」，老婆婆才陡然向聲音的方向轉過來，是一張小孩似的笑嘻嘻的圓面孔，因為沒了上下牙的關係。滿臉皺紋，白霧霧的眼珠子機械地移動。看樣子是半瞎了。另有一男一女正說笑著從黝黑的門洞子裡鑽出來，女的嬌小，相對看起來男的長身玉立，看見愛玲卻愣住了。

「你來做什麼？還不快回去！」胡蘭成粗聲氣道，似乎真的嚇一大跳。愛玲還反應不過來，斯君太太已經把她拉過去，介紹范秀美說：「愛玲，這是我二娘。」

「二娘好，」愛玲客氣地向范秀美禮了禮，又說：「蘭成信裡提到范先生，很敬重您，也謝謝您一路這麼照顧。」以太太的角度是應當這麼說。愛玲向范秀美看過去，白細面容，微微笑著，大約和姑姑的年紀差不多。

「你先回旅館，過會我再去找你。這樣一大群人，要引人注意了！」胡蘭成小聲對愛玲說，又向斯君道謝。見不到一下子，連話還沒說到就要分開，愛玲很捨不得，但胡蘭成表情十分嚴峻，沒有任何餘地。她又看看旁邊的范秀美，後者始終微笑著，沒有任何邀請她入屋內坐坐的表示。斯君看鄰居已經有好些走出來瞧了，多待著恐怕有人要上前問，斯君向太太示意，斯太太又拉過愛玲小聲說：「還是先走吧，有話回頭再說！」三人循著舊路回旅館。

斯君夫婦走後，愛玲獨自在旅館裡吃身上帶的餅乾，吃完躺到床上，聯想到港戰時她也獨自在黑暗中抱著餅乾桶子，幾天下來吃到連剩下的最後一片都空了，維持生命幾乎成問題。現在總比那時又好多了，至少蘭成是好好活著的。

她睜著眼睛看天花板，又翻來翻去，覺得棉被枕頭上到處有細小蟲子。攪到天快亮了，才朦朦朧朧睡著，一下子又醒來，天已經大亮。這不是她的作息，在上海她都是半夜才睡，第二天中午左右才起床。這是異地，因為焦慮，雖然半夜沒睡飽，早上也睡不著了，專等著她的丈夫來。

近中午，胡蘭成果然來了。已經沒有昨天初見面時的氣急粗聲。房裡只有簡單的桌椅，兩人並坐床上互道辛苦之外，都問些日常飲食，住在哪裡吃些什麼，許久沒見面，愛玲一路上也不方便寫信，當然異常親愛，說話時間過得快，太陽已斜入窗子裡，

「你住的那位老婆婆家，也是斯家房產？」愛玲隨意問道。

「老婆婆是范先生的母親。」胡蘭成說。

愛玲這才恍然大悟，想到斯君昨天喚她外婆。

「這位范先生很秀氣，長得也很古典。」愛玲總記得范秀美的微笑，彷彿什麼話都放在心裡不說。

「范先生給斯家老爺做妾時還不到二十歲。」胡蘭成說著「范先生」三個字時，臉上閃過一絲異樣，一縱而逝。

「做妾？原本是大太太的婢女嗎？」愛玲聽到這裡又開始興興地問。胡蘭成微微點頭之後，不想繼續這個話題，於是牽起愛玲的手說：「我們去街上吃點東西，你也逛逛。」

「好，那你得等我，一下子就好。」愛玲說完，立即開行李拿出一件烏梅鑲紫金邊大襖，又換上緞藍褲子，掏出桃紅色唇膏往浴室走，對著鏡子，上唇才畫一半，忽聽到胡蘭成有些不耐煩地說：「不要搽了好不好？」

「很快的，眉毛再畫一下就成了。」愛玲以為他肚子餓犯急，又加快自己的速度。

「還有你這衣服，嘖！」胡蘭成不滿意地說。

愛玲錯愕的轉頭，胡蘭成正倚著浴室門，一副嫌惡的表情。愛玲腦中奇異地閃出昨天范秀美穿的

淡綠絨線衫和黑棉褲子。她尷尬的塗完口紅，又畫了眉毛。她還是要完成她的，女為悅己者容，人的性情習慣又不能一下子改變。

「你這麼穿走在這裡街上太顯眼。」胡蘭成又說了一次。

「我沒帶多少行李，就這兩件衣服，總不能穿那件藍大襖吧，」愛玲頗不高興地回答，又說：「這時穿也太熱了！這件薄些。」那麼臃腫的衣服怎能在他面前穿，不是早被范秀美比下去了！她看著鏡子裡的自己竟愣了一下，怎麼下意識跟范秀美比較起來！

這時房門外卻有敲門聲。

「范先生，怎麼來了！」胡蘭成些微吃驚的聲音說。

「我怕你們溫州街上不熟，都要上燈了，想想還是帶些吃的東西來，吃過了想逛再出去逛好吧？」范秀美微笑著，把手上帶來的一籃食盒打開，熱騰騰的菜飯都端在桌上，又放好碗筷說：「自家做的東西，總乾淨過街上的。」別看秀美柔柔順順，行事作風卻人情世故面面俱到。

胡蘭成拉拉秀美的袖子說：「肚腹裡似乎隱隱發疼。」

「怎麼了？」愛玲聽到趕緊過來問了一聲。

「也不知怎麼，早上出門不久就發作了。」胡蘭成沒對著愛玲說，仍對著范秀美說。愛玲怔住了，難道剛剛和她說話一下午都是強自忍住的？又還能說說笑笑，為什麼不告訴她？

只見秀美關心地問些怎麼疼的細節，蹲下身在他肚腹上輕輕按過來按過去，邊按邊揉，細聲細氣，又抬起眼梢問：「這兒麼？比那兒呢？哪兒比較疼？」愛玲在一旁顯得十分多餘，簡直連手腳都不知道該放哪裡。她想起姑姑輕輕笑著說的：「這裡頭又多了一腿。」

「該是晨起少穿了，有點兒著涼，還好我這裡帶了熱粥來，多吃點應該沒事。」范秀美軟軟地說，邊幫胡蘭成添粥夾菜，熟稔地服侍他吃飯。

愛玲看著飯菜，覺得木膚膚的，肚子也不覺得餓，似乎味覺嗅覺都不靈敏了。她應該從傳統大太太的角度去慶幸逃亡客棲中有人溫柔照應丈夫，還是問清楚丈夫到底想怎樣？愛玲看懂之後，手腳忽然從容了起來。這才第一天，接下來還得看著辦。她還沒完全決定該怎麼做。

之後胡蘭成幾乎天天來找她，愛玲也在溫州街上買點日用品和普通衣服，只要穿起來還可以，不是太像村婦就行了，至少現在她也不能被范秀美比下去。他們常常手牽手城裡城外逛著。有一天從人家晾衣竿下鑽過去，愛玲忽然盯上一幅印花布舊被面不走了。白地青色團花，畫的是耶穌與十二門徒像，古樸有趣，應該是受了清朝天主教傳入的影響。

「我想找這家人問問可不可以賣給我。」愛玲變得很興奮。

「你想引起多少人注意？走了好不好？」胡蘭成制止時，眼裡有一種忍耐和反感。

「真的好呀！說要重做新被子，應該不會惹人懷疑。」愛玲笑著拉拉那被面說。

「我在隱姓埋名過日子，你在做什麼？」胡蘭成不高興地說。他又不能直接說她沒心沒肺

「昨晚你在旅館房間裡說話也挺大聲，不是聽到隔壁房的人懷疑起來，說你是外路口音。」愛玲反嘴說。胡蘭成每天都會在房裡跟她說些對政治時局的看法，傳統文化如何又如何，又中國日本文明如何如何，有時越說越興奮大聲。她聽得很累又不能不聽，過後也不知道都說了些什麼。

「那不一樣！」胡蘭成直聲直氣地說。

不一樣什麼？他說的就可以，她想要的就不行？愛玲心想，嘴上卻仍說了別的：「噯，跟炎櫻一起逛街慣了，養成到處看的遊客心態。」愛玲故意笑笑著，細聲細氣誰不會。

「你能不能——」胡蘭成說一半忽然停了，氣白了臉，半天才說：「炎櫻本來就沒心肝！」

愛玲聽著笑出聲，難道是指桑罵槐說她沒心肝？那他又很有心肝了？給人看臉色?!嚇不倒她。她開心地覺得報復了點，雖然也不能把他怎樣。小路蜿蜒，盡頭廣闊出一大片菜花田，開滿了黃菜花。這是農人在冬春之際的伎倆，種油麻菜並不是為了要採收了吃，而是冬天農作休耕時種下，春寒開花後先採籽榨油，然後整片燒掉，既得了菜油又可讓土壤增肥，等到春暖時可以植下稻秧。

油菜花田是個過渡。

現在他和胡蘭成的關係可能也只是一種過渡。將來是他要燒毀她，還是她要燒毀這段記憶？至少現在還沒辦法決定。油菜花隨風搖曳著，現在只能做現在能做的事了。愛玲開心著看著笑著，胡蘭成一路板著臉都不說話了。他們兩人的想法和態度差距太大！微風吹得菜花浪一陣陣，忽然間她覺得非說出口不可，於是問：「小周怎麼樣？」她已經許久沒在信裡和他面前問候小周，這讓胡蘭成的臉色從原本板著忽然變得柔和。

「池田確定她被抓了。」胡蘭成黯然地說。

「我相信你一定有能力救她出來。」愛玲篤定地說，柯靈被抓時她也這麼說過，現在同樣的語句卻有反諷的意味。

「我現在不比往日了，」他們立在菜花田埂上，微風吹拂著愛玲的髮絲，三月的豔陽溫暖又有些烈性，菜花田說不定這幾日就得燒了。胡蘭成忽然痛苦地抱住頭說：「都是因為我，那麼美又那麼好的人，連衣服都洗得那麼乾淨！」

愛玲聽著起先還惻然，畢竟那麼年輕漂亮的姑娘會掉入哪種魔掌也未可知，但是聽到最後一句，簡直打從心底輕蔑起來。她忽然完全明白，他需要范秀美和小周那樣溫柔照顧生活的女人，他喜歡應英娣那種豔辣，也愛日本太太那種蒼白弱媚。還有需要的時候，她這種知識文化性高的女人，也能在一旁聽他高談闊論，他在瘋狂地要權力地位的舞台，要不到的時候，他就想要周遭所有女人的疼愛，最好她們都拿自己的身心作為他的舞台滿足他。

不過現在要不要真的滿足他，在她。[6]

她從小給母親訓練得對親近的人一點好奇也沒有，如果不是胡蘭成得意兮兮不斷告訴她小周如何如何，她也沒有任何好奇，只有充分的信任。就像國畫裡的留白，可以讓人與人之間留下充分喘息的空間。不過既然知道了，痛苦迫使她選擇，她是要接受永遠可能存在一鍋粥在那裡沸騰，還是要他改變符合她？

「你還是要選擇小周？」愛玲問。她知道范秀美是他當下不能失去的安慰，當然也不是將來不能失去。每個他碰過的女人他在當下都萬分珍惜，因為有當下的利用性，精神的或物質的。就用小周代表胡蘭成這個心態談判吧！

「小周已經被抓了，你為什麼一直不肯放過她？」胡蘭成沒聽懂。[7]

「你要同時愛好幾個人，我的天就會黑下來，如果你一定要小周，那我也可以離開。」愛玲微笑

6 《小團圓》，皇冠，頁二三六，張愛玲在這裡諷刺又幽默地寫道：「她從心底裡泛出鄙夷不屑來，她自己也洗衣服，而且也非常疙瘩，必要的話也會替他洗的。」其實整本書裡到處有對胡蘭成的各種諷刺。

7 其實不怪胡蘭成不懂，包括後來宋淇夫婦那樣的好友，讀《小團圓》的時候也都關注在「無賴人」會怎樣利用上，義憤填膺地勸她不要發表。

著說。她的意思是那樣她會沒辦法呼吸。何況她已經點出「好幾個人」。[8]

「要我怎麼樣？現在也不能登報，小周也聯絡不上，」胡蘭成呻吟道：「我應該給她一大筆錢讓她跟池田去日本的！」

「沈啟無他們也被抓了嗎？」愛玲見他不肯鬆口，也不再逼他，轉移話題說。

「沈啟無的人品真壞，寫的文章也壞！」胡蘭成忿忿地說：「見人家有難也不會伸手援助，只會壓榨人，周佛海就是這麼跟他斷絕關係的。」

沈啟無是周佛海的入門弟子，還是汪政權時周佛海登報啟事斷絕兩人的師徒關係[9]。又指桑罵槐了，是說她沒有情義，這麼有情有義對待他的小周都可能犧牲生命了，她張愛玲沒出錢出力不算，還老威逼著。

「你以前都稱讚他寫的文章好，現在怎麼都反著說了？」愛玲眨眨眼，她裝傻也能一流。

「哼，人品那麼壞，文章寫得再好也是壞。賣書賺的錢再多也沒有好品行。」胡蘭成一串話說下來好像有道理，實際上內容十分沒有邏輯性。這意思難道也連帶指稱她賣書賺錢又拿了他的錢？小周有難其實就是他有難，怎麼連提也不提要不要還錢給他？

愛玲老早聽懂，心被刺了好幾下，卻又覺得他的話幼稚可笑，轉頭極力忍住，不然她可能會大笑。

他們走回旅館。愛玲在溫州一住好幾天，胡蘭成都是當日早午間來，晚上就走。就算話說晚了也並不留下，怕警察來查房，愛玲也不再說些刺激挑問的話，因為平靜的日子不多了。有時在房裡說話，有時去街上逛，秀美不時帶些菜飯食品，也留著聊天或一起帶愛玲出去逛溫州附近的名勝古蹟。這麼兩美三美一起和諧相處，豈不好？胡蘭成的心情看起來越來越穩定。

有一天胡蘭成忽然說：「范先生常常來照顧你，要不要也去看看我在她家住的地方？」

「好。」愛玲說話變得很簡短。她知道胡蘭成很滿意最近的和諧，大概覺得愛玲是接受了，可以對她公開和范秀美之間的關係了。

他們走出旅館，今天卻盡揀沒走過的小巷弄往斯君外婆家走去，巷弄裡一間間是人家的廚房後門，一個婦人正端著一盆水往外潑，在整片凹凸不平的水門汀上漫流著。自從她不想多話後，他們之間往往由胡蘭成先打破沉寂。他一腳跨過一攤汙漬的小積水，說：「你之於我，是天上地下無有得比，你這次來看我，我真的非常感激！」

愛玲靜靜聽著沒說話，這種迷湯聽多了，就會知道接下來可能不是什麼好事。

「我想了很久，既然是無以比較，我就不能做選擇，一有了選擇，既對不起小周，也委屈了你。人世間的緣分本來都是渺渺不定，是緣分，我都得珍惜。」胡蘭成停下來牽起愛玲的手用力握住，又說：「世上最好的，都是不能選擇的。好的牙齒為什麼要拔掉呢？」

把女人都比作了牙齒！

都是些表面話，愛玲的句子在心裡打轉，還是忍不住破壞氣氛了說：「你在婚書上寫的，現世安穩，難道你不給我安穩？」

8 《小團圓》裡一共出現了兩次「一鍋粥」，這可以解釋張愛玲當時為什麼用小周逼胡蘭成選擇，而且那麼決絕。其實「一鍋粥」源用自《金瓶梅》，見本書〈後記〉。

9 《張愛玲資料大全》，時報，頁三一二。

「現在不能夠，等我能夠時，一定給你安穩。」胡蘭成說話仍然很有氣勢，他本來就是個願意有承擔的男人。只是要等他拿到舞台，要等多久也並不知道。一方面是時局，另一方面是真正的心。

不過，要不要繼續等在她。她也得考量花時間等到底划不划算。

胡蘭成見她沉默不語，以為她又默默接受了，好幾天了都是這樣。其實女人很好處理的，只要理解她不過是怨懟，把那些要求置之不理一陣子也就好了。雖然她一時也有點委屈，等日子好轉了，他又能有舞台拿到大筆錢，那時再找機會補償她不就行了。中國歷朝歷代的男人都這麼做。他的年齡不是四十幾歲，而是四十幾歲加五千年。

走著走著，前面已經是徐家台，這是愛玲第二次來，他們彎進一個大雜院，裡面似乎空屋很多，沒有什麼人在外頭走動，胡蘭成想起前幾日范秀美在屋裡說的話，這是她娘家，周圍每雙眼睛都盯著看，她寡居多年，忽然帶了男人回來，總不能男人的太太來了，她忽然成為姨太太，那將來她得怎麼在這熟悉的環境住下去？

胡蘭成停住腳步，忽然轉身按住愛玲的肩膀說：「你等等進屋裡坐，隔鄰如有人過來看看聊天問起，你就說是我妹妹。」

「什麼？」愛玲又驚又怒，想起結婚當天出去吃晚餐，他也要選擇小餐館避免讓人知道，不禁脫口說：「你都改換姓名了，還怕人知道我們是夫妻?!」

「還是小心點，這裡是秀美娘家，來了太太，秀美太難堪。」胡蘭成果然已經不想隱瞞了。

兩美三美大團圓沒有什麼不好，就只是彼此忍耐，美好的德行都在中國章回小說裡，美好的要求也都在傳統的婦德裡。其實就像現在，說穿了什麼德不德，就是女人時時必須委屈成全男人。

這是間小瓦屋的後壁，屋子裡四壁都窄，是柴房改成，只放得下一張床，緊挨著一只桌子，外婆到隔鄰家去了，秀美拉了一只凳子過來，與愛玲一起坐在桌邊，胡蘭成就坐在床沿，三人聊天聊到晚上，多半是聽胡蘭成發表高論。其間秀美端了些瓜果糕點和茶壺茶碗來，挺好的招呼著。

天晚了，秀美起身說：「我到外頭爐灶生火煮飯菜，妹妹就多陪陪說說話。很快的，一會兒就好。」這話雖柔柔可可，卻句句刺到愛玲心坎，什麼姊姊妹妹的，又讓她想起《兒女英雄傳》的金鳳玉鳳。

秀美做慣了，不久三菜一湯都好了。桌子不夠寬，三人將就著捧著碗吃飯夾菜，胡蘭成邊吃邊繼續說話，也不感覺到困窘。飯吃過後又聊天，說好了今夜愛玲就住這裡。秀美在母親房裡多鋪了一襲床鋪子被褥枕頭。睡前范秀美先把茶壺茶碗瓜果都整理乾淨，幫胡蘭成整理整理床褥，接著就對愛玲說：「妹妹隨我來，今天請你暫時這裡睡下。」暫時？難道還有以後?!愛玲聽著心裡想。

愛玲瞪著沒有天花板的木梁搭的瓦屋頂，隔鄰就是蘭成住的小房，隔牆只是一片木板子。她醒著，鄉下夜裡悄然無聲，外婆打呼的鼾聲讓她翻來翻去睡不著，直到實在太累了，好不容易睡著，半夜卻被一種細語碎碎吵醒，外婆的鼾聲還不間斷，那竊竊耦語明顯從隔板壁後傳來。聽不很清楚，似乎秀美在說接下來該怎麼安排。愛玲也不想聽清楚。在這裡當然秀美是女主人了。

愛玲想起幾年前《萬象》的主編柯靈因為文字涉嫌攻訐日本政府被抓時，胡蘭成說他竟有兩份家，妻妾就住在樓上樓下。她是什麼時候也落得這樣悽慘？這又已經不是後母所說的太太還是姨太太名分的問題了。

語聲不久停了，鼾聲還繼續。她捱到天大亮。鄉下人都起早，看見她走出屋子也跟她招呼。青苔小塊灰磚頭之間有雜草冒出，草花上也有露珠隨著清晨微風一動一動。她心中已經有些想法。

「一直待這兒打擾范先生也不是道理。」愛玲對秀美欠欠身，她決定拉開彼此的距離。胡蘭成看著她，不知道她為什麼忽然又變了樣子，昨天吃飯時還稱「秀美姊」，不是挺好，怎麼今日生分了。

「別客氣，我能做到的總盡量做到，妹妹不嫌棄就好。多住到想走時再走。」范秀美還是微笑著說。

愛玲也微笑，忍著心裡難受說：「今天先回旅館看看是否能聯絡上斯頌德。」

「這幾日讓蘭成多陪陪吧，難得大老遠一趟。」秀美微笑著溫溫順順地說。[10]

離開又是一番周折，乘船、搭歪斜超載開山路的公共汽車、獨輪車、坐在行李上搭貨車、火車，也許又重新來時路一遍。從溫州被趕回上海也是辛辛苦苦千山萬水。但是不像來的時候充滿盼望和想念。不久愛玲去了一封信：

「那天船將開時，你回岸上去，我一人在雨中撐傘船舷邊，對著滔滔黃浪，佇立涕泣良久——」[11]

胡蘭成始終不知道愛玲寫這封信時，幾乎已經決定要分手了。在他的解釋是戀戀不捨，也並不知道他到底對一個細膩又深愛他的女子，做了什麼刨肉剔骨的毀滅性傷害。他是那五千年男人自私傳統的承襲者，而當時的愛玲已經拒絕，而且深深地厭惡承擔他肩上那多出的五千年。

10 在只有《今生今世》可讀時，只能全部相信一面之詞，真感謝宋以朗先生願意背負大壓力出了《小團圓》，其實《小團圓》雖然不是專與《今生今世》「對著幹」，如果當時胡蘭成能讀到，也真的夠嗆。每個和他相關的描述都精精細細地反駁之外，還把胡蘭成的水仙情結挑破，在胡蘭成寫來，悉數全都是女人對他好，捨不得他。張愛玲、范秀美和胡蘭成三人在溫州到底怎樣了？得對照兩本書讀才行，《今生今世》遠景版，頁三〇九，以及《小團圓》皇冠版，頁二七一，「九莉／愛玲自己就睡在那張床上」（指的是秀美母親的床），前面敘述婦人（辛巧玉）不年輕了，兩人若是看對眼要趕緊抓住愛情才是，又說到巧玉母親蒸雞蛋老做不好的奇怪。顯然張愛玲去辛巧玉／范秀美母家住過至少一個晚上，而且那張床她懷疑是辛邵共睡過的床。但是不是在溫州的最後一夜可難講。這個細節的辨明，關係到張愛玲在溫州的全部感受，卻被胡蘭成扭曲接榫為住在溫州的最後一夜，而且是被胡蘭成強迫離開溫州的，離開時對夫君還依依不捨。看來《今生今世》中許多細節也只是動人的小說虛構。

11 未來，這沉痛私密的信件還是要被胡蘭成節錄到書裡，公開在所有華人讀者面前。在書裡專門公開手邊的私人信件，這是最奇怪之處，胡蘭成枉為飽學之士，不但有失於私德，還非常有失於厚道。

一九四六年春天至秋天

元宵節都過好幾天了，上海彷彿重新回到上下班的甦醒，阿媽照樣每天做早餐，開電梯的一樣送報拿兩份牛奶上來，只是其中一瓶牛奶就讓阿媽現在已經十二歲的兒子喝了，姑姑依然如平日讀報，卻心不在焉，愛玲又已經十天半個月一封信也沒有，不知在溫州到底怎麼樣了？一陣門鈴聲響起，阿媽已經出門買菜，早市比較新鮮又便宜。這一大早的，一定不是客人，會不會是愛玲回來了？姑姑心念一動，放下咖啡，懷著點希望去開門。

「小魁?!」姑姑吃了一驚。這個孩子會這時候來，是不是哥哥出什麼事？

「姊姊在家嗎？」子靜過年前來過一次，姑姑沒說愛玲去溫州，只說她出門和朋友約去了，這麼早來找姊姊，又不是不知道愛玲是夜貓子，晚睡晚起的，分明是來打探姊姊還在不在上海。

「她昨兒看電影晚了，睡朋友家。你來得不巧。」姑姑沒事泰然地說。子靜如果知道愛玲去溫州，傳出去，那一大堆親戚定然都要知道，消息一傳，說不準胡蘭成就沒命了。

「喔，這一向小道消息都說張愛玲行蹤成謎了。」子靜疑心地直呼姊姊名字說，又探頭看了看過道裡愛玲房間緊閉著。[1]

「謎什麼?!難不成姑姑我還騙你？」姑姑表面上佯怒，內裡卻暗暗吃驚。

子靜聽了明顯失望，他和姑姑一向沒交集，說話也彆扭，只從口袋掏出一張報紙說：「也沒什麼，一早娘看到《大公報》這個，我覺得應該給姊姊收著。姑姑這兒也沒訂這報。」

的確，光聽名字，《大公報》她們是絕對不可能訂的。這世上哪有什麼真大公無私的！姑姑接過報紙，說：「我等等要上班了，也只好不留你進來吃早餐。」說完把門關上，子靜就這麼踏也沒踏進門走了。

這一年多來報上罵女漢奸的、揣測張愛玲去哪裡了、又反過來胡亂編故事的，多得是，從子靜的「娘」來的，早該有心理準備絕不會是什麼好的。她展開摺成小方塊的報紙，讀幾行卻真讀不下去了：

「附逆未遂之女作家張愛玲琵琶別抱」

張愛玲之「看中」胡蘭成，原是胡的「捧力」所致。但他兩人最初的相識，還有一段故事的，愛玲出道係某公的刊物上連載數篇小說，又發動各報雜誌加以粉飾批評，漸引起讀者注意，尤為胡蘭成注意。合陶亢德正欲胡蘭成為其撐腰而攫獲「太平書局」之老闆背景，遂毛遂自薦甘為「拉馬」，約會於飛達咖啡屋，其中亦有柳雨生參加。

在先前袁殊亦曾用《雜誌》之大稿費欲發動張愛玲之心，殊知愛玲既愛鈔又愛人好，蘭成與袁殊，言鈔則袁多於胡，言人則胡高於袁，且張不齒袁之官僚習氣，喜胡尚具書生本色，因此一拍即合。而胡則大賣力氣寫《論張愛玲》而轟動當時「文場」，表示愛玲已成「胡記」。

自此以後，往返甚密，有一時期張胡皆輟筆，蓋正戀愛白熱化耳。一天胡蘭成佯言將赴南京公幹，需三四日方返滬，由其妻（亦非正式者）伴送上火車，午後其妻往遊兆豐公園，陡見池塘暗柳之下，乃夫正與一女郎相偎而坐，情語喁喁，當時醋性大發，疾趨上前給該女郎兩記耳光，蘭成窘狀莫名，該女郎即張愛玲也。一場醋打，鬧得遊人大大驚笑不已。

張愛玲經此侮辱，決心與胡婦以報復，歲月易逝，不上半年，遂有胡蘭成夫婦脫離關係之啟事刊登各報，而張胡戀愛成功之消息亦傳遍文化圈中。

勝利後，胡逆潛匿，而張則改弦更張，琵琶別抱，正埋頭寫作，以求新的如意郎君，實一附逆未遂之女「作家」。[2]

1 一九四六年從年初到年終，一直有小報刊雜誌對兩人的報導，紛紛做各種猜測，標題也下得聳動。例如《海晶》第四期，〈胡蘭成生死未卜，張愛玲行蹤成謎〉說記者打電話去、一個蘇州娘姨總說小姐不在。《東南風》第二期〈胡蘭成秀才造反，張愛玲甘心做妾〉。

2 一九四五年七月在《雜誌》刊登翻譯炎櫻所作〈浪子與善女人〉之後，直到一九四六年初，上海讀者已經多時不見張愛玲的文章。但是報上還不時有些過時的消息餵養讀者的好奇心。當張愛玲還在溫州辛苦地過農曆年的一九四六年正月裡，上海的讀者看到《大公報》一九四六年二月二十二日，〈附逆未遂之女作家張愛玲琵琶別抱〉，大嚼張愛玲胡蘭成的豔異八卦史之外，還給讀者一個驚異傳奇：內中既有甩「耳光」、又有兩女爭一男的「醋打」。張愛玲的讀者很難想像這件事真的發生過，後來記者也訪問了離異後的應英娣，卻說是甩耳光在胡蘭成臉上。見一九四六年《新天地》第三期，〈胡蘭成一掌傷情，應娣訴往事：他們是這樣離婚的！〉。而《小團圓》中卻真的留下打耳光的痕跡，只是這耳光也是甩在邵之雍臉上，皇冠，頁一八二，九莉／張愛玲並不知道緋雯／應英娣「昨天當場打了他一個嘴巴子，當然他沒提」，到底這耳光是甩在誰臉上已經不重要，祖師奶奶要表達的，就算一九四四年張胡熱戀最火熱時，她在愛情上也是辛苦的。

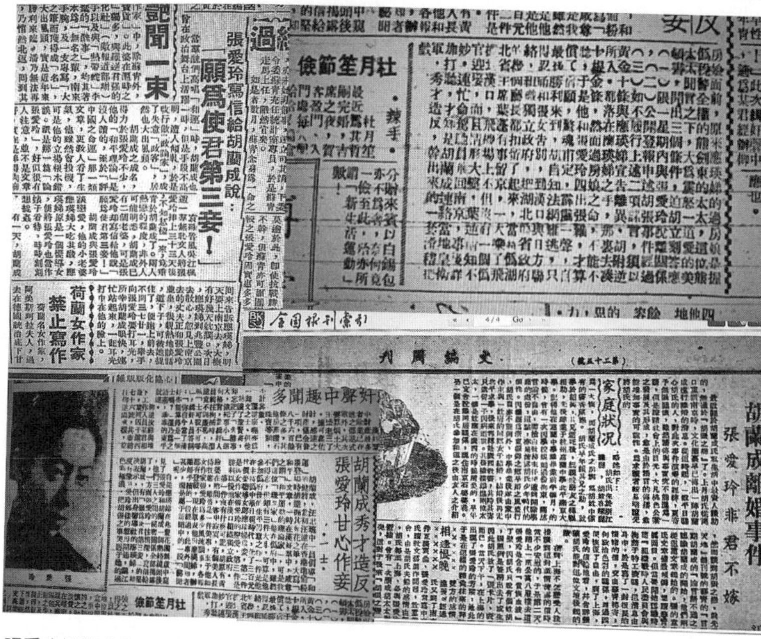

張愛玲寫信給胡蘭成說：「願為使君第三妾！」

荷蘭女作家禁止寫作

胡蘭成秀才造反 張愛玲甘心作妾

胡蘭成離婚事件 張愛玲非君不嫁

張愛玲胡蘭成的關係如何形成，結果又如何，全都是上海小報追蹤的內容。

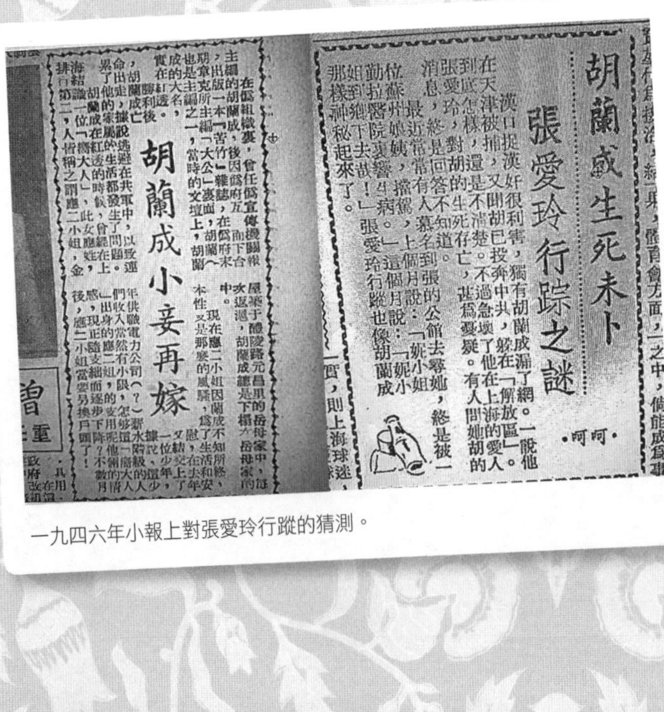

胡蘭成生死未卜 張愛玲行踪之謎

胡蘭成小妾再嫁

一九四六年小報上對張愛玲行蹤的猜測。

天氣漸漸暖和，炎櫻已經來找過愛玲好多次，每次總和姑姑一起吃晚飯聊天，兩人最後總歸要擔心地猜測愛玲大概何時回上海，好容易等到端午節的前幾天，身心已經千瘡百孔的愛玲終於回來了。

上海原本就是個洋派氣氛濃厚的地方，兩三年的東洋統治，只能反向使上海成為文化孤島，向內斷絕了中國知識學界的影響，向外也聯繫不到任何法西斯納粹以外的西方國家，上海市民卻仍奇異地可以血氣蓬勃。一旦緊勒的日本手放鬆了，好萊塢、英國法國電影都能進電影院上映，連帶報頭上原本擠成帶子似的一橫排電影廣告，也理直氣壯地變成上上下下成堆的大框框，框框裡的外國明星、電影廣告詞也都有趣活潑起來。到了晚上，燈火管制解除了，雖然有時也因為供電不足而忽然停電，街道店鋪裡的電燈總是晶瑩耀眼，舞廳駐唱餐廳熱熱鬧鬧重新開張，到處是大紅的、螢光綠的霓虹燈流光閃爍。

夜上海的繁華到了白天成了另一種風情，街上走幾步路就是一只長檯子，上面鋪著潔白的檯布，透明的玻璃杯就放在潔白的碟子上，香氣薰人的咖啡，在大又漂亮的咖啡壺中氤氳吐著熱氣。裡邊煮咖啡的地方，有美國出品的淡奶，一品脫一品脫的堆得老高，可可、麵包、白脫糖、果子醬，整整齊齊陳列在小型玻璃櫥窗裡。不時有高鼻子深眼窩的美國大兵走在街上，有時臂彎裡也勾著一名花枝招展的旗袍女郎，抓著酒瓶子嬉鬧鬧橫衝直撞，旁人只能閃著他們，美軍軍艦就停在港灣外，空閒時理所當然進來外灘找女人逛樂子，彷彿不是中國戰勝了日本，而是美國。

愛玲木木地走著，看起來恍若沒有目的地，炎櫻卻興高采烈，不時拉著愛玲左看右看，才被咖啡香吸引，現在眼睛又盯上另一攤。愛玲也任由她。

「橙汁蜂蜜蛋糕！張愛！」炎櫻拉住一直往前走的愛玲說。

「你剛剛才吃的奶油蜂蜜捲，還吃得下？」愛玲有點吃驚地說。

「那奶油蜂蜜捲真棒，誰叫你總說會吐不吃！現在這個橙汁蜂蜜蛋糕看來真像金子，我們一人分吃半塊嘛！」炎櫻鍥而不捨地要求著。

「不行，這陣子吃什麼都吐。而且，我沒錢，一整年沒收入！」愛玲悄聲沒息地說。她也沒騙炎櫻，是真的吃什麼都吐，從溫州回上海後就成了這個樣子，她也很想嘗試食物，試到後來發現只有整聽進口的西柚汁喝下去腸胃挺舒服的。

「哪，我請你，我們坐上吧檯吧！」炎櫻自喜自樂地說著，也把愛玲推到一只高椅子上，她本來個子高有點駝背習慣，坐在高椅子上也不願意挺直腰，沒精神，看來更駝了。炎櫻瞅瞅愛玲，又說：「花在吃上面最值得，就算把金子拿出來也應該！」

「最近我真的花掉一個金鐲子！」愛玲把臉埋到雙手裡，沒有哭，卻在手掌間幽幽地說。

「What! Why?」炎櫻叫了起來，太吃驚了。「那金鐲子起碼有一兩重，不是你的《傳奇》賣來的錢去買的嗎？我都還記得，那時陪你去，銀樓老闆還認得你是張愛玲，說你買金子要給你打折！」炎櫻賭氣說：「一定花在蘭你身上了！不管，我都要去日本了，你還不多陪陪我！」

「明年的事情嘛！說得好像明天就要走了。」愛玲沒回答真正的問題，卻忍不住笑了。炎櫻的邏輯很跳脫，她的意思應該是，和朋友一起享受時也應該花些錢的，否則就不算重視朋友！

炎櫻又想了想，倒自己先從高椅子上溜下來，順便把愛玲也拉下來說：「我們只買一塊蛋糕帶走，回你家喝咖啡，你要喝西柚汁也行，一人吃一半，這樣就省得在這裡要多點咖啡奶茶又多費錢。怎麼樣？」

「好吧！」愛玲沒有吃的興趣，無可無不可地說。

說買一塊，結果拗不過炎櫻，還是買了兩塊。走到靜安寺路，炎櫻又想起什麼，說：「等等，我去父親店裡把照相機拿來，你今天穿這件洋裝真好看。」炎櫻由衷地說完，一溜煙轉到店裡去，出來的時候笑吟吟說：「走吧！」兩人回到愛丁頓公寓，阿媽先燒水沖咖啡，還幫她們準備了紅酒和高腳杯，炎櫻無論何時總是興致高昂，她邊吃邊說：「真是美味啊！張愛，快點，你怎麼都不動手？」

兩人正在一個有興趣吃一個沒興趣吃掙扎著，電話鈴忽然響了。只聽阿媽說：「愛玲小姐？她不在吶，您要不要留話？」

阿媽遞過來一張小小紙條，炎櫻先搶過去顛來倒去看半天，說：「咦，這個電話號碼不熟，但是這個人名字只有兩個字，很像是蘇青。」炎櫻雖然不懂中文，對蘇青兩個字怎麼寫還是有點印象。

「真的?!」愛玲趕緊把紙條拿過來，的確是蘇青，但是換了號碼了。愛玲立即回撥了，電話裡幾句就講完，愛玲放下話筒回頭問炎櫻：「剛剛蛋糕買了幾塊?有三塊嗎?蘇青說現在要來。」

穿一件藏綠灑銀點旗袍，從額上往後梳的鬈髮蓬鬆鬆往兩旁下披，露出寬亮的額頭，蘇青看起來挺精神。

「你怎麼瘦成這副樣子！」蘇青一進門就用英文說，這是她看到炎櫻在場時的反射。

「說我嗎？」炎櫻高興地問。

「我是說愛玲！我打了兩三次電話來，都說你不在。有一次姑姑接的電話，說你去外地了。」蘇青說話的語氣還是直刺刺。可見她打電話來的時間愛玲還在溫州，這是誰也不知道的祕密。

「你剛剛說辦公室來這裡很快，你又上班了?」愛玲覺得自己的事一言難盡，還是先問問蘇青現在的情況。

「一直當編輯有個好處，朋友想辦報辦雜誌就會想到我。現在陸續有人從重慶回上海，想辦個熱銷小報，報紙名稱已經定了，就叫《今報》，四個版面，我負責編其中的副刊，叫作『女人圈』，這就得趕緊拉稿，至少得累積二十天到一個月的稿量，怎麼樣，你有沒有現成稿子可以給我？還是新寫的都好。」

「你要我的稿子？被攻擊可怎麼辦？」愛玲憂鬱地說。她不是停筆了，只是《異鄉記》在這時候內容太敏感，寫了不能發表，其他題材也正想著，當然也還沒完全寫好。

「唉，我怎麼不知道你的心情？報上說我的還更難聽，都曉得的！但是總得要有生活費不是？我們只有一支筆，丈夫又都不能靠！」蘇青雖然咳聲嘆氣，神情語氣卻理直氣壯。

愛玲聽著默然發怔。

「張愛現在連蛋糕都買不起了，每天只願意喝一大聽西柚汁過活，真的需要多賺點錢。」炎櫻插嘴，又忍不住說：「而且最近才剛花掉一個金手鐲，再不寫稿，要拿那二兩金條來賣。趕緊跟她拉稿吧！」

「現在的物價，真是可怕，買米麵都最好用美金黃金換，金圓券根本不斷貶值。我還被偷了一千多塊錢美金。」蘇青遺憾地說：「不過總不能省成只喝西柚汁呀！」[3]

「別說那金鐲子了。就是這半年來我都在做什麼，連我自己也說不清楚！」愛玲說著說著忽然流下淚來。

「你見到胡蘭成了？」蘇青趕忙緊緊摟住愛玲肩膀，又掏出手絹幫她擦眼淚，直接說：「戰爭就是這樣，那些男人去了重慶，就出了抗戰夫人這名堂，現在這些逃亡的，難保又在外地有什麼新的溫柔鄉。」

「做女人真是可憐！」愛玲沙嘎低聲，只擠得出這句話。

「那人真劈腿了?!」蘇青問得自然不吃驚，彷彿這是一定會發生的事，說：「你拿金鐲子當了做他的盤纏，他卻劈腿?!」她說得連珠炮，愛玲只是不斷緩緩地搖頭。蘇青急了說：「你倒是說啊，別只管搖頭！」

「那只金鐲子……」愛玲深深吸口氣說一半又停了，要說出那些事對她實在太刮骨。

「姑姑說青芸帶一個女人來找，張愛就把一只金鐲子給了青芸。」炎櫻終於不想裝傻了，這些話當然是從姑姑那裡聽來，她和姑姑一樣擔心的不是金鐲子，而是愛玲像慢性自殺一樣一吃就吐，只喝罐頭果汁過活。不用說，一定和胡蘭成相關，但是到底怎麼回事，愛玲連一句話也沒肯講。

「那女人就是范秀美。」愛玲一個字一個字困難的說出來之後，整個人像氣球癟了，癱在椅子上，像是椅子吸光了她的力氣一樣。

「范秀美，胡蘭成在外鄉的情人？」蘇青詫異的問：「不會吧，跑來上海做什麼？要不就是來要錢，要不就是來找醫生。」蘇青始終沒問外鄉是哪裡，不過以她的直覺，這裡面是出大問題了。

「當然是來打胎的。」愛玲又短短的說了一句。一出口就把兩個朋友嚇一大跳。

「憑什麼要你出錢？打胎又祕密又貴！」蘇青這下真的氣憤地說。

「他去武漢辦報之前在這裡放了一箱子的錢，那錢是他的。」愛玲已經不哭了，因為蘇青這麼問，

3 蘇青一九四七年三月出版的《續結婚十年》很清楚地寫到抗戰勝利後上海生活費以及被偷了美金一千多元的情況。

反倒把她這幾天一直混亂的思緒逐漸理清。[4]

「男人又不會無緣無故給錢，當然是因為你是他太太所以才給錢，那錢就天經地義是屬於你的了！」炎櫻很快的說。愛玲搖搖頭，像個失望透了又不想振作的表情說：「他給我錢的時候還沒跟我結婚。」

「就算是，男人給女人錢總是關係特殊才會給，那就是你的錢！」蘇青義憤填膺地握拳敲在沙發椅手把上說：「外面的女人懷孕了，你也可以狠一點，不拿錢出來，他也不能怎樣！」

「我已經不愛他了，」愛玲搖頭說，從剛剛到現在彷彿她只會搖頭：「其實從溫州回來的路上，我一直打算跟他分手，還他所有的錢。」

「不要還錢，把他的錢花光好了。」炎櫻也氣得大聲說。

「還吧！這人一直劈腿，何必要他的錢！這種好色男人見腿就劈，也不用留了！」蘇青一語雙關，錢不留，人也別留。

「不變的劈腿，」愛玲露出自嘲的微笑喃喃重複蘇青的話，又說一次：「不變的腿。」她忽然覺得這是個好題目，今天就能寫好放到蘇青的版面去。[5]

「自古以來美腿誘人，男人能劈腿，女人也可以，分手吧！我主張現在起，你應當恢復自由，再尋找合適的對象！」蘇青說得像女戰士一般：「你們又沒有真正的法律登記，寫封信去休掉他！」

「你不愛他了，我也不再把他當朋友！」炎櫻揮揮手瀟灑地說，又把面前裝著紅酒的高腳杯拿起來，向愛玲和蘇青的杯子「鏘！」輕輕撞一下，說：「O, my friend,cheer for freedom!」

蘇青看著笑了起來，無論發生什麼事，炎櫻總是開朗稚氣的。看到桌上有台相機，隨手拿起來說：「這相機不錯，今年最新款！」

「慶祝我們張愛重獲自由，現在我們去頂樓拍幾張照片！」炎櫻又開心起來了，從蘇青手裡接過相機高聲地說。

姑姑接到信，說母親要回上海了。愛玲如臨大敵，收拾房間的每個角落，地毯式梭巡有沒有母親看不過去的地方，她進進出出，房門開開關關地拿東西，有些物件硬是為難地捧在手中，不知道該擺

4 李黎，《浮花飛絮張愛玲》，頁一三五。青芸回憶范秀美需要做流產手術，帶了胡蘭成的小紙條給張愛玲，上面很簡單的寫：「看毛病，資助一點。」張愛玲看了，很快就拿出一只金鐲子，要青芸當了作為醫藥費。比對《今生今世．文字修行》胡蘭成寫的是：「秀美偏又身上有異，只得藉故一人去上海就醫。那裡有青芸招呼，她是凡我這個叔叔所做的事，對之無奈，而又皆是好的。」這還真不知道「好的」是好在哪裡？張愛玲在《小團圓》第十章頁二七八，辛巧玉／范秀美過境上海，去九莉家吃飯，一副食不下嚥的樣子，九莉打從心底厭煩出來，「她早已不寫長信，之雍以為她沒事了，又來信道：『昨天巧玉睡了午覺之後來看我，臉上有哀老，我更愛她了……我的毛病是永遠沾沾自喜，有點什麼就要告訴你。但是我也覺得她其實也非常好，你也要嫉妒嫉妒她才好……』她有情書投錯之感，又好氣又好笑。」這一整段裡沒寫到打胎，只暴露之雍正如西門慶一樣，跟這個女人說那個女人的好處，要每個女人都為他容受其他女人對他的溫存。正是大男人主義到極點的噁心。然而實際上張愛玲受到的折磨還不只如此，而是劈腿後，其實這個男人也不想對已經懷孕的另一個女人負責，只會推給青芸和名義上還是妻子的張愛玲處理。

5 見陳子善，二〇一五年六月二十三日《東方早報》鳳凰副刊，上海書評，〈女人圈 不變的腿 張愛玲〉，張愛玲這篇文章用筆名世民，刊登於一九四六年六月十五、十六、十七三天的《今報》「女人圈」副刊。據陳子善考證，女人圈副刊主編者應該是蘇青。

到哪裡。她去香港讀書那年，母親也去新加坡，母女倆已經九年不見了。她與母親同住的那棟公寓和這棟公寓雖然不相同，但兩個主臥一個次臥是一樣的，而現在還多了阿媽和她的小孩。

「我看先拜託阿媽去和隔壁阿媽一起睡，看信裡的口氣，她自己也不確定回上海停留多久。」姑姑用商量的語氣跟愛玲說。

「搬些東西去阿媽房間就行了。」愛玲起初想得很簡單。

「那可不行，你得先整理整理你的衣櫥、化妝台、書桌抽屜，嬸嬸的行李可多著，這些都得空出來讓她用。」姑姑不得不說得仔細些，愛玲從小因為有女僕保母，對於日常整理房間這種瑣碎小事都大剌剌不在意，她母親看在眼裡簡直覺得邋遢相。愛玲聽懂了，曾經是她和胡蘭成的房間，現在應該還給母親用。不熟悉的母親在愛玲的記憶裡，也只有嚴厲的眼神和教訓的口氣。

「嬸嬸回來那天，有可能就是文華影業老闆找我開座談會的時間。」愛玲小聲心虛地說。她不想一起去碼頭接母親，會遇到舅舅舅母之外，現在所有親戚都在背後議論她和胡蘭成的事。總有人會熱心地告訴母親吧，要是當愛玲的面講開，那就更尷尬。

「盡量安排吧，嬸嬸那麼久沒看到你。」姑姑故作輕鬆地說。她也不是不知道愛玲的心態，但總不能鼓勵人家女兒不去接母親，到時候還怪她挑撥人家母女間的感情。

「回來就看到了。」愛玲這句話只是想著，沒說出口。所以姑姑這話她就沒回答了。

自從姑姑說了要她收拾房間之後，已經將近一周了，現在她來回焦慮地環顧，書桌抽屜已經清空，只有一個兩層手絹密密包裹的東西不知道該怎麼辦。她低頭摩挲著手裡的東西，夏天夜晚的涼風從窗戶透進來，窗簾被吹得一搧一搧，她已經把該搬的東西都搬了，終於她下定決心去敲姑姑房門。

「姑姑睡了？」愛玲小心地問。

「不不，剛才洗完澡，進來吧！」姑姑笑著說。知道這時候來敲門，愛玲定然有不能解決的麻煩。

「我欠嬸嬸的錢，」愛玲的語氣停頓又拖了一下，把手絹打開，露出裡面黃澄澄的金條說：「本來有四兩多，去溫州花了一兩多，剩這二兩多金子，姑姑覺得足夠嗎？」

「不是說要還胡蘭成？」姑姑有點驚訝地問。

「也想還。不過既然嬸嬸回來了，不知道什麼時候又要走……」愛玲說著尾音拖老長，後來卻沒說下去。

「這樣算清楚也好。」姑姑點點頭又說：「我也打算把欠她的公寓頂費一次還清，免得讓她將來難打算。九年前我用了她一大筆錢，她氣得說害她頓在上海，動彈不得。這件事她應該跟你說過吧?!」姑姑脫下睡衣舒服地坐上床抱著靠枕，語氣自然地說。

「嬸嬸沒說過。」愛玲搖搖頭，實際上她聽母親說過，但她寧願裝作沒聽過，她對姑姑的缺點和母親曾經對姑姑嫌棄過的做法，一向只想視而不見。

「真的?!不可能吧，她那麼生氣，即使裝作沒事，我也知道的。」姑姑笑著說：「那時我也是鬼迷了心竅，想做股票一古腦多賺些，開第和幾個朋友想在香港合股開公司，我也想加一份。」姑姑說的和母親說的兜攏了，的確是做股票賠掉許多母親的錢。愛玲有點發窘，沒想到姑姑竟然當面跟她「自首」。

「把錢用在愛情裡本來就應當。是開第叔叔的關係，我覺得這就沒關係。」愛玲這整句話說得很饒舌，但真心：「就算現在我想跟蘭成分手了，也還想他在逃難中，除了把他的錢還給他用，如果我還能賺點稿費寫點劇本賣錢，也能多省點資助他，總算緣分一場。」

「噯唷，我們女人的愛情就都是這麼到底的！」姑姑嘆氣說：「我看金子，你就先別決定要還給誰，看著辦吧！」

「現在搬到阿媽房間，這東西實在沒地方擱。又不能動阿媽的箱籠，那也是上鎖的。」愛玲為難地說。

「擱我這抽屜吧，白天上鎖，外加房門也上鎖，安全！」姑姑拉開梳妝台中央抽屜說。

自從〈不變的腿〉發表後，雖然女漢奸、落水文人的叫罵聲還在，文壇卻開始有人想找愛玲寫稿。只是她自己變得非常小心，除了原本就不喜歡碰的政治以外，對於想寫的文章總要一再思索才下筆，她又恢復晚上熬夜，白天睡覺睡到自然醒的習慣。好在關著房門，母親本來也就不大管她在做什麼，午飯吃不吃無所謂，她反而拖過午飯時間，母親也許出門了，她才遲遲起床去浴室梳洗。阿媽摸清楚她們三個人的習慣之後，也懂得幫愛玲在廚房餐櫥裡留一份簡單的「早餐」，通常是吐司夾蛋或蛋糕餅乾配牛奶。愛玲有時根本沒吃就直接出門，尤其只要發現母親還在用廁所。乾脆直接去炎櫻家，炎櫻房間也是套房，有浴室，梳洗完在那裡聊天吃飯，可以很自在輕鬆。

炎櫻的母親矮胖胖的，是典型的中年婦女。愛玲常常下意識比較著，自己的母親是相反的，美麗優雅的典型，高貴得多，不能說是難以親近，也許是做女兒的自己永遠達不到母親的標準吧！

「愛玲啊！看你瘦得，來來，多吃點蛋糕餅乾，熱牛奶也有，瘦也瘦得標致，多漂亮的孩子！」

炎櫻的母親看著愛玲總是眉開眼笑，是天津人。愛玲總懷疑她是習慣性對孩子只會讚美。炎櫻家裡兄弟姊妹每個孩子都這麼被讚美長大。他們家最奇怪的並不是孩子們各自有各自的房間，也不是衣櫥書架不夠，姊妹們卻都混合使用著別人的衣櫥，就是書架上也混雜了其他人的物件，而炎櫻的母親根本沒有自己的房間，她母親的房間裡永遠充滿每個女兒的皮包、手帕、大衣和鞋子。女兒們總是輪流到母親房裡找她們自己需要的搭配飾品。在愛玲看來這實在太混亂了！要是愛玲的母親，恐怕只會板起面孔教訓一頓：「沒有條理，將來怎能面對人生？別以為留學是去享受的，在國外都得吃苦耐勞，像你這樣……」

在炎櫻母親忙著幫炎櫻挑衣服打扮，好讓她跟愛玲一起參加座談會的時候，愛玲總在一旁羨慕這對母女能在一團混亂中找到對的東西，親密地拉著手，在對方身上比來比去，又在相對的意見裡討價還價，說說笑笑，就完成了不錯的打扮。在愛玲最風光的時候開的幾場座談會，炎櫻都是這麼「包裝」出來的，甚至有一陣子炎櫻還想開服裝公司，幫女顧客做整體造型設計，其實都來自日常生活中母女的親密審美。

現在坐在炎櫻的房間裡，兩人胡亂蹺著腿看書喝茶聊天。愛玲在這裡不必小心翼翼，比在自己家愉快多了。

「摩黛，我的書一直被盜版，拿不到賣的錢，你覺得該怎麼辦？」愛玲輕鬆地說，好像事不關己。

「別叫我摩黛，現在我又不喜歡了！聽起來我們很生疏！」炎櫻別過臉甩著手說。

「好好，炎櫻小姐，你這人真反覆，怎麼樣？」愛玲笑著說。

「找人重新出版《傳奇》，你覺得怎麼樣？」炎櫻說。

「現在人人把我當細菌，能找誰？」愛玲無奈地說。炎櫻想起什麼似地說：「不會呀，上次座談會裡不是有人說要找你編什麼演戲的，那個人怎麼樣？」七月開個大型的座談會，會後文華電影公司老闆請客吃飯，愛玲都拉著炎櫻出席。

「什麼怎麼樣？」愛玲沒聽懂，在炎櫻房間裡待久了，由於不必有任何條理，連思緒都變得有些怠惰。

「那個座談會啊！才前幾個星期的事情，嘖嘖，糟糕了你，記憶力這樣壞！」炎櫻用誇張帶點恐怖的表情說。

「你說的是龔之方還是柯靈？還是文華公司的老闆？」愛玲是真的一頭霧水。

「唉呀，那些人又不帥，有什麼意思？不是有個長得挺好看又個子高的？」炎櫻還指手畫腳比著高度問。

「喔，你說的是桑弧，李培林。」愛玲說。[6]

「我覺得他挺好。」炎櫻把最後一口蛋糕放入嘴裡，看愛玲的蛋糕還整個沒動，就說：「張愛，你這樣不吃不喝只工作，真的會出事，已經這麼瘦了，再瘦下去，皺紋要出來的。萬一那個林桑弧邀請你去拍電影你就去不成了。」

「李培林，不是林桑弧。」愛玲大笑起來：「拍電影?!我只會寫，不會拍。」

「一個皺臉老太太在電影公司出現了，人家叫你演老奶奶！」炎櫻不管愛玲說的，自顧自做起鬼臉說下去，還邊把蛋糕叉子塞到愛玲手中，愛玲笑著吃起蛋糕來。她其實根本不餓，也沒食欲。胡蘭成已經讓她沒頂了，加上她母親回來，簡直雪上加霜。但是炎櫻卻看著愛玲吃挺滿意的。

「我真想揪出那些盜印書的人。」愛玲吃幾口蛋糕才又淡淡地說。

「什麼？雖然書很重要，但是我覺得，」炎櫻對愛玲詭譎地點點頭小聲說：「那個人後來沒再約你出去看電影嗎？」

「這個人長得還可以。」愛玲撥弄著蛋糕邊說。

「我覺得他比蘭你帥。年輕！」炎櫻聲音又變大了，說：「我看上次他一下子就坐到你旁邊，但是還不敢靠過來碰你的身體，有點呆樣。」炎櫻吃吃笑著。

「他本來就是個寫劇本的，是電影圈裡的人，現在想當導演，找我出去也不過是談電影編劇。」

愛玲低頭用小湯匙攪拌著奶茶，隨意地說。

「你別把他跟蘭你比，這個人看起來不太愛說話，蘭你的話可多著。壞男人總令人難忘。但不論如何，你應該接受新的試試看。」炎櫻一本正經地說。

「人家也不一定對我有興趣。」愛玲抬頭對炎櫻說：「我覺得現在應該要專注在工作上，我想賺錢！」

「我的直覺應該沒錯，他上次看起來想介紹工作給你。」炎櫻肯定地說。

「他來過我家一次，我們在客廳討論劇本，那天以為我媽已經出門了。不料討論到一半，」愛玲倒抽一口氣，眼神裡有些疲倦和不知所措，說：「我媽開房門出來去浴室，用完浴室又回房間。」

「就這樣？媽媽沒過來打招呼？」炎櫻的神情充滿不可思議。如果是她母親，老早熱情地拿蛋糕水果餅乾衝上客廳來跟客人攀談了。

「嗯，就這樣。而且兩扇門甩得很大聲。」愛玲還記得那天桑弧面對這種聲響，臉上出現一種驚恐。愛玲只好對桑弧解釋，是個從馬來西亞回上海的親戚借住在家中。

「你媽那時候在生氣嗎？我媽很生氣的時候才會甩門，不過爸爸去找媽媽說一會話就好了。」炎櫻聳聳肩說。

6　一九四六年七月，桑弧透過柯靈請張愛玲做文華電影公司的編劇，並且策畫了一次文藝性的座談會。聚會中也有從重慶回到上海的許多文人，勸她從電影劇本重回文壇。

「她應該生氣我沒主動介紹客人吧。」愛玲不確定地說，其實她並不很想把桑弧介紹給母親認識，因為不曉得該怎麼定位，說是朋友，一定引起母親懷疑審視的眼光，又真的不是男朋友，也不確定人家是不是真的喜歡她。

「那也不用因為這樣甩門啊！」炎櫻奇怪地，又說：「不過桑弧是給你工作了，要演戲了！」

「就告訴你不是演戲，是寫劇本。桑弧認識的人很多，電影公司老闆也要我寫劇本看看。因為以前寫過《傾城之戀》舞台劇劇本。」愛玲說。明知道跟炎櫻解釋這麼多，她也不一定理解，只是每次都藉由跟她談話討論，才能真正整理自己的想法。愛玲知道這是一個應該要把握的好機會，經過這一兩年的苦悶，她非常想東山再起。

「你一定能賺很多錢！」炎櫻又開始胡亂說著鼓勵讚美的話：「而且祝我們都能交到帥又好的男朋友！」

飛達咖啡廳算是這條街開到最晚的餐飲店，他們還意猶未盡，劇本大綱已經形成，店員兩三次繞過來，最後只好客氣地說要打烊了。桑弧付了錢，出門後他們仍然邊走邊討論。初秋的上海深夜，又是一輪橄欖月，卻沒有被烏雲遮蔽，明晃晃照亮了街燈黯淡的道路，男的瘦長高個子，女的身材苗條，長鬈髮披肩，在月光下是兩條長影子悠晃在平坦的道路上。

「這故事應該很能賺觀眾眼淚，你覺得劇本大綱大約什麼時候可以完成？」桑弧眨著長睫毛，甜淨的方圓臉上微笑著，側過頭來望著愛玲說。

「讓我想想，」愛玲踢走腳下一只不知道裝了什麼的垃圾小紙袋，說：「噯，上海的道路是越來越髒了，簡直沒人管。」

「還是租界時候最乾淨！不過，」桑弧長長地嘆一口氣說：「我十三、四歲父母雙亡之後，中學輟學，也沒再住過租界。」

「你自己一個人長大？」愛玲有點詫異地問。

「那怎麼成？」桑弧笑起來，說：「我大哥大嫂把我帶著生活，不過我還是得去銀行當學徒打工賺自己的生活費。實際說，我們都羨慕你能讀聖瑪莉中學又去港大讀書。」上海文人誰不知道張愛玲出身貴族世家，在外文上勝人一籌。

「那也不是什麼了不得的事，說實在，我父母有顯赫的背景，我倒是沒得到任何好處，生活得和父母雙亡的人差不多。」愛玲淒淒地說。

「怎麼可能?!」桑弧吃驚地看著月下的愛玲，少女般的面頰在月光下有著柔和的弧度，向下望時，雙眼皮緣線很深。他看得有點呆住，半晌才說：「你寫了這麼多小說，又已經是名作家了，父母親應該很引以為傲吧！」

一輛黃包車不知怎地猛然滑過來，桑弧一把拉過愛玲的手，剛好閃過車身，愛玲卻栽到他身上，黃包車夫回過頭抱歉了一聲，一陣酒氣隨即飄過來。愛玲驚魂甫定，聽到桑弧罵道：「遇到醉鬼！」手裡卻沒放掉，愛玲稍微仰頭看，桑弧的臉和她的臉竟十分接近，像放大的圓月，桑弧的鼻息就吹在她臉上。愛玲微微笑一下，說：「謝謝你。」雖然沒推開他，這麼理智的口氣，當即拉開了兩人的距離，桑弧立刻感覺到了，趕忙放開手，還好月光下看不太出臉紅了。愛玲沉默了一下又說：「其實上次你看到的是我母親。」說完繼續低著頭和桑弧並肩走。

「真的?!」桑弧太驚訝了。

「嗯，那時她剛從馬來西亞回上海，我們已經多年沒見。」愛玲落寞地說。

「你不想念她嗎？不，應該說，她不想念你嗎？」桑弧把雙手插在褲袋裡邊走邊說：「其實我非常想念過世的母親，如果她還在，我應該不是現在這個樣子。」

「並不是每個母親都必須想念孩子。」愛玲像在說一個公允的評論。

「她應該喜歡你的作品罷。」桑弧說的是一般情況。

「我不知道。」這是愛玲的真心話，「不過我姑姑總會把書寄給她。」說這些話時愛玲是沒表情的，但是桑弧總覺得她楚楚可憐。這些時候，愛玲也很奇怪自己會對桑弧多說這許多，也許是因為經常感受到他的善意。雖然桑弧的年紀比她大四歲，但是說話的單純度卻像比她小四歲。她知道她想讓他多了解些，他就能多了解些，不想讓他知道的，她也能掌控得很好。和面對胡蘭成的時候完全不一樣。

「你的書，《傳奇》和《流言》，我看許多報攤都還賣得很好。」桑弧想給她一點鼓舞。

「我也知道好賣，但就是收不到錢，都是盜版的。」愛玲無奈地說。

「這太冤，可以查查是誰在盜版。」桑弧替愛玲抱屈地說。

「查也查不出什麼，我現在又沒人脈又沒錢的。」愛玲真的委屈地說。

「讓我想想，」桑弧的腳步停頓下來，一會又開始走時說：「有了，可以託一個朋友，他對上海印刷所熟，從印刷所去問，就知道是誰出錢印的盜版書。」

「唉呀！這樣總算能有點眉目，真要拜託你了！」愛玲停下腳步轉身面對桑弧柔聲笑著說：「培林，你真是我的貴人！」

她知道這一轉身的姿態是嫵媚的，桑弧不是她的對手，尤其在這樣的月色下。[7]

7 《舊聞新知張愛玲》頁五七，《滬報》一九四六年九月八日，刊登〈張愛玲到警局——西裝男朋友隨侍〉，這篇小報導雖然標題有點聳動八卦，但內容平實，既沒有攻擊，也並不誇張，所以頗有參考價值，全文如下：

「在數年間以著作《流言》和《傳奇》二書活躍文壇的紅牌女作家張愛玲，家住常德路　九五弄六十號，勝利後好久不聽見她的消息了。想愛讀張小姐文章的人，都很關念她吧。

昨天在黃埔分局裡，忽然出現了張小姐的蹤跡，她身著藍底白花紗旗袍，足穿半跟白皮鞋，手挾黑色玻璃皮包，面部微施脂粉，看上去比從前稍微胖了一些。

另外還有一個西裝筆挺姓蕭的朋友隨伴著。記者好奇心驅使，便走上前問了張小姐好久不見，今天到警察局裡來一定有什麼事吧。她回答記者說，近來閒居在家沒什麼事情做。今天到這裡來，只因近來發現外面有人翻印她著作的《傳奇》，經過多時間調查和打聽，始知是一個書販商人陳德元所做的，前天她去找到陳德元，加以質問，可是陳德元不承認是他翻印，說是從外碼頭批發來的，她因《傳奇》一書近來銷路很好，為維護著作權益起見，所以寫了　封呈文給這裡的社局長，要求把那個陳德元傳局詢問，以期水落石出。

記者又問她《傳奇》向中宣部註冊沒有，張小姐說《傳奇》是三十三年八月編印的，勝利後並沒有重辦註冊手續，但翻印書總非追究不可。」

這篇報導顯露出幾個重點：

1. 日本投降後，許多從後方回到上海的人繼續對張愛玲的書感到興趣，銷售量並沒有降低。只是作者本人被攻擊並因為情感事件而銷聲。
2. 和胡蘭成在一起的時候愛穿平底繡花鞋的張愛玲，這時竟然穿半高跟的白皮鞋，可見身邊這位「蕭」姓男子不矮，有沒有可能就是桑弧／李培林？遇上記者了，既然記者並不認得，桑弧是道地上海出生的上海人，《小團圓》裡說燕山／桑弧說話有個上海腔，也可能記者把桑／蕭姓氏弄混了寫出來。

3. 經過多時間的調查抓出翻印元凶，比對後來張愛玲對唐文標以及其他在港台翻印她舊作，全權交皇冠處理，去警局呈文的確像是她的作風。

4. 戰亂時代，文人作者必須因應不同時期的統治者，而配合政府組織機構得到自己著作的合法性，這實在是一件痛苦的事情。文中所說的「中宣部註冊」，顯然在一九四五年八月十五日之後，張愛玲的著作在法律上是沒有被保障的。為什麼直到一九四六年九月八日都還沒去重新註冊？有兩種可能，一種是張愛玲不知道該去哪裡註冊，另一種是被攻擊為漢奸文人，躲都來不及怎敢去註冊。但是在〈不變的腿〉發表過後，又有文華公司的編劇邀請，她的信心逐漸恢復了，才有理直氣壯去警局申冤的動作。

一九四七年初始

才過完年，初春乍寒，但黃包車夫卻跑得手抹了兩三次頭汗，路雖不遠，卻是繞來繞去找店家買，找得晚了。一輪橄欖月在雲間朦朧透散著藍霧森森的光暈，車夫跑得一顛一顛，車身晃搖，街道上熱鬧得很，上海人早已不用躲警報了，不再有空襲轟炸，到處是青天白日滿地紅國旗飄揚，在電力不足時明時滅的路燈下看起來，時而喜孜孜時而又抖顫顫，彷彿太平盛世給予這片土地的承諾，經不起耳語竊竊，擋不住的陰晴圓缺，在不經意的時間自走自流中，不安就這麼不對勁地滲入焦慮寒颼颼的毛細孔裡。抗戰勝利時萬人空巷的熱情早已冷清許久，轉過南京戲院進入另一條街，看到電影院門口圍著一圈人，八成又是拿霸王票的軍人和影院職工鬧起來。

二十七歲的張愛玲坐在黃包車上，想起前一陣子《新聞報》有天完全沒有電影廣告，全上海影業忽然整整齊齊休業一天。在大光明戲院工作的姑姑前一天就知道了，第二天一早悠哉地哼著英格蘭小調沖咖啡做煎餅，剛好母親前一晚去舅舅家，說話說晚了，留在那裡睡。愛玲被香味吵醒，以為阿媽怎麼今日早來了，惺忪間悠悠忽開門出來，就看到姑姑在廚房忙，心想不知道姑姑今日開心什麼。

「起來啦？這樣早！」姑姑回頭看她，反倒有點訝異地問。

「好容易睡著，也不知為什麼沒兩下子又醒來。這陣子總這樣。」愛玲通常是母親不在就能放鬆說話。

「醒了就吃點煎餅吧，等會想睡再回籠。」姑姑說著把麵餅翻過，一陣奶麵香倒引出愛玲的胃口，於是順勢就坐上桌等吃。

「今天這麼興致！」愛玲說。姑姪倆對話從來不問對方為什麼這樣為什麼那樣。從小在大家庭人多嘴雜的環境長大，自然養成沒好奇心的好習慣，如果對方想說，自然就說了，這裡面又還加入了另一種英國風的隱私尊重。

「今天不用上班。」姑姑輕笑著說：「全上海電影院全天休業一天。」

「真休業?!以後也都不放映了？」愛玲睡意全沒了，驚訝地睜大眼看著送到眼前的奶油煎餅和咖啡。

「說好了休業一天，等等《新聞報》上來了就能看到。」姑姑又開始哼小調，整天的空閒真好。開電梯的兼整棟公寓的門房，知道這家上班的起早，在家的晚起，《新聞報》來了照例門房先免費翻閱後才到愛玲手中，那應該已經午後了，

「怎麼回事？姑姑有內幕消息吧？」愛玲的興致來了，上海人最喜歡八卦，最好整日吃吃喝喝都配八卦，生活才有滋有味。

「本來每天都有幾個簽霸王票的軍人便衣，跟前頭賣票的打架鬧事，這也沒什麼，怎麼鬧也鬧不到戲院上頭主兒，最近聽說出了一件不小的詐事，這才四十幾個影業代表聯合起來開記者會了。」姑姑輕快地說，一點不大驚小怪。

「訛詐電影票？」愛玲不解地問。

「當然不是，電影票能值多少？」姑姑推推眼鏡說：「一個小夥子裝成特務隊長，一路大搖大擺闖進老闆辦公室，拍桌斥喝，就這麼開保險櫃拿走十萬美金。不是金圓券。」美金當然值錢，根本相當於黃金，特務要抓人都是不眨眼的，別說日據時期的「76號魔窟」專抓些政治犯興文字獄，就是現在換回自己人當主人了，也還在抓個不停，風水輪流轉，抓的是前幾年靠日本人春風得意的人。「特務」這兩個字可真是嚇壞有錢人了，誰也不願意沾惹上。

「真是亂糟糟！」愛玲吃驚地說。

「電影院別一個人去的好。」姑姑說。

「雖然有些電影看來不錯，炎櫻不去，我也不敢一個人去。」愛玲啜一口咖啡說。

「是亂得很，那些軍人，尤其看上去穿得破爛軍裝的，白看就白看唄，我告訴我們那賣票的，讓白看總好過被他們打破頭流血沒命的好！總歸守的是老闆的錢，又不是自個兒的。」姑姑緩緩地說，眼底卻有些沒完的句子。

報上每天都有好幾起軍裝搶劫，甚至舞廳妓女也難逃，小偷到處是，盯梢女人的破落仔大街小巷無處不有。上海原本的英美法租界商區住宅區，雖然還尚可辨認，卻也人人難安。現在的上海是自清末以來從來沒這麼亂過，即使日軍占領期間有所謂的「封鎖」逮捕逃犯，連電車都得停駛，生活不免有些心驚膽戰，但上海人再討厭小日本，也還是謹守本分安靜過日子，也還算治安良好。

「免費電影例外。」愛玲聳聳肩笑起來。

「看電影找白天時間總是比較好。」姑姑也笑了，她想說的根本不是電影院，但是又忍住不好一氣兒說下去。

愛玲也知道晚上出來買東西，又是獨自一人，這不大好。但是託阿媽買這兩樣東西還真不行。抓著包袱的修長手指惴惴地摩挲著包袱布面，包袱裡是整整齊齊二十疊大票面紙鈔。

「應該夠了，一兩聽香菸又不是大米。」一出門前姑姑看了一眼說。紙鈔面額數起來都上幾十百萬，挺嚇人，卻沒一點價值。不論是日本人的軍元券還是勝利後發行的金圓券，人們握在手裡都沒有安全富足感，只有更多的難堪，買個小東西都得數上半天的錢。

該打點的日用品如肥皂、毛巾、內衣褲，大概青芸都已經打點好。斯君已經在上海兩天了，預定明天夜車回溫州，明天晌午從青芸處吃過飯，想當然他應當會轉來公寓一趟，看看張小姐有沒有什麼物件交代著帶去，像是一種例行公事。斯頌德和胡青芸，一個是胡蘭成中學時代的同學，世交，一個是至親姪女，兩人都稱她張小姐，說得好聽是戰爭期間怕「胡太太」這個名分只會帶來麻煩。

愛玲在黃包車上悠晃悠晃，橄欖月從雲端露個小偏臉，顯得鬼祟，街燈昏冥，一路隔三差五地明滅著，這時間出來，有些冷清點的街道店鋪已經扣上門板。轉過一條街，黃包車停在一間燈火通明的店鋪前，不光是這間店，望過去整排店鋪都還開著，人來人往，人人手上都是一大包或一提箱錢，拎著逛街買東西，沒有誰難為情，也沒人會搶，因為錢不值錢。和剛剛冷清的街道一比，恍若兩個世界。

這排店裡賣的都是外來貨多，皮衣帽店，咖啡廳，再過去些連小雜貨鋪子也開著。面前這間專賣些菸酒和男人用品。和電影一樣，日本一戰敗，美國英國貨就如潮水般湧入，上海暫時恢復了戰前租界時期的商品多樣繁榮，洋貨在人們心中總好過國產破爛貨千倍。跨入店門時，愛玲被個胖太太搖著屁股擠歪過來，瘦長身子向前踉蹌，差點撲倒，急忙手扶上玻璃櫃，店裡顧客又不是那麼多，擺設也寬敞，有必要這樣擠撞？胖太太還回頭瞪了她一眼，甩頭跨出門前嘴裡哼一聲什麼，沒聽清楚，彷彿是「和堅」什麼的。

愛玲定了定神，看到玻璃櫃裡正是她要的東西。排擺著幾種香菸樣本，有種美國菸硬紙殼裡裝著幾十根，錫箔包露在邊緣，開第叔叔是留英的，戰前抽的老刀牌是英美於公司出品，現在抽的就類似這種美國菸，算數一數二的上等貨，這裡離阿媽的小姊妹租的亭子間不遠，這個阿媽做事伶俐路也熟，要是跟開第叔叔要個菸殼子請阿媽比照著買當然省事，只是要經過點避嫌的不自然，開第叔叔不多話，但是愛玲自己挺心虛。請姑姑幫忙要硬殼子又更不行，難免姑姑要擔點什麼心，她這幾年已經讓姑姑夠麻煩了。她向售貨員招招手，要了兩聽。手裡鈔票馬上清空許多。

看著包袱還有幫幫硬的一方角，嫻熟做生意的女售貨員變魔術似地，拿出一款刮鬍刀笑著說：「太太，這藍色保安刀片子做得極好，您看看，」不認識的女售貨員倒是都叫她「太太」。女售貨員把刀身扳過對著燈光，是雙邊刀鋒設計，隱隱泛亮，中截狹溝嵌在柄口子上，「這是最新的設計呀！不但刮得乾淨俐落，也不刮傷丁點皮膚。」

「這是哪兒的？」愛玲看著頗滿意，雖然外文商標很明顯，還是多問了一聲。

「喲，您好眼力，識貨，當然是英國貨了！而且是戰前的存貨，我們這是……」女售貨員圓眼睛神祕兮兮地左右瞧了一下，詭祕地說：「當然是從香港來的！您的紙鈔如果不夠點，美鈔當然我們收的。」愛玲笑了，這是跑單幫來的！店員們都很會撈出顧客口袋裡真正的錢。她從大衣的裡腰口袋另掏出一只手絹包，要了一只刮鬍刀，又外加多買兩小盒刀片子，一小盒裡面只有三片。愛玲盯著小盒看，計測著一片大約可以用多久？一個月？兩個月？那麼六片又可以多久？再多買兩盒吧！她搖搖頭，別想了，這意味著胡蘭成逃亡的日子將沒完沒了，看不到盡頭。但是無論有沒有盡頭，時間已經不站在她這邊了。[1]

兩聽香菸和刮鬍刀，她揣著紙包往外走，卻聽到背後有個女人悄聲問女售貨員：「她就是……哎呀，你不認得她？」愛玲的腳步沒有停，像是一陣電流通過，雜誌上、家喻戶曉的《傳奇》上，哪裡缺過她比李香蘭還熱眼的照片？僅僅兩三年的時間，上海人絕沒有記性壞的。她忽然清晰方才開頭撞她的胖太太口裡哼的那聲是「漢奸」，她脹紅了臉加快腳步向前走，戰後她被大報小報寫來寫去，「漢奸文妓」、「漢奸妻」，熱熱鬧鬧地猜度她大隱隱於市的祕況。

她大步跨出店門，急急走到街上，冷冽的空氣直撲上額，迎面看到街角走來一對男女，高頭大馬的美國兵歪戴著軍帽，手搭在個濃妝豔抹的妓女身上，妓女嘴上的胭脂紅已經被美國兵吻得糊成一片，兩人腳步顛倒歪扭，笑鬧著從她身旁走過，腸胃裡攪過的酒氣混著呼出的濃烈淡巴菰，像是隨時可能趴在哪面牆根大嘔。愛玲雖然盡量不看他們，心下已經開始陣陣反胃，餘光掃過轉角黝暗處，似乎有個高瘦男人一腳跟著她踏到路燈影裡。她走了好幾步還看不到黃包車，雖然人行雜沓，身後那個固定的腳步聲讓她確定，她是被一隻無聲無息飄梭的鬼盯上了。[2]

戰後的中國亂著，全世界亂著，百廢待舉卻無可舉，那麼多飢餓邊緣又毫無前途可言的男人在末日感裡掙扎。形單影隻的女人最容易被盯梢，可如果只是單純盯梢又好些，最怕的是藉著抓漢奸的名義……她想得慌的小跑起來，還好沒穿高跟鞋的習慣，因為個子本來高，她今天又沒跟桑弧碰面，只穿平底繡花鞋。[3]那鬼影子亦步亦趨，她開始後悔沒聽勸，姑姑總是對的。她急，腳步聲更急，眼看身後男人的手就要攀上她了，一輛黃包車迎來，她伸手一招，黃包車停下，腳步聲沒了，顧不得講價就坐上，車夫腳步一帶身子往前傾，還在一陣反胃，她捏緊了紙包，心臟突突跳著，嘴裡已經不急不緩地說：「靜安寺路。」

從十七歲到二十七，她經歷過的大災難太多，這種鬼影子不算大事。

今日已是幾時了？慘澹的二十六歲生日是去年九月的事。這幾個月彷彿太陽月亮也黯然無算。她抬頭望望，隱沒的月盤依然半露，橄欖月本來就詭譎，到底日子是從上弦漸漸走往滿月，還是已經過了滿月漸漸往下弦走？她渾渾噩噩地想著。前一陣子，不記得多久了，有天姑姑回家帶了一本書，坐在沙發上看得起勁，姑姑一向太嚴肅的書讀不下去，那書定然有趣，沒有完竟還帶進房間打算成為睡前書，她沒問那是什麼書，姑姑也沒說。

過了三天，姑姑又趁母親出門，逕自把書放在七巧桌上，望著她若無其事地笑道：「蘇青悄聲沒息地出了一本《續結婚十年》。文字倒一貫簡單好讀。」

「好看嘿。」愛玲也笑著問，也若無其事。心下卻無端緊了一下，問好不好看，其實在上海人來說就是問裡頭有沒有八卦，再一想，蘇青寫的八卦當然多，所以語氣上用「嘿」而不是「嗎」，沒有疑問。愛玲低頭把餐具擺擺好，覺得蘇青終於從「漢奸文妓」的摧謗中掙扎出點什麼來。

那她自己呢？雖然去年勉強用世民寫了篇〈不變的腿〉，又還是蘇青邀稿，但那總不算得是她真正在意的小說創作。

「也沒寫啥，都是大夥老早知道的陳公博、周佛海什麼的，大小角兒都有，」姑姑語氣輕快地說：

1 《今生今世》，胡蘭成，民國六十五年七月，遠行，頁三一九，到處逃亡躲藏的胡蘭成收到張愛玲託斯君帶到鄉下的刮鬍刀片和外國菸，還在一九四七年六月前。

2 張愛玲在《浮花浪蕊》和《相見歡》都深入地描寫過「盯梢」。這兩篇文章的時代背景也被顏擇雅細細地考證過。

3 《浮花飛絮張愛玲》，李黎，二〇〇六年十一月，印刻。青芸回憶張愛玲只穿繡花鞋，都還比她的六叔胡蘭成高一些。

「看過了大概都知道是誰。其中有個做過文化部長又是什麼報社社長叫談維明的。」姑姑說著忽然沒了笑容，話也打住了。

蘇青寫的《結婚十年》堪稱轟動上海，裡面寫她自己從結婚到離婚的親身經歷，離婚後又拖著一群兒女，必須想辦法筆耕賺錢，辦《天地》算是她最風光的時期，二戰後隨著日本投降也停刊了。一九四二到四五之間越春風得意越紅的人，現在的小報越喜歡狗仔，到處都看得見「漢奸文人」、「文妓」這樣的名詞。蘇青的個性耿直無遮，《續結婚十年》把所有的憤恨委屈都寫入書中。攤開來寫她與政治人物、男性文人之間的恩怨情仇，公開那些男女關係，上海人才會願意買，滿足「窺看隱私」的心理。看來在這可怕的時局裡，任何能賺到錢的書寫方式她都願意嘗試。

同樣被講得相當難聽的愛玲可以理解，因為這時她也只剩一枝筆。

她翻開書讀了起來。書裡的談維明完事了，訕訕地問蘇懷青／蘇青：「你滿意嗎？」懷青默默無語。半晌談維明又問：「你沒有生過什麼病吧？」這個經典對話當然指的是性病。蘇青是上過大學、受過教育的民國女子，經常在書中大聲疾呼男女應該性平等，在民國男子們仍固執地在傳統裡享受男尊女卑時，自然有點勢力的男人們會想像蘇青可以隨時投懷送抱溫柔同眠。同眠當然浪漫，但難保每個男人都沒病。對於這句問話，書中的蘇懷青勃然大怒，覺得備受侮辱。[4]

這一年蘇青坐黃包車載著自己印的《續結婚十年》，在上海報攤到處兜售。逐攤算本數算錢收錢。自己印自己發行，自己跑賣，期待像以往的好幾本散文小說一樣好賣，一枝筆可以生出多少生活費？愛玲不禁嘆氣，她還沒有蘇青的勇氣和單純的浪漫。但是也一樣有生活費的問題。物價漲得不像樣了。姑姑電台的工作看看情勢不好，在戰爭結束前就辭掉了，戰後換了大光明戲院一個簡單的翻譯工作，姑侄倆計算著這公寓簽約到期時要不要換到比較便宜的套間，要不要辭掉阿媽。

愛玲邊想著，黃包車已經繞回公寓了，整棟樓黑黝黝，有幾戶隱隱透出微弱的燭光，停電，今天又得爬六層樓了。還好熱水汀仍有，好好洗個熱水澡是一種大放鬆。現在她裹著浴袍包著薄被坐在點上兩三根蠟燭的書桌前，翻看整疊稿紙，她習慣寫完後一遍又一遍逐字逐行再讀好幾次。去年這個時候，她從溫州回上海，帶回所有支解成碎片的心情。那趟可怕的旅行從一九四五年冬天到一九四六年春天，持續將近五個月裡，跟著不熟悉的斯君遠離文明上海，任由陌生人安排，像無靠孤魂漂泊入更古老的鄉野。當胡蘭成在范秀美的懷抱中訴說苦悶時，她卻在落差極大的不方便中被不安淹沒。火車、船、嘈雜擁擠又傾斜著開在山路上的公共汽車、人力獨輪車，水路陸路各種可以想得到的交通工具，全在沙塵髒亂與破敗裡一步一動艱困前行。月經在半途來了，她在鄉村簡陋的茅廁裡掙扎半天，躺在

4 《續結婚十年》，蘇青，安徽文藝出版社，蘇青文集小說卷中，頁一〇二，書中的蘇懷青會投入談維明的懷抱，是因為他稱讚她寫的文章，說得她「死心塌地」，覺得他是個「真正知道我的人」，當時哪裡曉得這個男人和每個女人都能成為知己。

幾十年後，張愛玲在美國洛杉磯不斷修改的《小團圓》，安排了完全顛倒的情節，「她（文姬，影射蘇青）那麼浪漫，那次當然不能當椿事。」完事之後文姬倒先問邵之雍／胡蘭成：「你有性病沒有？」邵之雍笑了。才反問：「你呢？你有沒有？」見《小團圓》，皇冠，二〇〇九，頁二二四。

如果沒讀懂，會以為張愛玲記仇，在這裡報復蘇青這個情敵一下。實際上卻是極度嘲諷胡蘭成的可笑復可恥。後者自己有那麼多計入《今生今世》的女人流水帳，就是當時玩玩沒有面目名姓的舞女酒家女，也應該多得不能數，蘇青先質問他有沒有性病才真正應當。這是幫「叨在同性」的蘇青小小復仇一下。看來張愛玲的確快速地讀過蘇青這本書。而且該牢記的也都記住了。蘇青在一九八〇年代初生病潦倒過世，往往這樣的過世文人都能很快得到文革平反，張愛玲在美國應該是知道消息了，還請朋友幫她找蘇青的《歧途佳人》，她想寫蘇青與其小叔子的事情，結果並沒有完成。

別人的床鋪上整夜側身不敢動，任由臭蟲與難聞的被窩枕頭掩埋。山重水遠，她想念姑姑的公寓，乾淨的浴室和沖水馬桶，都成了遙不可及的舒適，她在經歷奇特的異鄉。異鄉世界的白日黑夜裡，胡蘭成不論喜孜孜還是腹痛憂愁，多大多小的事，都沒有她的一席一份。

憑著記憶把五個月濃縮成十幾個章節，暫名《異鄉記》，這是一疊只有自己讀得到的初稿，如同日記，最後幾日的記憶已經滲入骨髓，一寫就流淚，根本無法寫，所以這個故事沒寫完就戛然而止。只能把情緒抽離事實，經營成《華麗緣》。這份情緣就像鄉下戲台上的生角旦角，循著愛情浪漫法則開啟，短暫的日據上海成就他們的愛情背景，不也是因陋就簡的戲台子？他們如同不適當扮相的戲子們，歪扭夾纏地照著戲台規矩走一遍，在短暫的時間裡各自扮演可以盡責的部分，台下觀眾邊觀看邊批評指教，又邊嘈雜地招呼親朋好友吃東西嗑瓜子，台下的人際關係和台上的愛情逢場作戲，在同一時空裡乖謬地演繹，各人生命自顧自流淌而逝。旦角不似旦，小生沒小生樣，既然盡力演完了下台一鞠躬，就不應該再持續入戲狀態。

她很清楚這個道理。

然而心裡總還有那麼一點什麼斷不了，理還亂。她把壓在《異鄉記》最下方的《華麗緣》抽出來，放到最上方，決定給龔之方辦的《大家》。蘇青都能那樣重新開始，她為什麼不？[5]

在這一九四七年春寒的夜裡，汪政府時期的要人早已逃的逃，抓的抓，好幾個被處決槍斃，多半是從親友的聯繫與信件中洩漏了行蹤。她和青芸當然必須很小心。她再讀一次《華麗緣》，確定沒露出任何相關於胡蘭成的蛛絲馬跡之後，把稿紙整齊地放入信封中，明天桑弧來時交給他去轉交吧。剩下整疊《異鄉記》豎起來疊榻好收入抽屜。

相對於寫稿，寫信真是費事得多。攤一張朵雲軒信紙，空轉著腦袋，捏著自來水鋼筆，久久不能落下一個字。她也可以隨意敷衍著噓寒問暖，這就不必做徹底的斷裂決定，她現在儘管痛苦，還不太想太驚濤駭浪地冒險。她還沒辦法想像「離婚」的完全失去。

但是這不是解決之道。

一九四七年四月二日，上海《新聞報》的電影廣告版面上出現了一個框框，裡面沒有劇情圖片，只有幾個字：「影壇特訊，文華影片公司出品，《不了情》，桑弧導演，張愛玲編劇。」下面是華德狄斯耐的卡通長片《彩虹曲》，四月三日以後就出現了陳燕燕和劉瓊上下疊在一起的頭像，並且多好幾行字：「千萬種感慨，無盡般哀愁」、「銀幕下觀眾哭，銀幕上演員勿哭」、「情近乎癡、愛入於真」，簡直要顛倒眾生了，但是緊接著的一旁卻有幾行字：加映國防部新聞局製作的《國軍收復延安》短片，國共戰爭正如火如荼延燒。哀情與時事可以結合得這麼巧妙互諷，也只有在上海了！

單純的明星頭像變成劇照，到了四月八日才有上映戲院出現，《不了情》在卡爾登與滬光兩家戲院上映到四月三十日，由國際戲院接著二輪檔繼續放映到五月中旬，十分轟動，愛玲首次不必偷偷摸摸用筆名。光明正大地被上海人重新擁戴。

畢竟《不了情》裡，她把情境整個對調了，男女主角夏宗豫和虞家茵是相愛的，卻因為家茵那個

5 《華麗緣》在一九四七年四月刊登，是張愛玲封筆一年多來第一篇以本名發表的小說。然而《異鄉記》的命運不一樣。直到她過世前，就算是最頻繁搬遷躲蟲患的一九八三至一九八九，連定稿的《海上花》英譯稿都整捲不見了，《異鄉記》也從沒丟過。可見《異鄉記》是她的生命財產，是她的骨髓血肉。

死皮賴臉糟透了的父親，和宗豫那個糟透了的鄉下妻，而被迫分離。如果胡蘭成真的愛她，只因為糟透了的戰爭和那個糟透了的鄉下范秀美……她是這樣戀戀於那個故事。然而斯頌德每次帶來消息，總要讓她倒抽一口冷氣。

最近來的這一次，斯君同樣去美麗園繞一圈之後，又過來愛玲這裡。

「他還念念不忘小周。」斯君邊把她交代的東西收好，臨走前又諷刺地看著她說：「說是，這些女人中還是小周最溫柔可人。」

這意思是要愛玲別自騙自了？她覺得這人這麼說話挺奇怪，是不是之前有什麼地方得罪了斯君？要這樣諷刺她。愛玲想了很久，要不就只有一次，她從溫州才回上海，斯君又送來胡蘭成厚厚一疊信，愛玲根本懶得看，卻忍不住故意問斯君：「蘭成一直住在外婆家，這麼下去你二娘怎能方便？」那時斯君愣了一下，表情忽然變得冷峻，一會兒才說：「那沒關係吧！」說完把頭撇向窗外，應該斯君對這一點早已經心裡頭生悶氣了，被點破時不堪一擊，只能怪他自己父親太早病逝，姨太太范秀美現在不守婦道也不能說什麼。[6]

從這天開始，每逢斯君來，愛玲吩咐開電梯的上來通報一聲，她就匆匆忙忙下樓給了該給的物件，謝謝他之後，禮貌地目送他上黃包車。一方面，母親在家，請斯君上來又要解釋又要招呼的，不方便；另一方面，也免得累贅留吃晚飯。大家已經不是那麼親密的好朋友了，何必假惺惺。

倒是桑弧不斷地給她溫暖，因為他自己早年也寫小說，又寫電影劇本，經常想到什麼就給她出主意。

「趁片子這麼轟動，趕緊改寫成小說，再刊登一次，你覺得如何？」桑弧握住愛玲纖細的手笑著說。在他的鼓勵下，接著電影的旺氣，愛玲在五月十六日到三十一日在《小日報》連載短篇小說《鬱金香》，寫一個舊時代跨入民國的丫頭金香與少爺沒有結果的戀情。又在《大家》五月號六月號中連載改寫自《不了情》的中篇小說《多少恨》。這陣子唐大郎、龔之方、桑弧經常約她出來聚會，愛玲的精神也越來越好。

《不了情》一開演，因為不滿意陳燕燕才剛生過孩子，身材還沒恢復，只能穿著黑大衣在螢幕上遮遮掩掩當女主角，愛玲先找姑姑一起去看過，姑姑覺得尚可接受，才找時間約母親，三個人一同去看。電影結束後，母親看起來心情很好，說：「找家像樣點的餐廳吃飯吧，小煐肚子餓了吧！」母親叫了她的小名，表示滿意她的成就之外，也應該覺得女兒是出名了。

「哎喲，上海真比前幾年髒亂！」母親看著餐桌底下黏搭搭的地毯皺起眉頭說。愛玲看著母親秀氣小挺的鼻子，像這樣嚴峻挑剔的人，能夠滿意這部沒怎麼拍得完美的電影，她實在有點意外。

「戰爭吶！和日本人打完，自己人還再打過！這家館子已經算不錯了，有更差的，將就吧！」姑姑笑著說。

「小煐點菜吧！」母親把菜單表遞給愛玲，像是一種獎勵。

「還是姑姑點吧！」愛玲覺得現在氣氛不錯，點錯了可就破壞了。在母親面前低調些，還是不亂

6 胡蘭成自己在《今生今世》裡寫得到處是萍水相逢的紅粉知己，這種吃窩邊草的事情早有前科，讀書時期斯家好意讓他寄住，他卻沾惹斯君的妹妹，以致斯君嚴厲警告，並且很長一段時間不跟他說話，兩人差點斷絕往來。此人沒有國家觀念也許是時代所致，但對好意待他的朋友家人如此，是則可知私德如何。

作主張得好。這一向「嚴陣以待」，少了些說錯做錯，今天母親對她才能和顏悅色些。

「編劇又寫些愛情小說，自己沒真正的愛情經驗倒不成！」母親邊夾菜邊說，忽然緊緊盯著她看，「真正」，兩個字語氣下得重，像做了結論。愛玲想，這不就開始了！果然母親又說：「《多少恨》寫得也好。如果真和人談了婚外情，或者沒結果的，那是得自己看著辦！」說完眼神嚴厲地看她兩次。不知道這意思是已經知道了全本胡蘭成的事，還是說的是現在的桑弧？或者根本是說，選擇漢奸和選擇搞電影的都一樣沒定性，不智。

桑弧很早進入電影圈做編劇，也因為人長得俊，早幾年愛玲正與胡蘭成火熱時，他也傳過許多次與女星的緋聞。不論是童芷苓、白薇、管敏莉，這些花邊應該姑姑都看到過。不過那時母親也不在上海，姑姑是不可能搬弄這些讓母親知道。當然如果子靜跟母親碰面，一定也要說說的，但似乎到目前來跟母親碰面姑姑都在場，想來也不是那麼容易單獨跟母親說愛玲的事。最可能該是舅舅舅母和表姊們吧，不過她也不去想這些，反正不跟母親正面談起就好。

「今天拿到編劇稿酬了。」愛玲顧左右而言他。

「噯，這可好。」姑姑笑著打圓場說。

「有多少來著？以美金支付？」母親銳利地問。

「當然不可能美金支付，是金圓券，三十萬，支票。」愛玲沒反應過來，不知道母親問的意思。

「趕緊去換英鎊，足夠去英國留學的！」母親微笑地說，彷彿很欣慰。

「也不知道該怎麼重新申請。」愛玲慢慢地說。她從香港回上海時有機會和炎櫻一樣進聖約翰大學續讀拿文憑，二十二歲的時候沒做這件事，到現在二十七歲了才要去重新當個大三學生，和些小毛頭混在一起?!這五年她成名風光過，戀愛過，還可說是結婚了，每件事都像是虎頭蛇尾一般，她早已

全喜歡童芷苓

黃佐臨・桑弧

★54★

新進導演桑弧 紅星舞女管敏莉將締

「肉」（大成出品）介紹了一位編劇新人，桑弧開始與電影界發生關係，當國內圈外人士認爲他是一位非常成功的編劇家之後，因了朱石麟的借懇，他又陸續爲大成寫了好幾個電影劇本，他對於電影有着很大的興趣，不遂他的「下海」正式加入影壇，卻在電影一元化後的不久之前，大概是他與「華影」有緣吧！

桑弧原來的姓名是李培林，他生在一個富有而是書香門第的家庭裏，因而他曾受過很高的教育，可以說是學貫中西的，家裏的財產，在戰前已可稱有富有，現在當更不必說，所以現在從公司裏拿來的薪水酬勞，差不多全數都化在交遊方面，還得自已貼出一個很大的數目。

在與桑弧日常在一起的人物，爲上海小型報的撰稿寫作家唐大郎，影星顧蘭君，銀行家兼文學家胡梯維和胡太太名伶金素雯，導演屠光啟，影星歐陽莎菲，此外還有一個在唐大郎筆底下的天仙化人上海名舞女管敏莉。

管敏莉在上海舞市中，是一個有十餘年歷史的健將，自從被唐大郎賞識驚爲天人後，就按日在小型報上宣揚，本來她已是一個有名的人物，經這一次大捧，她簡直成爲上海舞女中的第一塊紅牌，後來唐大郎認她做義妹，在許多小型報作者的筆底下，管敏莉三個字是常被提起的。

的確，在交際場中生活了十餘年的管敏莉，確實有她了不起的大方，她懂得如何修飾自己，她懂得如何應付一切人物，因爲她的舉止行動，在一般人的看法，咸認爲是最大方不過的，無怪唐大郎會如此傾倒，雖因談吐頗多海派，但也不是爲病。

唐大郎與桑弧是知己

桑弧在一九四四、四五年間，與女明星之間的緋聞。

沒那個心情再進學校讀書。

「怎麼?!你不想？」母親放下筷子，明顯地失望，當初可是花了一小時五元美金的一對一英文補習費，又是榜首考上倫敦大學，這就放棄了?母親的眼神裡除了失望又還顯出詫異。

「說是港大畢業後可以進牛津，先是倫敦大學不收遠東學生，後來港大又不辦了，現在去復學，也不曉得學校記錄還在不在，獎學金還能不能夠用？」逼不得已，愛玲只好把她想過的環節說出來。

「你可以試著查查看，問都不問就退縮，你們這些姓張的人嘔！」母親鼻孔裡哼一聲，姑姑也姓張，表情有點漠然，母親又說：「如果是我，就一定弄個明白！」這神情像說了好幾次的：「我們湖南人最勇敢！」她是個高傲強勢的母親，非做到底不可，也就反向是指責女兒懦弱退縮。

「我試著寫信問過，」愛玲如何聽不懂?脹紅了臉，說：「戰後學校裡的人事都重新來過，以前認識的老師教授都不在了，信在幾個單位裡轉來轉去……沒結果。」她的聲音越來越小，不論她在外頭是多麼紅透天的女作家，在母親面前永遠是不合格。

「我想到有個遠房親戚……」姑姑的話才說一半，母親眼睛一亮，說：「是了，他們家有個表姑父在港大教書，已經是老教授了！」母親和姑姑雖然因為錢的關係有些嫌隙，但默契仍然很好，她們共同認識的親戚朋友多，不必說出名字，彼此也能知道說的是誰。他們從這個表姑父又說到誰誰太太留在香港，先生回到上海來，看樣子有了新戀人，流連忘返，不想回香港了，都說他買了個小房子，回上海金屋藏嬌起來。[7]

那些八卦本來是愛玲挺喜歡聽的，但是現在愛玲也沒心思聽下去，母親的想法總和她的想法差距很大之外，也時不時要刺激刺激她的自尊心。她埋頭夾菜吃飯，聽著兩個人你一言我一語，熱熱鬧鬧，她腦子裡已經在想應該如何處理那三十萬支票，也許更晚些趁母親睡著，或明天姑姑一早上班前，請姑姑一併放到二兩金子一起。

現在唐大郎、龔之方都知趣，常常藉故先走，或是大夥約了竟然不來，讓桑弧可以多多和愛玲單獨聊天，《太太萬歲》開拍之後，兩人既有公事，就自然而然約在一起，雖然彼此都沒有明說是約會。這天時間晚了，桑弧堅持送到公寓樓下，又還捨不得走，不驚動開電梯的人，兩人爬樓梯上到五層半，坐在樓梯口聊了許久，眼看風雨越來越大，愛玲才催桑弧回去，自己再爬半層樓梯到家門口，卻發現沒帶鎖匙，已經十二點多了，不知道按電鈴姑姑會不會出來開門，要是母親開的門，又不知道會數落些什麼，在門口磨蹭了半天，又附耳在門上，隱隱聽到裡面有說話的聲音，這才放心撳電鈴。

「今天這樣晚。」果然是姑姑出來開門，倒是沒說她什麼。

一進客廳卻發現燈都開足了，整個敞亮。母親也坐在沙發上，見她抖了抖雨衣在玄關掛起來，就嚴峻地說：「早上無線電裡頭說，暴風雨[8]半夜要來的。晚上風就大起來了，陽台雨點也潑進來，非得鎖上玻璃門不可，你還真是個不怕死的！」

7 張愛玲自己說這個故事是聽來的。據宋以朗的考證，《浮花浪蕊》應該就是本來張愛玲想寫的《上海懶漢》，原本沒有洛貞這個與張愛玲脾氣個性相似的女主角，單純寫個從香港回上海、每天遊蕩在舞廳溫柔鄉裡的男人，見宋以朗《宋淇傳奇——從宋春舫到張愛玲》。

「今天有聚餐，大夥聊天聊晚了。」愛玲湊合著說，頭也沒抬地想直接走過客廳去浴室，因為腳都是濕的。

「裡面有那個導演吧？」母親側過頭來打探的神情看著她說。母親的輪廓本來深，這次回來卻瘦成了有些凹陷的臉頰，眼角多了許多皺紋，憔悴又顯老。愛玲看著時心中有些酸楚，卻說不出關心的話。現在母親又問了一個她不想回答的問題，只好沉默著，看起來像是對這個突如其來的問題不知所措。

「這麼晚了，趕緊去洗澡吧！應該很累了！」姑姑緩頰著說。

「能在外頭聊那麼久，回來就這麼板板的不想說話，也不知道我們誰得罪了你！」母親尖酸地說。

「桑弧導演是今天請客的主人。」愛玲心不甘情不願回答了一句，覺得交代了，該可以去洗澡了。母親的眼神隨著愛玲起身看過去，停了一下子忽然說：「你跟那個姓胡的斷乾淨了?!」母親顯然很想抓住機會問她個徹底，因為總不見愛玲在家，再不然就是她自己早出門了，再不然就是愛玲早出門了很晚才回來。

「嗯，人走了當然就結束了嘍！」愛玲敷衍地點頭。其實她以特務多掩人耳目為理由，要胡蘭成把書信都寄到炎櫻家。就算是青芸、斯君打電話來，也都三兩句就解決，母親根本聽不出什麼端倪，姑姑則能不說就不說，但是被逼急了，恐怕也只好在愛玲背後透露一點。子靜和舅舅舅母一家人，當然不會對她留情面說什麼好話。

「那就好，對那種人，早該自己咬著牙，狠狠斷了根！」母親說這話時帶有憤怒，這一點反倒讓愛玲感動，但也僅止於一點感動，一縱而過。因為母親又繼續說：「電影圈裡頭的人，都是好色好玩，跟那麼多影星搞過緋聞，咱們又不特別漂亮，跟那種人一起，人家圖你什麼？不會有好結果，自己得想清楚。」

母親在教訓自己女兒，姑姑像個穿上免戰旗子的人，起身去轉無線電[8]，想聽聽風雨進一步的消息，這無線電收音卻已經不大好了，時斷時續又喳喳多雜音，這台收音機還是日本人進來租界前換新的，要不是天候，平時效果是很好。外面雨越下越大，夾著暴風呼嘯的聲響，無線電裡頭正播放著暴風速度和範圍，忽然，又有什麼東西打在窗台上。

「唉呀，前前後後都得再檢查一遍，看看有沒有關嚴。」姑姑的話還沒說完，燈全暗了，三人在屋裡摸索著找電筒和蠟燭，沒有人說要去睡覺。窗戶被吹得轟隆轟隆響，挺嚇人，「這下頭看來有個箱子！」母親的聲音從房間裡傳出來，愛玲聞聲摸黑過去，就著晦暗的天光看到母親正彎腰往床底下看。

「就是你那口洋鐵箱子，我給上面蓋了幾層布，怕惹灰塵髒了！」姑姑人也沒過來，聽見問話就從客廳大聲回答了。這幾年每到六、七月，太陽大著的時候，每天早晨她與姑姑合力把箱子抬到陽台上，耐心地把整箱子碧綠色蛇皮一張張攤開來曬。雖然兩人都視為苦差事，但那薄薄狹長的蛇皮十分柔軟可愛，可以拿來做高級皮包，曬在陽光裡綠油油的，看著也愉快。

蠟燭洋火都找到了，電筒裡卻少了電池，只好把蠟燭一根根點著了黏在玻璃罐子上，方便拿著走。

「恐怕是哪個路段電線杆被風吹斷了。」姑姑在蠟燭的暗影裡說著，一隻手上的罐子燭台給愛玲，另

8 當時報上稱現在的颱風叫作暴風。

一個燭台拿到母親房門口，見她已經把箱子拖出來坐在地上打開看。

「這皮現在該要漲價了，是好皮！」姑姑稱讚著說。

「那時我和 Wagstaff 一道挑，打算得很好，今年做什麼，明年做什麼，生意擴展到怎樣程度要回上海來開一家店，倫敦巴黎也可以開分店。」母親看著箱子裡語調變得細細溫存起來。

「你和 Wagstaff 分手了？還是他回英國了？他那藍眼睛真好看。」姑姑直接問。她們的交情一向是直話直說，問年輕英國男人是否回英國，其實意思就是英國家裡要他們娶真正英國種女人。娶東方女人可不行，生出雜種小孩會被歧視之外，還娶個離過婚又有年紀的東方女人，那會引起整個家族公憤。

「他，」母親在搖曳的燭光中語調平平地說：「四一年在新加坡炸死了。」

「啊！」姑姑驚駭地問：「你信裡都沒寫，回來也沒說。」

「我們去南洋又採買了許多皮料，正有許多計畫想做，」母親頹然道：「都不算數了！」

不算數！愛玲聽著鼻酸，她這九年的人生是有許多不算數的組合。她有股衝動想上前抱住母親瘦削的肩膀痛哭，但無論如何做不出這樣的舉動，她們相處的時間太短，就算她做得出，母親也應該會太驚訝。愛玲轉身慢慢走進阿媽的小房間，見自己歪扭的影子在牆上移動著，把蠟燭小心地放在桌燈旁，抖動的燭光中，她想起日占時期她和胡蘭成多少次在沒有電的黑夜裡，就著燭光相對著好玩的面龐，最近竟夢到胡蘭成在燭光中玩四川變臉戲法，先是變成申曲裡的孫悟空，再是紅面將軍，接著是綠髮妖怪，又變回白臉丑兒，最後竟變成桑弧的臉。她在夢裡萬分遺憾地想，變回胡蘭成啊，怎麼變不回去！

是回不去了！

浴室的水嘩啦啦響，愛玲任由熱水從頭髮臉上身上滑下去，世界是這麼如水流般無情地消逝。她覺得頭昏眼花，忽然刹的一聲浴室門打開了，一股冷氣衝進來，愛玲大吃一驚，是母親，仔細迅速上下看了她的身體，又氣轟轟地把放置牙膏的小櫥門打開取一件什麼，砰的關上小櫥門，不情願的又甩手帶上浴室門出去。愛玲愣住了，這是什麼意思？檢查她的身體有沒有變化？聽說懷孕了的女人乳房會變得豐滿，乳頭會變大變黑，她母親是懷疑她和桑弧上床懷孕了？還是為胡蘭成打過胎？

愛玲把沐浴肥皂用力抹在自己的頭髮上，胡亂搓扯，她又不能真的像古代女子受辱時直接撞牆死去！[9]

她終於放過自己的頭髮，慢條斯理把身體擦乾，這個緩慢的過程裡她做了一個最大的決定。從浴室走出來時，見她母親背對著過道一人坐在客廳裡，仍是一根小蠟燭，姑姑大概也自去房裡了，她沒

9 張愛玲作品裡寫過母親對她的窺浴共有兩次，先是《易經》裡，皇冠，頁一三二—一三八，母親懷疑她和教授有染，所以才能拿到八百元港幣獎學金。在琵琶／愛玲興匆匆去淺水灣飯店把教授給的八百元港幣交給露／母親之後，母親故意一頓豪賭把八百港幣輸掉。這還不算，又在琵琶於飯店浴室裡洗澡時忽然闖進去，細細打量她的身體，想看出有沒有跟男人上床，處女非處女的痕跡。這故事裡的琵琶才二十歲。在《小團圓》頁二八四的窺浴，發生在抗戰勝利後母親回上海，九莉編劇的電影《露水姻緣》／《不了情》已經轟動上映後，她母親想搞清楚到底她和燕山／桑弧有沒有深入的關係，莫名其妙地闖入浴室看她的身體。這時在故事裡的九莉是二十七歲。這兩個不同的時空表述，都代表張愛玲用「窺浴」，表達母女之間的互不信任，以及母親極度想掌控，她卻不想被母親掌控的情結。這對母女各自活在悲傷淒涼中，以血緣深深聯繫著，卻在相處理解上始終處於歪斜線的兩端。

敲門，逕自悄悄轉門把走進姑姑房裡，姑姑正準備睡覺，看見她進來有點錯愕。

「我想拿那二兩金子，趁現在嬸嬸醒著還給她。」愛玲聲音非常輕，生怕外頭會聽到，又補充說：「要不明兒睡晚了沒機會。」

姑姑什麼話都沒說，拿鎖開抽屜，把一包手絹遞過去，見愛玲紅了眼眶，就拍拍她肩膀說：「我知道你生氣，還了也好，免得老提那一小時五元美金補習費。」這話戳中愛玲，差點流下淚來。姑姑看著嘆氣說：「我看她在外頭是過得頂不順，也是老了，說什麼都炸藥似的！」

輕輕關上門走入客廳，愛玲直接坐入和母親位置呈直角的三人沙發邊上，意外發現母親的表情竟然瞬間柔和起來，是因為燭光的錯覺嗎？其實她不知道這時母親是感動的，自從母親回上海後，這還是愛玲第一次主動接近。大概以為她要來跟母親深談什麼，母親這麼想也就想錯了。

「這裡二兩多金子，應該也還不夠嬸嬸那時為我付出的，」愛玲故意不注意母親臉上驚訝的表情，繼續說：「就算不大夠，也該還的。」母親的表情從驚訝到悲傷，原本秀挺光華的額頭皺起，忽然流下淚來，說：「人都說我風流，連你也這麼以為？我那都是被逼的！女人離了婚又有年紀，男人靠近你就只為了SEX！」

這完全出乎愛玲意料之外，她是每次被母親刺激就想還錢，卻沒想到母親根本認為她也會把道德價值拿來當有色眼鏡看自己的母親。愛玲心中大呼冤枉，她很想說：「不是的，你弄錯的，我生氣你經常不願意理解我！我們是最好別住在一起！離得遠遠的，母女關係反而平靜！」可是她現在早已不是十九歲時那個會脫口直言的小女孩，轉念一想，如果真的這麼說，那對母親的傷害更深了。就讓母親覺得自己是用傳統的角度批判吧。愛玲看著流淚的母親，除了尷尬之外，還有更多的同情，可是必須竭力克制自己不表露同情，她從小是習慣多多給自己上麻藥的，聲音變得板板地說：「嬸嬸為我做的犧牲我是一直知道的，高中大學時候說了要還沒法還，是那時還在學生時期沒賺錢，賺了錢這些年了，總該知恩。」

她覺得說這些話仍然傷母親，但至少比「絕不能住在一起」的說法要好多了，雖然那才是真話。

「你這麼說，我像是個精打細算的母親似的，對你弟弟那是我沒辦法，如果有辦法，何至於讓他今天這副模樣！」母親邊流淚邊把愛玲握著手絹的手推開，說：「虎毒不食子啊！就算我是個風流蕩婦，也不會想從你們身上刮皮毛暖和自己！」

愛玲聽著也想哭，但是她很鎮定。總歸是母親不要這二兩金子的，不是她還不起或不還，不要嘛，母女的情分也就這麼好好保留下來。她收起手絹包，站起身，重心不穩飄忽忽地往自己房間走。

她們這是一對怎樣漂泊無根的母女！

一九四七年春夏以後

母親需要兌換美金，姑姑陪著找親戚幫忙去了，晚上舅舅家又請客，估計整個下午到晚上她們不會回公寓。愛玲讓桑弧上來公寓，桑弧顯然很開心不必偷偷摸摸約會。

「片子拍得差不多，可以訂戲院檔期了。」桑弧一坐下，就急著告訴愛玲好消息，愛玲把茶盤放到矮几上，裡面盛著牛酪紅茶和兩小盤子的蛋糕，笑著說：「嘗嘗看，知道你今天會來，昨天讓阿媽特為買的。」這種年頭買蛋糕和買大米一樣貴，更何況是水準夠的店，常常都得用美金。

「你對我真好！」桑弧呆呆地看著愛玲說。

「我想賄賂你，當然得好好招待你！」愛玲隨意說著挨到桑弧身邊坐下。

「你真像個……」桑弧把手圈向愛玲肩膀，拉開身體對著愛玲看了好一會兒，說：「柔媚的波斯貓！」

「我頂不喜歡貓的！」愛玲邊皺眉邊駭笑著說。還不如說像個狐狸精，聽起來既漂亮又有手段。不過她知道桑弧老實，說不出這種話。

「是……」桑弧被她一說居然有點語塞，也有點不是很高興，說：「一隻大貓！」這話一出，惹得愛玲哈哈大笑，說：「古代人說大貓是老虎的意思，難道你真正的意思，我是母老虎？」和桑弧在一起，不知怎麼，總是開頭浪漫，後來肉麻，結果無趣但自在，倒讓愛玲想起胡蘭成在月下說她這麼高，「怎麼可以！」

這是桑弧第一次進入她的房間，這裡沒有衣櫃，也沒有穿衣鏡，原本是阿媽的房間，家具都是隨意湊數的。床又小又窄，桑弧彷彿呵護著玻璃紙做的女神，輕輕觸摸她的頭髮肩膀，替她拉下旗袍拉鍊、解開複雜的中國結紐子。她很瘦，但是因為骨架小，所以抱著柔若無骨，桑弧是個小心翼翼的情人，動作繁複細瑣，不像胡蘭成大膽游熟。

「會痛？」桑弧望著她皺起眉頭的樣子，有點擔心地停頓了一下子。她搖搖頭，對他微笑。她想到胡蘭成從來不管她的死活，明明知道她會痛，總要持續到他自己滿足為止，桑弧很體貼。但是她竟還想起那個逃亡者！愛玲對自己生氣，在桑弧看起來卻像心不在焉。

「你真的愛我嗎？」桑弧擁抱著她，親吻著問。

「唔，愛呀。」愛玲閉上眼睛，微笑著說。

「你愛我什麼？」桑弧吻她閉起的眼皮執意地問。

「都愛。」愛玲的口氣彷彿飄向天邊。

「愛得比那人更多嗎？」桑弧當然知道胡蘭成，整個上海都知道，他問了蠢問題。愛玲睜開眼向他笑了笑，她現在明白，她問小周的時候，胡蘭成可能就是這種感覺。

「你不能只是笑。要告訴我，你比較愛他還是我？」桑弧快要生氣了，愛玲撫撫他濃濃的眉毛和額角說：「跟你在一起是重回初戀。」

「那跟他在一起呢？」桑弧是今天非得問個清楚的神情。

「那個人是無論什麼時候地點都只想到 SEX 而已。」愛玲想到母親說「SEX」時候的語氣，她不想傷他，避重就輕地說，彷彿胡蘭成成天只有性欲。桑弧默然了一會兒，忽然大聲說：「就算他再來找你，也不可以再給他碰你任何一根汗毛！」桑弧這時候就像個小弟弟般地稚氣，但是她因為這種單純的稚氣而感動。

母親和姑姑回來得很晚，但一回家，母親就把愛玲找到七巧桌邊，姑姑像是知道什麼，特意早早回房休息，讓她們母女倆單獨說話。桌上攤著兩件飾品，一件是一對翡翠耳環，另一件是一小攤沒有鑲嵌的紅藍寶石。

「我要離開上海了，應該會去英國，因為社會福利好，合適養老。」母親看著愛玲說：「別怪我總是對你嚴厲，要知道，你又不是你姑姑的孩子，她當然能寬鬆的不管你。」愛玲只有聽著的份，也不能說什麼，母親繼續說：「這次離開上海，怕是不會再回來了，看這局勢亂的。我還是認為你最好能申請港大復學，拿到學位後也許才有機會去英國。我已經託人找那表姑父了。」

「謝謝嬸嬸。」愛玲不知道該回答什麼，只好客客氣氣的總不會錯。

「哎喲，人就說多說無益，就知道你不想去英國，我這還囉嗦什麼！」母親又沒好氣地瞪著愛玲說：「這兩樣是我分到的家傳，你先揀，這是長女該有的權利。」怎麼，因為母親也是長女嗎？愛玲想著沒問出口，從小她就習慣凡事想著看著別問。她選了翡翠耳環。

「我看小魁這幾天大概不會來了，聽說去了銀行的揚州分行上班。等以後你跟他碰面轉交行了。等他結婚時這些紅藍寶石也許可以派上用場。」母親話裡是果斷的語氣，邊把整攤寶石包好，有點自言自語地說：「只有一個兒子，無後為大，總不會不為他打算婚姻吧！」又把包好的寶石交給愛玲。

「我會收好的。」愛玲說，承諾了一個任務。

「你明天就可以搬回我的房間。」母親說完要起身時丟下一句話。愛玲嚇一跳，反應不過來，只能囁嚅地問：「嬸嬸的船票買到了？」

「有眉目了，明天先住到國際飯店。那兒方便。」母親說，也不正眼瞧她。

這裡有什麼不方便？也有阿媽，也有熱水，看起來也不像和姑姑不和，周六日兩人還常常同進同出買東西，姑姑幫忙張羅許多人事聯繫。難道是被她氣的？明明不寬綽了，也不要她的金子，跟姑姑明算帳總要多給少收些，是因為面子，還是真的珍惜情分？還是都有？那又為什麼還要提前離開公寓？愛玲雖然和母親相處總是不自在，想著還是別住在一起的好，現在母親真的賭氣搬去飯店住了，她又整個疑心起來。人的情感就這麼矛盾。

愛玲看著母親臉龐上下垂的眼角弧度，那是疲倦的線條，難道就這樣一輩子環球旅行下去？難道完全沒有對上海、對這裡哪個人的眷戀親愛？雖然她已經二十七歲了，這時候又出現了被母親拋棄的感覺，彷彿母親給的不是珠寶，只是嚴峻冰冷的石頭。[1]

八月一過立秋，天氣明顯轉涼，即使白天太陽仍然熱辣，一過下午三四點就得披一件絨線衫，青芸電話來通知，說斯君幾天後要送胡蘭成過來。洋梧桐已經開始枯黃，好些落在道路兩旁，愛玲現在也並不算著日子，只是和桑弧約好了去片場看拍片，忽然青芸又來電話說弄錯了，火車是今天下午就會到。這就有點小困擾，桑弧最近很敏感，只要時間更動，就要懷疑愛玲是不是有別的計畫沒坦白說。

「你到底是好人還是壞人？」桑弧有點生氣的神情。

「你說呢？」愛玲微微一笑。

「你不愛我，因為你總不配合我的時間。」桑弧不開心地說。

「配合你的時間就是愛你嗎？」愛玲用手指沿著桑弧的鼻子嘴眼反覆輕輕劃著。

「今天一定要來片場，否則我就來你這兒不拍片了！」桑弧賭氣說。

母親搬去飯店住，姑姑上班去，愛玲早上十點多鐘被阿媽敲門敲醒，說李先生來了。於是兩份早餐擺上餐桌後，阿媽又回廚房整理採買回來的菜。

「我得和炎櫻談她去日本的計畫，」愛玲邊說邊幫桑弧的咖啡加點煉乳，攪拌攪拌推到他面前，煞有介事地說：「指不定我將來也可以去日本工作。」說著雖然表情認真，心裡卻有點內疚，下決心這應該是最後一次騙他了。

「真的？」桑弧還是有點不相信，約莫停頓五秒又說：「好吧！反正你又不介紹炎櫻讓我認識。」意思是他也不能去跟炎櫻求證。

「她只聽得懂英文，又不大會說中文，早說過的，你們互相認識不能交談也沒意思呀！」愛玲因為距離胡蘭成來的時間還早，慢慢跟桑弧搓磨著，好讓他安心，又說：「你乖乖地，好好去片場拍《太

1 《小團圓》第十一章，頁二七九開始，直接點明蕊秋／母親在熱帶住了九年。《對照記》圖四十五，只含糊說「我母親戰後回國」，一九三九年張愛玲從上海去香港時，母親也從香港去新加坡，若從一九三九算起，到一九四六才會有九年。姑姑／楚娣、九莉／愛玲和母親三人一起去看《露水姻緣》／《不了情》，是在一九四七年四月以後。中間經過母女間暗潮洶湧的摩擦，終於賭氣搬到飯店住，不久後又離開上海出國了。《小團圓》頁二九一一大段都在寫母女的相處永遠在「離別」、「理箱子」的張力中度過。意思很明顯，每次母親回國又出國，從年幼到長大，她都有很深的被拋棄感。這種被拋棄感在父親娶後母，到與胡蘭成的對待關係中，一次又一次重複發生。

太萬歲》，嗯，拍擰了我可真會傷心的！」

「你介紹了炎櫻給胡蘭成吧！我讀過你翻譯炎櫻作的《浪子與善女人》！聽說胡蘭成的英文也不好！」桑弧還不肯罷休。

「那時炎櫻常常來我家，撞見的，我也沒故意介紹他倆認識！」愛玲輕輕地說，這她倒是沒說謊。桑弧提到《浪子與善女人》，卻惹得她想起炎櫻第一次看到胡蘭成，那時她們故意說英語捉弄他的情景，心不在焉起來。

「現在就不能來撞見我?!」桑弧不甘心地說。

「她早上沒起床來不了，你下午要去片場，她來了也撞見不了呀！」愛玲笑了起來。桑弧這是吃炎櫻乾醋，像個傻小子。

「我不管了！晚上拍到一個段落我打電話給你！」桑弧拗著脾氣說，擺明愛情監控的意思。

「好好好，我都在家。」愛玲回答。她知道桑弧今天預定是好幾個場景補拍，所以桑弧從下午到半夜明晨都在片場度過的可能性非常大，本來如果去片場陪他，她就會帶些消夜去，他們已經不避著電影圈內人了，只差沒公開宣稱兩人是男女朋友，反倒家人面前還不行。雖然母親搬出去了，她仍然不讓他明目張膽來公寓，總覺得和他的愛情還沒穩定到可以暴露在姑姑面前。

斯頌德送胡蘭成到公寓的時候才下午兩三點，阿媽送上茶點餅乾，三個人對坐聊天。天光還很亮，太陽從陽台斜照進來的角度已經和夏天完全不一樣了。

「這次得從上海帶些布料回去。」斯君說。

「太太交代的罷！」愛玲笑著說。

「要給孩子做點冬天衣裳，炎櫻可以幫忙挑些嗎？」斯君不好意思地說。現在才說，就是要愛玲打電話給炎櫻，也要人家先墊錢，也要花時間趕緊去找買。

「我得打個電話問問，炎櫻這個人，你找她常常不成的，她找你可就上天下地一定找得到。」愛玲仍舊沒事似地笑著說。這又不是第一次才發生，上次斯君來時也十萬火急託她買嬰兒煉乳，幸好炎櫻剛好在這裡，她當天晚上就和炎櫻去買了上好的，回家的路上分手後，愛玲又要黃包車拐到另一處買要給胡蘭成的刮鬍刀片和香菸，第二天一古腦交給斯君。

那時和桑弧剛開始好起來，到現在也才不多幾個月。

「你見過炎櫻？」胡蘭成詫異道。

「上次在這兒叨擾一頓晚餐時見到的，你們阿媽手藝真好。」斯頌德還是很不好意思地說，像是總託人幫忙得低聲下氣些，實際是經過那次故意說小周最溫柔可人之後，自己現在又託人這那，頗有些尷尬。

「很漂亮吧?!炎櫻，嗯！要不要追看看？她們都是洋學堂洋人習俗，對愛情態度很開放。」胡蘭成對著斯頌德擠擠眼說。愛玲看在眼裡忽然覺得下流又噁心。他把她當成姨太太就算了，又把她的朋友當成什麼？隨便就能弄上床的女人嗎？本來找炎櫻幫斯君的忙也沒什麼，這下愛玲根本不想聯絡炎櫻了。

「那怎麼可以！」斯頌德看了愛玲一眼，更難為情地說。去溫州路上愛玲和他太太還滿好的。

「我去打個電話問問炎櫻。」愛玲聽不下去了，藉故離開，電話在姑姑房間，她故意把門半開著，根本沒搖電話，裝作對方接通了，用順溜的英文說：「唉呀姊姊，她不在嗎？我想問問她今晚有空陪我去買東西嘛！什麼……噉，這樣不巧，那只好算了！」斯頌德和胡蘭成不論聽不聽得懂，聽著口氣也應該知道不成了。

「真抱歉，炎櫻的姊姊說家人安排她今天相親。這可不好強迫她來幫忙了！」愛玲壓抑著自已想大笑的衝動，微抿著嘴唇說著抱歉。

「呃，這沒關係，請青芸幫忙也行。」斯君忙說。但是太太早交代要愛玲幫忙挑布料，當然因為眼光差距大，挑的花色也不同。

「你今晚幫斯君去挑挑吧！不必一定炎櫻陪著。」胡蘭成說話一副男人一家之主的口吻。

「姑姑等等就回來了，她總說現在上海亂，就算叫黃包車，女子晚上也千萬別一人在外頭跑，危險。」愛玲繼續抱歉地說。推給姑姑可以的，姑姑不介意。

「這倒是沒關係，明天是下午的火車，一早請青芸幫忙成了。」斯君臉皮薄，已經堅持不請託了。說了半天話，天色漸漸暗下，阿媽的兒子回來了，又進進出出廚房準備做晚上飯菜。胡蘭成還在跟斯頌德滔滔不絕說些自己的政治觀點，都沒有政治舞台了，也還不放棄表現自己有驚人的才學。愛玲拿張紙條在上面寫了一些店名和街道名，寫完又仔細看過一遍，遞給斯頌德說：「雖然我總分不清東西南北，不過這幾家布莊是我們經常去逛的，質料樣式多半不錯，等等您也可叫輛黃包車去看看。」

「男人怎做得好這種事?!」胡蘭成一口否決，示意愛玲別再講下去。

「怎麼男人就不能做得好？我看斯君穿著品味也很不錯，看看布料那是沒問題的！」愛玲平常不說話時口拙，一旦惹得她火了，她說話也讓人有得瞧的，胡蘭成既不能當場發作，壓抑著眼神中的十二分不高興，愛玲這時不但看不見也不想理會。斯君欠欠身站起來，尷尬地說：「這也是，從來都匆匆上海溫州兩頭跑，趁晚上有時間去逛逛也好。我這就先告辭了。」

「黃包車從這兒去大約多少錢，我都給寫在上面了，」愛玲也跟著起身說。

「寫得真清楚，謝謝，明白了！」斯頌德拿起外套邊走向門口說。

「我剛剛已經揿鈴讓開電梯的上來等著，這會兒應該已經在門外。您慢走。」愛玲邊送，不留晚餐的逐客令也禮禮貌貌地說了。把斯頌德送走了，一回頭卻看到胡蘭成板著臉，似乎煩躁著要發作脾氣了，愛玲也不管，逕自去廚房吩咐阿媽說：「等等我們都在家吃飯，你看著辦，有什麼做什麼成了。」這是不用特意準備款待的意思。

「斯君一路辛苦也是為了我，怎麼你這樣不懂事？」胡蘭成粗聲粗氣地說。

「我又怎麼啦？」愛玲裝傻笑著回答。這時電話鈴卻響了，她嚇一跳，這個桑弧還真的工作一半打電話來！她的兩個世界要轟咚撞在一起，兩邊都非粉碎不可！她覺得電話鈴震天價響，伴隨她突突的心跳，她還真不合適扮演劈腿角色。她又不能小跑進房間接電話，還是自自然然地拖鞋穿著走進過道，心中打定主意也不半掩門，那太明顯，就這麼接了電話。

「你真的在家?!」桑弧的聲音聽起來有點意外，似乎還有點開心。

「都好吧？」愛玲鎮定地問。聲音柔柔的，用上海話，桑弧是個道地上海土人。

「還算順利，今天可要拍到半夜了。剛剛出了點亂子。」桑弧說。

「都好就好。」愛玲想快點掛掉，覺得背後有雙眼睛盯著。

「你也不好奇是出了什麼亂子？」桑弧又開始敏感，口氣怪怪地說。

「不是說順利的嗎？」愛玲有點不耐煩，但語氣上仍然柔柔的。

「好吧，你和炎櫻繼續聊，沒事了！」桑弧覺得不被關心，不是很開心地掛電話。愛玲終於鬆一口氣，炎櫻真是個好用的藉口，哪個方向都能使。

「你說上海話很柔媚。」胡蘭成沒等她從房間出來，直接在房門口說。意思是他怎麼從沒聽過她講，而且電話這邊說的也全聽到了。

「我去港大時候，宿舍裡有上海同學，那時學的。」愛玲聳聳肩說。

「這是什麼？」胡蘭成手裡握著一本書翻著，原來在她聽電話時，他已經逕自去她的房間繞過，沒看到有新男人的蛛絲馬跡，卻找到一本課書。

「就是上次指引往東走那本起課書。」愛玲說話又變回非常簡潔。

「上上上中中下下下，好花月圓竟成空，這靈嗎?!」胡蘭成隨意翻一頁，哼著說：「真要起課，古人還得誠心誠意焚香才行。書翻成這個樣子，難為你常常用了。」前面說著不屑，說到後來卻柔聲起來，本來覺得愛玲改變態度不招待斯君，又不在意他生氣，懷疑是不是這段時間有其他男人了，在她房間書桌上忽然看到這本課書，整個放下心，知道這個女人不可能水性楊花，愛上一個男人就會死心塌地一輩子。當即鬆了猜忌。又見課書翻得線裝都快鬆了，心下還有些感動。她總應該是為了自己的男人前途茫茫而擔心罷！

「前一向非常痛苦的時候用多了點。」愛玲不打算騙他，想攤開來說，等著他問為什麼痛苦，又為什麼用多了點，後來又為什麼不怎麼用。

「喔，」胡蘭成卻說了別的：「在溫州讀書看戲，有天我們說到戲曲，秀美同我說，古時候的狀元，或是皇帝打天下還沒成功時，總是在一處受一處好女子的恩義，待到中狀元了，或是天下底定，總是許多新娘子都團圓來了，我還沒想到中國戲劇裡都能有這樣喜氣的結果，她倒是先想到了！」

胡蘭成說得平平順順，好像那是頂自然、頂容易的事。愛玲聽著仍然難受，覺著刺骨心痛，桑弧畢竟只是找補初戀的備胎，無法真正替填這種深刻的荒謬背叛感。[2]胡蘭成看著愛玲不言語，也不覺得如何，女人該有這樣的嫉妒才正常不是？就算哪個男人來追求，他相信她也不會動搖，因為她愛得全心全意，高山深海！胡蘭成覺得這回是看透了愛玲，所以又開口得意地問：「我託斯君帶來五十萬字的《武漢記》怎麼不見放在你桌上？你都讀了？」

「沒有，」愛玲心情上過度刺激之後，臉上已經完全平撫了，反而能靜靜地回答。

「怎麼不看呢?!」胡蘭成卻驚怪說：「應該已經送來一個月了吧！這《武漢記》是我這幾個月在斯宅的文字修行啊！」

「我看不下去！」愛玲一陣反感。《武漢記》裡面有太多小周，她當然吞嚥不下。

「我這是像唐僧取經，一一向觀世音菩薩報銷，怎麼你竟然不看?!這樣可惡！」胡蘭成說完，半開玩笑半怒容地「啪！」打一下愛玲的手背，愛玲「啊！」一聲，既驚詫又憤怒，剛巧聽到轉門把的聲音，姑姑回來了，愛玲隨即站起身來，她早跟姑姑說過胡蘭成會來，這時阿媽已經把晚餐飯菜一樣一樣擺出來，愛玲藉著去幫忙擺碗筷走開，姑姑見到胡蘭成向來不怎麼應酬，回家總早早進房去梳洗，準備吃飯，客廳裡只留下胡蘭成一人獨坐著，愛玲此刻全無心情，心想如果覺得尷尬那也由他了！

晚飯後姑姑照樣回房緊閉，愛玲照例先去放洗澡水。胡蘭成理所當然先去洗個熱水澡，出來之後直接坐在床沿上翻著愛玲桌上的稿子，愛玲正打開櫥櫃想拿出棉被，被他一把捉住手拉過去，愛玲一個踉蹌也坐到床沿上，他伸手往她袖子裡掏摸，呼吸也變得很急促，嘴裡說著：「我們睡一會好不

2 《小團圓》頁三〇一，直接寫九莉對燕山「是找補了初戀，從前錯過了的一個男孩子」。桑弧單純年輕，胡蘭成複雜又年紀大，張胡的愛情一開始就是婚外情，結婚也只是三兩親友知道的非正式祕密結婚，沒有法律登記認可。雖然有婚書有證人，卻比傳統娶姨太太還不如。

好？」急猴猴地把臉湊上來，愛玲一轉頭避開他的臉，又順勢推掉他的手，倏地站起身，不疾不徐把被解開的旗袍鈕扣一粒一粒扣回，胡蘭成恨恨地看著愛玲，她轉身把棉被枕頭都從櫥櫃深處掏出來，又移下床墊子鋪在地上，自己卻在床板子上鋪兩層被子，一切都這麼自然，她就是這個房間高貴的主人，鋪好之後才對著胡蘭成說：「你今晚就睡這兒吧！」愛玲指指地下的床墊子，又說：「墊子是軟的，不會著涼。」

這回她沒對不起桑弧，她是下定決心了！

胡蘭成知道愛玲惱著，自覺修養到家地壓下自己的性欲，既不多做解釋，也不說好話哄勸，任由她生氣吧！女人就是這樣，不會長久生氣的，尤其他明天又要走了，逃亡的時日已經夠苦了，其餘的不愉快總會被抹去，女人的度量應該像海，至少他的所有的女人都該像海。[3]

胡蘭成因為旅途奔波，晚上睡在軟墊子上，不一下子就熟睡了。愛玲在床上聽著規律的呼吸聲反而睡不著了。她坐起來望向窗外，又是一顆橄欖似的月球兒掛在那裡，凌晨三點多鐘，青白的光，周圍散著淡藍的冷暈，透過窗紗把房裡照得青藍青藍，衣櫥上的穿衣鏡上還貼著一張紅囍字沒拆，難怪母親從回上海第二天一早神情就不對，愛玲是太習慣了，沒想到該拆掉。祕密情人、祕密婚姻、祕密不能公開的委屈，現在又得祕密分手。

桌子的暗影遮掉胡蘭成蓋在被裡的上半身，他怎麼能夠這樣安然？她躡起腳跟溜下床，整個人趴在胡蘭成的臉龐邊，熱氣一呼一呼的，這個太累的男人，太舒適地睡著，太花心地沾惹許多女人，更糟糕的是，太喜孜孜地告訴她。憑什麼他可以這麼精神虐待她?!如果現在用兩顆大枕頭蒙住他，能斷了他這麼安穩規律的氣息嗎？然後趁月色把他從後門拖下去，門房開電梯的應該也在熟睡中，神不知鬼不覺，推下江去，明天青芸來時就說她六叔一早走了，看青芸能拿她怎樣！

但是算了，她除了沒勇氣之外，也沒那個瘋子般的毅力，而且她太喜歡上海的天光，何必為一個不愛自己、自己又已經不是很愛的男人犧牲了往後的天光。[4]

她爬回床上，試著閉上眼睛，眼前卻都是往日的各種相處片段。他就睡在她腳下，像靈魂暫時離了體，只有這種時候他完全是她的，但是過不久就不是了。天還沒亮，胡蘭成卻醒了，愛玲蒙在被子裡側耳聽著，他輕輕走到床邊俯身壓壓她的棉被，彷彿想確定她是否還活著。她忽然決堤了，伸出手臂摟住他的脖子，淚流滿面地喊一聲：「蘭成！」朦朧淚眼中卻看到胡蘭成些微吃驚尷尬的表情，大概是不知道該如何應對。

那一瞬間她明白了，他已經不愛她！[5]

3 《小團圓》寫到邵之雍來住一宿，九莉把自己的房間讓出來給他，自己去睡客室，不讓邵碰她了，是為了表現出九莉對身體情感的自主性，也是對《今生今世》相對事件以男性觀點敘述的反駁。實際上，在母親離開愛丁頓公寓之後，這時應該還有阿媽和她的兒子住在客室。

4 《小團圓》寫邵之雍在日本剛投降的時從武漢逃回上海，在九莉的注視下刷背洗澡，九莉曾想過從他那金色的背脊冷不防插一刀直接讓他斃命。胡蘭成對張愛玲的背叛實在太多次，所以恨意在想像中發揮應該也不止一次吧。

5 《小團圓》頁二〇一直說「她母親走後，之雍過境」。李黎的《浮花飛絮張愛玲》調出上海的戶口名簿，張愛玲與姑姑遷出愛丁頓公寓是在一九四七年九月，所以「她母親走後，之雍過境」，至少要在一九四七年九月以前，母親應該已經離開上海了。所以一般依照張子靜的《我的姊姊張愛玲》印刻，二〇〇五，頁二三二，「一九四八年底，我母親又出國」，並且說母親曾和姊姊與姑姑一起搬到重華公寓，這就出現時序上的前後矛盾。若不是張子靜記錯時間地點，不然就是張愛玲刻意讓母親在《小團圓》中出現的時間太精心虛擬，可以錯過胡蘭成「過境」。《今生今世》遠行版頁三二三，胡蘭成寫道：「到上海我在愛瞬間尷尬的流淚與擁抱很快過去了，接下來仍是最現實的層面。時間這麼早，阿媽一頭弄呼兒子，另一頭做他們的早餐，連姑姑都還沒起床，廚房客廳團團忙著人聲，愛玲根本整夜沒睡，這時就像擺晚餐桌盤一樣，順手放好餐具。

「阿姨早，叔叔早！」阿媽十二歲的兒子很少見到愛玲這樣早起，今天在房門過道遇見胡蘭成，也很有禮貌地喊了一聲。

「唔，早！」胡蘭成剛好才梳洗完從浴室出來，這麼被喊一聲，有點突兀吃驚。他這一向行動祕密，越少人知道越好，阿媽的兒子雖然不是不認識，男孩子長得快，一兩年不見就衝高許多，已經要高過胡蘭成了，聲音也從兒童音變為男子音，對一個逃亡者來講，如若多想下去不免膽寒。以愛玲昨夜的態度，又不好再要求她把早餐送進房裡吃，都被阿媽的兒子撞見在這兒隔夜了，躲在房裡吃也無補於事，想了一下竟然開口跟愛玲說：「打電話讓青芸早點來吧，家裡頭有些物事也還得回去理理。」哪次回上海不是青芸先叫車子接來送去，這麼短的路程也一樣不能拋頭露面增加風險。

電話在姑姑房裡，姑姑還沒起床呢！難道硬生生去敲門把姑姑吵醒？愛玲為難之間，姑姑卻蓬著臉面開門探出頭來，把手招招愛玲。愛玲進去旋即關上門，姑姑還沒梳洗呢！

「姑姑對不起！」愛玲尷尬又真正抱歉地說。

「沒事兒。外頭聲響來聲響去的，早醒了，懶得下床而已。」姑姑笑著說。

「我想拿那二兩金子了。」愛玲不先打電話，反而輕聲說到金子。母親離開後她還沒想到跟姑姑要回金子和三十萬支票。

「還吧！」姑姑邊開抽屜拿手絹包邊點頭說：「這麼做就真了結了！也好！」

青芸來的時候，胡蘭成已經穿戴整齊，似乎迫不及待想離開，怕誰去警局告密似的。

玲處一宿，因為去溫州的船第二日開。」這「過境」當然又是張愛玲針對胡蘭成記下的「一宿」回嗆的情節。但以母親對女兒的嚴厲，怎麼可能現實中讓胡蘭成夜宿公寓，而母親卻也在公寓？所以這應該不是張愛玲的「小說虛擬」，而是張子靜不知道為什麼記錯時間地點了。

莊信正的《張愛玲來信箋註》，一九九四年十月五日第八十四信，也是張愛玲給莊信正的最後一封信中，寫了一大段關於對弟弟的牢騷：「我正在寫《小團圓》仝《對照記》，不過較深入。姚宜瑛考慮登我弟弟關於我的文章使我感到為難，也是遲遲沒回信的一個原因。我弟弟一九四四寫過一篇東西關於我，前幾年又寫過一篇，內容大致相同，只多了一段講我用水彩顏料在一個八九歲小女傭臉上塗抹，被我父親罵了一頓才住手。是畫京戲旦角的胭脂，不過我跟我父親與繼母鬧翻以前他們由於種種顧忌，一直對我相當客氣，只虐待他，絕對不會為一個小丫頭罵我。他記錯了是 a Freudian slip, wishful thinking，他近年來對我誤會很深，因為我沒能力幫助他。對我姑姑也許更甚，來信說『姑姑跟一個姓 X（忘了，反正是個陌生的較少見的姓）的壞蛋同居』。同在上海，會不知道她跟李姓工程師結婚。再寫一篇關於我，儘管竭力說好話，也會有同類的 Freudian slips。自己弟弟說的，當然被視為事實。但是他在困境中賺點稿費我都阻撓，也於心不安。有便請替我向姚宜瑛解釋，再告訴她我去年預備寄給她的賀年卡片都沒顧得及寄出。」莊信正在註中解釋：「張愛玲去世前一年，他（子靜）在上海寫關於姊姊的回憶錄，台北大地出版社姚宜瑛女士很有興趣出版。但必須經過張愛玲首肯，我應姚大姊之囑寫信時提到此事。她回這封信表示十分為難，卻並未峻拒。結果，《我的姊姊張愛玲》由張子靜提供資料，季季整理撰寫，於張愛玲去世後四個月由時報出版公司出版，並於二〇〇五年九月由印刻出版公司再版。」從張子靜甚至不清楚姑姑和李開第結婚看來，不但可能因一九四六當年就離開上海去揚州工作而不是很清楚母親姑姑的動向之外，應該也不免因為和後母「比較熟」，和母親姑姑「不大熟」而有母親離國時間記錯的情況。從愛丁頓公寓搬走之後，姑姑和張愛玲也辭去阿媽，重華公寓比較小，三個人住一起也不可能有各自獨立的空間。所以母親離開上海最可能的時間應該往前移到一九四七年九月以前。也就是一九四六年夏天以後回上海，一九四七年九月左右搬出公寓住到飯店去，之後離開上海出國，這最後一次停留的時間也不過一年多。比對這個時間的重要性在於，胡蘭成必須在母親離開之後，張愛玲發出訣別信之前「過境」公寓，這正是《小團圓》最後兩章事件發生的時間序列。

「張小姐，這包袱裡面是你昨晚說的，我找過了，你們的通信應該都在裡頭。時局這樣亂，還給你是應當。」青芸老實，交過一只包袱，裡面是從一九四四年認識以來愛玲寫給胡蘭成所有來來回回的信件，後來寄去溫州的當然沒包括在內，因為青芸保管不到溫州的東西。但是去年從溫州回來之後，愛玲也幾乎沒什麼信交給斯君轉交。[6]

胡蘭成似乎並不驚訝，只是表情有點鄙夷，女人把信要回去，應該只怕自己將來被牽累吧。當然信是她寫的，要討回也不能說什麼。將來，如果將來，他又能做起大事了，他今年也不過四十多歲，再把一箱子錢摔在她面前，看她還不趕緊再多寫更熱情的信？女人就這麼回事，胡蘭成白日夢想到這裡，嘴邊不禁微微笑起。

「這裡有二兩多金子，一張支票。」愛玲笑著當胡蘭成面交給青芸。

「支票得去銀行兌美鈔，」青芸向胡蘭成看一眼，說：「恐怕今天沒時間做這事，六叔自己帶上去溫州兌成了。」

看著兩個女人正為他交割金錢，胡蘭成雖沒想到會有這一節，但也沒露出詫異，對青芸的建議什麼話也沒應。他實在也沒法說什麼，難道要對愛玲說：「謝謝你想得這樣周到，將來有錢再補還給你。」這話太見外，本來放在老婆手裡的錢就該急用時吐出來還給他用。還是男子氣些：「不，我夠用。這錢你留著。」這太假，明明需要用錢，總不能回溫州還繼續用秀美的私房，將來聯絡上池田篤紀又還可能打算去香港、日本，那時更需要錢了，當然也不能帶上秀美一起走。他一向自忖男人做大事，連妻小都能拋下的，這點受用錢的枝節也不算什麼。

「現在還早，銀行都還沒開門，在上海兌支票手續簡單又快，」愛玲說得柔細慢緩，似乎看穿胡蘭成急著要走的心情，更故意體貼地說：「這時日一天天金圓券和外幣匯兌差許多，晚了怕又兌少了許多。」

誰不知道現在都得用金子美金換食糧。

「這也是！」青芸想想也不必客套，直接起身說：「車子叫好了，已經等著在樓下。」

胡蘭成不必人催促，早已經逕自走到門邊。

「好走！」愛玲微笑著優雅地說：「已經揿鈴讓開電梯的上來門外等著。」她也沒絲毫留戀的樣子，免得以為她是老怕被他拋棄。她知道這門一關上，就要永世隔絕了，只像被針扎幾扎，也感覺不到太心疼。是因為錢交割清楚了，連情也可以隨流水而去？[7]

桑弧拍片到早晨，補個眠定然下午傍晚要來的。還好有他。

6 一九七六年四月二十二日張愛玲給鄺文美的信：「我的信是我全拿回來了，不然早出土了。」見《小團圓》前言，宋以朗。

7 《小團圓》中一直有二兩多金子，九莉就想還兩個人，一是母親蕊秋，另一就是邵之雍。這兩個人都是對九莉傷害最深的人。但是母親不要九莉還錢之外，還要送給九莉家傳飾品，九莉雖然接受之後又在姑姑陪同下拿去賣掉。但是賣得好價錢，原因是她「真的不想賣」，商人見她不想賣的態度，以為貨品是真難得，所以才出高價。不硬還母親錢又收了母親離別前送的飾品，代表九莉雖然埋怨母親只顧自己比愛子女多，卻也能理解母親的悲傷和人生的飄泊，母女雖無法心映心，也知道母親的愛是真的。但是對邵之雍的描寫，從他進門到秀男／青芸接了出門，始終顯現的是自私和對九莉情緒的漠然，「他完全不管我的死活，只顧保存他所有的。」這不是「出惡聲」，但比「惡聲」是還更嚴厲的指責。最後金子和錢都給清了，情分也就毫無保留地結束了。

·名導演愛上女作家·

桑弧張愛玲兩情綿綿

吳

「文華」導演桑弧，自從「不了情」「太太萬歲」公映之後，聲譽日盛一日，最近他又全力完成第三部新片「哀樂中年」這部作品為桑弧自己寫的，前兩部為女作家張愛玲所編，桑張一導一編，圈內人早稱為「桑張擋」。

桑弧現在已是卅開外的人了，卻還是孤單單的獨身漢，不過他那副弱不經風的樣子，令人見而生憐，因此有許多人都說他患有肺病，其實肺病倒是沒有，僅身體孱弱多病罷了，所以到現在還是沒有結婚，並且連一個女朋友也沒有，許多老友無不替他焦急，同時又要為他做媒，結果卻一個個被他回絕了，他的理論是，身體瘦弱是一因，其次則是年紀還輕，三者資力不夠，婚後恐連累對方受苦，所以一熬再熬，至今還是一個處男。

春天到了，桑弧這位翩翩公子突然也感到寂寞起來了。愛神在他的背後戀戀着，春色煩惱了他，使他無意地也得走上了戀愛之路，去探找他所需要的對象。結果終於給他在無意中找到了一扇戀愛之門，這扇門的女主人是一張愛玲，她也寂寞已久了，他就鼓足了勇氣，用盡了全力敲這扇門，巧得很，給他一敲之下，這扇門居然開了，女主人很殷勤的招待他，經一談之下，非常投機，自這日始，便兩情纏綿，愛神煽動了他們的戀之火，也就一天熾烈一天，可說已到了冷水也澆不滅的地步。

最近，聽說他倆將有喜訊傳出，假使是真的話，該是文壇一大佳話！

答問女明星的年

本刊常時接到讀者們來函詢問「女明星」的年齡，本來是她們「秘而不宣」的，現在姑先把我們所曉得的抄錄如下：女星們的年齡確實，讀者們自己去統計吧！

朱莎	廿四
韋偉	廿八
吳茵	卅八
汪漪	廿五
吳鶯鴻	廿五
張鴻眉	廿二
蘇曼意	廿八
懷錦	廿四
白虹	卅五
白光	二九
杜驪珠	廿四
舒繡文	卅六
華香琳	廿八
胡蝶	四三
張琬	三二
陳燕燕	三六
歐陽莎菲	二五
童芷苓	廿八
莎莉	二三
李麗華	[illegible]
王人美	[illegible]
周璇	[illegible]
路明	[illegible]
白楊	[illegible]
陳娟娟	[illegible]
顧蘭君	[illegible]
秦怡	[illegible]
張瑞芳	[illegible]
衣雪豔	[illegible]

一九四七年，桑弧與張愛玲的緋聞。

一九四七年秋天以後

一陣清急沙沙、流水似的炒菜下鍋聲，愛玲從陽台看過去，那些透出燈光的窗洞子，也許那家裡的主婦並不自己動手，有時幫傭阿媽忙不過來，那主婦也會坐在客廳的圓檯子前摘菜葉或剝辣椒，翠綠的燈籠椒，一切兩半，成為耳朵的樣式，然後掏出裡面的子與絲絲縷縷的棉毛，耐心地，彷彿給無數的孩子掏耳朵。

如果胡蘭成是個普通男人，上班下班。她也會成為這樣的普通太太嗎？過幾年添幾個小孩，上上下下都要她照應，還有前妻的五個孩子。她還記得有一次去美麗園，胡蘭成最小的兒子才四、五歲，搖搖晃晃伸出胖小手讓她牽著，她從口袋裡掏出預先準備好的外國糖果，一粒一粒撥給他吃。[1]那麼她會是一個安於普通生活的家庭主婦嗎？想到這裡她對自己笑了起來，其實她也不能確定。

桑弧送來《太太萬歲》的編劇費。帶了一只最新的照相機，一來就興匆匆要愛玲換衣服拍照。現在桑弧看到的她，正歪在沙發上對著鏡頭笑將起來。

「不是這麼笑法，這表情不好，像是諷刺，」桑弧正把相機鏡頭對準她，又把手往左擺了擺說：「靠過來一點，對了，倚在沙發上，不不，縮著肩膀這又變成可憐相。」他邊說，手裡已經連按好幾次快門。愛玲穿的是桃紅暗花碧青緞旗袍，身形柔瘦無骨，時而望向陽台窗外，時而變換姿勢表情。

「累不累？要不要休息一下？」愛玲在鏡頭裡說。

「我沒關係，這新相機功能真好，還可以調整遠近焦距。」桑弧不但對攝影有興趣，對於畫面的配置也有充分的敏銳度。

「只是我這個人就花費這麼多底片，留點過天去公園拍風景吧！」愛玲說話聲音軟軟的。實際上已經整個下午都在客廳拍來拍去，桑弧對於畫面角度很挑剔，幾乎把相機當成攝影機，發揮了當導演的職業病。

「再一下子就好，嗳，這就對了！」桑弧又按下好幾個快門，說：「看吧，我這技法連炎櫻都不能做到的。」他當然看過許多炎櫻幫愛玲照的相片，這種有點神經質的醋勁常常讓愛玲好笑。

「炎櫻約我明天一起去外灘，她要和一個追她的美國大兵約會。」愛玲因為心情輕鬆，隨口說著。

「你們的友情這麼奇怪，她約會她的，為什麼拖著你去？」桑弧小心地收起相機邊說。[2]

「家裡安排的錫蘭富商她不是那麼喜歡，她比較喜歡美國人，但是又怕自己赴約會有什麼事。」愛玲想起炎櫻跟富商相親前對她做個苦臉，好笑地說。

「為什麼？現在上海都是美國兵，不難找，他們也不凶惡。又不吃人，有什麼怕的。」桑弧說。

「當然不是凶惡的問題，和美國兵交往，挑逗太過就要變成當晚上床，這炎櫻不喜歡，她還是需要點浪漫的過程。」愛玲仍然笑著說，說完立刻發現不能繼續這個話題。炎櫻喜歡把帥男人遠兜遠轉勾幾勾，等到對方發動追求攻勢，她才看著辦或丟下不要，或繼續作態到對方上當再看看，往往這麼選來選去最後沒結果，卻也免不了和這個那個有點交往關係。

「這麼說，炎櫻應該也不是處女了。」桑弧果然有點鄙夷地說。

「印度男人和中國男人一樣，結婚對象都得是處女。」愛玲一陣憎惡反感，卻輕笑著說。這回應是牛頭不對馬嘴。桑弧有點悻悻說：「他是你的初戀吧？」「他」當然指的又是胡蘭成，那就是初夜也獻給他的意思。

「是第一個男人，那關你什麼事！」愛玲心裡啐罵一句，把持著嘴上沒脫口，只是笑笑著，學蘇青的口氣說：「傳統男人都在意處女膜。」桑弧愣了一下，為了表示他不是古板的傳統男人，於是說：「愛情又不是古代的『處女獻身』！貞潔的定義，應該改為男女雙方都對對方坦白。」他自認為說得很有道理，愛玲卻已經不耐煩了。談什麼貞潔呢?!明明和別人一樣，覺得她和男人發生過關係就不貞潔了。

「你拍片那天他回上海，來這裡過夜。」愛玲說得慢條斯理，但語氣挑釁又直截了當。乾脆明講了，何必躲躲藏藏說什麼處女貞潔的！

「你……你……」桑弧整個語塞，她為什麼不為了愛他假裝一下也好，她根本不在意他的感受嗎？這種誠實讓人無法消受。桑弧還真不知道她是被胡蘭成磨出這種老辣本領。她只不過用了胡蘭成一點

1 胡蘭成最小的兒子胡紀元受訪的口述中說到這一段。

2 桑弧過世之後，在遺物中發現有八張連拍的張愛玲照片，雖然無法準確知道是什麼時間，但背景很明顯是張愛玲住的愛丁頓公寓。兩人的交往中應該不乏幫張愛玲拍照的許多時候。張愛玲離開上海去香港之後，桑弧繼續留在上海拍片，經過文革和平反，人生的激烈起伏莫過於此，但這些連拍照片在遺物中是被妥善保存的，可見是桑弧的終生珍藏。見蔡登山臉書。

點「亦是好的」誠實而已，正常如桑弧這樣的男人就受不了了。

「怎麼？你覺得到這種節骨眼，我還跟他有一腿？」愛玲嘴角諷刺地微笑說，她又想起自己去年用世民為筆名寫的〈不變的腿〉，不論寫得多麼優雅風騷，總不過是人性好色，色衰人老，食色之性也就擔受不起了。

「那晚我打電話來，他，他正在這裡？」桑弧遽然受到打擊，話也還說不順。

「但是我答應過你的，真做到了。」愛玲稀鬆平常把手叉在胸前看著他說。

「一根汗毛都別讓他碰！」桑弧倒抽一口氣，大聲重複自己之前說過的話。

「對！」愛玲硬氣地說。

「真的?!」桑弧這口氣不是不相信，而是有點開心，卻又有點遲疑。如果這是真的，表示她愛他，那麼他們真要攜手走下去，也許他得再考慮考慮未來前途的問題。前幾天他嫂子才旁敲側擊地問過他：「聽說現在正拍的《太太萬歲》，編劇就是張愛玲，都說她本人滿漂亮。」當時他正吃飯，大哥也在飯桌上，正邊看著報紙，他還沒回答，大哥卻放下報紙說：「聽說她跟胡蘭成同居過，胡蘭成跑了才決絕地跟他分手。」這也是整個上海議論紛紛的事，他當然只好說：「那是人家的事，我們只管拿到劇本拍戲。」三兩句劃清界線，哥嫂放心了。後來雖沒說什麼，那頓晚餐吃得桑弧滋味難受。

這些事當然桑弧這樣細心的人不會對愛玲直接說。

「什麼真的假的。」愛玲不高興地說。這又不能用什麼證明，難道要像比干那樣剖心來看？她倏忽站起身走進房間，桑弧知道她有些著惱，卻也不知道該怎麼做，他是個不會哄女人的，只能在客廳裡呆坐著，慌慌的又把收拾好的相機拿出來左右玩弄著。等了好一會兒，他正考慮要不要去房間找她，走到房門口才舉起手想敲門，門卻忽然打開了，愛玲還握著門把手，也愣住。下一個動作卻是遞過一張朵雲軒信箋，塞進桑弧手上。

「你看看吧，」愛玲不屑地說：「不過是我早寫好的，剛剛又謄了一遍，不是因為你才寫的。」

「這個……」桑弧遲疑地，不知道該打開看還是該收起來。

「打開看吧！」愛玲說，帶著要看就給你看個夠的情緒。

「蘭成：我已經不喜歡你了，你是早已不喜歡我的了，這次的決心，我是經過一年半的長時間考慮的，彼時惟以小吉故，不欲增加你的困難。你不要來尋我，即或寫信來，我亦是不看的了。愛玲」桑弧竟一字一字念出聲，念到後來居然有滄浪的神情，他是真為她難過嗎？隨即又有點高興地說：「你這樣下定決心是因為我嗎？」

「剛剛不就說不是因為你才寫的。」愛玲微笑著在話裡劃他一刀，她還沒完全從剛剛「處女論」的憤怒平息。

「我不知道你讓我看的意思。」桑弧也覺得了，有點茫然，像個不知所措的小男孩面對姊姊的指責。

「唔，你是個漂亮的小男孩。」愛玲繼續微笑著。她就是不想說，給他看是為了取信於他，那太屈辱了，她再也不會像溜到胡蘭成腳邊「見了他變得很低很低」，那種自我貶謫，人生有那麼一次「it's enough」！

「漂亮？應該說是帥氣吧！」桑弧真的有些開心，他時常弄不清愛玲言語裡真正的意思。

「不，」愛玲搖搖頭說：「是漂亮。就像許多漂亮的女人是漂亮一樣。」漂亮過了氣，色衰珠黃，擁有的人就能拋掉重新再找漂亮的。她這瞬間成了大女人。[3]

「他必須逃亡所以你們只好分手？」桑弧不喜歡她說「漂亮」兩個字的口氣，聽來像因為外貌才跟他談戀愛似的。想起大哥餐桌上說的話，因為心中有些惱火，不免脫口而出：「是戰後他變成漢奸了，不得已才分手吧？」桑弧是個心地善良又細膩的人，如果不是受了刺激，是從沒這麼直接傷人的問話。

「你想知道的我全都能告訴你。」愛玲說話仍然輕柔，但是語氣裡已經處處有針，說：「他的女人太多了，一個接一個，我沒辦法和別人分享一個丈夫。」

「丈夫，所以傳說你們結婚了，是真的？」桑弧詫異說。以他聽到的各式各樣說法，胡蘭成都是個有許多妻妾的人。

「兩情相悅何必結婚。」愛玲不屑地從鼻子哼著說，也沒真正回答。

「為什麼？你不夠愛他？」桑弧今天是要卯足勁問到底了。

「現實的考量，他是見一個愛一個，連嫉妒都不知道該嫉妒哪個，沒這個女人也會有別的，跟這種男人結婚，最終不會幸福。」愛玲對桑弧咄咄逼人的態度氣極了，反而能平靜地說出心中真正的想法。

「對我呢？」桑弧問。

「什麼？」愛玲莫名其妙。

「對我有什麼現實的考量嗎？」桑弧不甘願地說白了。

「我想把握現在的你。」愛玲又恢復微笑說。意思是她也沒認真想過跟他在一起有沒有將來。

「我剛剛那麼直接問你，難道你都不生氣？」桑弧只能聽懂表面的意思，有點內疚地說。他聽到的是「把握」，所以不那麼在意之前說的「漂亮」所意味的侮辱。

「我不過想對你坦白。」愛玲說。相對胡蘭成的狡辣，桑弧太稚嫩，談談清純的戀愛可以，但是饒有興味地生活，還是複雜的胡蘭成才給得了，畢竟她和胡蘭成是一起生活過，雖然不完整。這種感覺對桑弧是說不清楚的，就是坦坦白白地說了，也只會成為兩人心中更深的疙瘩而已。

她的人生比桑弧體會過的蒼老得多。

桑弧離開公寓後，她把桑弧送來的劇本費支票包在信紙裡面，把寄給胡蘭成的信摺好放入信封，再外加一個信封套，上面寫斯君的姓名地址。也不知道十天半個月斯君能不能收到，但是管他的，她已經仁至義盡。[4]

陽台上撐出半截綠竹簾子，一夏天曬下來，已經和秋草一樣黃了，這是房東原本裝的，不是她和姑姑的想法。後側儲藏室的法式玻璃窗門映著黃昏的落日，發出微弱的反光，愛玲在陽台上篦頭，人都說女子快上三十了，頭部血液循環很重要，血液循環好了，不但內分泌賀爾蒙能調整，臉上皮膚也不容易見老。她過年就二十八了，雖然生日在九月，在上海年年歲歲總是按虛歲算。這一篦就扯下一整把頭髮，現在仍是長鬈髮，捨不得剪，就這麼落葉似的，在手臂上披披拂拂。

3 《小團圓》裡多次說燕山／桑弧漂亮。當然讀者如有心，網路上查找一下，桑弧的確很帥。

4 《小團圓》裡說九莉寄出分手信之後，邵之雍嚇得離開溫州，上海邵家也嚇得趕緊搬得不見人影，這是純粹小說的誇張手法，或者張愛玲真想從人性的卑鄙面去描述邵之雍。但實際上胡蘭成並沒有嚇得逃走，邵家如果對比青芸所在的美麗園，後者是從沒搬過，一九四五年青芸結婚後也仍和夫婿住在美麗園，胡蘭成還幸虧有這位勞苦老實的姪女，被他拋在上海的子女們才能好好長大。參見李黎《浮花飛絮張愛玲》之〈今生春雨，今世青芸〉。

這個陽台望出去，右方的哈同花園剩下一點點，是殘破的斷垣，這裡已經不是那個看得見黃浦江水的陽台了，這個公寓，也不是那個面對青芸給出二兩黃金三十萬支票，以及寄出電影劇本《太太萬歲》稿酬支票和訣別信的公寓。為了不想再讓青芸、斯君甚至胡蘭成找到她，姑姑也同意搬家。

上海生活費一日貴過一日，她們趁搬到較小的公寓，也辭去阿媽，姑姪都能做飯弄點菜，就這麼相偎相依兩人過小日子也挺好。前方大片是上海多曲折的弄堂，弄堂裡斜倚著一個一個的家，那些家裡都有些平凡人物吧！他們所經歷的，都是些注定要被遺忘的淚與笑，苦惱與悲傷，最終連自己都要忘懷。這悠悠的生之負荷，大家分擔著。二十八歲的愛玲俯身向下望，對過一幢房子最下層的一個窗洞子裡冒出一縷淡白的炊煙，非常猶疑地上升，彷彿不大知道天在何方。

這樣子俯身的姿勢，不知道的人乍看，說不定以為她想跳下去自殺呢！愛玲嘴角微微笑起來，怎麼會?!「死亡使一切平等」，這是誰說過的話？但是為什麼要等死呢？生命本身不也使一切平等麼？人的一生，所經過驚心動魄的，不都差不多的幾件麼？為什麼偏偏那麼重視死亡？難道就因為死亡更具有傳奇性——而生活卻顯得瑣碎無趣。遠遠近近有許多汽車喇叭倉皇地叫著，天逐漸暗下來，四面展開如同煙霞萬頃的湖面。欄杆上一層薄薄霧霜，寒風吹來颼颼的，門鈴響了，姑姑有鑰匙，一聲急似一聲，這種按法也不是炎櫻那種慵懶的人做得出來的，應該是桑弧了，怎麼偏偏沒打電話這時候來找她。姑姑也應該快回來了。

「嘖嘖，這洪深！」桑弧一進門就氣急敗壞地說。遞過來一份印刷。

一九四七年十二月十四日以後的上海《申報》、《新聞報》、《大公報》對電影《太太萬歲》好評如潮。《太太萬歲》裡的女主是個平凡家庭裡的太太，桑弧和愛玲喜歡描述小人物。於十二月十四日在皇后、金城、京都、國際四大戲院同時獻映，公映前，張愛玲被影評家洪深譽為這個年代最優秀的「high comedy」作家，她自己也在報上寫了一篇題記做宣傳，由她原本就喜歡的明星上官雲珠飾演陳思珍，那個周旋在娘家、婆婆、小姑、孩子、丈夫和丈夫外頭的情人騙子之間。

這部幽默諷刺喜劇特別能敲入上海人的心，同樣一上映就瘋狂賣座，整整兩周，即使遇上大雪紛飛的時候，也照樣場場狂滿。不論哪份報紙都競相報導上映的盛況，不是「巨片降臨」「萬眾矚目」，就是「精采絕倫，回味無窮」「本年度銀壇壓卷之作」。

然而給愛玲帶來的愉快那麼短暫，緊接著立刻出現猛烈攻擊的聲音。《大公報》、《新民晚報》、《中央日報》上，連篇發表評論《太太萬歲》的文章，從歷史、主題、從社會意義、教化作用，甚至從劇本作者的私生活，各種扭曲的角度去批評，這次不說文化漢奸了，卻又讓她回到「敵偽時期行屍走肉」的作家。這些批評出自左右兩派的寫手，從政治立場意識形態忽左忽右在文字上賞嘴巴子，逼著原本盛讚的劇評家洪深，也掉過頭來，先自我檢討，繼而嚴厲批判。

就是今天桑弧帶來的消息。

兩人在客廳說話，直到姑姑下班回家了也還沒說完，大部分時候仍是愛玲靜靜聽著桑弧講話。和胡蘭成經常表述自我不同，桑弧可能太擔心愛玲因此受到大挫折，而失去寫作的動力，反覆極力地安慰之外，還非常激動地批判這些帶有敵意和政治意識的評論。但是對愛玲而言，這已經不是第一次，上海藝文界報章雜誌對她的攻擊扭曲，現在她根本覺得家常便飯了。

姑姑見他們大概還有許多話要說，就留他晚飯，愛玲也並沒有為難的神色，雖然聽起來他那些為了她激動而憤怒的話語，也並不能真的安慰到什麼，但畢竟他的誠意可感。炎櫻又剛好打電話來，說買到愛玲要的粉餅，就不回家了，直接送過來。屋子裡頓時多了兩個人。

廚房傳出煎魚的油焦味，炎櫻端出一盤豆苗蝦仁，一疊剛剛加點豆瓣熱過的臭豆腐乾，每人一小盅筍片排骨湯。愛玲擺著碗盤，看上去色鮮味美，她卻不是很有胃口，桑弧這麼匆匆闖來，她也不是不願意感謝他，只是忽然打亂了她本來晚上的生活。炎櫻從廚房進進出出幫姑姑端菜，邊跟姑姑交談著，菜還繼續出，三人不論在廚房還是客廳，熱熱鬧鬧，你一言我一語說著，都是標準優雅的英國腔。桑弧當然完全聽不懂她們說些什麼。

「英國貨，愛玲又挑剔，只要這種顏色，你知道多難買?!就剩兩盒，簡直用錢去搶。」炎櫻唱歌似地說。

「好好，你真辛苦，這不就有你愛吃的烙餅。」愛玲笑著說。二十八歲了，臉上的暗沉皺紋多少有一些，不能不找粉餅遮瑕。

「你不告訴我，最近開第太太送我一盒粉餅，我看著沒動，顏色太粉，合適年輕人。」姑姑說話聲中夾雜沙沙的翻炒，聽起來像是炒芽菜。雖然她愛著李開第，卻和開第的太太也成為好朋友，兩個女人真正愛屋及烏，都對對方很好。

「也不年輕了。」愛玲說。最近總在早晨用冷水洗臉，都說這樣做可以緊緻毛細孔。

「張愛從不化妝的，至少我沒看過，現在是『女為悅己者容』了！我早說坐在外面那個長得比蘭你帥嘍！」炎櫻吃吃笑著說。炎櫻今天才第二次見到桑弧，第一次就是和愛玲一起出席座談會時看到的，等於根本不認識，所以又說：「張愛一定是因為他長得太好看，把他藏得這麼緊。」

「不是藏，我沒想太盡心投入，怕到時候割捨不了。」愛玲說著，手裡卻碗碰碗弄出聲響，惹得姑姑說：「噯，小心輕點，碗口這裡缺一道那裡碰一塊，割嘴的都讓我扔了，只剩這幾塊好的。我看不用擔心，他長得再好看，也沒讓你做得對那人那樣盡心！」姑姑前一截後一截對不上地說著。

「這不就留吃晚飯了！」愛玲有點不情願地說。她覺得這已經足夠盡心。

「今天是稀奇留晚飯來著，以前那個天天來磳飯，也沒見你說什麼。」姑姑笑著說。的確是差別待遇大了。

「以前薾你的事件件都告訴我，現在這個帥男孩你就都不說了。姑姑你看，張愛淨是跟我疏遠，我約會可是都找她一起，誰跟誰為我打架也都告訴她，她對我這樣不夠朋友！」炎櫻嘰聒聒說一堆，惹得愛玲大笑說：「她那兩個男人為她從樓上扭著打到樓下，又從樓下打到街上，我又沒她的本事，有兩個男人死命追。哪有什麼多餘的事好講！」

「看在她巴巴送粉餅來的分上，他家有些什麼人，總可以說點滿足我們一下。」其實姑姑也想多少知道些總是比較安心。

「他父母都去世了，跟著哥嫂長大，有幾個姊姊也來往得很勤，他沒上高中就出來當銀行學徒，後來寫電影劇本賺錢賺多了，現在他家人都靠他幫貼生活。」愛玲一口氣把背景都簡單說了。

「唔，是個苦孩子出身。」姑姑一向只重點說事實，沒評斷。

「你去過他家裡了？」炎櫻問更多，她的個性不好奇八卦也不可能。

「不去他家也能知道這些。」愛玲笑笑說，一手接過舀湯匙子去擺。她們還是吃中菜用西餐禮儀，每個位子上都有一塊碗一只碟子。之前有阿媽時更講究，還有個放手巾把子的小長形瓷盤。

「但是你去過？看他坐在那裡，」炎櫻努努嘴，說：「是挺漂亮的。」意思是坐著又沒人招呼，還那麼自然蹺著二郎腿，應該兩人關係已經到了雙方家人都認識的地步。

「Beautiful can't be eaten.」愛玲隨口說了句毛姆的話。她想起上次從凱司令咖啡館出來，順道去桑弧家，他的嫂嫂倒是客客氣氣地招呼了，弄不清楚是排行老幾的姊姊剛好回來，卻上上下下齊整仔細地打量了她，令她想起母親豁地打開浴室門上上下下看她身體的樣子。也不管是不是把客人的笑容僵在那裡，他姊姊看完一扭頭就去廚房和大嫂、幫傭媽子說話。三個女人細細碎碎的土上海話，斷斷續續也傳出一些讓她聽在耳裡難受的句子。桑弧當時臉上有些尷尬，盡量找些沒意義的話題東拉西扯。

「他提過將來結婚的事？」炎櫻不放棄地問。

「說我們兩人當然要和姑姑一起住。」愛玲說著不禁笑了起來。胡蘭成也說過要和姑姑一起住，像娶姨太太似的祕密結婚後，倒是他自己先不見了，而她仍然原封不動和姑姑一起住。等到桑弧也說了這種話，她的不信任感當然要從骨子裡生出來，覺得愛情還是短暫享受得好。

「哎喲，我自己住才挺好呢！」姑姑把炒鍋裡的菜收乾鏟進瓷盆裡，邊冤枉地叫了一聲。當然這是姑姑正常的反應。她老早接受愛玲一起住都看起來是勉強的，自己一人愛怎麼就怎麼，沒人打擾多好。終於熱炒菜都出完了，姑姑換成京片子對著還坐在客廳無聊地看向窗外天空的桑弧招招手，又拉開椅子說：「都餓了，別客氣，隨意坐，開動吧。」

黃浦江也還波浪湯湯，這天下午沒那麼冷，太陽光很亮，雖然熱度不很夠。陽光照在愛玲臉上，她斜斜躲過光的刺眼，見桑弧卻盯著她似乎呆了。

「從沒發現你的頭髮泛紅。這頭髮是遺傳自你嬸嬸嗎？看照片似乎嬸嬸有外國人的血統。」桑弧邊撫摸她的細細的髮絲邊說。他看過她家族的相簿，通常都是午後姑姑不在，兩人擠在客廳的沙發上，閒閒無事，愛玲一張一張為他解說。

「你也覺得她有外國血統！」愛玲笑著說。他們坐在江邊公園椅子上，她靠在他身上，兩人都穿厚呢大衣，這樣依偎著很有安全感。夕陽裡的影子拉得老長，合併為一顆頭、大肩膀，像個溫暖的胖大個兒坐在那裡。

「她的五官很深，像外國人。可惜你沒遺傳到。」桑弧說著臉望向黃浦江，手臂卻跨搭在愛玲肩膀上。

「我弟弟遺傳到了。」愛玲還躲在桑弧的陰影裡，太陽已經偏斜，不那麼刺眼，但是江上也逐漸變得灰暗。

5 《小團圓》頁三一四寫到：「他跟兄嫂住，家裡人多，都靠他幫貼。出嫁了的幾個姊姊也都來往得很勤。她到他家裡去過一次，客室牆上有一只鑰匙孔形舊式黑殼掛鐘，他說是電鐘。他二哥現在在做電鐘生意……看看牆上那只圓臉的鐘，感到無話可說。他也覺得了，有點歉疚……」桑弧的成就都在編劇導演，比較收集不到他家人的資料，到底張愛玲是否見過桑弧的兄嫂姊姊們並不重要，這一小段呈現的是九莉去燕山家被冷淡對待，以及尷尬無聊的氛圍。所以同一頁後段的敘述，在想像如果和燕山共同生活，九莉絕對要有自己的房間，她要隱密與獨立性：「跟燕山她想『我一定要找個小房間，像上班一樣，天天去，地址誰也不告訴，除了燕山，如果他靠得住不會來的話。晚上回去，即使他們全都來了也沒關係了。』這裡表達的是燕山家裡人多的麻煩，如果九莉能和燕山結婚，那就需要一個連燕山也不會來打擾的空間。晚上回家後如果燕山全部的家人都湧進他們小夫妻生活中，整個晚上被打擾，也就變得沒關係，因為她已經在私人小房間裡享用了自己一人白天的時間。九莉的內在情緒是張愛玲的，那麼張愛玲對於桑弧的考量，已經不是夠不夠愛的問題，而是預見結婚後生活的擁擠窘迫，以及家庭人際關係的困難，他們對她的成見，以張愛玲聰明的程度當然不難看出，單獨去他家一次就夠了。找隱密小房間的想法，應該出自張愛玲從小讀的章回小說，像《歇浦潮》裡就多得是。如男戲子搭上某富家姨太太，或高級妓女和怕母老虎太太的商人，在家庭大宅以外找祕密愛巢。甚至專門經營騙局，媒合無知年輕小姐和富少認識，打牌送幾次禮物後弄上床，總需要一個沒人知道的穩妥地方，先花一筆資費，把租來的室內布置得精心雅致。通常都選擇在靜謐的小巷弄裡一個兩層石庫門房子的二樓。在張愛玲的想像中，應該認為那樣的小房間能撇開大家庭的麻煩，供她一人清清靜靜地做自己的事。

「他遺傳到眼睛大，其他五官也深，但是說不上哪裡怪。」桑弧或有所思地說。

「上次他離開時你說過了。」愛玲把靠在他胸膛上的身體頭部直立起來，夕陽斜照的影子就成了兩顆頭兩個肩膀，兩個獨立坐著的瘦長人影。

「那次他也不管我是陌生人，進門劈頭就說你爸爸破產了，和娘搬到亭子間住。我覺得他真怪。要是我們家的人就不會這麼說話。」桑弧知道他們稱後母為娘，也跟著就這麼說。把跨在愛玲肩膀上的手膏收回，江邊風吹著冷，兩手搓著，冬天夕陽失溫得更快。

「這你上次也說過了。」愛玲拂拂被風吹亂的髮絲說。她雖然對弟弟很有意見，但是更不喜歡桑弧拿弟弟比較他的家人。

「喔，是嘛？」桑弧聳聳肩，說：「我們倒像老夫老妻，說了許多重複的話。不過，你上次說的那個故事，中年人和年輕女子的戀愛，你覺得男主角從事什麼行業比較好？」他們之間只要說到一起合作的工作，當然話題又能充電似地活回來。

「男主角是女主角從小認識的父執輩，呵護著她長大，是她父親的好朋友。」愛玲不假思索地說。實際上她早就想好劇情了。

「這麼一來年齡得差上十幾歲以上。十幾歲……」桑弧說到後來竟然語氣怪怪的。差個十幾歲不就是胡蘭成嗎?!他們之間總梗著這個鬼影子要到什麼時候！

「當然不是十幾歲，我父母和我就差了二十歲，你是最小的兒子，父母親和你當然歲數差更多。」愛玲不急不緩地說，避嫌也是應該，桑弧有顆玻璃心。

「說得是，」桑弧又恢復好心情，說：「差個二十幾歲，不論事業成就，都能給年輕的女主角最好的條件。」

「重要的是，年紀大的男人看年紀輕的女人，才真有呵護的心。」愛玲說著想起胡蘭成在陽台上給她的擁吻。

「看來你還是比較喜歡老男人。」桑弧語帶嘲笑地說。

「我就幫著寫，不要具名了。」愛玲沒管他的語氣，輕輕地說。現在的情勢，她簡直寫什麼被攻擊什麼。

「你不需要因為那些批評這麼做，他們說他們的，」桑弧見她退縮，又急了：「上海的觀眾喜歡你，這才重要！」愛玲搖搖頭，說：「而且這裡面的細節構想，是你的，本來就該用你的名字。」

「這片名可以是《中年男人之愛》之類的。」桑弧望著已經變得灰暗的江水說：「我這也是過三十了，轉眼四十，人生如果只有七十，這已經過半，真該及時行樂。說歸說，及時行樂我們這種人也做不到，真悲哀呀！」

「取名《哀樂中年》，你覺得如何。」愛玲忽然說。

「這好哇！」桑弧把她的手舉到唇邊重重地吻著，她就是這麼玲瓏剔透，甚至分不清到底是真的愛她，還是激賞她的才華。他說：「就這麼決定了。我明天就能寫出電影大綱，老闆應該會很開心。」

同樣是賣座喜劇，《哀樂中年》劇中女主角最後嫁給一直呵護她長大的父親好友，比她大二十多歲，一個如同父親一樣的丈夫。上海人喜歡這種諷刺喜劇，大約經歷著苦多樂少的現實人生，人們總不喜歡花錢去買悲傷看。對愛玲來說，這次沒有出名，卻也被上海人肯定了。[6]

她有能力寫人們想聽的故事，從來不是個嘟囔著自說自話，或窮喊著別人也想說的話的作者，是那樣的作家，她的小說不會暢銷，電影也不會賣座了。上海人的喜好自有獨到的地方，是商業的、喜歡圖利他人的、自私的、也稍稍會逢迎的、大眾的，但她不必迎合他們，她自然而然是他們之間的一分子。

上海人的繁華和中國其他地方不同，別處的人未必能夠了解上海人。從一八四五年起就被洋人指著槍開埠的上海，早習慣了從高處往下看，所有最新的物質文明，西方文化的輸入、商業機制都從上海開始，不論怎樣混亂的時局淹沒了其他中國的低窪，總淹不到這個高度的上海，就算因此上海成了名副其實的孤島，也還是自足的。

但是現在，上海已經不是個文化孤島了，當它又和整塊大陸地連上之後，「張愛玲」三個字的出現卻成了忌諱。

6 劇本刊登見《聯合報》副刊，一九九〇年九月三十日起連載。稿費發出之後，過不久當時的副刊編輯蘇偉貞即收到張愛玲的信，說這篇劇本不是她所寫，當時只是幫忙性質，也拿過一點編劇費。

一九四八年至一九五〇年

子靜在戰後因為表姊夫的介紹，進了銀行的揚州分行工作，周六日才得空回上海。這天來公寓，姑姑開門時在門洞裡見了，自說自話地嘀咕說：「來了探子了。」說得這麼小聲，還是讓坐在小客廳裡的愛玲聽到了，這個公寓只有兩間套間，餐室就是客室，房子小，說話怎麼小聲都聽得清楚。愛玲心裡笑著看姑姑轉門把。

「上次和媽在飯店碰面。說是上海的環境太髒，住不慣，還是英國環境比較好。」子靜一進門就眨巴著眼睛說與母親在飯店碰面的事：「媽要離滬前表姊通知我，讓連夜從揚州回上海來的。」彷彿在炫耀母親單獨找他，沒讓姊姊知道。

「都來信說了，會先去馬來西亞，之後應該會在英國定居，問我們要不要先申請去香港。」姑姑沒事似地說。意思卻是這裡的消息應該比他靈通。照理說姑姑對姪子姪女應該手心手背都是肉，但這幾年下來，子靜簡直成了他後娘生的，來這裡說話總兜不上親，連姑姪情分都給冷了下來，這種時候愛玲反而心知肚明地難受。

「你們都要移民香港？」子靜驚訝地問，果然又有新資材可以跟娘說了，他現在倒已經不羨慕姊姊可以出國，那反倒必須單獨面對未來的不確定，在上海多些親人照應總好過茫然舉目無親，這也是娘說的。娘為他打算的可多著，娘自己又沒生，當然重視這個後半輩子可以靠的兒子，不時想辦法拉攏著他，每次從揚州回上海，總顧著給他做好吃的，讓他邊吃，邊問些外地生活如何，十足親娘樣子。娘家的舅舅也時常往來，年節生日都沒少他這個子姪的份。

「唉呀，今兒可真冷。窗子一絲都開透不得，煤球剩不多了，可得省著用。」姑姑皺起眉頭說到別處去。北方打仗，煤來不了，共軍步步告捷。

「這些，」愛玲不知什麼時候已經回房拿了一包東西攤開在七巧桌上推給子靜說：「是嬸嬸說給你大婚的時候用。可以拿去鑲了送給新娘子。」這話說完，子靜愣了一下，怎麼母親沒當面給他？

「這麼多，」看著紅藍寶石在燈光下閃亮亮，子靜興奮地重複說：「是給我結婚用的。」手指頭捏起一兩顆不可置信地翻轉著看又看，遲疑著問愛玲：「姊姊有嗎？」

「有，一對翠玉耳環。」愛玲反倒平平淡淡地回答，她不想強調母親要她先選。

「喔。那我得趕緊挑女孩了。」子靜笑起來說。這麼多的藍紅寶石當然勝過一對翠玉耳環，他忽然感覺身為兒子的尊貴，畢竟母親還是認為兒子比較重要。

「有喜歡的女孩啦？」姑姑笑著問。

「想多賺點錢才比較容易娶老婆。也想存錢。」子靜閃避著沒真正回答。都繞在錢上面說。

「現在女孩對於在銀行工作的人應該印象都還不錯。」姑姑說。誰不知道雖然普遍銀行低階行員薪水不高，但總有些內線消息可打探，如果好好做，也是個標準搶手新郎。姑姑看子靜仍然笑而不答，知道他的打算總得經過他那個娘，心中不免為這孩子一陣小酸楚，所以又順著他剛剛的話說：「你也想得對，是該存點錢為將來打算。」

「嗳，說到存錢就無奈，好不容易走一個朋友的消息小賺一筆匯差，這裡面還不是只有我自己的錢，大部分是合夥朋友的錢，那天回上海卻讓爸爸拿走了。」子靜說到錢就碰著最近這個痛點，跺腳悔不迭地說。

「怎麼回事?!」姑姑吃驚地問。愛玲十六、七歲的時候，因為二哥侵占他們母親嫁過來的家產，原本愛玲父親和姑姑兄妹倆一起聯手官司，後來竟因為二哥賄賂她哥哥，官司不了了之，但是現在好了，房地產早全敗光，還住到親戚屋簷下的亭子間。雖然人窮到這步田地，姑姑總還不相信她哥哥會沒臉到強拿兒子錢的地步。

「應該是娘拿走了吧！她見到錢還不眼開！」愛玲也不相信父親會這麼做。他那麼愛面子的人，一輩子也不可能向人哭窮，只要關係到錢，還不忙著大剌剌撇清，怎麼可能自己抓著錢不放手。其實愛玲的理解中，父母親這方面的性情是完全一樣的，就是母親離滬前變得拮据了，跟姑姑算錢的時候也還是多讓對方一些才肯收。

「他不是明著拿，應該是趁我和娘說話的時候翻我的箱子，過後我找不著，急著問了，他才慢慢說，就先寄放他那兒，怕我丟了的意思。」子靜說著，無辜的眼神連帶無辜的手勢。

「應該不會還了吧！是娘的計謀，多拉著你說話，好讓他動手。」愛玲完全明白蜘蛛精的伎倆。再說，子靜怎麼可能有什麼投資上的朋友？是不是這裡面也多半有那蜘蛛精娘舅家的錢，她也才理所當然這麼做。

「絕不是娘的錯！」子靜亂搖著手說：「你總是誤會她，這幾年要不是她幫我打算著，我還真沒辦法好好讀書又畢業找到事情做。」畢業找到事情做不是親舅舅家大表姊夫的功勞嗎？怎麼歸功到娘身上？他還真是！愛玲和姑姑對看一眼。

子靜走了之後，兩人坐在客廳裡嘆氣起來。

「我們兄妹跟二房官司打不成，我和你爸爸吵架。都是那女人挑唆的，還把丈夫弄得這副田地，偷孩子的錢！」姑姑十分感傷。

「弟弟是不是愛上娘了，要不，他長相也挺好，工作又穩定。」愛玲覺得心痛，弟弟是毀在那個女人手裡了！

「那女人說話滴溜溜轉，說得兒子看不起老子，另一方面又在丈夫面前數落兒子不肖，看著都是為丈夫好，三刀兩面，好讓兒子老子都對自己死心塌地！」姑姑嘆氣說。

「我記得姑姑在他們結婚時還當伴娘！」愛玲回想十四歲時候，一整禮拜上課後離開聖瑪莉宿舍常常就直奔姑姑的公寓，那公寓隔條馬路前面就是跑馬廳，記得姑姑第一次告訴她父親要再娶時，還是喜孜孜為哥哥高興的樣子。後來只要她回想姑姑那時候喜孜孜的表情，心中不免有些說不出的埋怨。

「都說孫家有好幾個姨太太，生了十幾個閨女，這樣養成的家庭應該個個溫良恭儉讓。他們結婚前我也去探過，算來算去我們這幾家都是表親戚，我見了她也稱表姊。又是溫柔說話又是稱讚敬瓜果的，哪裡知道結婚後這般厲害！」姑姑這些話還是現在才說了讓愛玲聽到，也算許多年過去，忍無可忍才一古腦說了。

「該是十幾個姊妹有好的都得搶，從小明爭暗鬥慣了，厲害就這麼養成的。章回小說不都這麼寫的。看到這塊肥肉趕著巴上了，就成了自己的緣分。」愛玲笑著說，把自己的父親竟比作肥肉了。她也不想再埋怨姑姑，心裡想的後頭話都沒說出：「這緣分就淹沒了我們姊弟倆的命運，也沒人肯伸隻手從沼澤裡把我們拉出厄運。」

「看樣子小魁是賺了錢都被哄著存到他後娘手裡。」姑姑說著皺起眉頭，又像自言自語地補一句：「要真這麼著，我們也管不了。」

「剛畢業的時候還做白日夢，想投資錢滾錢。好不容易有職業有薪水了，也還在想賺一步登天的錢。」愛玲想起子靜曾經也像父親那樣高談闊論，可惜不像父親早年手裡握有家產，沒辦法胡亂投資到把家產敗光。

「能賺一步登天的錢那當然好，就可憐在他腦子裡總什麼話都告訴娘。一個漏財黑洞擺明了在那裡。」姑姑一拍掌在沙發椅上說：「嘖嘖，我看將來不知道哪個老女人幸運能撿到他，他是愛年紀大的女人罷。愛上了可就供養那老女人一輩子！」[1]

從這棟公寓陽台可以看到解放軍高高撐著勝利的旗幟邁著整齊的步伐入城。這次和一九四五年同樣兩旁許多人慶賀，但是安靜有秩序得多，上海是個商業城，共產黨來之前都耳語，說是共產黨打勝了會沒收家產。將來要實施共產制，有錢的商家能找辦法的都往香港走。沒辦法的或者不想走的就自己告訴自己，共產黨會帶來新中國上新希望。許多政治口號也是欣欣向榮地從收音機、報紙雜誌天天發散，都是大好又勵志人心的消息，新社會新希望能讓窮人翻身，未來農民人人一定有土地耕種、工

1 《小團圓》裡說到九林／子靜，「他愛翠華／後母！」，意思很明顯是弟弟有戀繼母情結。實際上從《我的姊姊張愛玲》最後他敘述自己一生的情況，也的確沒有結婚奉養後母到終老。

人人人有房子住、窮人人人富足又康樂。

但是愛玲和姑姑一向不相信什麼口號，她們經歷過太多翻來覆去的政治時局。

「趁先施永安營業結束大特賣，我們可有得逛了，小煐確定不和我們一起？」夏毓智手挽著皮包向愛玲笑著說。[2]

「這一向都說共產黨來了可厲害了。米麵貴，衣料子倒是沒人買了，說是都穿中山裝才精神。」姑姑也笑著說。

「我也挺想去逛逛，不過龔之方他們下午要來。下次再和夏阿姨一起去。」愛玲向夏毓智客氣地笑著說。

「說是討論電影劇本。」姑姑歉然地轉向夏毓智補充了一下。

「你寫的電影我都愛！」夏毓智把電影編劇直接理解為寫電影。這讓愛玲覺得有趣可愛，說：「我還不知道改編《傾城之戀》可能性有多高。」他們去年也讓她改編過《金鎖記》，後來因為電影公司和影星費用沒弄攏作罷。這回她是期待，但也還是保守點不抱希望的好，誰知道新政權是怎麼回事。

「哎喲，這倒是好主意，白流蘇那靈巧的！」夏毓智開心地說。

「難說成不成，現在電影審查得嚴。」愛玲說。這倒不是謙遜，自從共產新中國開始，所有的文學藝術電影都得照毛主席的延安文藝講話作為最高指導原則。到處開會報章雜誌都能聽到重複的一套理論，不外乎「文學藝術都是為人民大眾的，首先是為工農兵的，為工農兵而創作，為工農兵而利用」。[3]愛玲弄不清楚原則內容應當如何遵守，只知道寫的人要盡力寫，但呈上去卻不一定合用。正在七上八下，才有龔之方這些朋友下午來家中喝茶之約。

姑姑和夏阿姨出門後，愛玲獨自準備茶水，自從辭去阿媽之後，愛玲也很能做點飯菜小點，但是現在麵粉幾乎買不到，更別說蛋糕了，只能放幾盤瓜子乾果招待客人，幸好大家都熟，也沒有人挑剔這些。

「《傾城之戀》只能算是小資產階級文藝。我還沒把大綱遞上去，聽夏衍同志的意思，是沒有為人民的積極性。」龔之方盡量說得圓融，他知道愛玲聽著一定打擊很大，這是新中國建國後愛玲改編電影的第一個希望，一開始就打回票，挫折當然可以想見。果然愛玲臉上板默默的，沒有表情。

「這恐怕不是夏衍同志的意思，上次見到夏同志，他告訴我，周恩來同志想收攏的幾位上海文人中，頭一位就是張愛玲。」唐大郎把話說得又圓轉回頭，有他在的場合絕不會有冷場的時候，他的個

2 夏毓智是李開第的太太，是上海閔行區富商之女，一九三一年奉父母之命和李開第結婚，知道開第有一位紅粉知己之後，反而對張愛玲的姑姑張茂淵非常好。張茂淵還在他們結婚時當伴娘，後來兩人交往情同姊妹。真正相互做到愛屋及烏。一九六七年左右夏毓智罹癌，張茂淵衣不解帶地照顧她。張茂淵雖先於夏毓智認識李開第，但兩人交往關係一直介於好朋友與知己之間，直到晚年成為李開第的繼室。見黃偉民〈回憶張愛玲的姑父李開第〉。《張愛玲私語錄》，皇冠，頁二二九，張愛玲在一九七九年三月十九日致鄺文美、宋淇信中寫道：「我姑姑不要我還錢，要我回去一趟，當然我不予考慮，她以為我是美國公民就不要緊。她以前為了愛一個有婦之夫沒出來，後來他太太死了，但是他有問題，文革時更甚，連我姑姑也扣退休金。兩人互相支持，現在他 cleared（平反了），他們想結婚不怕人笑。他倒健康，她眼睛有白內障。我非常感動，覺得除了你們的事，是我唯一親眼見的偉大的愛情故事。」張愛玲沒有把姑姑的愛情長跑放入《小團圓》中，而是用其他的家族畸戀橋段取代變造姑姑的角色。可見最親愛的姑姑仍是張愛玲心中最溫暖的角落。

3 毛澤東於一九四二年五月二十三日於延安文藝座談會的閉幕會上所做的重要演講。在共產黨取得政權之後，正式成為文藝最高指導原則。

性喜愛爽朗熱鬧，因此說話也大聲：「也可能只是希望愛玲先寫些相關工農兵的電影劇本。」這意思就和不能拍差許多了，但是給了將來的希望和鼓勵。看看他能不能轉向寫工農兵電影劇本，寫成之後再看情況，也還有小說改編的可能性，對個拿筆桿的人都是條路，重點在將來前途發展都一樣光亮。

然而愛玲聽著，反倒像是一種不切實的安慰。但是唐大郎都對著她這麼煞有介事地保證了，她也不好再漠然不語，於是微笑著敷衍說：「唔，也是。」

「周恩來同志?!」反倒是桑弧吃驚地抓住話裡頭的句子說。

「就是恩來同志授意夏同志的。」說到周恩來時，龔之方拱手往空中比了比，一種敬重的意思，接著說：「你們不知道，今天來之前，夏衍同志還來電話，口氣裡是想一道過來的。」其實日本戰敗後，全中國在暗地裡幫助共產黨的左派知識分子非常多，幾乎成為一股強大的反國民黨潮流，馬克思主義本身就是一種宣稱為窮人抱不平的意識形態，正流行於這個全世界都處在戰亂貧窮的年代。在中國左派的潮流裡，就把執政的蔣介石當作權勢的既得利益者明著暗著攻擊，報紙雜誌的主導者多半是這樣的知識分子，龔之方、唐大郎、之前的袁殊、現在的夏衍都是。而他們都想著為國為民為理想奮鬥，自覺能對得起自己良心。

他們都是真正的好人。

然而，愛玲對於太政治正確的好人總抱著一種冷眼旁觀的態度。

「夏衍，現在的上海市委常委兼宣傳部長！」桑弧不禁脫口而出，把一長串官職念出來。愛玲聽得皺起眉頭，這些官職頭銜真不容易記。

「我因為知道愛玲不喜同陌生人說話，再加上今日又在愛玲家中聚會，倒不方便在沒告知主人的情況下，讓夏同志一起來。」龔之方出生於一九一一年，比愛玲大九歲，比桑弧大五、六歲，可算是他們的前輩。看愛玲並不是很高興聽這些，想是愛玲畢竟還年輕，這些官場人情一派不懂，所以緩頰著說。其實愛玲不是不懂，而是她一貫的不愛沾惹政治，尤其在經歷過胡蘭成之後變得更是如此。

「其實夏衍老早讀過《傳奇》、《流言》，非常欣賞愛玲的才華。」唐大郎從旁敲邊鼓說。一九四六年十一月龔之方創辦山河圖書公司，十二月第一炮打響的就是重出張愛玲的《傳奇》增訂本，那之前就是桑弧幫著愛玲抓出盜印元凶的。當時夏衍也透過柯靈拿到了一本。這些細節過程都是唐大郎、龔之方清楚不過的，但面對愛玲時，他們反而無從敘述這些瑣碎背後都有周恩來的大力支持。

「聽說兩位辦《亦報》是夏同志的想法？」以桑弧對電影藝文界的熟悉度，當然有很多風聲傳入耳中。[4]

「當然，要沒有夏同志的支持，這份報文藝工作性質這麼高，怎麼挺得住。」唐大郎說，又轉頭向愛玲問：「怎麼樣？給我們寫點工農兵方面的小說吧。」

愛玲見他們同志來同志去地說得順口，她聽著就是彆扭，但是新中國新世界已經是這個樣子了，也不能不符合時代潮流，愣了半天才好不容易開口說：「我比較愚鈍些。寫小說都得熟悉角色的生活細節才好寫，工農兵我是不熟悉，如果是阿媽女傭她們的事情，我倒是很有信心寫。」

4 《亦報》是龔之方在一九四九年七月創辦，於一九五二年十一月併入《新民晚報》，那時候張愛玲已經離開上海四個月了。一九五七年包括龔之方在內的許多文人被打為右派，隨之而來的是不可避免的不停的政治運動與鬥爭，腥風血雨，直到文革結束才平反。

「或者，你想想有沒有什麼阿媽女傭學習之後，成為工農兵的榜樣。或者反過來，知識青年向工農兵學習之後能成為知青們的榜樣的。朝這個方向隨意編寫就行了。」龔之方覺得愛玲還不是很清楚文藝應該怎麼服務工農兵，所以好意淺顯地解說，指引一條簡單的方向給她。但愛玲的神情充滿疑惑，顯然她真的還想不清楚那是什麼。

「馬克思主義最偉大的地方，就在於菁英服務無產階級，現在最需要菁英服務的地方聽說是東北。我認識一對從國外留學工作回來報效祖國的夫婦，就是去了東北。」桑弧熱血沸騰地說，他其實像所有從少年到青年都沉醉於左派的好人一樣，對於幫助窮苦人民有崇高的夢想。愛玲聽著，忽然若有所悟地說：「唔，夫婦……」

「夫婦間的愛情故事，」桑弧轉頭看她，笑著說：「夫婦要這麼同心，非經過一番價值觀的掙扎不可。」看愛玲的神情，他知道他可能已經幫她啟動了一篇小說開頭。每次這種時候，桑弧會因為對愛玲可以有所貢獻而心情瞬間豁然，說話朗聲起來。

「唔，也許我可以寫兩對戀人，經過幾年的磨難最後都投效到東北，去向工農兵學習。」她說得慢慢的，因為還在適應這些新的政治語詞。她想起姑姑昨天指著報紙跟KD輕輕笑著說：「可厲害了，我們這些人看來可都像是小資產階級，又沒政治思想，哪天得怎麼改造腦袋嘞！這可厲害了！」他們這些慣常不碰政治的上海輕知識分子，這下子非選邊站不可，而且只有一邊可以選，思想改造。

「這個好，就這麼說定了。」龔之方有點興奮地說：「報紙是天天出的，得先累積一兩個月的稿量，後面邊寫邊刊登也就可以從容些。」

「我想，」愛玲猶豫地說：「還是不用本名的好。」

「唉唷，其實沒事的，」桑弧忍不住拍拍愛玲手臂，這個動作桑弧既不避諱唐龔兩人，他們也見多了，認為兩人根本早已是男女朋友。桑弧又轉過頭向兩人說：「《哀樂中年》她就不要出名字了。被洪深嚇的！」

「不，《哀樂中年》多半是你的構思，那劇本我只是搭幫著修剪而已。」愛玲根本不願意承認。

「《太太萬歲》那是左派知識分子那時搞不清楚誰是敵誰是友，現在恩來同志要夏衍收攏的名單頭一號就是愛玲，誰還敢攻擊？」唐大郎兩手一拍笑著說。這種政治背景的支持，愛玲也不是不知道，人人都說一九四四年張愛玲大紅大紫就是因為胡蘭成狂捧的。唐大郎說那些話是好意，卻讓愛玲忽然覺得難堪。但是這幾個朋友，包括桑弧在內，誰都不知道愛玲心思已經彆扭了。

「大郎說得有理，其實你該去見見夏衍，他是個正直又願意鼓勵後進的溫厚長者。」龔之方繼續謹慎地說。看著愛玲默然不語，以為她已經把話聽進心裡了，願意考量這就好。

「能見得大人物還須有人介紹才成。」桑弧說。他也以為愛玲在這方面本來就比較沒本事，主動開口說要去見什麼人像是求人告幫，難為情的，但是拒絕龔之方、唐大郎的提議，又怕壞了朋友情面。所以這話的意思當然是請他們主動牽線。

唐大郎會意，立即說：「這有什麼問題！我們這麼熟的朋友了，兩頭約個時間，大夥兒一道去找夏衍同志喝喝茶聊天，他總也很開心。」

「好啊，那就拜託兩位了。我們當然時間上都能配合。」桑弧看愛玲沒有反對的意思，就直接以兩人的名義答應了。

「你們一位是導演，一位是編劇小說家，我看夏衍同志這下可樂得笑開懷了！」龔之方高興地說。他和唐大郎的任務也達成了。[5]

夕陽從窗棱斜照進來，桑弧坐在沙發一角正認真地捧著一疊稿紙。

「你寫得比從前淡許多，不著痕跡裡，曼楨漸漸誤入自己的陷阱。」桑弧認真地思索給意見。

「我想盡量把角色情節寫得自然，但又不至於讓讀者看不懂。」愛玲笑著送上一杯紅茶，當然還是解放前家中的存貨，現在已經不興進口英國美國的奢侈品了。凡是和工農兵無關的東西，都稱為奢侈品。

「這個曼楨簡直就是你的脾氣個性。但是我比較喜歡石翠芝，簡單、熱情又容易懂。」桑弧有點調皮挑釁的眼神對著愛玲說。

「老實告訴你，世鈞的脾氣就像你，溫吞又猶豫不決，我也比較喜歡叔惠，開朗又有現實考量。」愛玲倒也故意說笑逗他。

桑弧搔搔後腦杓，他沒料到愛玲說破他的性情，有點沒辦法應對上，像個聽姊姊說話插不上嘴的小弟弟，只能傻笑著假裝翻稿子，忽然翻到他昨晚跳著讀過的章節，腦子裡一閃，雖然和愛玲鬥智常接不上話，這就上天又給了他一道閃光，於是指著稿子其中一段說：「其實我最喜歡的還是這個姊姊曼璐，為家庭犧牲做舞女，臨到嫁人了，卻為了死命抓住她自己也不很愛的丈夫，反過來犧牲親妹妹。」桑弧笑著捏捏愛玲臉頰，彷彿他從小弟弟瞬間翻轉成大哥哥，得意地說：「噯喲，我們溫柔婉約的愛玲怎能惟妙惟肖的寫出這種狠角色?!」

「我四歲時候有個妓女成了我父親的外室，那時她為了籠絡我，幫我做整套全新綠綢緞衣裳。」愛玲微笑著說。

「我也喜歡《海上花》、《歇浦潮》，從清朝末年一直記錄到民國初年，長三文化越到我少年時候越消失了，只剩舞女。」桑弧也喜歡讀通俗小說，這些興趣和愛玲是完全一致的，兩人說到這些一晚上也能說到天亮，所以才會常常三更半夜送愛玲回家。

文藝上他是了解她的。

「舞女已經沒有那些婉轉溫存，多得是撒潑狠辣。」愛玲說。她想到胡蘭成的姨太太應英娣那潑辣的一巴掌，不禁微微皺一下眉頭。

「你姑姑她們年輕時常常去仙樂斯跳舞，是她們見過舞女嗎？」桑弧是老道地上海人，有時來公寓剛好姑姑在，還跟姑姑頗有話聊，都說些舊時上海的路名、百貨公司、好吃好玩的地方。又知道愛玲根本沒機會接觸舞女妓女，怎能寫得那麼傳神，就這麼想當然地推測。

「我姑姑她們去的舞場都是大飯店附設，或者陳設很好的新舞廳。」愛玲意思是這種地方很少有明著招攬男客的舞女。

「難道你自己有做舞女的朋友？唔，這不可能，」桑弧說著笑起來，根本知道愛玲的好友只有炎櫻，去年炎櫻去日本之後，她的好朋友只剩他。直到目前為止還是好朋友，不是情人。

「是啊，要有舞女朋友比自己當上女漢奸還難！」愛玲也笑了，自嘲。

「這《十八春》這樣好看，恩來同志應該會非常喜歡，說不定可以改編成電影。該考慮用張愛玲本名發表了。」桑弧直接說到周恩來，比夏衍高的中央層級文藝指導如果支持，就不會再發生洪深的

5 夏衍由周恩來授意了解並深入上海文學藝術界，在重慶從事中共地下工作時，早已注意到淪陷區的張愛玲。見陳子善〈張愛玲與上海第一屆文代會〉。

事件，他覺得這麼說可以讓愛玲壯膽。

「保險些，」愛玲搖搖頭，她從來不相信什麼政治宣傳和支持，也是三番兩次被無端攻擊怕了，說：「我還是用筆名的好。」

「你還想用『世民』嗎？」桑弧想起愛玲寫的〈不變的腿〉，說：「這筆名太不吻合你，寒酸小家子氣。」

「怎麼，取筆名還分大氣小氣？」愛玲笑著反問。寫那篇文章的時候，正是她和蘇青被攻擊得最體無完膚的時候，連「貴族的血液」都能被潘柳黛拿來大作反面文章，說她是真漢奸文妓假貴族，所以她才以「世界公民」縮成「世民」寫稿，〈不變的腿〉談的是外國女星從年輕到老優雅而色衰的腿，也符合世界公民的視角。後來她開始寫電影劇本，也覺得「世民」這筆名不怎麼響亮，所以乾脆沒繼續用，擱久了也感到沒勁用這個筆名再發表。

不過這小小一提，倒讓她想起一九四六年在蘇青的「女人圈」發表時，她和桑弧還不大熟。轉眼兩人關係竟也三年多。桑弧的側面在夕陽中是柔和的，有稜角的眉眼嘴角閃閃發亮，人都說眉骨突出的男人將來能有作為。胡蘭成也突出，但是這些男人的將來有沒有作為，跟她似乎也可能根本沒關係。她看著那斜陽灑瀉的眉尾，忽然悲從中來。

「西風殘照，漢家陵闕。」桑弧輕輕地念了兩句詞，轉過頭來看愛玲，陽光忽然從他臉旁隱沒，只見他的嘴唇弧度牽動還在光裡的臉頰緣線，說：「新權貴風光一時，過了三五十年就成了另一番沒落淒涼。朝代更迭貴裔散敗的快速，中國歷史上莫過於六朝。」

桑弧也來跟她說歷史。誰不知道六朝都城在建康，就是現在的南京，西東晉之後的宋齊梁陳，開國皇帝到皇朝敗落都不過短短幾十年。桑弧想說的，愛玲也已經想到，接口說：「南朝金粉，北地胭脂。」糜爛奢華的南朝，最後被隋文帝攻陷都城統一南北。

「幫你取個筆名，梁京，覺得如何？」桑弧隻手將愛玲遮到臉上的髮絲輕輕拂了拂，愛玲只覺得有點癢癢的，用上海話哼著說：「滿好。」這語調根本就是《海上花》裡嫖客與妓女頻頻應對中，出現最多次的短答。此時她心中閃現的，卻真的是童年時父親請來一位教館胖先生，邊揮著汗邊用吳語讀，又學妓女扭捏作態的聲口，惹得她和弟弟大笑。子靜在解放後沒工作了，最近來一兩趟，發現來姑姑姊姊這裡「走動走動」對於能不能找到飯碗不大有用，聽說去政府單位登記了，說是將來會發配工作。前途可以等著就來，也算很是不錯。愛玲微笑著，但是她自己呢？這兩三年是只要一露頭露臉就不行。

筆名取得好，能成為一只琵琶。猶抱琵琶半遮面。成為那個白居易在春江花朝秋月夜遇到的半老妓女，彈奏得一手好琵琶，色雖衰，技藝仍然高超不落人後。6

梁京，這是個悲傷的筆名。梁朝京城建康，因為固若金湯，又稱為石頭城，在梁武帝全盛時期充滿了出家人、廟宇、鐘鼓樓台、典麗婦人、強悍的將領和各式各樣南北雜貨交易與胡漢商人，繁華奢靡，

6 《小團圓》的女主角名為九莉，但在美國更早完成的《易經》、《雷峯塔》，女主都名琵琶。這兩部自傳性的敘述，雷同白居易的《琵琶行》，藉由「猶抱琵琶半遮面」的徐娘半老從良妓女，展開波濤洶湧的苦難人生回憶，風光時能大大的浪費，鈿頭銀篦擊節碎，血色羅裙翻酒汙。可憐落寞時卻是，商人重利輕別離，去來江口守空船。對應共鳴被貶謫的江州司馬白居易自己，千萬感嘆，只能痛哭一宿，淚濕青衫。六十年代張愛玲寫這兩部英文小說時，賴雅的狀態時好時壞，中風了就兩三個月在床上，她得當二十四小時私人護士照顧他，更不用說賺錢養家都是她的事。最開心不起來的，就是她的每一部英文小說都沒有打開西方文學市場。比起一九四四在上海，風光、落寞真是此一時彼一時。

貴族們競相禮佛，梁武帝更是多次出家，讓滿朝文武耗費大量國家公帑把皇帝贖回朝廷，自己做了一套佛懺禮儀，就是後世中元節一定沿用的《梁皇寶懺》。然而梁武帝的下場卻非常悽慘，晚年被自己最喜愛並且一手提拔的胡人將領侯景叛變，關在後宮五日活活餓死。侯景軍隊進入城內放手大殺戮，血流入護城河三個月鮮紅不乾。愛玲聽胡蘭成說過這個南京城的歷史，那時候他還得假借去南京公幹，哄騙姨太太應英娣，才能得空去愛丁頓公寓和愛玲「男的廢了耕，女的廢了織」，想到胡蘭成曾經這麼描述兩人的情感，她不禁又嘴角微笑了起來。

桑弧盯著她的表情看，見愛玲微笑，以為她真覺得恰當，心中也自寬闊起來。

南京城，建康，石頭城，梁朝京城。梁京，她是喜歡這個筆名，有莫名的斜陽西下淒涼感。他們本來並排坐在沙發深處，桑弧卻把稿子一疊摜脫到矮几上，伸個懶腰，心情愉快地攤倒在愛玲腿上。腿上感受到重壓，愛玲回到現實了看向桑弧，現在換她撫摸著他粗硬的頭髮。

「西風殘照，」愛玲重複著桑弧之前的句子，斜陽中的桑弧躺在傾頹的斷垣殘壁裡，斷垣殘壁就是她自己的身體。她又笑著回到本來的話題：「你應該喜歡叔惠的。世鈞缺乏叔惠的開朗。」

「我是應該喜歡叔惠，」桑弧閉上眼睛，隨意順著她的話說。他是常常不夠想得開。享受著愛玲纖瘦的手指沿著他的髮際額頭，繼續說：「因為他足夠理智，他的理智勝過愛情。」桑弧快睡著了，話像是含在嘴裡說的。愛玲注視著他的臉，卻把這兩句話聽得很清楚，她俯身把自己的臉湊下，兩手向他的雙頰捧去，他白俊的臉像水中月，想用手掬水中月，只會成為一場惘然。她放掉雙手，改作輕輕地吻一下他光滑的額頭說：「我們兩人的理智都勝過愛情。」眼淚竟撲撲簌簌紛紛掉在桑弧臉上。桑弧忽地張開眼睛詫異地問：「你怎麼哭了？」

愛玲搖著頭，泣不成聲。

「是我起的梁京這個名字不好，惹得你哭成這樣。」桑弧有點心疼地說，其實心中很驚疑，愛玲素日並不是林黛玉型多愁善感的女人，怎麼今天會這麼敏感。

「我愛你，只不過因為你的臉。」愛玲嗚咽著說。

「什麼？我也愛你呀！」桑弧著了慌，只聽清楚第一句。又說：「如果你不喜歡這個筆名，我們可以再多想想別的。」

「不，我非常喜歡。」愛玲抽噎得更厲害，哭得淚珠兒不斷線似的。

「那……那……」桑弧不知道該怎麼辦，像個手足無措的小弟弟。她的另一個努力而且不頹廢的、沒被糟蹋過的弟弟。

「我真的很愛你，但我知道，就只因為你的臉。」愛玲從哭泣中逐漸停歇，慢慢卻清楚地說。這次桑弧聽到了，又來了，他真不知道她為什麼總在他覺得一切美好的時候，要強迫他面對討厭又弄不清楚的轉折。

「我又不能把自己這張臉換掉。」桑弧最氣愛玲說他就是臉漂亮。同時這讓他不由自主想到她一定是把他拿來跟胡蘭成比較。這意思是胡蘭成比他聰明？因為他一定比胡蘭成年輕漂亮而且個兒高。想到這裡不由得妒火中燒，但是胡蘭成明明已經是過眼雲煙的人物了，又不能拿出這個舊話題吵架，於是憤懣地說：「對於我這張臉，你到底有什麼不滿意的？」

「因為太喜歡了，所以很怕失去。」愛玲已經停止哭泣，輕輕地說。

「喜歡我，還是喜歡我的臉？」桑弧開始夾纏不清，他的情緒已經被撩上，實在很想弄清楚，到底她比較愛胡蘭成還是比較愛他。

「喜歡你的臉。」愛玲眼神迷濛地說。她想到昨天晚上跟姑姑商量的事情，她是應該看看桑弧的態度了。但是現在桑弧已經氣得背對著她不想說話，愛玲拉拉他的袖子說：「我的月經過了一個月還沒來。」桑弧一聽，立時轉過身，驚嚇驅散所有的憤怒，桑弧吃驚無措的表情，在僅剩微弱的陽光中顯得迷離，彷彿愛玲面對的是一隻陌生的鬼。

「那只好，那只好……」話說一半卻接不下去，桑弧萬萬沒想到今天會遇到這樣的事，竟變得支支吾吾。這個節骨眼他想到的卻是姊姊那不屑的眼神：「都說跟胡蘭成同居過的，殘花敗柳了。」那次他邀愛玲來家裡，又送愛玲回公寓之後，兩人因為在公寓樓梯上說話說晚了，他半夜才回到家，發現姊姊固執地坐在客廳，非得等他回來，就專為說這句話。

「只好去登記結婚？」愛玲看著桑弧的表情，失望極了，反倒能平靜下來說話，直接說了結婚兩個字。她這一生第二次又主動跟男人提結婚，真蕭索。

「也只能這樣了。」桑弧誠實且無奈地說。如果能讓他有時間思索，他就能完整表達想法，但是和愛玲相處，往往必須很快速反應，沒有思考的空間時間，他的直語原本就拙劣，不討喜也就在這裡，這是他和胡蘭成最大的差異。後者簡直要說風有神要說鬼卻有光，一隻嘴上天入地無所不能。

「也就只能這樣了。」愛玲今天重複好幾次桑弧的話，她失魂落魄地說：「我們這麼開始還不如不開始，太淒慘。」

「先去婦產科看看，我介紹一個女醫師給你。」桑弧回過神，把手提公事包拿過來往裡翻，慌得想找出名片。愛玲把手按在他手上說：「姑姑有認識的人，已經約好時間檢查了。」

「什麼時候？我陪你一起。」桑弧整個回神了，開始感到心跳突突地焦慮著。愛玲看著他，忽然笑了，說：「別緊張，說不定只是太累，這整個月都熬夜寫稿，這也是有可能。」

「約好什麼時候檢查，我陪你去！」桑弧又重複一次自己的話。他們兩人今天都有些奇怪。

「不用，」愛玲搖搖頭說：「姑姑會陪我去。」

「那好，」桑弧的表情放鬆下來，說：「結果怎麼樣一定要告訴我。」表示是他的孩子他一定會負責任，他就是這樣的男人。

「好。」愛玲奇異地微笑著說。但是她要的不是他負責任。其實她再多想想，可能她也不知道自己要的是什麼。一個負責任的男人？但是將來要在他家庭裡，周旋在許多她沒辦法應付的人際關係中，想到這點她就害怕。她可以想像他們在她背後窸窸窣窣說些什麼話。上次他大嫂還當面說：「哎喲，張小姐真漂亮。難怪小林都不再約我們給他介紹的王小姐。」後來回家的路上愛玲問桑弧：「聽你大嫂的口氣，家裡還常常給你介紹女朋友。」她的意思是，都有相親對象，何必還邀她上他家的門。

「一直都有人上門介紹，電影圈裡頭也有，這也沒什麼。」桑弧聳聳肩地回答。是了，老早他也跟很多影星有緋聞過。然而他也沒真的正式介紹愛玲給家人朋友們，這一向兩個人雖然關係越來越緊密，卻都沒公開關係，也當然沒有論及婚嫁的討論，彷彿那是遙不可及的事情，男人不主動提，哪有女人先提的道理？

但是畢竟這次又是愛玲先提了，這麼做女人總是窘的。而且若真懷孕，他的哥嫂家人一定很不甘心！一個殘花敗柳偷了他們撐著家裡經濟的好弟弟！

和女醫師的約診當然是姑姑陪著去。回家之後愛玲卻真的累癱了，身體累，心更累，整個人窩入沙發椅深處嘆息。

「去之前做的決定，也別懊悔了。」姑姑坐在一旁輕輕握著她的手說。

「不是懊悔，是不甘願。」愛玲停頓了許久才張開眼睛，喘著說話，其實她一直是瘦弱，除了懷孕情緒變得極端敏感，也根本抵不起打胎這種事。

「你不那麼愛他，所以不想在意料外生他的孩子。我看他倒是個還滿細心負責的男人。」姑姑竟幫桑弧說話。

「不，我愛他，但是真沒辦法和他的家人相處。而且我們未來也不確定能不能真賺得足夠的錢。」愛玲眼角滲出淚來，她不確定自己的未來是不是能繼續寫作，又能不能繼續因為作品大賣而賺到足夠的生活費，她想過，如果必須加入桑弧家人的行列，僅僅靠桑弧的錢撐著生活，又多個孩子，那手頭簡直將慌到無法想像。不能怪她總往壞處想，因為環境時局真好不到哪裡去，她不能僅僅靠想像夏衍、周恩來會成為她的靠山而放膽寫下去，政治靠山往往比靠白日夢還更容易倒。

「哎，考量這麼多怎能真戀愛？這就不叫真心。你對這個人，哪兒有像愛那個人，那叫奮不顧身！差遠了。」姑姑這時只能說實話，知道安慰是沒用的，又說：「如果是胡蘭成的孩子，不管他的情況多糟，我看你不會猶豫。」

「唔，」愛玲張開眼看姑姑，忽然用手抹掉眼角的淚說：「姑姑說對了。」她忘不了胡蘭成，也沒辦法接受這個桑弧的孩子。不要了這個孩子，卻想到桑弧站在眼前無辜的樣子，明明就是背著他做了沒告知的事，有些心虛又不甘，不知道該怎麼對他說才好。

「這也沒什麼不能啟齒，」姑姑早看穿她的心思，說：「你嬸嬸前後拿掉好幾胎，也是考慮對象並不是她真正要的。要不，就說其實沒懷孕，只是太累月經沒來，虛驚一場，這麼說成了。」

「本想這麼說，但是他才知道的時候，一副把壓力丟他身上的神色。」愛玲氣苦地說。被迫承擔責任，哪裡是真的願意負責。何況她是最不喜歡勉強人的。

「是這麼回事。不是說他家裡也給介紹女朋友？」姑姑太知道愛玲臉面薄，原來是不得已看了桑弧的臉色，這才決定打胎。

「我想我們分手是遲早，他也從沒對外人說我是他的女朋友，都說是好朋友。」愛玲終於說出心中另一個癥結。胡蘭成是到了不得已的時間才搪塞一個名分給她，桑弧卻是一直考量來考量去，在不得已的時間點被迫承諾負責。

「沒誠意！他不公開你們的關係，難不成由女子到處去說你們是男女朋友?!」姑姑嘆氣地說，愛玲這個取捨，是看穿了桑弧雖然表面溫和體貼，卻並不像胡蘭成，到處告訴朋友甚至寫文章狂捧，表示張愛玲已經是「胡記」。在遮遮掩掩之下，她和桑弧的關係是朋友圈都知道了，連四九年之前的小報記者都猜測兩人交往了，大夥眼睛看著就是，當事人不說，人自然也不好多嘴說破。兩人同進同出，當然是委屈了女性。

「我想就這麼淡了也好。只說我得寫稿，就不讓他來這裡了。」愛玲說出一個驚人的決定。

「能這麼做麼？你們不是還討論電影劇本？還有些報社登稿子的朋友。」姑姑在提醒她，和桑弧的關係會不會牽扯上文藝人脈的斷裂。

「不然，得找個讓他願意跟我分手的說法。」愛玲說著，心中忽然發狠，說：「反正他總覺得我是個比離婚女還差一截的姘居女，就說子宮頸折斷吧，嚇他一嚇。」

「哎呀，你這不是作踐自己，何苦？」姑姑疼惜著撫摸愛玲的頭髮說。

「我就這麼說了，看他能有什麼更像鬼的神情！」愛玲咬著牙，她什麼事都能放得開，唯獨愛恨至深時總鑽牛角尖。

「子宮頸折斷？應該是子宮頸糜爛吧！你又怎麼知道這詞兒？」姑姑有點詫異，一會兒想起了，吃驚地說：「哎喲，怪道這詞兒這麼熟，上回你嬸嬸在時說的，我們以為你根本沒在聽，原來你都收入心裡了！」

她母親前兩年還在上海時，常常和姑姑在客廳說話說到很晚，愛玲有一搭沒一搭聽著兩人聊天，裡面很有些她們那一輩朋友的故事，那時她母親說到一個以前的女朋友，是英國人，有次要求陪著去看婦科，「哎喲，那女醫師一看，說她子宮頸，有快要……快要……那個字可怎麼翻譯？折斷，對了，就是折斷的現象。你說這是不是奇了，子宮頸哪能折斷？原來是做那檔事太激烈了，宮頸裡頭肌肉撕裂。」母親末尾兩句忽然變小聲，還回頭看看愛玲在做什麼，不太想讓女兒聽到的樣子。那時愛玲正把茶杯弄得乒乓響，一副沒聽見的樣子。姑姑吃吃笑著也小聲說：「不會是那話兒太大了吧，我也聽說摩擦得嚴重，會陰道宮頸糜爛。」這時聽見母親接著說：「外國男人都大著。有的人還喜歡畸形法兒。像上次我賣掉的春宮圖，」說到這裡聲音又恢復正常：「哎喲，你不知道，在新加坡真賣到好價錢。」愛玲很想繼續聽下去，又不好意思直接坐到沙發一起，只好拉開桌檯椅子倒水喝。只聽姑姑問：「賣了不少錢吧！我們家的善本書多著，都在我哥那兒。哎！」說到最後竟然嘆氣。這又牽扯到和二房打家產官司的事情。母親接口說：「看你哥那個繼室教唆的，哎喲，要不是她，哎喲！」這意思是，要不是二房賄賂繼母，愛玲的父親也不會和自己的妹妹翻臉，家產官司不了了之。說到這遺憾的事情，兩人沉默了，不久話題也結束各自回房休息。

那印象深刻的「子宮頸折斷」這個詞，現在倒是時候用上了。[7]

7

《小團圓》最後一章，寫九莉因為月經沒來，燕山介紹一位女醫師給她，診斷結果是沒懷孕，而且子宮頸曾經折斷過，讓燕山聯想到是不是和邵之雍的性事過度激烈造成。這裡張愛玲要表達的，九莉和燕山雖然也有性生活，但應該不是天天需求夜夜激烈那種，但只要之前描寫到邵之雍，往往見面都和性離不了關係。因此對於宮頸折斷，燕山覺得絕不可能是因為自己的關係。九莉本來不想告訴燕山，但因是燕山也可能從女醫師那裡知道，根本無從隱瞞，索性老實說。前幾章寫九莉和邵之雍一起時每每會疼痛，這麼連貫起來，當然最後說子宮頸曾經折斷是其來有自。不過「子宮頸折斷」只是民間的說法，真正的醫學名詞應該是「子宮頸糜爛」，原因多半是感染發炎，或是生產時嬰兒頭太大而撕裂，這種撕裂傷如果沒有充分的休息和醫藥的照護，未來容易造成宮頸肌肉失去彈性、子宮脫垂的現象。當然還有另一種可能，幼齡女子或雛妓被迫春宮畸形體位，也可能宮頸裂傷，糜爛感染到嚴重程度，是會全身菌血昏迷死亡，屬於性虐待的情況。張愛玲在《愛憎表》中寫到讀聖瑪莉中學畢業前兩年的一位同學，十六歲不滿就被家裡送去嫁人，還是個寫詩被老師讚許的才女，嫁了之後隔年同學們問她還在班上的妹妹，說其姊已經死了。張愛玲的考證作品《紅樓夢魘》也提到把迎春配給虎狼大，「金閨花柳質，一載赴黃泉」、「錯把千金當下流」，都指的是對十幾歲少女嚴重的性虐待致死。許多研究者甚至讀者，把這個情節直接當作是張愛玲自己的事件，其實從她用「折斷」這個不準確的名詞看來，就知道這根本不是作者本人的經歷，而是作者把曾經閱讀過或聽說過的故事，加入自己的想像編織而成。如果這個事件真的發生在張愛玲身上，以她和姑姑的關係，以及姑姑本身的人脈關係，怎麼可能讓桑弧去介紹女醫師，這是何等大事，又怎麼可能沒有姑姑陪同下自己去檢查呢?!在現實層面就已經完全不合邏輯了。因此只能說這是張愛玲的小說筆法。既然張愛玲有這樣的編織，那麼筆者當然也可以因為史料的闕如縫隙，想像組合傳主的另一次愛戀挫傷。也許她曾懷過桑弧的孩子？這實在很難講。因為這個時期寫的《十八春》，女主角曼楨就被關在房間裡天天被祝鴻才逞獸欲直到懷孕，懷了一個不想要的孩子，心情上如何從憤恨轉折到現實，未來人生的命運全部翻轉，這些描述都很細膩，細節甚至保留到後來的《半生緣》。龔之方曾問張愛玲，幫他們兩人撮合作媒好不好，張愛玲只用三次深深的搖頭作為回覆。而桑弧在老年時面對記者詢問張愛玲，他只淡淡地表示，太久沒聯絡了，也不知道該說什麼才好。卻在遺物中被整理者發現其實終生珍藏著好幾張張愛玲的連拍照底片。兩位當事人如此諱莫如深，是為了保護對方？還是有太多無法訴說的共同回憶？他們之間真正發生的愛情故事，應該早已超越《小團圓》的敘述情節，想像空間實在非常大。

一九五〇年

元宵節才剛過，去年這時候到處還有零星的鞭炮聲，今年已經是嚴霜肅雪，現在是一九五〇年初，解放軍才進入上海不到一年，街道上穿著旗袍逛街的婦女陡然少多了，人來人往都是灰色藍色布料的中山裝衣褲，整齊劃一制服似的。上海的洋梧桐樹已經發出枝枒，在單調的街景中添了點綠意。愛玲穿著黑大衣，外表雖看不大出裡頭是藏藍底灑小白點布旗袍，但大衣不夠長，仍然從腿部露出一截，從市場走回公寓，總覺得自己的一截小腿肚一路上令人側目，實際卻路人各走各的，行色匆匆，現下每個人要想買點什麼吃的，少說也得帶上一大箱子人民幣，拎提著走，沒比金圓券時代好多少，誰也沒空理誰。[1]

1 《秧歌》最後的〈跋〉中，張愛玲寫道：「一九五一年初，參加華東土改工作的知識分子，大都每人要隨身帶幾十萬人民幣，走到公寓巷子口，遠遠看見一個穿黑灰短襖暗竹布褲子的女子在那裡徘徊，彷彿不知道該進去還是不該進去，這女子的背影有些熟悉，來來去去徘徊一會忽然駐足，像是下定決心似地，反身是要走了，頭轉過來時一閃。愛玲看清楚了，是以前在愛丁頓公寓時請了一陣子的阿媽王阿秀。愛玲快步走過去急急叫住她。

「怎麼來了也不上來坐坐？不是說回鄉下，你先生小孩都好嗎？」愛玲關心地問。會這麼猶豫著徘徊，不會是生活有什麼難處吧！這些幫傭阿媽們經常會讓愛玲想起從小帶她長大的保母何干。

「小姐！」阿媽被愛玲一叫，登時嚇一跳，但是表情頓然鬆一口氣之外，還油然浮現找到浮木希望的神情。

「別站這外頭，上來喝杯熱茶，看這天冷的！」愛玲拉著她的手，阿媽不好意思地亦步亦趨一起上樓。

「姑姑，阿秀來了！」愛玲一進門就朗聲喊。

「哎喲，我們多久沒見了，怎麼瘦的，」姑姑握著阿秀的手說：「坤坤回鄉下上學，讀書應該沒問題吧？城裡的程度高些。現在該是中學生了噢！」[2]

「也有好兩年了。」阿秀低頭搓弄著兩手說。阿媽這種神情以前姑姪倆都沒見過，那時愛玲有什麼不能決定的瑣事，阿秀能一下子斷然建議，說話大聲又自信大咧咧，出個門還會吩咐愛玲小心爐子上熱水燙手，簡直萬能。如今不知是生分了，還是有話說不出口，淨是這樣捏著小心。

「剛剛還想走了，被我叫住的。」愛玲笑著對姑姑說。

「坤坤他爸爸，」阿秀說到一半眼眶紅了，頓著聲音停一下想想，索性又放膽說：「跟人打架，村裡還給開改造大會。」玉坤和她同姓，因為先生鄉下有太太，不願意給她兒子入戶籍。

「怎麼⋯他不是地主呀！」姑姑驚訝地說。

「當然不是，耕的也是別人的田，這幾個月每天吃米湯，坤坤老吵著肚子餓。書也還沒得學校念，都說要向農民學習，學生一隊隊每天忙活著扭秧歌。」阿秀坑坑巴巴這裡搭一點那裡說一些，兜不攏的幾個話頭，說到後來卻像是噎住了，沒能往下講。

「為了什麼事打架呀？不是太太總算答應了，一直寫信催你回鄉下。」姑姑詫異，把話又拉回頭問。

預備在城鎮上購買私房食物，否則就要跟著農民餓肚子。」這私房錢買私房食物的景況，和後來阿城寫《孩子王》裡那個偷偷去城裡買私房食物的知青如出一轍。一九五一年的人民幣值已經和之前的金圓券很像了，怎麼會變成這樣？從「飯統戴老板」這個中國知名時評自媒體刊載的〈那些年、那些人、那些錢〉可看到一些端倪。這篇文章敘述一九四九年五月二十五日解放軍進入上海時帶進來四億人民幣投入貨幣市場，精刮的上海老百姓把金圓券兌換成人民幣之後，立刻轉手曹家渡黑市裡換成銀元，短短一周內，人民幣兌銀元就貶值了十倍，根本無法成為流通貨幣，華東軍管會又向市場投放了四十一萬枚銀元，全被炒家和黑市吃掉，猶如無底黑洞，最後只好用軍隊警察抓黑市交易者，名為逮捕奸商。這篇文章敘述當時的情況，剛好對應張愛玲所見。逮捕雖能一時立竿見影，卻不能抵擋物資缺乏和通貨膨脹的恐慌，從一九四九到五十一年，到底人民幣如何貶值到張愛玲所寫的程度，當然也和三反五反中的五反，重重打擊上海金融工商界有莫大關係，使得工商百業一片慘淡蕭索。

2 李黎的《浮花飛絮張愛玲》中找到一九四七年九月以前，張愛玲與姑姑住在愛丁頓公寓的戶籍謄本，其上有四個人名，張茂淵四十五歲，張愛玲二十七歲，王阿秀三十三歲，王玉坤十四歲，顯然是阿秀的兒子。印刻，頁二三。雖說《桂花蒸　阿小悲秋》中的阿小有阿秀的影子，其實也可說《秧歌》中辭了城裡幫傭工作回鄉下的月香更有王阿秀的影子。

「過年前就傳說要土改鬥地主，我們村子裡誰也不想惹事，但是村黨委不肯，有一搭沒一搭鬥了幾個人。黨委就說我們這村成效不好，愁著沒成績報上去，要大夥過年做些年禮往光榮人家送送，好讓人都說我們村上農作增產，生活水平升高許多。」阿秀七湊八湊，總算本來讓人聽得一頭霧水的事露出一點端倪。

「送年禮怎能變成打架呢？」愛玲問。顯然送年禮送出蹊蹺來。

「都說鄉下人家裡藏了豬和雞，我家裡也就只有些穀子，都得收著來年慢慢吃。人口多，都要拿了出來，來年要喝西北風的。村子大夥不甘心，說好一起去跟黨委講明做不到。」阿秀眨巴著眼睛，話開始說得流暢些：「黨委不理會，硬是分派每家半隻豬，四十斤年糕。」

「半隻豬，四十斤年糕！」愛玲驚呼，說：「誰拿得出呢?!」

「大夥不敢吭聲，就我那男人脾氣衝，對著黨委大人說了大逆不道的話。又上前想拉黨委大人的身子手，給人擋下。險些成了反革命！」阿秀喘著氣說，彷彿她還驚魂未定，叨叨絮絮中衝突的場面活靈可現，頓了頓末了卻忽然話音沉了下去，說：「也不知道是不是帶了幾塊香皂回去帶壞了。」迸出最後這句，又變得沒頭沒尾。

「鄉下地方自然見不到香皂，你們家被當成有錢人了？」姑姑見她說來說去總進入不了正題，也忍不住幫她猜測釐清。

「說是有錢人還好，卻說我家男人有老婆，又有姨……姨……」阿秀說不出口自己是姨太太，明明在上海工作，自己吃自己的飯，自己養自己的孩子，當時姑姑就勸她別想不開回鄉下去，另外找可靠的男人嫁了，還是在上海另找幫傭的工作也行，何必巴巴回鄉下？就為了男人家裡大兒子病死了，要她這個小兒子坤坤繼承香火祭祖。那時阿秀想了幾天，最後還是說：「認祖歸宗總還是好。」一向強悍著獨自生活的女人就這麼回鄉下了。

「被人看著眼紅有兩個太太？那你丈夫還真好險沒成為反革命。」愛玲見她語塞，替她捏把冷汗，反革命可不是開玩笑的頭銜。這幾個月讀《解放日報》，對於這些政治名詞，共產黨的厲害，她和姑姑也覺得了。

「倒也不是眼紅這個，」阿秀嘆氣說：「就說我們有錢不願意拿出來慰勞人民解放軍屬，黨委村委輪番來說服，說也不想想，農村的富足安樂沒解放軍打天下是不成的，說我男人有反革命思想，需要改造。」

「這事後來解決了？」姑姑問。

「其實他們說的改造改造，也就是大家面前低頭認罪了事，事先哪裡曉得，都嚇的，就因為這樣，我拿了幾塊香皂，讓他老婆去黨委太太那裡活絡活絡！」阿秀哭喪著臉說：「準是拿壞了。」

「就是從我們這兒帶回去的幾塊？」愛玲還記得阿秀回鄉下時，姑姑把家裡的香皂，連同雪花膏、毛巾、手帕都讓她帶走許多。姑姑就是這樣慷慨。

「他老婆送肥皂去給黨委太太，回來時還說天下太平了，絕不會有事，拉著我的手千恩萬謝，又體己話說長說短，高興。果然批鬥改造會也沒太嚴重。我以為沒事了，哪裡知道當天晚上就來幾個人拍門，拍得震天響，惡狠狠衝進來，在他老婆房裡搜出雪花面霜，她就說是我送的，又來我房裡搜，我就剩兩三塊手帕毛巾包著的麗仕香皂，也給搜了去。這也沒啥要緊，卻過天他老婆來說，黨委太太先有消息了，說人都說我床底還不定私藏了黃金財寶沒講。」阿秀說到這裡還忍不住一臉驚惶。

「他老婆和黨委太太倒很熟稔。」愛玲懷疑起黨委太太了，這不是沒有可能。

「是裡應外合想把你趕回上海？」姑姑卻直截了當猜測。

「我也想過。還是根本他們串通好？所以試著問我男人，我說，這情勢危險的，要不，阿坤還住你一起，我回上海幫傭，不但你這裡省口吃的，我賺的錢還可以寄回來幫補你們用。你瞧這麼著好嗎？」阿秀說著委屈，表情像是快要哭出來。

「他怎麼說？」愛玲也緊張地問。

「這男人八成負心！」姑姑沒等阿秀回答，已經下了結論。

「您說是不是！他當下一聲也沒吭，他老婆第二天就從黨委太太那兒弄來路條了。唉，男人淨是爛草根，我是心也死了。」阿秀說著手往臉上抹淚。

「難過歸難過，命還要緊，這時你該想著要怎麼脫身了。」姑姑皺起眉頭說。

「可不是？當晚我想了很久，要這麼下去，難保他老婆也能讓人要了我的命。不如順勢真回上海了。」阿秀吸吸鼻子說。

「他們要的就只是你兒子而已。」愛玲也點點頭說。

「走之前，我把床下埋的一點洋錢金子首飾都挖出來，」阿秀從腰間像變魔術似地掏出一小包東西，說：「都是為坤坤攢的，多少年老本了。沒的給人搜了出來也啥都泡湯！不如當著老的小的面，說白了，要老娘拍拍屁股走人也可以，老娘就只這些，一份給兒子，一份老娘自己要當盤纏帶上生活。」阿秀說著已經變成憤恨的粗聲，粗話也露了出來。又說：「我也想回上海找工作，鄉下實在什麼都不慣！」

「你願意拿出金銀，他老婆倒也願意你趕緊走，免得你在她眼前晃著討人厭。」愛玲說。簡直像中國章回小說裡的詭計情節。

「他也真沒良心。」姑姑替阿秀不平地說。擺明了阿秀是被用計趕出門，而且最可怖的是做丈夫的也毫不珍惜。

「我想他也是沒辦法，總算食糧都捏在他老婆手裡。後來他也來跟我說都是他的不是，帶累得我。」阿秀恨的是男人老婆而不是男人，話裡還是回護著說：「回上海這一路上我想過許多，應該也不是故意和他老婆串通，就是他老婆的詭計罷了！」

「你這麼單身回上海，有落腳的地方？」愛玲問。女人遇到和男人相關的事，總願意做個鴕鳥，非到不得已發現真相了，還能為對方找理由，說絕對不是故意欺騙她。這個道理愛玲早已十足理解，她自己就是這樣，等到看穿了，已經付出昂貴的代價。

「現在先住西郊虹橋路，有個原本認識的小姊妹嫁在附近農家。」阿秀說著，解放前後很多上海工廠關閉，許多幫傭、女工們看上農村有糧食，多有嫁到鄉下農家的。阿秀把手裡的小絹包又放到桌上說：「太太，小姐，我可也不放心這東西放小姊妹家裡，住她那兒才知道，原來他們家也挨餓著，每天只有薄薄的米湯果腹。能不能先寄放您這兒，等我找著工作再跟您拿回。不知道……不知道……」

這整句話當然不是「不知道行不行」，而是「您這兒如果有工作，或者您可有知道哪裡能找著幫傭工作」，但是阿秀是何等聰明的上海女子，從剛剛到現在，兩位前女主都沒提這個，就是這裡沒希望了，看這地方狹小，她們的經濟手頭也未必闊綽到可以請幫傭。所以這就不必再說些請求。再一層，以目前的肅殺氣氛，自己這沒被搜出的財物簡直也有可能帶累前主人。姑姑看著她說話猶豫，打斷她的話說：「東西放這兒得你信任，也不扎手，」姑姑是不怕這點什麼帶累，也還沒聽說解放軍隨意搜人公寓住處的。這倒是城市比鄉下好多了，看著阿秀又幫她想到另一個問題，說：「但是，坤坤在鄉下你放心？」

「阿坤也十六歲了，小大人一個，在上海時也是他成天鬧著要見爸爸，索性讓他父子住一起，我就不信他老婆能怎麼少阿坤吃喝，更何況阿坤手裡有我留的錢。等我工作一穩，有了住處，讓他再來上海也可以。」阿秀邊說，邊打開手絹包，寄託錢財照例得打開點數，裡面是四塊洋銀，一枚黃金戒指，兩個小指頭粗的小金錁。都是即時可以換糧食用的。

「這一路上軍警盤查都沒露餡，你也真本事！」姑姑看著那絹包，心想這怎麼藏的？也得夠強韌篤定才做得到。

「黨委太太給的路條兒，說是到上海出公差的。這就見了路條都沒怎麼盤查。他老婆是存心讓我一路好好回上海了。」阿秀笑著說，她雖不識字，卻還懂得官派公差的意思，軍警看了可能覺得不知道是哪個地方的黨委親戚，當然不會為難。

「這些東西先帶著吃用，不知道你會來，臨時湊東湊西的。」愛玲早已起身把廚房浴室裡一些吃的乾糧、肥皂、牙刷牙膏、毛巾，連同幾件女性內衣褲都包在一個網袋裡給阿秀。

「不不，這怎麼好意思，小姐這些東西起碼也要好幾萬塊錢。」阿秀兩手亂搖，愛玲笑著塞到她手上說：「你也知道我們習慣囤貨，家裡還有好些呢！」

「我們現在也沒法雇用你，只能幫一點是一點。」姑姑索性坦白笑著說了，又還是心軟地說：「如果知道有人要幫傭，該怎麼聯絡你？」說著，順手把紙筆拿在手上一副預備抄電話的樣子，其實心中很慘然，因為需要幫傭的人多早想辦法離開上海出國去了，即便了然，姑姑也還想做做樣子安慰阿秀，果然見阿秀眉眼亮了起來。

「這，這真是難為情，您知道虹橋路那兒農家沒電話的。有個老王常常在這附近賣臭豆腐乾的，他喊我那小姊妹叫作小姨子，告訴他成了。千萬感謝呀！老天沒想絕我的路！」阿秀說著眼眶又紅了，又幾乎要掉淚。[3]

《秧歌》的女主角月香，是從城裡歇了幫傭回到鄉下，帶了肥皂毛巾回鄉當作禮物送人。這個角色到底混合了多少張愛玲生活中認識的人物才形成的？既然是幫傭大姊或阿媽，理所當然和愛丁頓公寓的阿媽王阿秀會有形象上的重疊關聯。張愛玲將解放後上海的經歷與見聞，都濃縮在《秧歌》的〈跋〉中，一九五〇年的《人民文學》刊登過春天飢荒農民反叛而被黨組織帶頭掃射的事件，冬天蘇北和上海近郊來的人說，鄉下簡直沒有東西吃，又讀到《解放日報》上說，天津設立了飢民救濟站，救濟天津四郊飢民。在這些敘述裡，至少透露幾件事：首先，上海《新聞報》一九四九年停辦後，很多人想知道新聞都必須改訂《解放日報》，當然《亦報》是張愛玲家裡一定有的小報。而文學刊物也都停刊，卻有唯一的文學刊物《人民文學》。政治與文藝言論幾乎是一致的政治正確，然而張愛玲卻能從中勾出真實的蛛絲馬跡。其次，從新聞事件、政治運動以及報章雜誌之外，張愛玲還從各種往來到上海跟她和姑姑會面的人口中，聽到處處飢餓的情況。這些人包括參加土改的知識分子、去南昌鄉下工作的女孩子，以及從蘇北和上海近郊來的人。其三，一九四九到一九五二離滬，這期間張愛玲所看到的電影也印象深刻到不能忘懷，即使是樣板電影，例如電影《遙遠的鄉村》，劇中就有放火燒倉庫一節，被張愛玲「還原」農民的燒倉動機，放入《秧歌》中。所以能寫出讓胡適激賞的《秧歌》，的確是張愛玲在其中生活過。書寫天才與閱讀資料的細膩，加上在創作與發表環境中掙扎苦悶過，一九五三年她寫道：「片段的故事，都是使我無法忘記的，放在心裡帶東帶西，已經有好幾年了。現在總算寫出來了，或者可以讓許多人來分擔這沉重的心情。」一九八〇年代有許多傷痕文學以及來自文革十年的小說散文出爐，如果那是文化浩劫活生生的文字記錄，那麼張愛玲因為這解放後兩年多的時間經歷，離滬赴港後寫出《秧歌》及《赤地之戀》，就更可說是最早的意識形態傷痕記入文學中。這也是後來即使姑姑和姑丈已經平反了，幾次書信要她回上海一趟，張愛玲怎麼也不願意回上海。對於十七歲被禁錮過的她而言，能夠自由表達與按照個人意志書寫、生活，會比什麼都重要，這兩三年的所見所聞，基本可說是張愛玲永遠的夢魘。

麵包機壞了，機括怎麼按也跳不上來，姑姑把整個麵包機端起來顛來倒去瞧半天，也沒摸出個端倪。這麵包機雖是英國製，這麼多年也老有點毛病，要想買新的，現在的上海當然已經不可能。李開第是學機械的工程師，通常都能由他手裡動一動就修好。至不濟，學文的桑弧上次來時就恰好搬弄一下子機括，機器就聽話了。

「機器這種東西，還得男人的手才行！」姑姑邊生氣無奈邊嘀咕。

新中國成立之後，李開第工作的洋行關門了，合併入上海機械進出口公司，他也成了九三學社上海外貿支社的成員之一。九三學社呼籲上海工商界應振奮團結，為國家人民開創新局面，成為中國第一個半政黨性質的社團。因此這一陣子李開第忙著聯絡各種人才，雖然也常過來公寓，都是時間短暫，說說笑笑後就得離開，沒時間一起出去吃飯逛逛，連太太夏毓智也不得空，常常家中有客人來來去去，裡裡外外都得忙。愛玲又藉著寫稿故意不讓桑弧經常過來，所以連桑弧也好一陣子沒上門，似乎少了男人就多了不能處理的機械小麻煩。[4]

報紙照常送來，只不過《新聞報》換成了《解放日報》。現在這個公寓不比愛丁頓，開電梯的人並不經心，隨意丟在門口，並不煞有介事地撳電鈴通知。當然也沒有訂牛奶這回事，麵包都買不到了，連大光明電影院也歇業，姑姑暫時還找不到合適的工作，如果沒有麵包機壞掉這件事，平常也閒來無事，只轉轉收音機聽聽，有時靠在小客廳沙發裡打盹。

「都是KD惹的麻煩！巴巴的給我們帶來吐司。」姑姑邊弄不好麵包機還在碎念著。

「昨天的吐司麼？Uncle帶來的時候已經有點硬了。」愛玲笑著說：「抽空來還又都想著帶東西給我們！」誰不知道現在米麵多貴，開會剩下的麵包糕點當然大家分了帶回去，絕不能浪費。李開第就在這樣的情況下時常帶點東西過來。

「唷，不弄了，我這機械白癡哪成！」姑姑把機括動了半天，終於放棄。

「又不能煮來吃！真可惜！」愛玲瞧著那幾片吐司說。

「吶，要不，」姑姑忽然出現頑皮的眼神說：「我們真來煮煮看。加點煉乳，說不定還香著。」她們早兩年看著錢越不值錢，煉乳這種不會壞的罐頭倒是囤得多。愛玲最喜歡和姑姑做這種實驗，煮失敗了也不在意，只是難吃點，吃著心裡都開心。[5]

鍋子裡只放一點水，一下子滾沸了，姑姑把變得乾硬的吐司撕成一塊塊，連碎屑也不浪費全丟進去，碎塊開始膨脹，再把煉乳攪和下去，奶泡滾起，香味濃濃的，關火，整鍋糊糊的東西，活像煮壞

4 九三學社成立於一九四六年五月四日，是為了紀念一九四五年九月三日抗戰勝利日本投降（一九四五年八月十五日日本投降的歷史記載是國民政府的紀錄，共產黨的日期是九月三日。）宗旨是在服從於國家利益之下，團結各界人才，期待能在強國富民上貢獻己力。成員都是科學技術界頗有成就的教師、醫師、工程師。一九四九年九月九三學社派代表參加了中國人民政治協商會議第一屆全體會議。參與了《中國人民政治協商會議共同綱領》的制定，以及關於中央人民政府的組成，和中華人民共和國的建立等事項的討論表決。自此，中國人民政治協商會議（就是現在簡稱的「政協」的《共同綱領》，成為九三學社的政治綱領。也就是這時候的李開第已經加入這個具有政黨性質的團體了。李開第的父親在共產新中國成立後，慷慨地把所有的土地無償捐給上海閔行地方政府，所以雖然後來政治運動中也被扣上地主帽子，卻只是「開明地主」，沒被嚴重鬥爭。李開第是否也因為父親這個部分，而在一九五一年下半以後的三反五反政治運動中稍稍得到一點緩頰，卻未可知。不過在一九五〇年初，三反五反運動還沒開始，上海工商業界還是一片活躍蓬勃。

5 張愛玲寫過姑姑自己和麵做包子，結果可能因為和麵的方法不大對，蒸出來的包子麵皮沒發好，老硬，但她卻覺得吃得感動又開心。

的麵疙瘩。愛玲撈起一疙瘩鼻涕似的黏稠東西，吹吹涼放入嘴裡。

「怎麼樣？」姑姑看著問。

「唔，味道倒不壞。」愛玲滿意地說。

門外卻有按電鈴的聲響。兩人相對看一眼，姑姑小聲地，彷彿怕門外的人會聽見，說：「不會又是小魁吧？前一陣聽你大表姊說銀行關門大吉，他又沒工作了。」說著走去開門。

「哎喲，桑弧來了！這麼客氣，來就是了，還帶東西！」姑姑傳來的聲音裡透點訝異和高興。好一陣子不看見的小夥子，都以為愛玲已經和他真分手了。桑弧顯然不知道帶了什麼禮來，是作客的心態？姑姑忖度著，這麼做是與愛玲有距離了？

「姑姑今天在家？」桑弧也愣了一下，直接脫口說。他沒料到這個時間是姑姑來開門。

「電影院都關門兒了，哪還用得著上班。」姑姑笑著說。這是下午，也不是正餐時間，當然知道他來一定有事找愛玲，兩人又在矛盾敏感的時間點上，如果是往常上班，他都在姑姑下班前就消失了，不然就是兩人約在公寓以外的地方，送愛玲回家也不大讓姑姑看見。彷彿沒約定好公開宣告為男女朋友，讓姑姑看見那麼晚還送愛玲回家，是有點名不正言不順。

今天卻撞見了。也合該撞見，矛盾是到了該解決的時候。

「要不要吃碗四不像？」姑姑輕輕笑著問桑弧。

「有種點心叫作四不像？」桑弧感興趣起來，他一進門就聞到奶香味。

姑姑走到爐子旁，用英國茶杯盛小半杯剛剛煮糊了的煉乳吐司，加個小鍍金茶匙，一起都放在英國骨瓷碟子裡，感覺就不是做壞了的東西，而是別處吃不著的特別小點。愛玲看著姑姑的動作，送過去給桑弧的表情又煞有介事，心中覺得好笑。這表示姑姑還滿喜歡桑弧，她就從來沒對胡蘭成這麼親切過。

「這點心，」桑弧訥訥地舉起自己手上的紙袋，對著姑姑說：「前些天走過派克路，呃，黃河路，路名改了，看我這記性，還說著解放前的路名。見那店裡還賣愛玲喜歡吃的蛋糕捲。」明明順著說就行的，不知道為什麼桑弧卻帶點不自然的神情，連話也說得有點支吾。彷彿太久沒來，左右都不自在似的。

「真好，哪，小煐過來收著。」姑姑笑著，接過裝了小盒子的紙袋又遞給愛玲。愛玲默默拿過紙袋沒說什麼，直接從紙袋子裡掏出小盒子，這時買這撈什子蛋糕捲得花多少錢？她有點替他肉痛。眼也沒抬，也不看他，逕自分在碟盤裡，他也總得吃點這肉痛蛋糕捲才公允。

「最近忙？」姑姑顯然沒想進房間，繼續對桑弧笑著問：「前一陣子讀到《亦報》上有篇稱讚《十八春》的短文，正想誰寫得這樣好，小煐說叔紅就是你，這才恍然大悟。真謝謝你這麼幫忙！」

「姑姑別這麼說。《十八春》寫得太好了。讀者回響真出奇得多，今天是來送信的。」桑弧笑著說，態度自然多了，把一包文件紙袋子放到桌上：「這些都是投到報社的讀者來信。」

「這樣多！連載也不過才兩三周。」姑姑看著厚厚的紙袋，欣喜著說。

「是啊，連我們這幾個人都被文化圈內追著問，說梁京到底是誰。」桑弧雖然對著姑姑說話，眼睛卻不時飄到愛玲那頭。她正端著蛋糕捲碟子走來，向他嫣然一笑說：「就說是個山東大漢吧！」愛玲的一句玩笑話讓桑弧放鬆了，也笑著說：「不如說是個北京苦力，閒著沒事做點小說賺錢。誰信！」

「我們小煐就這麼怪脾氣，不相與人的，還好你在外頭幫襯著點人面。」姑姑見兩人氣氛好多了，也是時候回房休息，就假裝伸個懶腰，呵欠著說：「哎喲，沒工作，人都要變懶，多個午覺的習慣，時間到了就身子乏了，你們倆聊，我先休息去，嗯！」

姑姑說著，不等桑弧愛玲反應，直接起身離開小客室。愛玲又沉默下來，想到之前電話中告訴桑弧，檢查結果是因為寫稿太熬夜，所以月經沒來。只聽到桑弧說：「喔，那你要多休息。」電話中見不到對方的表情，這是好處也是壞處，直接就以愛玲自己的想法冷淡兩人的關係了。今天他來了，見面總是不一樣，剛剛瞬間雖然她很想拉著姑姑別走，卻也很矛盾，想聽聽桑弧到底要來說什麼。

「謝謝你的叔紅。」愛玲這話說得奇怪，好像叔紅是桑弧的弟弟而不是筆名。其實是她記不起桑弧寫的那篇文章確實的篇名。[6]

「那我得謝謝你的梁京。」桑弧笑了起來說。他從自己的單人沙發座位移到愛玲的三人沙發裡，像以往一樣，親密地靠在愛玲身旁。愛玲並沒有閃躲或拒絕他。

「能不能告訴我，到底我做錯了什麼？」桑弧撫摸著愛玲的肩膀說。他這段時間裡還是感覺到了她似乎刻意的與他有距離。

「沒有。」愛玲閉上眼搖搖頭說。不是他做錯，倒是我對不住他。她心中這麼想，卻說不出口。

「我想過，也許你怨我不願意向大家表明我們是男女朋友。」桑弧柔聲地說。這表示他也很細膩想過，那天她說月經沒來時，他自己的表情是否很不恰當。

「不，我沒怎麼想過這個問題。」愛玲嘴裡這麼說，眼淚卻流下來，顯然口非心是。

「要不，現在《太平春》還在拍，明天你過來找我，我們一起吃飯聊天，我會讓所有的人都知道你是我的女朋友。」桑弧語調很低，但說得很誠懇。

「嗯哼，」愛玲轉頭往他臉上看，雙眼對著他的雙眼，禁不住兩手向他的臉頰捧去，桑弧吻她，很深，她卻覺得那是深深的心碎，太遲了。他們之間有一條無法解釋的冥河，那裡面有個嬰孩載浮載沉地向她招手。幸福永遠不想讓她遇見。

「好嗎？明天這時候來片場找我。」桑弧仍然深情地說。

「我得寫稿，每天連載，趕得我常常胃痛。」愛玲輕輕柔柔地拒絕，怕他難堪又補充一句說：「昨晚發現眼角有點出血，趕忙去睡覺。老毛病了。但是需要多休息。」[7]

「那好，要不，結束後我再來找你。」桑弧退讓著說。

「你忙。沒關係的。綁著你也不好。」愛玲說。其實她的意思是誰也別綁著誰，各自忙各自的就好。但因為說不出那麼強烈的字眼，結果聽起來就像怕桑弧誤會自己纏著他。

「我不覺得被你綁著。還是，」果然桑弧說了，看著愛玲卻又忽然轉念一想，尾音延長了，疑心地說：「難道誰又……」後頭的話當然是「又回上海來了？」，這話也不能說完整，他明明知道共產新中國不可能容納得下胡蘭成這樣的人。但是愛玲的態度太奇怪，是這一陣子忽然的轉變，根本像拒絕他。愛玲當然猜得到他的想法，想想覺得讓他這麼誤會也很好，總比知道她不要他的孩子好多了。於是很快地接口說：「聽池田篤紀說他去香港了，預備要從香港轉去日本。」[8]

「你，你們還真的有聯絡！」桑弧又驚又氣。

6 張愛玲對於小說人物的年齡以及年代數字的計算都很精準，唯獨對於人名、篇名以及書名，經常寫錯，學者劉錚還以此專門寫了一篇〈張愛玲記錯了〉。

7 眼睛輕微出血是後來張愛玲常常跟宋淇夫婦寫信時描述的症狀，眼科醫師就會知道，這是免疫系統失調，自己的白血球攻擊自己的細胞，是自體免疫疾病症狀。

「沒聯絡，只是池田寫信給我的時候，也還常常告知我蘭成的消息。」愛玲漠然地，又說：「炎櫻也在日本。」言下之意對日本也嚮往。

「蘭成，你還這樣稱呼他！」桑弧簡直沒辦法接受，他又不能跟一個影子較勁，忽然手重捶沙發椅背，說：「這些漢奸！做了禍國殃民的事，還能逍遙天外，真是！」

「炎櫻可不是漢奸。」愛玲緩緩又口齒清晰地說。她心底有股狠勁，想看看能刺激他到什麼程度。

「人都說，」桑弧已經徹底被激怒，脹紅著臉說：「你是那個漢奸的第三妾，我原不相信，果然你的想法裡倒也沒有漢賊不兩立！」喪失理智的憤懣讓他對愛玲口不擇言。但一脫口他就後悔了，他不是來跟她決裂的，他是想來補縫的。但事情怎麼會變成這樣?!

「我和姑姑甚至我母親，我們的字典裡的確沒有漢賊不兩立。」愛玲卻沒一點生氣的樣子，反倒笑笑著說：「我不喜歡那些政治宣傳，倒比較喜歡《太平春》這個名字。取得真好。」

桑弧早已後悔自己說話莽撞，這一聽愛玲稱讚《太平春》，不由得脹紅的臉也平順下來。愣著看愛玲，他實在不知道該拿她怎麼辦，他又口拙，握著愛玲的手，愛玲也不掙脫，桑弧半晌才掙扎著說：「我們別這樣了，我們和好，好不好？」

「我們本來就沒吵架呀！」愛玲輕輕笑著說。任由他握著她的手，她其實心裡也矛盾著，好像沒必要做絕了，又沒有什麼深仇大恨。

「你看，《太平春》的劇本通過開拍，進度很快，我都沒來得及拿給你看就快拍完了。」見他這麼說，愛玲又心軟了，點點頭說：「其實小說稿給之方他們，算大概也夠半個多月一個月的存量，如果你有時間，我們也可來討論討論。」她終於鬆口讓他來公寓。

「前一陣子我去浙東老解放區，看到很多色彩濃烈又純樸的年畫，蒐集了幾張畫片子給你。」桑弧從剛剛放在桌上裝讀者信的紙袋子裡，忽悠抽出摺疊好的兩三張畫片。愛玲把摺紙張開，大紅大紫的年畫展現在眼前，她忽然很感動，她想：「他是真愛我的，他到哪裡都想到我。」她的眼睛雖盯著年畫，腦海裡卻彷彿不斷地有聲音這麼說。

「真的很漂亮，我們的中國畫老是文人墨黑青黛的，單調，早脫離了民間的現實生活，真不如這年畫醇厚可觀。」愛玲直接說出她的想法，也是間接稱讚桑弧蒐集得好東西。其實他們是相互欣賞而且有許多共同的文化理解，如果他們遇見的時間早過胡蘭成，愛玲的人生歷史就可能完全改觀。

但是歷史沒有如果。

「你也這麼覺得！」桑弧開心地說，他已經單純得忘了剛剛發脾氣的原因了。

「電影故事從這年畫開始嗎？」愛玲側偏過頭問。長鬈髮披拂過桑弧的臉頰，癢孜孜的，這小小的動作像一壺溫酒悄悄化了他。本來這部電影從一開始的構思他就想跟她討論，於是說：「我把古代強占民女的故事搬到解放前的地主階級上。最後男女主角因為解放而得到勝利。」他的話裡政治名詞太多，如果是解放前的張愛玲肯定要皺眉頭的，現在卻聽習慣了，愛玲反倒輕鬆地說：「聽來是不錯

8 從一九六六年遠景出版的《今生今世》頁四九九，公開了張愛玲透過池田篤紀轉去的借書的明信片，沒有署名上下款，內容很簡單，寥寥數語：「手邊如有《戰難和亦不易》《文明的傳統》等書（《山河歲月》除外），能否暫借數月做參考？請寄（底下是英文，她在美國的地址與姓名）。」可見得不僅在上海，就連離開上海到香港、美國了，張愛玲與池田篤紀還是有聯絡。池田對應《小團圓》中的角色，就是宋淇夫婦一開始給的修改建議中，覺得荒木那一整段都是多餘的，可以刪去。這裡就能知道其實荒木的段落，都在呈現在朋友之間，胡蘭成的確有其個人魅力，而他個人也以這種對朋友的魅力自豪。

的題材，過天讓我瞧瞧劇本可好？」

「當然好！一言為定！」桑弧高興地說。

他會找時間多多來的，現在時間又站回他這邊了，他們和好了！[9]

9 《十八春》在一九五〇年三月二十五日刊登之前，桑弧以筆名叔紅在三月二十四日寫了一篇〈推薦梁京的小說〉，是為打響《十八春》的大禮炮，是自從《太太萬歲》被左派文人無端攻擊之後，張愛玲重新回到文字創作領域的第一部長篇小說，叔紅這篇文章很短，「一向喜歡讀梁京的小說和散文，但最近幾年中卻沒有看見他寫東西。我知道他並沒有放棄寫作的意念，也許他覺得以前寫得太多了，好像一個跋涉山路的人，他是需要在半山的涼亭裡歇一歇腳，喝一口水，在石條凳上躺一會，一方面可以整頓疲憊的身心，一方面也給自己一個回顧和思索的機會。梁京不但具有卓越的才華，他的寫作態度的一絲不苟，也是不可多得的。在風格上，他的小說和散文都有他獨特的面目……就一個文學工作者來說，某一時期的停頓寫作是有益的……我讀梁京新作的《十八春》……顯出比從前沉著而安穩，這是他可喜的進步。我虔誠地向《亦報》讀者推薦《十八春》，並且為梁京慶賀他的創作生活的再出發。」這裡面透露出真心祝賀之外，也看得出叔紅根本非常了解梁京。而《太平春》則是桑弧在新中國建立後。想要盡力符合政治思想正確的作品，在一九五〇年春末夏初上映，雖然場場爆滿轟動上海，結果卻遭受毛派文人激烈的攻擊，迫使桑弧寫文章自我批判反省。刊登在《大眾電影》第一卷一九五〇年六月十六日出刊的第二期，沒過幾天《亦報》就在六月二十三日第三版《十八春》連載旁出現親筆簽名的梁京寫〈年畫風格的《太平春》〉一文，用輕鬆活潑的語調，從小市民的角度盛讚《太平春》。第二天，六月二十四日在《文匯報》出現另一波以意識形態攻擊《太平春》的文章。意識形態干擾文藝電影創作，莫過於此，在這種不允許自由表達的惡劣環境中，桑弧與張愛玲兩人相互珍惜的文章，就令人大有想像空間，留有餘韻。

一九五〇年夏天以後

自從起士林歇業，多久沒聞到黎明烘焙麵包的香味了，忽然濃濃地飄來奶麵香，心中正詫異，就看見眼前一塊方角德國麵包，外殼厚而脆，中心有點濕又軟，是老酵麵發的，不愧是從天津搬來的老店，姑姑總說這種麵包可以不塗黃油，白吃，又香又滋味好。才一伸手，卻見桑弧站在桌前對她笑，手裡正捏著那麵包，說要幫忙切片。她正想阻止，別切，切薄片要乾硬了，難吃。才要開口桑弧和麵包都不見了。原來她整夜寫稿趴在桌上睡著了，是夢一場。

但是夢裡的奶麵香卻還持續著，是從房門縫飄進來的，和起士林的香味雖然不同，肚子餓時卻一樣誘人。她攏攏頭臉，應該是姑姑在煎麵餅，和了煉乳的麵粉加點黃油煎，在這種物資缺乏的時候也是高級享受。[1]

昨天去參加夏衍家中的茶會，桑弧送她回家時太晚了，照例不進門，免得在姑姑面前失禮，卻臨走前塞一包紙袋子在她手上。她們住卡爾登公寓的三〇一室，這個公寓和愛丁頓公寓最大的差別，就在於愛丁頓每層只有兩戶，共用一台電梯，這裡是二十幾個套間才共用一台電梯，要用電梯時得走過一條長廊整兩排套間門，樓梯卻離三〇一室近，才四層樓，索性總走樓梯上下，還比等電梯方便。等愛玲回神過來，桑弧已經三步併兩步下樓去，三更半夜，穿著高跟鞋也不好跑踏著追，樓梯間杳無人音，又不能大叫，只好把袋子收著轉鑰匙開門。

「又帶回好東西呀！怎麼不讓他進來坐坐。」姑姑根本也還沒睡，她們這一家多少年了全都是夜貓子，見她開門進來手裡拎著東西，就笑著問。

「明明夏太太是給他的，說是家裡人口多，都靠他。」愛玲有點怒容地說。她不喜歡占人便宜，尤其在米麵越來越艱難的時候。

「過天他來時給他做點什麼成了。」姑姑拍拍愛玲的手說：「我看他是真心的。」

「也是。」愛玲低聲說，甜甜的心裡卻有點內疚。

「那電影滿好看，今天大家慶功宴嗎？」姑姑指的就是《太平春》。

「是呀，夏衍他們都開心片子放映轟動成功。」愛玲笑著說。他們那些人當然用詞並不說「轟動」，而是說「成功地達到階級思想教育的宗旨」，現在知識分子之間這種意識形態濃厚的共通語言，愛玲雖然聽熟了，卻總也沒辦法說得順。這部影片講的是解放前一戶裁縫家，老裁縫把閨女許配給老實的學徒裁縫，兩個年輕人兩小無猜地長大，沒想到地主趙老爺看上了閨女，於是用計強迫閨女娶為姨太太，並且設計把小裁縫關起來。劇情七彎八拐絲絲入扣，最後男女主角總算苦盡甘來，無產階級大獲全勝。在愛玲和姑姑看來，在上海放映的電影會轟動，當然是符合人性與商業的法則。和什麼無產不無產沒什麼大關係。這種有錢仗勢欺人的故事一向深獲大眾喜歡，因為窮人太多了。

愛玲放下皮包，脫掉外面罩著的絨線衫，邊問：「姑姑知道孫瑜是誰嗎？」

「是不是個導演？」姑姑不假思索地說。

「他們今天討論了許多和他相關的事。」愛玲說。她其實沒記得很清楚都說些什麼，只是這個人名不斷繞在耳旁，引起她的好奇心而已。

「我們有個遠房親戚和宋慶齡有點關係，」姑姑彷彿努力在腦海裡搜索相關這個人名的印象，說：「似乎他去找過宋慶齡借錢拍片之類。怎麼了？他想跟你合作嗎？」戰後大家對錢都敏感，所以聽到借錢的事情會印象比較深刻，記得住。

「倒不是，」愛玲笑起來，姑姑總覺得愛玲的天才值得人主動巴結上來，說：「他們說這個孫瑜很有志氣，想拍一部苦兒辦學的電影，一直沒成，現在想去找周恩來，也不知道行不行。」

1 一九八〇年，張愛玲寫〈吃與畫餅充飢〉，想念上海食物，其中一段寫到德國方角麵包，「可以不抹黃油，白吃」，連帶引述姑姑的口氣都傳神。起士林就在卡爾登公寓隔壁，是張愛玲離滬前最後搬遷的住所，她離開之後，姑姑搬租到一〇六室，是二樓的單間套房。《十八春》和《小艾》都在卡爾登公寓裡完成。雖然並不確定起士林到底什麼時候歇業，但至少一九四九年五月二十五日解放軍進入上海前起士林一定還營業。張愛玲寫道：「在上海我們家隔壁就是戰時天津新搬來的起士林」，所以至遲在解放軍進城以前，張愛玲姑姪兩人已經從重華公寓遷入派克路（後來改為黃河路）的卡爾登公寓一段時間了。這段時間裡，張愛玲是天天聞著起士林的麵包香氣。一九四七年十二月《太太萬歲》上映大成功之後，反而被批判得體無完膚，以至於她再也不願意用本名創作劇本或小說。所以與桑弧三度合作的《哀樂中年》也沒有張愛玲編劇的字樣。直到八十年代聯副刊登《哀樂中年》的劇本，張愛玲坦承拿了一點編劇費，但不能算是她的創作。但反過來看，這也代表她真的參與了。這是一九四六年下半與桑弧認識以來的第四年了。張愛玲與胡蘭成的戀情從一九四四年到一九四七年九月前結束，前後不過三年多，與桑弧的戀情這麼算，直到一九五二年七月離滬前，就堂堂邁入第七個年頭。難怪五一年夏衍授意龔之方把張愛玲留下的方法之一，就是向她提議和桑弧結婚，將來夫唱婦隨，一起為新中國效力。

「周恩來？這我就不清楚了。」姑姑有點皺眉地說。她不認識周恩來，雖然常常在報上看到這個名字，但親戚朋友中沒這號人物就不關她的事。

「明天我去買菜。姑姑也可以休息一下。」愛玲有點不好意思地說。又把桑弧塞的整只紙袋子妥當地放入米箱子裡，蓋上蓋子，免得公寓裡上下竄的老鼠聞到香。

「桑弧要來吃中飯？」姑姑一聽就懂，愛玲要去買菜，當然是桑弧要來。又說：「我去買得了，早市你起不來的。」說到桑弧，姑姑倒是開心情願的。

「他還想改編《十八春》，我說再看吧。也不一定成。」愛玲靦腆地說。這當然是桑弧來這裡的許多藉口之一，因為能不能真改編也不是桑弧說了算。姑姑看著她，也不說破，只點點頭說：「能成當然好。這會趁還有熱水，趕緊去洗澡吧，晚了，別再寫稿，要不眼睛又出血。」

四樓公寓雖沒有之前的六樓公寓高，三〇一室這一角卻也安靜，聽不到附近餐廳和靠近卡爾登戲院的馬路上嘈雜聲響，很有利於思索寫稿。愛玲的長篇小說一連刊登好幾個月了，當然對於生活費不無小補。由於《亦報》社借用卡爾登戲院樓底餘屋作為辦公室，愛玲簽收稿費得到地利之便，桑弧也時常藉著來公寓順便送稿費來。姑姑雖然不依賴愛玲的稿費過活，多出來的這點錢拿來作為添菜金，姑侄兩人也很開心。[2]但是今天情況不大一樣，桑弧進門的時候，後頭還跟著公寓開電梯的。

「張小姐，樓下有個小姐堅持一定要上來跟你說話。我沒讓她上來，又哭又鬧吵翻了。剛剛這位先生已經安撫很久，要不，您能下去跟她說兩句？讓她願意離開就好。」開電梯的平常也不跟她姑侄倆打招呼的，今天的話已經說得整年份的了。

「怎麼回事？」姑姑詫異，又轉向桑弧問：「不會又是讀者？」一向能打聽到地址的讀者要不是文化圈裡的人，不然就是報社出納室露出的口風。《十八春》的內容因為太貼近上海人的生活，三個月來讀者信如雪片般，有人到樓下只為了拿著報紙請作者梁京簽名，也有人想上樓登門一睹作者風采，這些現象在一九四四年都發生過，卻從來沒像今天這樣，樓下的女子是大哭大鬧著不肯走的。

「她說她就是曼楨，一模一樣的命運，請梁京一定要聽聽她的故事。」桑弧說著臉上現出不忍的神情，又說：「我也勸了很久，這女子穿著布旗袍，樣子也樸素，不像是什麼難纏的人。」他的意思是愛玲應該下去看看她，許是安慰兩句，對方情緒滿足了也就會離開。姑姑聽完笑著向愛玲說：「都怪你把曼楨寫得太入神，」又轉頭跟開電梯的人說：「我隨你下去吧！沒事兒的。」

愛玲微笑著看姑姑尾隨開電梯的人出門，沒事似的，在桑弧眼裡覺得這不近人情，如果是他，就絕對不會這麼讓姑姑出面打發而已。

這叫作真心換絕情！

大概他那不以為然的表情顯露出來，愛玲也察覺到了。於是她轉個話題說：「今天怎麼有時間來？不是說報社裡要開會？」口氣也還是完全不受剛剛那件事情的影響。

「會開完了，之方兄他們又要搬離卡爾登了，就這兩三天。」桑弧說話的時候有種惶惶然。

2 《亦報》社多次遷出遷入卡爾登戲院樓底餘屋，卡爾登公寓就在卡爾登戲院的前頭，附近有很多餐廳，那時連最原始的傳真機也沒有，送稿件、拿稿費，都必須本人親拿親領，張愛玲姑姪兩人搬到這裡不無可能也是考量工作地利之便。見祝淳翔〈唐大郎及其夥伴們〉，刊於《書城》二〇一五年第四期。

「姑姑會處理的，不用擔心。」她以為桑弧還在想剛剛的事情，又說：「怎麼又搬了？這次要搬到哪裡？」

「南京路的慈淑大樓，說是辦公室寬敞多了。」桑弧說著仍然心不在焉。

「這是好事呀！」愛玲說著，從小地方搬到大又熱鬧的地方，表示《亦報》社的前景看好，怎麼桑弧的樣子卻不是很開心。

「嗯。滿好。」桑弧又露出上海話音。每當這種時候，愛玲就知道他心中擱著煩憂，看來不是擔心樓下那女子，也無關乎《亦報》。

「你心裡有事。」愛玲走過去握握他的手說。桑弧看著愛玲半晌，才吐出兩個字：「梅朵。」

「他不是《大眾電影》的總編輯？我才給他個軟釘子，說太久沒寫影評了，筆生。」愛玲收起笑容說。不會是梅朵透過桑弧向梁京邀稿吧？那個雜誌政治意識形態的帽子太大，她自知沒辦法寫那樣的文章。如果又透過桑弧來邀約，那愛玲可就為難了。這讓她想起以前只要透過胡蘭成來邀稿的，不論多小沒名氣的雜誌，她也都會給稿，想到這一點心還是抽了一下。[3]

「他是向我約稿。」桑弧說著焦慮起來，抹了抹臉，說：「要我寫篇關於《太平春》的。」

「已經放映完了，難道還有二輪檔次？」愛玲想到的都是電影放映前的宣傳，都已經下檔的電影，還有必要登在電影雜誌上宣傳？這就奇怪了。

「說很多人看了電影不滿意，尤其北京中央很多文工說《太平春》充滿封建思想改良主義。要寫點自我檢討。」桑弧煩惱地走來走去說。

「自我檢討！不會是周恩來吧？」愛玲終於記得一個政治人物的名字。

「應該不是，我剛剛去《亦報》開會，之方兄還詫異，說夏衍和上海宣傳部副部長很盛讚這部電影。」桑弧說。

「那就別理他行了。」愛玲聽到夏衍沒有意見，頓時鬆一口氣，她並不是政治白癡才不碰政治，正因為她和姑姑的家族傳統經歷太多次政權輪替，政治嗅覺太敏銳，才完全不願意碰政治。

「不能不理，他說上海是文藝思想教育重點城市，毛主席一定會看到。」桑弧說出最關鍵的人物。

「那你打算怎麼做？」愛玲問，她想起那個方角麵包的夢境，桑弧的香麵包要被人劈掌奪走了？她看著桑弧的大眼睛，那裡面有太多焦慮。她輕輕摟住他的脖子，踮起腳尖嘴唇啄一下他的唇說：「別擔心，不會有事的。」雖然會不會有事也不是她能決定，至少眼前要支持這個憨直的男人，他是這麼誠實努力地，想在電影領域呈現自己最好的實力。

「我想，」桑弧攫住愛玲瘦削的膀臂，鼓起勇氣說：「就照他們的意思吧，寫篇自我檢討也沒什麼。」桑弧可能焦慮過度，不知不覺用力太大，愛玲被他攫住的肩膀都痛了，忍哼著說：「唔，滿好。」她這學他的吳語，常常就是親密態度中的敷衍。

「先把面子放下，裡子比較重要。要不然我怕連劇組整個都會被批鬥。」桑弧發現了，趕緊鬆手，也就決定好該怎麼做。

3 其例子之一就是房紫的約訪，見《印刻文學生活雜誌》第一九六期，黃惲，〈張愛玲一九四四初夏斷章〉，文中引述的房紫短文，顯見當時的張愛玲對這位陌生的年輕人像姊姊對待弟弟一般，友好並且約稿容易，完全是因為胡蘭成的關係。

六月的太陽已經顯熱，午後直射的陽光曬在皮膚上能發燙，中國升起了東方紅，就要席捲整個文化藝術圈。如果《十八春》是愛玲解放後的創作再出發，《太平春》就是桑弧的電影創作轉捩點。《大眾電影》半月刊於一九五〇年六月一日創刊，桑弧的文章刊登在六月十六日第二期，發表了〈關於《太平春》〉，字裡行間瀰漫著無可言喻的沮喪，自認是非常失敗的作品，說自己編導時，並沒有把新舊道德標準交替這一主題，適當而尖銳地表達出來。故事人物純粹只經由想像，缺乏嚴謹的創作態度。

這篇文章自我鞭撻得厲害。

愛玲坐在沙發椅上翻著《大眾電影》，喟然一聲長嘆，將雜誌放下。姑姑看她這麼煩憂的神情，不禁把雜誌接過手來看看。

「怎麼會這樣。」姑姑才讀一半，很驚訝地說：「夏衍不是很支持桑弧嗎？」

「好像有兩派，夏衍這一派當然站在桑弧這邊。」愛玲幽幽地說：「我怕桑弧也會像我一樣。」她指的當然是一九四六年以來左派右派的無端攻擊。但是她那時是躲起來了，桑弧現在的情況幾乎無處可躲。還被硬揪出來寫自我檢討文章。難道這個環境已經沒有個人自由思考創作的可能，連沉默都不被允許。

「這到底在說些什麼？」姑姑的語氣裡帶著莫名其妙的荒謬，海派文化從沒有過這種政治意識形態無孔不入的扞格，這還真是頭一遭。

「他們這種文章我一向也讀不慣。」愛玲把雜誌闔上，又輕輕說：「剛剛之方給我電話，說要不要寫篇文章安慰他一下。」

「當然，人家上次那麼幫你！」姑姑脫口而出之後，又忽然想到什麼，問道：「如果寫篇文章支持，該不至於連你也變得危險吧？」

「說是夏衍也會開個什麼會支持他。」愛玲的口吻帶點冒險的神情，並不是她不相信龔之方，而是中國的政治局勢，一直以來都不是小小一介文人能左右。

「如果你覺得危險，那我們遲點時間給稿子得了。」姑姑謹慎地說。

「之方說夏衍會一肩扛，」愛玲低頭搓搓手指頭說：「都這麼說了，我想，應該沒問題。」

「唷，就是報上看到那個瘦長竹竿兒，上海藝文界領導人。」姑姑還先描述夏衍的長相，才又說出他的頭銜，惹得愛玲笑出聲說：「唐大郎他們都很佩服他。」

「佩不佩服倒不很重要，我看，」姑姑笑著說：「咱們也不能太分別，桑弧這傻小子很值得幫。」話裡頭沒說胡蘭成不值得幫，但意思就是這樣。

「我也這麼想。何況他那電影真的好！」愛玲說。現在文化圈中大家已經傳開了，知道梁京就是張愛玲，她得先下個決心，大不了最壞的結果就是：梁京寫的《太平春》影評也連帶被攻擊。她現在可以想得到的罪名，大概就是為「小資產階級掩護」、「打倒對小資產階級的溫情主義、改良主義」，接下來如果更嚴重，那就也可能導致《十八春》被腰斬不能連載。於是梁京的筆名可能又不能用了，得想想別的筆名。

「沒關係，筆名多取些，像你嬸嬸的名字可多著，都是她自己取的，千面女郎沒什麼不好。」姑姑幽默地安慰她，又說：「何況事情也不定不會這麼糟糕。」

走這一步如臨深淵。但是愛玲還是從姑姑這裡得到力量。

六月二十三日的《亦報》第三版，就在印刷字體的梁京《十八春》連載旁邊，擠著另一篇梁京親筆簽名的〈年畫風格的《太平春》〉，共九百多字，寫得相當活潑精采，沒看過這電影的人讀了，定然是非常懊悔沒去看。[4]

果然，如愛玲擔心的事情發生了，〈年畫風格〉正被有心人士目為筆仗第一炮，居然敢這麼稱讚思想必須改造的《太平春》。六月二十四日《大眾電影》的主編梅朵在《文匯報》上發表〈評《太平春》〉，同一版面還有黎遠岡的〈對《太平春》的幾點意見〉，措辭嚴厲，批評編導「不了解反動階級的罪惡本質，犯了溫情主義的錯誤」、「違背生活邏輯和人物的階級屬性」。炮火之猛烈，雖然沒攻擊梁京，桑弧可說是因此被轟炸得體無完膚。

愛玲這天下午剛好去《亦報》社交稿子。

「小林還好嗎？」唐大郎一見愛玲脫口就問。

「柯靈寫信安慰他了。」愛玲輕輕地說。

「我也聽黃佐臨說了，」龔之方說：「夏衍同志出面擺平這事。」

「哦?!這兩天不在上海，可見我是錯過什麼精采片段。」唐大郎大笑著說。

「夏衍透過柯靈，安慰桑弧和黃佐臨，說《太平春》的路線正確極了，導演劇組都辛苦了！」龔之方簡單地說幾句，唐大郎已經拍手大聲說：「看吧！梅朵黎遠岡搞鬥爭，鬥的誰呢！難怪二十四日以後全都靜悄悄熄火了。」一副大勝利的樣子。

「眼見大會就要召開了，夏衍同志當然不希望橫生枝節。」龔之方說著，又想到愛玲在一旁，轉頭向愛玲笑著說：「今天來交稿，正好有這件事情請你幫忙。」

「您客氣。」愛玲也笑著說。桑弧的事情總算過去了，她忖度著不知道又來了什麼。別是要讓她去開會吧？她是從不參加的。那次幸好姑姑提醒，沒去參加什麼「大東亞文學會議」，要不然戰後還能抬得起頭來？

「夏衍同志擬出一份名單，要我一定邀請你。」龔之方說。

「我是絕不參加什麼大會的。」愛玲直截了當地拒絕了，龔之方算是熟朋友，這麼做也不會得罪他。

4 以下九百字全文部分節錄：

我去看《太平春》，觀眾幾乎一句一采。老太太們不時地嘴裡「嘖嘖，嘖」地說「可憐可憐」。花轎中途掉包，轎門一開，新娘驚喜交集，和她的愛人四目直視，有些女性觀眾就忍不住輕聲催促：「還不快點！」他們逃到小船上，又有個女人喃喃說：「快點划！快點划！」坐在我前面一個人，大概他平常罵罵咧咧慣了的，看到快心處，老裁縫最後經過一番內心衝突，把反動派託他保管的財產交了出來，我又聽見一個人說：「搞通了！搞通了！」末了一場，老裁縫在城隍廟看社戲喝采，我從電影院看戲出來，已經走過兩條馬路了，還聽見一個人在那裡忘情地學老裁縫大聲叫好。又聽見一個穿藍布解放裝的人在那裡批評：「這樣教育性的題材，能夠處理得這樣風趣，倒是從來沒有過的。」

我也從來沒有這樣感覺到與群眾的心情這樣合拍，真痛快極了。完全淹沒在頭兩千人的淚與笑的洪流裡……我看到《大眾電影》上桑弧寫的一篇〈關於《太平春》〉裡面有這樣兩句：「我因為受了老解放區某一些優秀年畫的影響，企圖在風格上造成一種又拙厚而又鮮艷的統一」，《太平春》確是使人聯想到年畫，那種大紅大紫的畫面與健旺的氣息。

我們中國的國畫久已和現實脫節了，怎樣和實生活取得聯繫，而仍舊能保存我們的民族性，這問題好像一直無法解決。現在的年畫終於打出一條路子來了。年畫的風格初次反映到電影上，也是一個劃時代的作品。

讀小說與看電影，都在於讀者與觀眾相對的內化互動，把電影小說中的主角想像成自己的映照，因而忘情感動。張愛玲這篇文章，約有三分之二的篇幅都從觀眾的反饋描述，讓《亦報》的讀者直接感受《太平春》的成功，只有倒數第二段，也就是本註釋刪節的部分，稍微嚴肅一點點，描述的是電影運鏡的手法，但用詞也非常柔軟通透（本註釋因為著作權法的規定不能全文錄下，有興趣的讀者可以谷歌，巫小黎，〈張愛玲《亦報》佚文與電影《太平春》〉，裡面有全文引用。），這幾乎不是嚴肅的影評，而是一篇描述觀眾反應的有趣散文。

「唉呀，我還沒說完呢，你聽聽之後再慢慢決定。」龔之方笑著說。覺得這女子也太聰明了。

「照啊！前陣子夏同志來報社，還不斷稱讚《十八春》真不可多得！上海沒有人能有這樣的小說水平。」唐大郎又敲邊鼓地說。寫文章的人，不論多麼能洞識人心，都無法拒絕真心稱讚自己作品的人。這是因為創作本身就像是作者的孩子，誰家父母對於別人稱讚自己的孩子會不開心？

「揭露小人物在資產階級社會裡辛苦生存的黑暗面，能寫得這樣不著痕跡，真是不容易呀！夏衍就是這麼說的。」龔之方順著唐大郎的話繼續說下去，只見愛玲本來漠然的神色，已經嘴角有點鬆鬆上揚。她是個單純的女孩，尤其表情藏不住心思，這一年她也只不過三十歲，哪裡有龔唐二老編的世故。

「其實去年七月在北京召開過全國文代會了，可以不必在上海又召開一次文代會，但是夏衍同志因為國家正興起抗美援朝的運動，覺得上海文人也應該團結一致，盡一份自己的力量。」龔之方邊說，邊看著愛玲的上揚嘴角又隱沒了，於是知道這些話打動不了她，很快地又硬轉個彎說：「像這次《太平春》的爭論，他就認為大家不應該在這種國難當頭，自我思想分裂。桑弧是好導演，你是一等一小說家，都在上海文藝界好好努力，作為更多人的榜樣，豈不是好麼。」

聽到桑弧的名字，愛玲的表情動了動。

「我們看過那名單，可都是一時之選啊！」唐大郎把一份文件攤開，上面好幾個人名前面打了勾的，他說：「勾上的是我們兩人負責聯絡。」其中梁京赫然在其上。[5]

「這日期已經定了嗎？」愛玲鬆口了。

「當然，這是請帖，憑帖入場。」唐大郎早把請帖拿在手上，上面寫有張愛玲的名字。這時趕緊遞過去。兩人算是又完成夏衍賦予的任務了。

七月二十四日，《十八春》已經連載到一百多天，天熱，愛玲穿一件暗色短袖布旗袍，外面罩著一件白色絨線衫，自覺已經非常樸素。沒想到時看的人人淨是一片灰色藍色解放裝，桑弧見她臉上有點尷尬，趕緊過來找她說話。

「好像大家要分組討論。」桑弧牽起她的手，說：「我在那裡留了座位，離夏衍也近。」他本來就佩服夏衍，在《太平春》事件之後，對夏衍更感激了。在座位上也想離這位文化長官近些，是一種積極進取的表現。

「你坐吧，」愛玲輕輕掙脫他的手，微笑著說：「我們回頭見。」說完逕自走到最末尾，隨便找個空位坐下。

文學界代表共有九十四人，愛玲被分配在第四組。共六天的會議，會場在虹口，愛玲每天都去晃一晃，讓人覺得見到她了，就去坐到最不顯眼處，好找機會趁人不注意先走。因此桑弧每天中午大夥吃飯時老找不到她。到了第五天，桑弧終於注意到愛玲起身要走，連忙離開他自己的小組，小跑過去拉住她。

「怎麼不留下吃中飯？伙食很不錯呀！」桑弧第一句話就帶點小責備的眼神，他是個愛國文藝青年，不能忍受這種國家團結的契機中，有人這樣自我。

5 上海第一屆文代會，是夏衍、巴金、馮雪峰等人發起，一九五〇年七月二十四日到二十九日。與會的作家學者中，張愛玲是最年輕的，可見夏衍對她的欣賞與禮遇。見陳子善〈張愛玲與上海第一屆文代會〉。

「唔，是滿好。」她又笑著用吳語回答。用桑弧的上海話隨意回答。

「下午還有更精采的討論，你應該貢獻點自己的才能給國家。」桑弧差點說出心中真正的不滿，國家花這麼多精神禮遇你，怎麼還不對國家盡心？

「我那組裡有平襟亞，我想早點回家。」愛玲幾乎是輕聲哼著說話。

「平襟亞？他又怎麼了？」桑弧愣著，他熟悉的是電影編劇，並不很清楚平襟亞和愛玲之間有什麼過節。

「也沒什麼。總之，我和這人不是很對味。」愛玲也不想重提一九四四年為了《連環套》稿費發生的糾紛。6

「只是因為一個人的關係，就不好好參加，這不是辜負了夏衍同志的好意。」桑弧不以為然地說。

「你趕緊回餐廳吃飯罷。我想他們都在等你。」愛玲靜靜地說，不想跟他爭辯。

「夏衍他們要我來找你，想跟你一塊說話聊聊，都說這兩天沒見你來。」桑弧說著，原來是長官有令，神色中透出一點焦慮。

「夏衍他們？還有哪些人？之方他們？」愛玲連提了三個問題。因為她最不喜歡和陌生人同桌吃飯，連拿碗動筷子都覺得不自在。

「之方和唐大郎今天倒是在另一桌。不過夏衍希望我找你一起去。」桑弧的帶著期盼的口氣，覺得如果她在意他，這點小事是會讓步的，一般愛戀中的女子不都如此嗎？

「我和姑姑約好了，就在附近的餐廳。」愛玲輕輕地說，她知道只有拿姑姑出來，桑弧才不會繼續說下去。

「但是夏衍同志特別邀請你同桌，你不覺得很榮幸嗎？」桑弧今天特別執拗。

平襟亞即是後來台灣皇冠出版社創辦人平鑫濤的叔父，四十年代在上海為《萬象》雜誌負責人，由柯靈主編，張愛玲在《萬象》發表的第一篇小說是一九四三年八月號上的〈心經〉，接下來是十一月號的〈琉璃瓦〉，接著就發生問題了，一九四四年一月到六月號的《連環套》連載，並沒有寫完就腰斬，也就是小說稿件供應到五月，六月號還有，七月號就不見了。平襟亞筆名秋翁，其實在五月十四日的《海報》上已經措辭不大客氣地寫了篇短文〈一針見血〉，諷刺「批評人胡先生（胡蘭成）」大捧張愛玲的「貴族血液」，「捧語中多有自相矛盾」。原因大概是張愛玲向平要求稿酬每月如果固定都是一千元，那麼她要照生活物資漲價的水準，也把供稿字數往下調。柯靈因為不是金主，只能接受作者和老闆雙方的想法，也沒辦法兩邊協調。平襟亞並不知道張愛玲腰斬《連環套》還有另一個更大的原因，是傅雷寫了一篇切中要害的評論。他沒想到這個辣女真的說停就停，在極端憤怒的情況下，於八月十八、十九日在《海報》上寫〈紀某女作家的一千元灰鈿〉，直陳張愛玲愛錢，並且多拿了一千元稿費，卻腰斬不願意續給稿子。八月二十七日又在同一份報紙上寫〈柬諸同文——為某女作家事事〉，不但罵而且醜語更多，引得當時文壇另一位化名柳絮，在《力報》寫〈灰鈿案平議〉，稍微幫張愛玲說點公允的話。說近年物價上漲，如果議定每期稿價都是一千元，文字少寫即是漲價，也很公允。九月十二日秋翁還是不甘心，在《海報》又寫〈最後的義務宣傳〉，這時張愛玲已經根本沒給《萬象》稿子了，卻在九月於《雜誌》出版《傳奇》短篇小說集，所以秋翁這篇文章又諷刺地說，他實在不願意再重複說一千元稿費的事，免得成為某女作家出書的義務宣傳。十一月三日還是在《海報》，秋翁又發表〈紅葉〉極短篇文言文小說，用第一爐香、第二爐香使得狐仙女妖現出人形，影射張愛玲。這已經是人身攻擊了。有些人猜測一個文壇前輩會如此針對一個新銳女作家連串抨擊、心胸狹窄，大概是因為她竄紅太快，又直接不供給稿子，讓《萬象》得不到利益無法分杯羹，簡直是不懂得感念原本提拔她的雜誌。從五月一直到九月，張愛玲本人必然注意到的，卻一直都保持沉默，沒有正面回應，至此已經忍無可忍，所以寫了一篇〈不得不說的廢話〉投稿到一九四五年一月二十五日出刊的《語林》，張愛玲在此之前從沒有在《語林》發表過任何小說散文，所以可推論她選擇這個雜誌的原因，應該是想讓大家覺得公允，她就是不靠關係也能向讀者平反申冤。最妙的是《語林》主編錢公俠收到稿子後，可能都不想得罪兩人，也請秋翁在同一期寫〈一千元的經過〉，又還請到張愛玲聖瑪莉中學時候的國文老師汪宏聲，也寫一篇〈「灰鈿」之聲明〉，回憶張愛玲中學時候頗有一稿充兩期作文的有趣逸事。以上海典型十足八卦的方式結束了這場筆戰。然而張愛玲與平襟亞之間，已然絕無可能共處了。如果上海第一屆文代會中，以陳子善教授發現的，竟然兩人都同分配在第四組。那麼張愛玲只有嫌惡躲避的心情，絕無同桌同組討論的可能。

「他應該更重視你。我其實不怎麼重要。」愛玲已經不耐煩了，卻沒有表現出來，只是轉個方向退讓著說。

「是啊，他真的是個非常願意鼓勵後進的領導。」桑弧流露出完全欽佩的神情。

「明天見！」愛玲笑著拎起皮包跟他搖搖手，沒等他說話，轉身就往外走。桑弧瞪著她的背影感到非常無奈，她顯然不是他能左右的。但是愛玲的態度讓他不舒服，他也不是那種喜歡攀龍附鳳的人，不過是懷著熱情，除了希望能更進一步幫愛玲搭橋，讓她與夏衍的關係更好，另一方面，這幾天的討論，也激發了他心底對黨國熱切貢獻的期盼。他希望自己能在黨的文宣與意識形態思想教育上盡一份力。但他也發現，不論他如何向愛玲表達黨是怎麼好，怎麼為國為民，愛玲在這方面就像一堵無形的銅牆鐵壁，絕無任何縫隙，連一滴水也滲不進去。他站在原地發呆了一下子，才想起裡面開飯了，夏衍還留了身旁的位置給他，不禁趕緊轉身又小跑回去。

上海文代會幾天的會議落幕了，《亦報》辦公室照常上下班工作，愛玲的《十八春》繼續連載，彷彿船過水無痕，日子照樣一天天過去，天氣變冷了，路面上開始結霜，愛玲穿著深紫色素面繡花鞋，仍舊披著她覺得比較不顯眼的黑呢大衣，送稿子到新搬的慈淑大樓《亦報》社。這天龔之方邀大家去報社旁的老正興吃飯，照例只和桑弧、愛玲、唐大郎一起。

「這餐廳跑堂的，和前面那家老正興不同。」桑弧看著跑堂點完菜轉身走了，悄聲說。

「比較會推薦菜色。」愛玲輕輕笑著說。

「說得好！」唐大郎大聲笑著說。無論在哪裡他總是有大口喝酒大塊吃肉那股豪氣。

「我看這家的確是真的正宗老正興。」龔之方翻著桌上收得剩下一本的點菜譜說。

「何以見得？我倒是覺得後面那家味道好，正宗。」唐大郎翻供似的，又替另一家說話。

「這樓底下三面就有三家老正興，都不知道哪家才是正宗。」桑弧笑著說。

「說不定是同一個老闆的三個兒子開的。三個兒子又各有兒子孫子，這麼鬧分家，卻也不互相排擠，也算難得。」唐大郎發揮他的想像力，說得煞有介事，也不知道是不是真的。

「你又知道了。」龔之方手指指唐大郎搖著說：「同一個老闆出品的餐菜總應該味道相同。這三家老正興菜單雖然像，卻味道也有南轅北轍的。像無錫排骨，一家炸得老酥，一家卻用紅燒。」

「誒，不論炸的紅燒的，都叫無錫排骨，就像《武訓傳》，不論是宋慶齡資助，還是周恩來首肯，都是乞兒辦學成功！」唐大郎順口溜似地說。

「就是！孫瑜，我跟他有幾面之緣，很佩服他這毅力，要是我，恐怕沒資金摔跤幾次也就沒精神堅持了。」桑弧談起和他一樣都是導演的孫瑜，顯然興致勃勃。

「孫瑜花了多少力氣在《武訓傳》上，這是大家都知道的。也難怪恩來同志要大大欣賞他了！」唐大郎慨然地說。

「最近大家都在談論《武訓傳》，聽說拍得差不多了，大概十二月就能封鏡。想當初中國電影製片因為資金不足倒了，孫瑜找崑崙影業接手，又因為內戰倒了，好容易解放後恩來同志在北京開文代會，這才接上手。」桑弧屈指算了算說：「他是一波三折。前後也有兩三年時間。」

「不是連開三家影業，是連倒兩家，到我們共產黨這家才興旺。」龔之方笑著說。[7]

愛玲只是默默地聽，反正不關她的事，她坐在桑弧旁邊常常是這麼不開口的，他們也習慣了。她自在，他們也能從開天闢地說到風花雪月，這是作為女子最方便的事。這幾次聚會，他們每次都提到孫瑜的《武訓傳》，男主角趙丹，女主角是趙丹夫人黃宗英，其實她都認識。自從上海文代會開過之後，文人之間的交流熱絡起來，卻也沒有特別的什麼事件好談天說嘴，就說到正沸沸揚揚開拍的《武訓傳》。武訓是個清朝末年的乞兒，經過努力奮發，最後為沒錢讀書的孩子們興學辦學。

「都說孫瑜導演的大運來了。」桑弧說，他希望自己也能像這樣被看見。

「愛玲這《十八春》寫完，說不定就能改編成電影。」龔之方總是細心感覺到愛玲都沒說話沒表示，說到小說改編成電影，就和兩人都有關係了。

「要不要改編倒是其次，我很謝謝能一直有這麼個地方發表。」愛玲這話也並不是謙遜，雖然上海文代會開完後，大家都知道梁京是誰，難保又會因為政治波瀾，莫名其妙變成被攻擊的箭靶，在這點上她這麼憂心忡忡算來也有四五年了。

「又不是國民黨時代，老是抓捕又暗殺異議分子。我們共產黨是最民主的，言論最站在工農兵的大眾立場，是中國人民的最佳選擇。」桑弧熱血沸騰地說，愛玲相信他是真心的。他和大多數知識分子的想法一樣，打倒和特權勾結的國民黨，為小民小農爭取自由，是新中國最大的理想與責任。但愛玲認為凡是不許他人意見和自己的相左，就是存在著獨裁性格，左右哪派都一樣，不能給人真正的安心，不過她也不想說出口。

「對對，夏衍同志說恩來同志希望我們團結所有能團結的人，思想也就能百花齊放！發表園地，你是放一百二十個心，絕沒問題！」唐大郎拍胸保證地說。

「看吧，其實下一篇小說，你就用張愛玲本名行了。」桑弧拍拍愛玲的手說。

「這篇寫完再看看吧。」愛玲帶著不確定的神情笑著說。

「已經有下一篇小說的題材了？」龔之方不愧是老編，嗅覺靈敏地問。一下子三個人的話題全把焦點換移到愛玲身上，這又讓愛玲有點不自在了，她的性情是最好每次大家都把她包括在外。還好都是熟朋友，於是她也不隱瞞，說：「也許寫個解放前被人買到大戶人家做丫頭的女孩，如果這也能算工農兵的工，丫頭倒是我能寫的。」愛玲有點依賴地看了桑弧一眼。

「這個我們是討論過。我覺得這題材滿好的。」桑弧說。其實他們兩人的創作，不論是電影還是小說，幾乎都是相互參與的。

「不錯不錯！這確實屬工農兵的工，我們《亦報》的銷路就靠愛玲了！」龔之方笑著說。

跑堂送來第一道菜就是砂鍋魚頭，大砂鍋裡還沸騰著熱湯，滾滾湯湯。

「來來，趁熱，這天冷的！」唐大郎拿起鍋勺子開始幫大家舀。

這桌暖人暖菜就像這一年的上海藝文界，正興興霍霍才要開動。即使有抗美援朝的志願軍與家人生離死別，即使冬天的蘇北與上海近郊鄉下簡直沒東西可吃，這一向也都還干涉不了他們的身心。

7 孫瑜一九四八年三月在南京中國影業公司開拍《武訓傳》，因為內戰的關係，資金不夠了，拍到十一月停機，由崑崙影業接手，後來資金還是不足，一度找到宋慶齡幫忙，由中國福利會資助，終究還是沒辦法，一九四九年二月又停拍。一九四九年七月周恩來在北京召開全國文代會，孫瑜帶著全部的影片構想與資料去當面解說，終於獲得讚賞與討論的機會，經過多次修改劇本，一九五〇年三月重新開拍，十二月封鏡，一九五一年二月初孫瑜先帶著拷貝上北京見周恩來，獲得許可後，在北京、天津、上海上映。

一九五一年春天以後

爆竹零零星星響著，這已經是新中國第二個新年，多數人沒大敢放肆慶祝，只是拜年的習俗仍然有，但是親戚朋友家走動，總需要手上帶點東西才好意思，以往會來找姑姑和愛玲的人，像是母親舊時陪嫁的丫頭管家，今年也都改為找地方打電話拜年，說幾句吉祥話，年份不好，這麼做可免得勉強禮物湊東湊西也還是不好看。另一方面姑姑和愛玲也覺得沒人來打擾很好，不用客客氣氣又塞些回禮，她們雖然囤積的罐頭日用品不少，也經不起年節一再回送。大家的年節來往都省儉了，也符合國家打破階級改造思想的宗旨。

《十八春》從去年三月二十五日開始連載，到今年二月十一日，剛好春節初六周日結束。將近一年的時間，這篇小說的結局非常吻合讀者的期待，曼楨與世鈞重逢，翠芝與叔惠相遇，卻都止於禮，沒再燃起不必要的情感火花，卻能互相勵志到東北參加知識分子下鄉，正面積極向工農兵學習，大家在東北欣欣向榮地開大會時，正巧原本喜歡曼楨又死了太太的醫生慕瑾也在場，至此大夥全都團圓在「革命的大家庭裡」。最後一段明顯暗示失婚的曼楨與慕瑾將成為最佳革命情侶，一起攜手走向新中國的未來。[1]

大過年的，照理報社應該還沒上班，龔之方藉口開春，正好邀請大夥去看《武訓傳》，桑弧的座位當然緊挨著愛玲，看到武訓被鄉紳惡霸欺侮的場面，前前後後都有些人嘆氣，愛玲也發現桑弧拳頭捏緊了，等到武訓突破種種困難，真正為窮孩子們辦學成功時，桑弧側臉上的弧度也變成嘴角上揚。比起胡蘭成，他畢竟是單純熱血，愛玲這麼一想，自己也吃了一驚，怎麼現在還能想到胡蘭成！

散場後唐大郎邀大家一起去吃飯，這時餐館多半還沒開張，繞了大街小巷許多路，好容易有家小餐館開著，四人進去，老闆娘正抹桌椅，才準備好。

「您這兒有菜單嗎？」桑弧一坐定就問。

「我們今兒原不開店的，只拉開門板圖個開張大吉，市場沒開，菜色兜不齊全。還是您幾位到別處去找找有沒有更合適的地方罷！」老闆搓手哈腰謙笑著，其實是因為他們都不是常客，這種食物短缺的時候，館子不準備著給熟客是要被抱怨的。

「這樣吧，有什麼好吃的就給我們上什麼。」唐大郎率性地說了，手上摸出幾塊洋銀放桌上。老闆眼尖，看得笑咪咪地說：「好好，您幾位這樣好商量，那沒問題。」說完夫婦倆轉身就去廚房準備。

「我才想這不熟的小館不比我們報社附近可以簽帳，吃食沒整疊人民幣該能吃得到什麼。原來你準備了這個！」龔之方指指洋銀笑著說。

「也是出納教的，都幫我們把收入換成洋銀了。這才付得出愛玲的稿費不是？」唐大郎仰頭大笑說。

「不知道這館子做得好不好，剛剛也走太久了，不坐下來吃飯不成的。」桑弧偷眼看愛玲有點陪小心地說。因為看她有點皺眉捏了幾下小腿，可能無法再多走了，畢竟女子總是比較瘦弱。

「我們是繞得遠了，這附近本來不是餐館多的地方。你們沒看招牌，都是小兒科、婦科醫院、藥局。牆上還貼得亂，有治白濁肺癆打補針的廣告。」龔之方說，也發覺了桑弧的陪小心。

「有些藥局醫院好像已經開門了。」桑弧說著，又看了愛玲一眼，覺得不知道愛玲為什麼今天神情悶悶的，明明剛剛散場的時候還有說有笑討論電影內容，也許真的走太遠太累。

老闆娘端菜出來，一盤肉末乾煸四季豆、一盤雞絲拉皮、一盤炸銀絲卷，一盤雪菜炒百葉，都算

1 熟悉《半生緣》的讀者即知道，這一整段樣板情節，後來完全被張愛玲刪掉，改成「回不去了」的悲劇模式，慕瑾改為豫瑾，最後僅僅在世鈞與曼楨口中被提及，而加上翠芝與叔惠這四人兩對，交錯的情感與悔恨，在時光流逝中只剩下惘惘的回憶，所以原本命名為《惘然記》，全部的更改對照，在唐文標的《張愛玲資料大全》中仔細列出，雖然張愛玲對唐文標的魯莽非常憤怒又無奈，卻正因為唐文標做了這樣的窮極搜索，我們就不難明白《十八春》寫作的時候，張愛玲其實有多大的意識形態壓力，她在《十八春》原文結束的倒數第七段嵌入了自己的想法。藉著慕瑾的表達，說出：「我是對政治從來不感覺興趣的，我總想著政治這樣東西範圍太大了，也太渺茫了，理想不一定能實現，實行起來也不一定能合理想。我寧可就我本人力量所及，眼睛看得到的地方，做一點自己認為有益的事，做到一點是一點……所以還是那句話：『政治決定一切。你不管政治，政治要找上你。』」慕瑾這些話雖然是感慨在六安開診所時懷孕的太太慘死，但實際上，如果對照後來張愛玲屢次在《小團圓》、《浮花浪蕊》、《相見歡》以及她的英文自白書中，表達對共產黨、對國家主義的看法，甚至在給宋淇夫婦的書信中幾次說到，如果有時間，她想著手寫關於中共的文章，那麼就不難理解張愛玲其實不是政治冷感，而是太洞悉，以至於非常小心翼翼。一九八〇年代以後，既不願意進入當時還在戒嚴中的國民黨台灣，也不願意回去已經在鄧小平手中走向開放改革路線的大陸。後來夏衍、柯靈等人在張愛玲過世後，還說他們覺得《十八春》比改寫後的《半生緣》更有真實感，這也不是故意政治正確化，原因就是他們那一代，都真正經歷過一九四九到一九五二，那個左派知識分子集體興奮的年代。

家常，最後卻端出一盆紫菜蛋花湯，四人互看也不說破，這也太家常了吧！最低程度不是應該配一盆南瓜海鮮羹，或是蘿蔔絲蛤蠣湯？陸續附近開市營業的店家職員也有出來打飯的，見他們四人一桌吃得熱絡，也進來問問有什麼飯菜可買。這間小餐館統共也不過四塊桌子，眼見就要客滿了。忽然聽見一個女高音似的尖亮嗓子喊：「老闆，您給我裝滿這飯菜盒子行了。」

「噯，胡醫師，您今天就上班了?!」老闆從廚房窗口探頭出來滿臉堆笑說。裡面正沙沙熱炒著。看樣子小館子裡就只這對夫妻，老闆娘兼跑堂收帳。

「今天大家來團拜一下子，圖個開市大吉而已。」捏著高音似的，胡醫師像是踮著腳尖說話。

「哎喲，您診所生意本來好，您的醫生多會做，可是整年客人滿滿的，還需要開市團拜？」老闆娘嘴碎著聊也聊開了。原來這位胡醫師應該只是某個診所護士，小店為了話裡捧客人特為稱「醫師」，真正診所醫生另有其人，所以老闆娘才又說「您的醫生」。

「我們哪兒比得上隔壁那開婦科的，」胡護士說到這裡聲音陡然小下去，說道：「都說他們最近這一兩年開始多接打胎的，非常好賺！」

「嘖嘖，又是女醫師，難怪！」老闆娘聲音也忽然變小，不過小店空間小，這些對話大家還是聽得非常清楚。

「是麼，他們那女醫師神祕兮兮，從來不出來吃飯，說是都雇個廚子在診所裡開飯，有錢。」胡護士利用等飯菜的時間繼續八卦，說：「我們就沒法子，得到處打飯回去吃。要不，上班病人多，時間也緊湊，沒的餓肚子到晚上也不成。」

餐館裡本來窄擠，被這兩人大聲地你一句我一句，又有炒菜的油焦味，還有四塊桌子都滿座的說話聲，本來桑弧他們都在說的《武訓傳》，因為嘈雜而必須越說越大聲才聽得見彼此。

「看來這裡不是聊天的好地方，」唐大郎舀一大匙蛋花無奈地看一眼說：「咱們等等還是找家咖啡廳比較好。」

「剛剛一路繞也沒見咖啡廳開門的，要不，」桑弧看愛玲一眼，本來想說去公寓，見她仍然微微皺眉，硬是縮口改了說：「去我家聊聊，姊姊今天在家，她泡咖啡的手藝可好的。」

「好呀！」唐大郎聊天興致很高，人又隨意，幫大家夾菜舀湯之後說：「來來來，雖然比不上大館子，我看這老闆也是盡力了。」

吃完飯一踏出飯館，馬上感覺空氣冷冽清新，但是愛玲覺得身上還泛著那整個小飯館的油焦味，揮之不去。

「這附近有沒有黃包車，剛剛腿肚子有些疼，就不去你家了，」她說著就伸手招車，立刻來了一輛，不等桑弧說什麼，她已經踏上去，回頭向三個人說：「你們慢聊，真對不住，我先走了。」

他們三個大男人倒也不以為意，只是唐大郎忽然想到什麼，問桑弧：「我記得你有個遠親，還是認識的人，也在婦科診所上班？去年我們報社有個女職員生孩子要找女醫師，我還問你不是？」

「我也記得，難道在這附近？要不然你剛剛走在前頭怎麼七彎八拐，熟門熟路的。」龔之方說。

「就是那老闆娘嘴裡那個女醫生。」桑弧笑著說：「我雖然和她不熟，但我姊姊、大嫂都和她的櫃檯小姐是手帕交，我有時送送她，所以路熟。他們剛剛說到請廚子，那廚子就是那櫃檯小姐的親戚。」

愛玲伏在馬桶邊緣，剛剛吃進去沒多少東西幾乎都吐光了，還在繼續吐酸水。姑姑剛巧不在家，今天李開第一早開車過來，本想連愛玲一起載出去兜風吃飯的。

喘著，反胃感還是很重，她已經乾嘔到眼角都泛出淚光，倒是欲哭無淚。看樣子那件事情遲早要被桑弧知道的。她能有多少心理準備？這一路走來，她能在創作上、情感上被重擊多少次？

她已經全身沒力氣，要不是吃壞肚子，應該就是著涼了。天慢慢變黑，姑姑還沒回來，通常李開第開車，都要吃完晚飯之後再晚些才會到家。她慢慢按著浴缸邊緣站起來，一陣暈眩，趕緊扶著牆壁，緩緩走回房間，躺下又一陣天旋地轉，覺得手腳發冷，身體卻開始熱烘烘，腰腿發痠，她知道是快要發燒了。她躺在床上，身體很累，腦袋卻很清醒，看著整個房間逐漸失去光線，黑暗中並沒有月亮從窗外升起，接著就滴滴答答下起雨來，這麼冷的天也能下雨？她不可置信地瞪著那斜斜劃在玻璃上的雨點，沒戴眼鏡就看不清楚每根雨絲，朦朧的視角中玻璃像有幾千道裂痕，是劃在她心坎上。

不知道過了多久，她也不清楚自己是睡著了還是沒睡，整個人是動彈不得了，只剩下聽覺，她側耳聽著，終於抓住插鑰匙轉門把的聲響，接著小客廳的燈亮了，送著兩個人的笑語傳進愛玲耳裡。

「小煐還沒回來。看來和桑弧倒是不錯。」是開第的聲音：「你可不用擔心了。」

「這個男孩子是很不錯。」姑姑的聲音裡也帶著愉悅，頓了一下又說：「就是家裡頭有點麻煩。」

「誰是完美的呢？可別再揀了，女孩子過三十，年紀就有點大。」開第說著，又有轉門把的聲響：「今天真好，讓我們晚上才遇著雨。」愛玲本來想大聲喊姑姑，Uncle KD也不是外人，可是聽到這裡卻又不能喊了，只能硬生生鯁在喉頭。

「快回去吧，晚了我倒要對不住毓智了。」姑姑的聲音忽然變得很溫柔，有捨不得，卻又有點幽怨。

「她今天和女朋友們去開婦女黨員大會，女人們湊一起有說不完的話，肯定很晚才回家，沒關係的。」開第柔聲說：「倒是我對不住你。一直以來。」

「是我自己願意，也怪不得人。」姑姑低聲地說。

「你……你，唔……」開第的聲音，接下來無聲勝有聲。好一會兒，一陣嗦嗦沙沙，姑姑說：「這袋東西帶回去吧，孩子們也等著吃，小煐倒是沒關係。」又一陣嗦嗦沙沙，換李開第說：「這些我拿了，這些放這兒，這牛酪香，成分足，現在難得的，小煐一定會喜歡。」

生病的時候特別易感，愛玲的眼淚已經氾流到枕上。這時她的父親在哪裡，母親又在天涯何處？那杳無蹤影的胡蘭成更是謎，炎櫻去了日本，寫信要十天半個月才到。還剩誰？桑弧嗎？他在家裡和朋友們歡談國家政治、電影前途，也不會想到她在黑暗中病痛呻吟。只有姑姑。外頭許久沒聲響，又忽然出現姑姑的聲音：「得了得了，快點回去吧！」剛剛的濃情蜜意忽變回老夫老妻的聲口，愛玲聽著心裡好笑之外，倒又不願意Uncle KD回去了，她就像他們的孩子，父母親感情這樣好，孩子就算發燒躺在床上也能有安全感。門開了又關，李開第真的走了。愛玲慢慢感覺身體裡的津液隨著夜越來越深，一點一滴地從她身上流失，她的喉嚨非常乾燥，沒有口水可吞，喉頭很痛，不由自主呻吟起來。

「怎麼躺在房裡也不喚我一聲，哎喲，這燒得！」姑姑進房門見不對勁，手往愛玲額頭上摸，吃一嚇地說。

「我，想喝水。」愛玲有氣無力地，怕姑姑難為情，又使力說了兩句：「剛剛才睡醒，也不知道怎麼，覺得沒力氣下不了床。」

「等等我，去找找有沒有體溫計和退燒藥。」姑姑倒是沒多想，根本急著找藥去，嘴裡還嘀咕著：「總不至於給你嬸嬸全帶走了吧。」她母親有時打包行李太徹底規則，會把旅行用的腸胃藥、感冒糖漿都帶走。

姑姑打換涼毛巾放她額頭，又餵藥，折騰到大半夜，愛玲終於燒退睡著了。看著她睡著的臉，雖然三十一歲了，長髮散得枕邊都是，也還是個年輕女孩的樣子，心疼地摸摸她的臉頰整整亂髮絲，發現枕頭上還濕濕的，顯然不知道今天又發生什麼事了。嘆了嘆氣，又撢摸她的額頭、摸摸手，真的沒再發熱，這才回房間洗澡睡覺，天邊已經有點發白。這一開年就有點麻煩事，以前總聽母親李菊耦說：「大過年的，別哭，一哭整年要晦氣。」姑姑有點心下惴惴，卻也無可如何。

陽春三月，上海天氣暖得快，李開第最近時常來公寓，一來就問愛玲想去哪裡玩。愛玲也老實不客氣說了幾個地點。因為《十八春》連載完了，才正要集結出書，報社還在排書樣稿，創作告一個段落，新的創作還沒完全成形，這段時間算是愛玲輕鬆又有時焦慮的空檔。構思下一篇小說的時候焦慮，其他時間應當要輕鬆。因為龔之方已經催她寫上次說的「賣到大戶人家當丫頭」那篇小說。

她在車子裡聽著姑姑和開第說話，耳朵裡有人聲，眼睛裡有風景，這樣的時候她最喜歡，是不是專心聽都不重要，心不在焉也可以，他們的聲音斷斷續續溫暖著她。

「你說這種情況是不是可怕？」李開第邊開車邊說。

「就是，不是說土改是讓大家有地。怎麼會開著開著就殺人了？是阿仔說的？」姑姑有點詫異地說。

「對，你上次見到那個廣東商人，他本想回鄉下，聽著來投奔的人說了，怎麼也不敢回去了。」李開第的口吻有些憂心地說：「蘇北土改也出事。說是地主該殺。」

「這麼說，還好伯父老早把地都捐了。」姑姑說著又輕輕笑道：「我們家也不怕，也都給我那哥哥敗光，要不，我們也還是反動大地主呢！」

「這倒是，」李開第也笑著說：「現在九三學社一開會，我們嘴裡都得工農兵，說什麼別的也怕會說錯話，久了大夥聚會就變得不大有意思。」他沒說出口的，當然是因此他變得滿有時間來找她們。每次開會提議要做的事情都得通過中央的同意或指示，也不能莽撞去運作，這些人都像李開第這樣聰明有才幹，幾次開會沒成效之後，大家就看穿了高來高去的說話藝術，誰願意一天到晚浪費自己的時間在開會裡頭？

愛玲聽著心中覺得好笑，想到上次文代會分組討論也老早是這個樣了，還好她也沒多去，她太清楚自己，恐怕更是多說多錯那種。一路開過去都沒見到為春耕播種前肥田用的整片油菜花，這倒是令人詫異。以往這時候油菜花老早開了。現在卻到處是一叢叢雜草。

「找不到油菜花田了，真奇怪。」姑姑在開第身旁常常就像個小女孩，失望著說。

「恐怕這附近的農民也被土改弄得灰頭土臉，種不了莊稼了。」李開第輕聲說，彷彿覺得隔牆有耳，又補了一句：「這我們私下說說就好，絕不能和別人這麼講。」[2]

「那是反革命了。」愛玲輕輕笑著插嘴說，這裡也沒別人。

「噯，你說對了。真聰明！」李開第還把她當成小女孩誇獎，說：『你姑姑說，下一篇小說想寫丫頭的故事。這倒也算工農兵的工，女工。」

「昨天還跟小煐聊，我們家族以前雖然用老媽子丫頭，卻從來沒肯虐待過人家，我媽總說要寬厚，人家也是好好的人生父母養。現在她要寫個被虐待的，可怎麼寫？」姑姑笑著說。

2　一九四六年以後，只要中共占領的區域就開始推動土地改革，原本用意是推翻大地主，讓貧農獲得土地耕種，卻越演越烈，演變成到處殺人逼人自殺，後來索性公開在文件中討論是否下放殺人權，見盧躍剛，《趙紫陽傳——一位失敗改革家的一生》，印刻，二〇一九年十月，〈第二部：陶趙治粵：營造烏托邦（一九五一—一九六四）〉，上海的閩粵商人原本就非常多，與家鄉人當然或多或少會有聯絡。李開第這時候所在的上海工商界，這樣的朋友應當不少。

「姑姑還真講不出家族裡有什麼丫頭被打的故事。後來才想起我很小的時候，嬸嬸因為一件什麼事賞翠鈴一個嘴巴子，罰跪罵了一頓。」愛玲說一整串，表示她興致很高，又笑著說：「姑姑說我那時才兩歲，看著被罵的丫頭不知道高興什麼，一個勁兒咯咯咯大笑。」小時候總是幸福的，她開心回憶這個。

「我看你嬸嬸應該就不罵那陪房丫頭了吧。被個小孩子也逗笑了。」李開第也覺得好笑，說：「不過這可麻煩了，還是沒虐待呀！」

「後來我們倒是想到《歇浦潮》裡頭有好幾個虐待丫頭的橋段。嗯？」姑姑回頭看看愛玲說。

「是啊，那裡面滿多的，還又講到《金瓶梅》，也有。」愛玲看著姑姑笑，最近越跟姑姑說話，似乎越回到她十幾歲的時光，姑姑跟她聊到中國古典小說，常常肚子裡的故事也不比舅舅少，對於民國以來的章回小說，姑姑的看法也頗能比擬父親，給她想像中的小說人物發展指點些情節的九連環。

「看吧，我雖然沒工作了，還是整天說許多有意義的話。」姑姑故意語氣誇張地說笑。一方面因為感受到李開第有一種知識分子無事可做的焦慮感，另一方面也知道愛玲在創作完全成形之前，也在沒安全感狀態。這兩人都是她最親愛的人，她希望他們都能放鬆些過日子。

「這丫頭的故事寫成功了，肯定要分一半稿費給你姑姑了！」李開第果然輕鬆地說。

「那有什麼問題！」愛玲也變得開心起來。她這幾天又故意疏遠桑弧，藉口說開始寫下一篇稿子不讓他來公寓，實際上一個字也還沒動。一方面是創作的壓力，另一方面卻真怕得面臨另一次的分手和背叛。

「給我六塊洋錢，萬事全休誰不欠誰！」姑姑手比個六字說。

「現在大洋可值錢了，你這不是要太多了！不行，我們小煐可負擔不起！」李開第挪開一隻放在駕駛盤上的手，把姑姑比六的手按了下去。惹得愛玲大笑，她並不真正覺得好笑，就只是單純想開懷大笑。在她腦海裡逐漸成形的，是一個從舊時代掙脫的可憐女子，她將這篇小說命名為〈小艾〉，其實和工農兵不大相干。[3]

3 張愛玲好幾次提到自己受到《歇浦潮》、《金瓶梅》、《紅樓夢》以及《海上花》的影響，又喜歡張恨水的小說，讀者只從張愛玲文字上這樣泛泛的認知，可能無法真正感受到張愛玲得到影響時的感動。〈小艾〉是從頭到尾被虐待，一路讓主人打罵又被老爺強暴懷孕，結果被姨太太使力狠踢流產，好不容易遇到金根時雖然年紀還輕，身體已經大壞。想尋找這些虐心情節的根源，《紅樓夢》沒這種對丫頭身體殘害的狠勁，《海上花》裡充滿了優雅的妓家生意場，雖然有流氓氣的賴公子對趙二寶的耍狠，卻是亂砸破壞，不是直接打她，而且趙二寶是自願當妓女的，不是被賣當丫頭。張恨水有一百多部小說，如《金粉世家》、《春明外史》、《夜深沉》，其中女子多是在各種情況下逐漸或被金錢或被愛情引誘沉淪而身心受殘害，也不見丫頭被虐待的情況。倒是《金瓶梅》第八回就出現迎兒被狠打虐待的場景，頗像小艾剛被買來懵懂無知的年紀。但是迎兒卻是武大郎的前妻女兒，被潘金蓮虐待，比較是後母虐女，而非買來的丫頭。後來潘金蓮成為西門慶第五妾，房裡伶俐的丫頭春梅也被西門慶收用。另一個粗作的丫頭秋菊，就常常被金蓮打罵虐待，尤其在嫉妒李瓶兒時，秋菊每每被無端罰跪打掐，但主要都在反射潘金蓮失寵的情緒，情節比較簡單。看來還是《歇浦潮》裡更找得到複雜的小艾原型。第八十四回，寫一個父親捨不得賣掉的親生女兒莫金寶，莫父因為生意做失敗了，又剛病死了妻子沒錢下葬，不得已賣女兒的時候還挑人家，千萬交代金寶不能淪落風塵，絕對不肯賣到長三幺二家做細活，因為金寶長得清秀，打探清楚了是做粗工才肯賣，賣掉當時，莫父是一步一回頭，金寶也大哭，父女倆可憐的依依不捨。沒想到也是人生父母養的金寶，卻遇著一連串惡劣的女主人，被這家虐待冤枉完，又轉賣到另一家，也被虐待冤枉，輾轉幾家之後，落到一個因為偷情被商人休掉的姨太太手中，這姨太太因為心理不正常，對金寶的虐待更甚於前幾家，讓金寶真正可憐到谷底。最後金寶被關在後陽台罰整兩天都不給吃，因為過度飢餓而伸手向隔壁棟豪宅裡的貴公子要東西吃，貴公子雖然同情她一個小丫頭全身被天氣漸漸暖和，愛玲仍然晚上寫稿白天睡到中午起床。這天她是被一個摔碎聲吵醒。

「姑姑怎麼了？」她蓬著頭趕忙開門出來問。

「沒什麼，整理東西。吵醒你了。」姑姑在廚房笑著說：「手滑，把個紀念杯子摔地上了。你別過來。」

「紀念杯子？」愛玲好奇地問。

「以前那個德國人給的。上面有個卍字。」姑姑說，頭也不抬，小心翼翼撿起碎片。

「等等，讓我看看。」愛玲好奇心大發，她怎麼不知道有這種杯子。

「看吧，盡情看。這節骨眼打碎扔了也好。」姑姑笑著說。

「免得被壓上帝國主義反革命的帽子。」愛玲穿著睡衣輕笑著說。現在她能順口溜似地說這些名詞了。看著碎片，又問：「Uncle會來嗎？九三學社今天不是要放映《武訓傳》？」

「是啊，都說《武訓傳》好看，沒趕著看過怎麼成。好像還有另一部電影，叫作什麼什麼名譽來著？是新片。」姑姑搜索著記憶說。

「不是名譽，《榮譽屬於誰》早被禁，也不知道為什麼。姑姑別在外人面前說錯了，小林他們說的，怕是裡面有什麼問題得罪了毛主席。」愛玲悄聲地說。

「哎喲，你看我的記性。想起來了，是《內蒙人民的勝利》。挺繞口的。」姑姑說。[4]

「好看再告訴我。」愛玲這個意思就是今天不同姑姑一起出門了。

「應該好看的嘍。」姑姑差不多已經把碎屑都收乾淨了。看了愛玲一眼，看起來不像桑弧要來的樣子，又怕她悶在家裡出毛病，這幾日看她都在家，也不好直接問他們又怎麼了。

「昨天龔之方催著要《十八春》出書時間。我還沒想好。」愛玲有點感覺姑姑的想法，故意煩惱地說。

「要不，找桑弧問問意見。」姑姑終於試探著說。愛玲看著姑姑，停頓了很久，慢慢地搖頭說：「他應該知道了。」也沒說知道什麼，姑姑也知道了。

「有這可能？你們這陣子不也還照常聯繫。」姑姑吃驚地說。

打得皮開肉綻到處是傷口，貴公子的父親還是警告兒子別管閒事，直到這個被休的姨太太真正因為鄰居間的摩擦惹怒了富豪，貴公子這才慫恿金寶去租界巡捕房，告發主人虐待，巡捕房是外國法令，會要求主人上法庭審問，輕則罰錢，重則還要坐監牢。（這是為什麼張愛玲在《私語》中寫被父親毒打的時候，她一心一意想逃去巡捕房告發父親與後母，既可以告他們吸鴉片，也可以驗傷告他們虐待）。一開頭被傳喚到法院通常就必須請懂得租界法律的律師，律師費既高，又容易請錯律師被騙，姨太太又是被休的，已經沒有商人勢力可依靠，聽到法院傳喚已經嚇得魂都快飛了，於是金寶不但從此被好好對待，還得到提高薪水的好待遇。結局總算弱小者獲得救贖，正義得以伸張。《歇浦潮》的書寫背景是在袁世凱時代，整部書依照寫作前後順序分為五部，在當時上海幾乎是家家戶戶人手一冊的暢銷書，裡面的人物情節雖然高潮迭起，多所敘述歪扭行事的醜聞，不過主要角色最後也都善有善報惡有惡報，還是循著中國古典章回小說的因果觀。到了張愛玲手上，這種因果觀才整個被打破。

4 中共於一九四九年四月成立中央電影局，負責全國電影事務，當時還沒有最高文化管制部門，先從最普遍能影響大眾思想的電影業著手，那時市場上還一面倒是好萊塢製作的影片，為了鼓勵國產電影，制定了較寬鬆的電影審查政策。以期待盡快恢復國產電影的發展。當時擔任上海軍管會文管會副主任的夏衍，向上海電影人傳達政策時說：「電影題材只要不反共，不提倡封建迷信，有娛樂性的當然也可以，連不起好作用、但也不起壞作用的『白開水』也可以。」及至一九五〇年土地改革、鎮壓反革命追捕國民黨、抗美援朝三大運動展開，英美片全部禁止放映，國產電影的審查也開始收緊。

「後來又去領稿費，之方說起那女醫師請廚子的事，小林他們家的人認識那個櫃台小姐。」愛玲沒頭沒尾地，也沒把話說完，但是姑姑也聽得懂。

「那櫃台小姐未必知道你，我託人隱密的，應該只知道姓張，那天我們還走後門不是。」姑姑臉上極力顯得平常，卻仍露出憂色。

「那櫃台小姐盯著我看了很久，那時。」愛玲厭煩地說。

姑姑不禁抱住愛玲，看來她要面對的是整排還沒發動槍炮的士兵。戰爭還沒開始，等待卻令人膽寒。門鈴響了，是李開第來了。除了手上又帶了一小袋子什麼東西，還有一封信。

「門房讓我拿上來，像是從英國寄來的。」開第邊說邊把信交給姑姑。

「是嬸嬸。」愛玲有點激動，又強迫自己平靜下來。對於母親的來信，她常常都是既期待又焦慮。期待是正常的，焦慮卻也不是多餘的。因為有來信就要有回信，回信的時候每每字斟句酌，只能說好的，不能說壞的，也不能自由表達開心不開心的事，不然常常要招來一頓訓話，彷彿她總是在做人的道理上太差勁，需要母親更多的糾正。

「的確是，來，我們看看她說了什麼。」姑姑柔聲對愛玲說。

「哎喲，還有一張照片。挺美，」姑姑捏著信紙迫不及待讀下去，看來她這陣子因為沒有英文報紙雜誌，也看不到英美電影，悶得慌，接到一封從英國來的信也興奮。姑姑讀完一頁就交給愛玲一頁，厚厚一疊信紙，中英文夾雜著寫，這是她們三個人寫信的習慣，姑姪兩人一下子讀完了。

「還是要你去香港完成學業，說是安排好了。」姑姑看著愛玲說。

「嬸嬸很費勁。」愛玲沉吟著，姑姑很驚訝，自從港戰後，愛玲就很少溫順地照著她母親的安排，但今天這口氣並不是完全拒絕。難道愛玲真有出去的想法？

「如果要申請港大復學，也可以連獎學金一起問。」姑姑思索著說。

「姑姑呢？嬸嬸是說我們一起去香港和英國。」愛玲脫口而出，立刻覺得說錯話了，看姑姑一眼，卻忍不住往李開第看去。

「去香港很好，你應該冷靜考慮考慮。」李開第也沒有尷尬的神情，卻是帶著內疚地說。

「你嬸嬸還說下工廠當女工，哎喲，」姑姑根本沒接口回應，卻笑著指著信中幾行字說：「她終於如願去學怎麼做皮件了，不知道的，還說這是向工農兵學習，愛國呢！」

這樣的反應，愛玲就知道姑姑不會丟下李開第去香港的，即使能有辦法也會放棄。她必須自己面對這個決定，這是她的未來，不能靠最親愛的姑姑，當然更沒辦法靠桑弧。

每家每戶都發了配給布，讓大家做衣服穿的。是國家給的福利，共產黨一來，大家真有吃的穿的了。她們這家的是一段湖色土布，一段雪青洋紗，她找裁縫做了一件喇叭袖唐裝單衫，一條褲子。姑姪兩人又去登記戶口。

「要不，姑姑回家，我辦登記行了。」愛玲見隊伍長著，跟姑姑說：「剛剛那位同志說了，一戶一個人登記成了。」現在在外頭講話，都得同志來同志去。稱呼上要和大家相同，免得被人說是反革命。

「我看你先回去睡一會，昨天半夜起來喝水看你房裡還透著光。今天一大早又醒來。」姑姑說。

「呵，是挺累。」愛玲也站得腳痠，有點想打呵欠，不跟姑姑客氣了，看看姑姑應該沒問題，就說：「那我等等再過來。」

她走著走到轉角看到一家又窄又暗的房子，貼著紅條子寫「剪髮」，從裡頭出來一個女太太，攏著頭髮搖著臀走了，裡頭剪髮男師傅正收拾傢伙。愛玲忽然一個念頭。想把長髮剪短，覺得長鬈髮已經不大符合過三十的年紀之外，也於這時代互稱「同志」的肅殺氛圍格格不入。店裡只有一張椅子，一面鏡子，因為既沒有燙髮也不必重新梳頭，剪髮師傅快剪幾下子就好了，面對鏡子，愛玲看到不同面貌的自己，是清爽了？還是重生了？她模糊地感覺都有，綜合起來可說是「甘願」。如果胡蘭成看到她現在的樣子會怎麼想？她對著鏡子稍稍微笑了一下，這麼磨蹭著照鏡子，自己又吃了一驚，怎麼還是想到他，也不是想到桑弧會怎麼看。

她沒回家，懷著半興奮的心情折回隊伍裡去找姑姑。

「唉唷，嚇我一跳。」姑姑回頭看時說：「以為哪個不認識的姑娘來插隊！」

「姑姑可以回家了，我排行了。反正也沒事。」短髮愛玲笑著說。沒事的意思當然是排隊也不必花腦袋。

「剪得剛剛好，這師傅不錯。」姑姑摸摸愛玲的新短髮笑著說，一起聊天等著也不錯。想當年她把長髮剪短，也是因為李開第結婚。

「等等去照張派司照。」愛玲說。姑姑果然理解她，也沒多問。

「我們去四馬路，那裡有家照相館我熟。」姑姑笑著說。

「同志，往前走，輪你們了，別淨顧著說話。」後頭一個矮小男人往前努努嘴說。果然她們前面空了一大截，已經排到了。街邊擱著一張小學生課室裡的黃漆小書桌，一個穿草黃制服的大漢傴著身子伏在桌上寫字，愛玲走上前去。

「認識字？」大漢操著老八路西北口音說。

「識得點。」愛玲故意把話含在嘴裡咕噥，心裡驚喜交集，原來這身打扮像極了老鄉婦女，不像個知識分子，被這麼一問，竟然真有重新開始另一種人生的感覺。

「這個能填嗎？」大漢又指指表格說，倒也並不粗魯地把一張表格和一枝筆放在她面前。全部填完了，也就完成戶口登記。經過多少時日、風波，她和姑姑仍然同一戶，相依為命。[5]

《武訓傳》熱熱鬧鬧上映了許久，上海藝文界沒去看的人都是落伍的，大家轟轟烈烈地群聚討論，都說這是難得的思想教育大勝利。北京、天津的放映也得到空前讚賞，各報章雜誌直到四、五月以前多達四十幾篇盛讚美文。誰也沒料到已經悄悄驚動了中央，未來將成為四人幫主導者的江青，在這個時間點呈上建議給毛主席，從此嶄露頭角。五月二十日的《人民日報》刊出脫手於毛主席親自修改的文章，批判《武訓傳》是宣揚資產階級改良主義，嚴厲指責攻擊。從五月到八月，共出現八百多篇文章抨擊，並且組成調查團到武訓出生的山東做實地檢討，最後定義證明歷史上的武訓為壞人，是一個「以興義學為手段，被當時反動政府賦予特權而為整個地主階級和反動政府服務的大流氓、大債主和大地主」。[6]

對愛玲來說，一向大家在吵吵嚷嚷的，她既沒興趣，也沒相關感，只不過是耳旁風而已。但是《十八春》要出書了，校對和改稿總得慢工出細活，都刊登結束幾個月了，她的修改還沒完成三分之一。她

5 見《對照記》，張愛玲，皇冠，二〇一〇年四月，圖四十六。從這張開始有短髮照片。張愛玲的公開照片，包括過世後展出的衣服，幾乎沒有長褲裝，居然在圖四十六的說明裡，破天荒寫了做「一條袴子」，又把戶口登記的情節也描述一番，表示到了這時候，不但心情上有大轉變，時局上更有壓迫性。

6 見尋夢新聞，〈禁片武訓傳被封殺始末：受傷的不只是電影〉，這部電影被禁映幾十年，後來終於平反放映。但是主演的趙丹直到生病過世前並沒有如願以償看到《武訓傳》開禁。

不想太冒險，畢竟《十八春》刊登的時候非常轟動，現在的中國，越受大眾歡迎的文藝或電影，越有可能從天堂重摔向地獄。她必須字斟句酌，要不然白紙黑字，一面倒的稱讚就可能瞬間翻轉成一面倒的批判。《太平春》是這樣，《武訓傳》更是這樣。那些報章上的雜音耳旁風在她來講，並不是表面文字呈現的意識形態本身，而是一種深入骨髓的威脅。

但是龔之方催促得實在急，她不得不帶著改好的三分之一去報社。

「打鐵要趁熱，你這校對速度也太慢了，本來預計六月就出書的，都拖到八月了。」龔之方笑著說。

「這是改好的部分。是不是，呃，」愛玲似乎有什麼難啟齒，猶豫了一下子說：「需要讓你們先看看妥不妥當？」這話一說，龔之方恍然大悟，她在說的是，要不要讓夏衍或是相關的文化長官看過。

「不用吧，別看《武訓傳》吵得如此這般，《內蒙人民的勝利》也險些停擺，讓恩來同志修過幾次，還是上映了，六、七月間還得了捷克電影節最佳編劇獎。」龔之方說，言下之意，夏衍承接的都是周恩來的授意，刊登的時候夏衍既然都讚賞又沒意見，這時候有什麼需要考慮的？這似乎很有道理，卻沒有讓愛玲得到真正的安全感。

「我記得一次夏衍在茶會上說了，不求藝術上有功，但求政治無過。」愛玲引用了夏衍與朋友談話時的感嘆。龔之方愣了一下，頗覺得意外，愛玲不是會這麼注意領導說話的。然而他畢竟看多了，還是能很快轉圜說：「那是文化領導們一肩扛的事，我們哪裡需要顧忌這麼多，就是夏衍同志肯定了，絕不會有問題。」

「那麼我得趕緊校對了。」愛玲笑著說。《太平春》和《武訓傳》明明是毛派文人在猛烈發動攻擊，而夏衍出自周恩來系統。那麼龔之方的意思，應該可以解釋為周恩來還在權位上，目前沒問題。雖然不是如釋重負，但至少減低些顧忌了。

龔之方還沒開口，編輯部大門打開了，遠遠進來兩個人，前頭走的是唐大郎，後面跟著赫然是桑弧。愛玲來不及躲避，只好裝作若無其事。他們已經兩個多禮拜沒聯絡了，愛玲也不想去找原因，也沒有任何主動或期待，她早已準備好了。

「你也在這兒！」桑弧的語氣裡有驚喜，表情上卻很複雜。

「咦，你們明明約好的，還裝什麼？」唐大郎莽撞地開玩笑說。

「我們正說《十八春》校對得太慢。」龔之方緩頰說。他是見愛玲和桑弧都有點尷尬，知道唐大郎大概說錯話了，情侶間常常矛盾吵架，這誰也說不準。

「剛剛跟孫瑜碰面，他沮喪得！」桑弧沒有接話，直接轉到別的話題。這不大像以往的他，只要是愛玲的創作，他都很樂意回應。桑弧才說一句，就停下來看看左右，彷彿怕隔牆有耳，說：「是不是恩來同志要被毛主席鬥下來了？」這種話，關係不夠還真不能說。龔之方心中卻叫聲苦，什麼不提，偏偏才跟愛玲安撫過，現在又挑起這個。於是很快向桑弧使個眼色說：「唷，年輕人別胡說，起碼夏衍還在位子上。」桑弧有點莫名其妙，卻因為一向尊龔之方為兄，隨著眼色也故作輕鬆地用手肘碰碰愛玲說：「我哪兒年輕了，三十多歲了。是不是？愛玲。」

他三十多了，她不也是。如果是平常這麼碰碰是沒什麼，但明明這麼多天沒聯絡。愛玲微微笑了一下，心中很不愉快，這不是桑弧本來說話的方式。他是尷尬卻故作輕鬆，還是心裡憤怒？想挑釁？

「我們癡長你們幾歲，還可以當你們是年輕人！」唐大郎大笑著說。根本也沒發覺兩人有什麼不對勁，還在我們你們的，把他們倆當作一對處理。

「我已經開始申請香港大學復學。」愛玲忽然緩緩地說。

「這太突然了！你真的考慮好了嗎？」唐大郎驚訝地說。

「還不知道成不成，不過之前港大給我全額獎學金，我母親一直覺得不用很浪費。」愛玲沒看桑弧的臉色，眼瞼低垂著，偶爾抬頭看看龔之方。她想這也不是桑弧的錯，應該錯在她自己有太多必須做的抉擇。

「唷，既然還沒決定好，就先擱著別想，總之《十八春》這一兩周要趕緊交了，另外，還得催你的〈小艾〉。」龔之方看出桑弧一臉難受，想說什麼又說不出的樣子，這對戀人該是出大問題了，他慣常冷靜的頭腦，當下就判斷索性私下跟桑弧好好聊聊再說。

唐大郎還在大咧咧和桑弧說些報紙新聞背後的祕辛，愛玲已經沒有心思聽了，她的眼睛飄向窗外，今天的天空很藍，天氣熱得很，一朵白雲也沒有，和一九四六年她從溫州回上海的時候一樣，那時她在愛丁頓公寓頂樓靠著水泥圍欄反身倒看，天空藍得像海洋，簡直要從頭臉往下擠壓灑罩下來，傾盆的，無預警的，可怕又無可喘息的湛藍。

一九五一年秋冬以後

黃浦江水浪濤沖上堤岸又退下，清晨的陽光在江面上閃著金光，遠處起伏著上海的邊緣，愛玲披一件暗色外套迎風站著，短髮飄揚，陽光照在她的側臉上，陰暗面看不清楚，亮面線條又因為陽光而太亮，桑弧看著她彷彿無法辨認這個人是不是愛玲。他有點不知所措。

「最近都好？我看了《有一家人家》，你拍得真細膩好看。」愛玲的聲音很溫和，在桑弧聽起來卻很遙遠又陌生。

「其他想拍的電影都還沒審核下來。」桑弧沒接著她的話說。不過這的確是他這一陣子本來的苦悶，兩三個星期，就已經是隔好一陣子沒聯絡，再碰面聊起來，也不必刻意找話題，這表示他們的默契仍然存在，如果願意，他們還是能有許多共同的喜好，是能只有「友情基礎」的朋友。

「難得這麼早出門，清晨的空氣真好。」愛玲也沒深入問，如果她願意，也可以繼續話題，了解接下來他有哪些劇本在審核中，哪些想法還可能無中生有地成形。

「你最近都好？」桑弧軟弱地重複她先前的問話。他也發現他們的話有些搭不下去，連以前相互討論的親密感都無法順暢出現，心底有很強烈的無力感。

「書稿整理得差不多了，大概下周可以交。」愛玲回頭向桑弧嫣然一笑，陽光忽然隱沒在她背後，她的表情也頓時不清楚了，只聽見她繼續說：「〈小艾〉也給了一個半月的連載量。」聲音是柔夷的，聲音表情很不帶起伏。

「我聽之方兄說了，他們打算最近就刊登。」桑弧說完，嘴唇動了一下又停住，顯然是把後面的話吞回去。

浪濤拍岸，大量沙沙的聲響，這裡只有他們兩人，他們的話語一停，就只剩下濤聲，彷彿天地間頓然只剩這種聲響。他們站著也有距離，陽光之下，影子的距離拉得更大。這個男人和胡蘭成不一樣，是絕不會為自己想要的、想做的滔滔雄辯，積極爭取。他是個拘謹順從有好教養的男人，有時幾近於優柔寡斷。這時候愛玲反倒希望他對她發點脾氣。所以忽然打破沉默說：「聽說你去相親了。」她明明知道他沒有，誣賴他一下，看他會不會生氣。

「是啊！你聽說了！」桑弧大聲地說，幾乎吼著。因為浪濤聲越來越大，陽光從雲層隱沒，很快的雨點斜斜打下來一兩滴了。

「你生氣了?!」愛玲輕輕笑著說。他真的生氣了。為什麼不？

「沒有。」桑弧負氣地說。

「說吧，你在生氣什麼？」愛玲笑著直接問。這比較像平常他們相處之間的語氣。她隱隱看見一個胎兒舉著小肥手在黃浦江裡載浮載沉。她把眼光移到桑弧臉上，這是她的身體，她當然可以做決定。她這麼想的同時，笑容也消失了。

「你怎麼還能這麼理直氣壯？」桑弧的怒氣像是被濤聲挑出來了。

「為什麼不?」愛玲反倒平心靜氣地回問。桑弧愣了一下,他沒想到她竟真能沒有任何內疚。只聽她還繼續說:「我不想因為懷孕逼你結婚。」

「你!你!不可思議!」桑弧氣結地抬起手指著愛玲,半晌竟反而仰天大笑說:「好!好!好個張愛玲!和千古以來的女子真是大大不同!」

他的意思是她應該逼他結婚嗎?還是她應該感謝他願意負責任跟她結婚?愛玲失望了,不論是哪一種,桑弧和胡蘭成在五千年男人傳統中,其實並沒有不同。他以為只要是他的孩子他就應該負責,他沒顧及到她是否能承擔。不過她也知道自己是自私的,她沒有奮不顧身地維護他們的愛情,不但沒有,也不十分情願勉強自己順從環境與客觀條件,這一點她發覺了,她是帶著她母親強烈的遺傳基因。因為他們沒有夫唱婦隨的客觀條件,包括外在親友們的祝福,只有她姑姑一個人是不夠的,他的家庭基本上絕對排斥她。

「你的電影收入可得趕緊換成銀元,」愛玲換了另一個大家都關心的話題說:「大米可得囤一些了,連西郊虹橋的菜農都在挨餓。」

「這不可能,到處農村還在不斷增產,報上每天有數字的。」桑弧更大聲了,他拒絕相信黨以及報紙以外的耳語,並且因為還在憤怒中,又在浪濤聲中吼著說:「我們黨最照顧的就是農民,你這種話最好別再說。」雨點已經非常大了,愛玲看他的頭髮全濕了,看看自己的外套上都是雨水,不知道的人還以為他們是忘情地在雨中,甜甜蜜蜜,時而散步時而駐足。

「報上的數字哪能信。」愛玲拍了拍身上的水珠說。她已經對不起他了,該說的話還是說吧,這句話的意思,當然是報上數字只是各地捷報的表面工夫,要不不會有那麼多人都是挨餓的。這也不是唯一一次他們之間碰到政治話題的摩擦,桑弧是忠誠的共產黨員,對於黨的任何決策都只會死命、甚至瘋狂神經質地擁護。這樣的時代這樣的人很多，但她和姑姑甚至她的父母都自願被包括在外。這是她與桑弧之間另一個無法收縮的距離，他對政治太強烈的情感會使她窒息，她可以表達生活上、文學上任何想法，但是絕不能在他面前顯出一絲對共產黨的批評或輕蔑。從《太平春》開始，隨著大環境越嚴厲，他的政治態度就越堅定。

愛玲的表情從陽光燦爛到黯然，使得桑弧看在眼裡誤以為她只是嘴皮子硬，其實心下很後悔，才一直關心他的生活，這麼想之後他又心軟了，也許她說月經沒來的當時，是誤會了他的反應和表情，才會遽然做出錯誤的決定，他本來就是個溫和的男人。江邊雨水忽然又收了，陽光重新從雲層中射出，這個季節就是這樣，忽晴忽雨，這是暴風來襲的前兆，他看著她的頭髮濕漉漉的，有點鬈的短髮變得長些又黏貼在臉上額上，顯得瘦削可憐，他忍不住走過去擁住她，重新出現的陽光讓兩人的影子又跌成一個，溫存地在她耳邊說：「怎麼把頭髮剪得這麼短，像個女學生，我們重新來過，好嗎？」

愛玲靠在他不寬的胸膛上，一個瘦竹竿子，擔負四面八方來的壓力，又送給四面八方的人養分。但是她沒辦法在他身上找到父親般的安全感。因為她知道這樣的男人擔負責任扛起壓力的時候，一定會先把自己的另一半當作自己來用，要求得多，並且一定最後才想到她，更糟的是，他連嘴上的甜蜜都會做不到。但是她讓他擁著，不想現在就拒絕他，起碼在她完全下決定前還能享受當下，雖然他們的當下一定只能是短暫的。過一會兒愛玲抬起頭，自己都覺得是狐狸精似的，嘴唇啄一下他帶鬍碴的臉頰說：「我們都先冷靜一段時間，再看看吧。」

這已經是她所能給的最大極限。黃浦江繼續拍濤，她的未來可以像江水一樣洶湧，但絕不能再受限於任何人。

深秋的上海，現在街道上的景象，最特殊的並不是洋梧桐的落葉，而是處處橫幅直幅貼上的標語，反對貪汙、反對浪費、反對官僚主義，報上爆出嚴重的官商勾結案件，天津的前任書記和現任書記，先後動用公款兩百億元。三反運動從武訓的故鄉山東開始擴及全國，鼓勵下層披露上層長官的醜聞或壞事，允許越級打小報告，報紙上天天有各地奸商行賄、逃稅、勾結腐敗共產黨幹部的消息，工商界人士的坦白信和檢舉信也常常被刊登。愛玲邊走邊看著，這和原本夜夜笙歌的上海已經完全兩樣，她早已習慣這些異樣感。她今天除了去報社交稿，還有一種興奮混合著不安，因為《十八春》終於出書了。

「這開本挺好，閱讀起來方便。」龔之方把一疊新書放在桌上。

「噯，很不錯。」愛玲拿起一本翻著，笑著說。

「你帶回去一兩本，其餘的我請打雜的幫你送過去。」龔之方說。愛玲今天是高興的，雖然表情還是有點緊張。他斟酌著接下來該怎麼開口，才不至於太突兀冒失。於是又把稿費支票和簽收單推到愛玲面前說：「版稅稿酬也已經辦妥，請你簽收了。」

「這支票可得怎麼換銀元才好？聽說現在查得緊。」愛玲看著支票有點憂心地說。

「現在不比年初時還有黑市，都給三反運動揭穿了許多。」龔之方說著，看看前後沒人，很快地悄聲說：「銀元是沒法換了，不過我們這數目也不是什麼做大生意的，只好當生活費盡著花用，先買大米，糧食總是每天要吃，原本存的黃金洋銀少動就是了。」雖然這也不是什麼保值的好方法，但除此之外，也沒有更好的方法了，也只有熟朋友才會說這些。

「現在大米也貴。」愛玲有點抱怨地說。實際上他們今天一個不像編者，一個不像作者，說話都奇特地離題。

「是啊，生活真有越來越困難的光景。」龔之方說著，順便導入正題了：「其實我們結婚的人都知道，一人吃飯花銷不如兩人儉省。你和小林要不，趁這時結婚了，一起生活豈不是美妙。現在都是文明結婚，去區委書記那兒登記就完了，方便。」

愛玲聽著起初像閒聊，聽到後來才恍然，原來龔之方是來探她口氣的。他是個謹慎的人，如果沒有預先和桑弧講好，應該不會輕易開口。她看著龔之方桌上的一疊稿紙，是她才剛寫好的〈小艾〉。龔之方也沒說這次會不會請叔紅再寫一篇刊登前美文，有可能因為梁京已經連載出名了，也不必這麼做。她想到前幾天桑弧去公寓找她，也並沒有提及。

那天桑弧手上又帶了一小盒糕點，光是外殼精緻，就看得出不是他慣常會去買的店，是一家連她也不熟悉的。那時她心念一動，竟然問桑弧：「這小餅乾盒子像是你姊姊會去挑的。」

「的確是姊姊一個女朋友來我家送的，被你識破了，借花獻佛。」桑弧也不瞞她，笑著說。

「怎麼，又介紹女朋友給你了？」愛玲收起小餅乾盒也笑著問。

「反正姊姊大嫂她們是一直不死心的，你何必在意？」桑弧聳聳肩說。

「好吧，別在意。」愛玲溫和地笑了笑說。心中像被針扎了幾下。怎能不在意，如果將來她決定留在上海，不去香港了，有可能她們又還是不斷地介紹新的、比她更合適的女朋友給他。他的家人那麼排斥她，真的勉強同意讓他跟她結婚，會不會婚後一有合適的女孩子也從中撮合？愛玲是看了太多像是《海上繁華錄》、《歇浦潮》、張恨水《啼笑因緣》這種小說，早也因為胡蘭成，從純粹為愛情奉獻的夢碎，到現在理智清明地只考量現實。

「我大哥是說，得要娶個能生小孩的。」桑弧說這話並沒有刺激愛玲的意思，但是愛玲看他一眼，沒有表情冷冷地說：「我已經三十出頭，過年就三十二了，未必生得出半隻小貓。」

「你容易懷孕，這就表示能生。」桑弧急了，又口不擇言，偏提及他們之間的隱疾。

「你們家的重點既然在生小孩，那就好好留心年輕的，更能生，」愛玲不怒反而笑了，說：「多相親幾個，總有的。」

「真要相親還不容易。眼前有位小姐不是圈內人，我看也滿好的。」桑弧不禁也動火了。

「你大哥大嫂說的話這般重要，還是照著他們的話做，滿好。」愛玲生氣是不露在臉上，嘴裡也一定說上反話。

「是你不告訴我自己做了決定，倒不是我對不住你！」桑弧終於把累積多時的怨憤一古腦吐出。

「當然，是我對不住你。」愛玲微笑著說，他終於把該說的說了。她已經不想跟他繼續這麼摩擦冷戰。在這瞬間她心底已經有個初步的決定。倏忽起身從沙發去廚房準備晚餐。偶爾從廚房往外看，看到桑弧翻著雜誌，這個圖像她想多看幾眼，最好印在腦海裡，因為看起來就像個家庭男主人坐在那裡，挺安定的。水面無波，底下的浪有多大，只有兩人自己知道。愛玲邊把盤子拿下來沖水預備盛菜，邊覺得輕鬆自在，他怎麼想已經不關她的事了。她不要把自己的前途擱到他們家裡去。

這些記憶的吉光片羽全在龔之方說話的時候一一湧現。對著之方期待的眼神，愛玲先是輕輕搖頭。停一兩秒，彷彿搖頭的弧度太小，又緩緩增加幅度第二次搖頭。看著龔之方越來越驚訝的表情，顯然他真和桑弧討論過，桑弧應該滿有把握愛玲會點頭，現在卻發生預料之外的情況。龔之方嘴唇動了動，不知道想再開口說什麼，話還沒說之前，愛玲又增加幅度，第三次深深緩緩地大大搖頭。龔之方什麼也說不了了，只是深深地嘆氣。

她不能說明什麼，桑弧最大的好處，在於知道她口風緊，所以他也絕對不碎嘴，他不是胡蘭成，不會那樣到處得意兮兮地張揚自己的女人戰功史，她可以相信他是君子，他也絕對相信她是淑女，即使他們永遠不再見面，也能終生絕口不提。[1]

一九五一年十一月四日〈小艾〉在《亦報》刊登，刊登前當然沒像上次，由叔紅再寫一篇廣告向讀者推薦。上海文壇迅速知道桑弧與張愛玲的關係無疾而終。他沒有再來找她，她也輾轉聽說他結婚了。對方不是圈內人。他們非常低調，連報紙新聞都沒出現結婚的消息。[2]

1 桑弧於一九九五年寫《回顧我的從影道路》中多所感謝老伴戴琪，從一九五一年結婚以來的情義相伴和支持，對於張愛玲並沒有著墨，刊登的時候張愛玲還活著，也沒說過寫過相關的隻字片語。這篇回顧收錄在《桑弧電影文集》，上海人民出版社，附錄中有「桑弧影事年表」，桑弧在一九四九年後拍攝的，包括一九五〇年的《太平春》、一九五一年的《有一家人家》，在中國大陸都並不常被提及，幾乎沒有評價，直到一九五四年拍攝的《梁山伯與祝英台》才被標榜為中國第一部彩色戲曲片。當然之前和張愛玲一起合作的《不了情》、《太太萬歲》、《哀樂中年》以嚴峻的意識形態標準審看，一定要歸於小資產階級反動了。桑弧與戴琪結婚的時間在一九五一年，那麼龔之方就不可能是在一九五二年才替桑弧向張愛玲提親。龔之方是上海文化界的識途老馬，謹慎又謙和，要問女方願不願意，提親總需男方先同意，在龔之方的回憶中，還是夏衍授意看看是不是能夠用婚姻把張愛玲留下來，那時他們已經知道張愛玲申請港大復學了，另一位現代文學研究者魏紹昌的回憶有點不同，說龔之方向張愛玲提出的建議是，和桑弧結婚，就別去香港了，將來夫唱婦隨，可以一起為新中國在文藝創作上努力。張愛玲最後的回答則是，「看來兩者都不可能」。也就是，結婚和繼續為新中國努力在張愛玲來講，都一樣沒有客觀環境的允許。夏衍對張愛玲的禮遇與愛惜，的確是對其他文人少有的，直到他晚年為《大江東去——沈祖安人物論集》作序時，又再一次以文字提到張愛玲，他寫道：「張愛玲一直是一個有爭議的人物，她才華橫溢……我在北京西山和周恩來同志研究回上海後的文化工作，總理提醒：有幾個原不屬於進步文化陣營的文化名人要爭取把他們留下，其中就談到劉海粟和張愛玲，總理是在重慶就輾轉看過她的小說集《傳奇》，上世紀五十年代初我又託柯靈同志找到一本轉送周總理。但是張愛玲後來到了香港，走上反共的道路，這是她自己要負責的。」見陳子善〈張愛玲與上海第一屆文代會〉。張愛玲的確為自己負責了後半生，不過留在大陸的文化人們，包括夏衍、龔之方都在幾年後被打成右派，又經歷許多政治運動、文革的極端折磨，這應當也是另一種被迫「自己負責」了。

2 桑弧一生行事低調，為人謙遜厚道，只從事自己分內的事，頗像六十年代中風數次後過世的張恨水，在共黨政府鼓勵相互披露的文風中，他反其道地沒有批評過同行任何人，給女兒張明明的信中說他還是認為做人厚道很重要。桑弧對於張愛玲的淡漠不提，我們能推斷可能有兩種原因。其一，有可能兩人之間的事情對他而言根本「往事不堪回首」。其二，也有可能只願意深深埋在心底，一方面不要刺激待他深情的老伴，另一方面大陸的政治運動頻仍，即使開放改革後也最好別亂講話，絕口不提既是保護自己，也能保護張愛玲，誰知道張愛玲是不是可能回上海做些文化活動？又且還在上海的姑姑也能不被牽連。最終，即使時代解禁，最好也別讓張愛玲成為被人窺視好奇的八卦對象。這可說是桑弧的修養，與胡蘭成成為相當大的反差。

《小團圓》是張愛玲生前不願意出版的小說，就張愛玲來說，根本也是許多祕密不公開了。燕山原型雖然是桑弧，但是有好幾處想本也並不是他。例如燕山是個明星轉導演，而桑弧是拿筆的，不靠臉吃飯，一直是電影編劇，只是人長得高帥像明星，也與真正的明星們有過緋聞。燕山的結婚對象是個小明星，實際上戴琪女士是職業婦女，不是電影圈內人。燕山在結婚後又去找九莉多次，有次連素姊姊都當場看到了，說這位先生似乎結婚後變胖了，暗指燕山婚後幸福美滿。這應該是張愛玲的小說劇情安排，以及，如果她真的對桑弧有感情，是她想要表達嫉妒的小說技巧，指稱九莉對燕山的感覺是女性身體有知覺的記憶。也就可以再一次說，如果要以小說情節比對作者的真實事件，是絕對需要其他史料印證的，如果沒有史料憑空猜測，那就很危險。情緒仍然是作者的，但情節不是真的。燕山與九莉的「愛情交往」是以小說方式杜撰。張愛玲在書信中提及桑弧，既沒有任何負面也沒露出任何隱私，例如公開兩人之間的信件什麼的，私德不好才會那麼做。這是桑弧和張愛玲的修養。

索查所有張愛玲生前出版的小說與散文，除了與秋翁打一千元稿費的筆墨官司，以及〈我看蘇青〉之外，她雖然消費自己家族、周邊的朋友，甚至消費自己，卻從沒把自己所在的文字行業內任何人的相關八卦拿來作文章，或諷刺或暗指或模擬，沒有哪個男主角女主角可以比對出是哪位文化文學界圈內人，唯一例外的是《同學少年都不賤》，裡面寫了一段影射高克毅，但這也不是生前出版品。那是剛去美國嫁給窮文人賴雅之後，她需要有翻譯工作維生，那一段寫的是，以她的理解，那位翻譯主管想跟她交換條件才要給她工作，或者根本就是嫉妒她排擠她。後來書信中也表明了不想發表的原因，覺得女主角被塑造得太功利。

再來算一算張愛玲生前的出版品，被寫入小說中的家族眾人其實沒有拿筆維生的，有些也根本不讀小說，例如傳聞中的曹七巧原型三媽媽。即使如同為上海偽政府時期出名的潘柳黛，莫名其妙攻擊張愛玲的貴族血液，張愛玲也只是到了香港被問到潘柳黛時，直接說「我不認識她」。有記者想挖祖師奶奶的祕密，去租她美國公寓的隔壁，翻她的垃圾，貼著牆偷聽她的電視聲響，知道這個消息時，她只好無奈地搬家，並沒有寫篇文章罵死對方。以她當時在台灣文壇的崇高地位，她大可這麼做。除了因為從小的修養，還因為她想做的事情實在太多，像回應平襟亞寫的〈不得不說的廢話〉這種文章，年輕的時候浪費點時間寫，已經夠了。

〈小艾〉連載到一九五二年一月二十四日，又快要過年了，一年悠悠忽過去。年關將近的上海已經掀起另一波延燒三反的政治活動。工商界興起「四反」響應，反行賄、反欺詐、反暴力、反偷漏稅。再沒有人敢送年節禮，商家都不敢推出禮盒廣告。但是過了幾天，子靜卻帶了一小包咖啡來了。

「我一個朋友做的是進口咖啡豆茶包生意，還好娘同意給我點資金投資，要不，等失業登記分配，還不知等到幾時。」子靜笑著遞過咖啡豆說。現在這種時局，咖啡豆不但是奢侈品，簡直不知道是誰敢拿來享用。

「娘讓你投資了多少錢？」愛玲問，臉上不動聲色，心中卻頗為懷疑。她看姑姑一眼，發現姑姑正著手整理桌上的報紙雜誌，一疊疊堆堆好，根本也沒抬眼瞧他一下。

「我們打算著湊錢，姊姊姑姑先嘗嘗看這豆子，是美洲哥倫比亞產的，成色好極了。」子靜積極地說，邊起身想找剪子剪開咖啡紙袋，一時間找不到，愛玲與姑姑都沒想幫他的忙。

「聽康姊姊說，琳表哥也湊上數，孫家舅舅也有一份吧。」愛玲說。她一聽就知道又是後母攛促著來，不知道是什麼花頭。

「是啊，姊姊消息也靈通，康姊姊他們都知道了，這是要大賺的。」子靜聲音陡然低了下去說：「說是新任陳毅市長帶來的幕僚裡頭，有我們這票人認識的老鄉遠親，現在打算打老虎改造走資派，換一批無產階級上來做生意，不必本錢，逼死那些惡毒的走資派本錢就上手了。同志們認識就都好商量。姊姊還是姑姑，要不趁機分一股子？」子靜見不用多解釋，不禁興奮直接串說下去。

「沒見上海工商聯合聲明，都發四反了。這進口什麼跟什麼，總得打幾個進出口通關，誰跟誰是同志誰也拿不準，沒的賠了夫人又折兵。」姑姑句句潑冷水。她永遠不看好子靜總想一步登天的投機心態。

「娘也看好的。就等舅舅都集資好了，她說要看著辦。」子靜的希望沒被姑姑冷語滅火，還是興興的。他說的舅舅當然不是母親黃家的舅舅，而是後母孫家的舅舅。

「她這麼說你也相信。她應該很想撿現成吧，生意做成了就算她有插股，做不成也就不了了之，反正錢也不用先拿出來，都先燒別人的錢成了。」愛玲掩不住厭惡的神情說。

「不不，」子靜又開始亂搖手，說：「你總是這樣誤會她，現在時局這麼困難，爸爸又生病。她一個婦道人家總得變個法生財。」

「你們爸爸生病了?!」姑姑聽到這句倒吃了一驚。

「去年底開始咳嗽，怎麼治也好不了，怕是癆病，醫生說是鴉片戒太晚了，可得住院觀察。醫院要錢，娘說不如在家裡找大夫把脈，熬湯藥給補著還好些。」

「怎麼能不去醫院治呢?!你爸爸也願意這麼喝湯藥?!」姑姑說話聲響雖不大，但愛玲聽得出她的聲音有點抖，該是憤怒和無奈。愛玲雖然對父親的疙瘩沒除去，但也聽著難受，不禁脫口說：「怎麼，怕幫丈夫治病把錢花光呀！」

「娘說，錢要用在刀口上，要是送去醫院，白花掉積蓄之外，我和娘也都沒得生活了。」子靜理所當然地說：「而且，家產也不是我們敗的，手裡還剩的錢總得儉省點。」

「哼，不知道的人還聽著挺委屈的。」姑姑根本用鼻音不屑地說。明明看老的不行了，想靠小的，還是為自己打算，精明得很。

「總之，娘覺得投資比幫叔叔治病重要就是。」愛玲實在對弟弟說不出什麼惡聲，只是不甘心地加強聲調再問一次。她也知道不住一起，又生疏那麼久，她其實也沒什麼資格批評。

「娘一路都有打算，像是這種投資生財的事，如果賺到錢了，當然就能給好好治了。」子靜是一貫極力維護後母的。

「我們是沒多餘的錢了，這節骨眼，大家只管填飽自己的肚子都難能了。」姑姑直截了當回絕，也不想多說什麼關心哥哥的話，知道說了也沒用。

「你不是去登記失業分配了麼。」愛玲看著子靜有些不忍地說。明明聽起來弟弟和父親又是被後母耍著轉了。

「登記是登記了，現在左右也沒下文，不如親戚間走動走動，說不定遇著機會就上手了。」子靜還是一派天真地說。愛玲看著他的大眼睛，總錯覺這個小她一歲的弟弟好像不只小一歲，時而幼稚得厲害，時而動機不單純卻又掩飾不足。

「耐心等等，一定會等到的，共產黨不會虧待人民。」姑姑正經地又插嘴說。愛玲差點笑出來，姑姑什麼時候這麼相信共產黨了。

子靜見說不動這兩人，也沒太大興趣繼續遊說，她們也不要那包咖啡豆，說是咖啡磨豆機早壞了，子靜索性又帶著原本的咖啡豆打算著去找下一家投資人。子靜走了之後，門鈴隔一會又響，姑姑嘀咕著說：「不會是小魁又回頭來了？」打開才知道是李開第。

「這裡頭有感冒藥、止吐藥、發燒藥。你們這兒先收著。」李開第一進門，就遞過來一只手捧大小的鐵鑄小箱子。

「今天還真奇怪，來的客人專拿些千奇百怪的物事送我們。」姑姑向愛玲看著邊說還笑了起來。開第愣了愣，說：「怎麼？剛剛有客人來？」

「剛剛小魁帶了一包咖啡豆，說是要我們投資做生意。」愛玲也笑了說。

「我可沒要你們投資藥廠。」李開第聽著也笑了，接著瞪大了眼睛卻小聲說：「駭，他可真不知道共產黨的厲害！這些藥，我們九三學社先知道了，上海市打老虎可要開打了！」

「什麼病老虎跟藥有關係?!」姑姑說著吃吃笑了起來。

「你還笑，我們都緊張死了。才兩三星期前聽說鄧小平的連襟樂少華自殺了。」李開第說完之後，見愛玲和姑姑都呈現一種迷茫的神情，才發現他說的名字她們應該非常陌生，才又說：「漢口路大康藥房知道吧！」

「知道呀，挺大的，老闆是王康年，我們算來算去都是親戚，都見過，有太太也有姨太太。」姑姑說，但是沒有笑容了。

「今天報上出來了，上海市副市長潘漢年『五反運動』動員報告，嚴厲指責資本家『忘恩負義，對黨和政府猖狂進攻』，我們得來的消息，都說是要拿他殺雞儆猴。」

「所以先拿了這些藥？」姑姑還是弄不清楚這裡頭到底有什麼關聯性。

「好像是他的姨太太想做什麼肺癆特效藥的進口生意，拿了很多免費的好藥給了幾個官員。」李開第說的時候，愛玲忍不住摸摸那鐵鑄的小箱子，挺精緻的。

「可糟了，沒想到市長換人了吧！哎喲，這幫做生意的人！這一來動不了了。」姑姑反應很快，立刻想到政商關係一變動，通常就是完了。

「可不只動不了，現在的政治運動，」李開第又更小聲地說：「要能走逃得了算不錯，就怕走不了逃不了，還得寫自白書。這裡頭又不知道怎麼被副市長的人知道了。現在正好把大帽子扣到王康年頭上，他姨太太著了慌，到我們這些人中間哭哭啼啼，希望能拜託誰幫點什麼。」李開第其實也不是非常清楚細節，但從帶來的小藥箱看來，應該是他也間接被拜託到了。姑姑憂心地看了看李開第，他這兩年正是在工商界活動頻繁的，於是說：「前兩天報上說船王盧作孚在重慶家中自殺，這會和上海有關係嗎？」她是不好直接問開第，那姨太太託誰幫什麼忙會不會牽扯到他，所以旁敲側擊講了別人的事。

「你也注意到了。兩年多前跟他在香港碰面，他還滿腔熱血要回來祖國報效。唉，真世事難料！」李開第感嘆著。

「聽幾個朋友說了，有錢人家裡都被檢舉調查。」姑姑也小聲說，實在耐不住了，才問：「你不會被這什麼打老虎牽扯進去吧？」

「我們一不做虧心事，二也沒想賄賂升官發財，怎能無端牽扯進去呢？」李開第說得坦蕩蕩，手裡卻無意識地來回數著桌上成疊的報紙，反倒弄亂原本整理的，他的話和神情相反，連愛玲都看出來了。

「毓智和孩子們可好？」姑姑看著他忐忑不安，也自不安起來。

「我讓毓智帶著孩子申請去香港，看看能不能把爸媽也帶出去，她卻也不肯。」李開第說著眼瞼下垂，幾乎是一種快要哭出來的表情。

「現在還能試著申請，我嫂子也要小煐申請看看，如果用港大復學不行，也許改用依親試試。」姑姑幾乎為李開第著急地說。

「唉，前兩年真決定去香港就好。」李開第懊悔地說著，又覺得這些事談下去也不如不談，沒有希望。於是轉頭問愛玲：「港大申請核可了？」

「小煐港大方面倒是回覆了，就是國內的出國申請許可沒下來。」姑姑說。

「現在是都難了，只能等等看。」李開第點點頭，又搖搖頭嘆氣。

過幾天果然看到報上激烈指責王康年發國難財，趁抗美援朝時機囤積西藥，行賄官員，以假藥偽充合格品出銷，引起群情激憤。從此報刊開始鋪天蓋地刊登工商界檢舉信、下級揭發上級、有結恨的沒有結恨的，要想保命都只能相互舉發。人與人之間的關係跌岩到恐懼的冰點。舉著反貪汙的旗幟挾私怨報仇的多得是。上海開始逮捕工廠經理、市面經理、商店經理和商人掮客。從一九五二年一月二十五日到四月，五反運動期間，平均每天都有十餘人跳樓，很多資本家是全家數口一起自殺。集體仇富由報紙雜誌點燃，一次又一次的火焰，工人店員雇員都可以隨意對資本家呼來喝去，出盡惡氣。才新任的上海市長陳毅甚至戲稱這些自殺的人是以「空降部隊」的姿態結束自己的事業。藉著鬥倒這些資本家，政府正好把全部的事業國營化，實施共產國有制的代價，就是經濟全面崩壞，有良心的共產黨員、知識分子，只能相信黨的決定是對的，不論耗費多少年的工夫，中國一定能建立無產階級專政的光明前景。

上海這個年關的確是太難過了。[3]

四、五月天，上海不時陰雨濕冷，陽台上一盆炭火燒紅了，愛玲與姑姑正撕著書頁一片片放進去，印著黑字的紙一遇到火，立刻捲焦燃起來。祖國正提倡燈火節約，夜晚的上海又變得一片漆黑。

3 見《我們的歷史》期刊，第二期，〈那一年，中國商賈千人跳樓，全家共赴黃泉〉。熟悉《赤地之戀》的讀者應該很驚訝看到「上海市長陳毅」，比對歷史事實和小說，姓名連同官職頭銜完全不變更放入，在張愛玲的無數創作中，這應該是僅此唯一。張愛玲在《赤地之戀》的序裡，對於這部小說只寫到三反，無法顧及普遍影響市民生活的五反，言下頗有遺憾。的確如高全之所認為，藉著這部小說，張愛玲應該是自覺地有所表達。見高全之《張愛玲學》〈開窗放入大江來——辨認《赤地之戀》的善本〉。

「前幾天本想去冠生園買點東西，沒想也關門，還不知道怎麼回事。後來才看到報上寫的，嘖嘖！」姑姑皺起眉頭駭笑著說。

「我看了，說是工人把冼冠生圍困在辦公室兩天，之後他就跳樓自殺了。」愛玲聲音很細又壓得很低說話，在陽台上，難保鄰居左右聽見，現在上海的夜裡又靜，沒有歌舞車聲。她看著火光在姑姑臉上一明一滅，火影跳動，停了停，猶豫著要不要問，隨後還是問了：「Uncle 最近都沒來，不知道他怎麼樣了。」

「KD還好，老早辭了那些顧問經理的肥缺。」姑姑又把好幾張紙片丟下去，火光大了起來，火映得臉紅紅的，笑著說：「他這個人就是傻頭傻腦，人家讓他白拿薪水的缺他就不幹，都覺得不好意思，不願意去。先兩年時毓智還很跟我抱怨，寧可死守著九三學社公務員似的幾個破錢，現在可好，閃躲得過。」

「要不，」她看著姑姑猶豫了一下子，還是說了：「既然 Uncle 還好，我們一起申請出去？」愛玲期盼著，雖然她知道希望很渺茫。但是這種政治環境，她實在擔心姑姑留在上海。

「幫你打聽好了，現在去香港不通郵輪的，」姑姑仍然沒回答她，似乎也不打算回答，繼續說：「得搭火車到廣州深圳，再出海關。」

「連溫州那種地方我都能去，深圳再遠也沒問題。」愛玲輕聲地說。努力把表情控制得理所當然的樣子，實際上她也還無法掩飾心底的不安，又說：「出國申請也說不準，已經去兩次了，說是要深入調查。也不知道會不會調查出我是寫書的。」看姑姑這樣，有時她也想就讓命運隨意安排罷，如果申請不出來，陪姑姑作伴也好。

「別擔心這個。還好書快燒完了。你這裡頭寫的，要被人搜了出來，怕不被說，都是些封建舊餘孽，無產階級鬥爭的大對象。」姑姑故作輕鬆地說：「說調查，其實那些老八路的，能識得幾個字不錯了，誰像龔之方、唐大郎、夏衍那樣，能讀到幾篇你的小說。」

「現在夏衍也還沒事。」愛玲心思有點活絡起來了。別看姑姑只是個不喜歡嚴肅書的輕性知識分子，倒都能把人事說得一針見血透徹到底。

「他沒事你們大夥可都沒事，可誰也不知道哪天會輪到他。」姑姑看著跳動的火光，臉上的影子更不穩定了，說：「要不，你去申請的時候得多裝點可憐。用點美人計。嗯！」愛玲聽著本來很憂心，聽到後來卻忍不住笑出聲說：「可是我既不年輕又不美。」

「不，既年輕又美，我說了算！」姑姑把炎櫻設計的封面也丟進火堆裡，封面的紙比較厚又硬，慢些才著火，著了火也還慢慢才燒過去，彷彿故意讓人等，等不著心焦，等出下落了就得離開上海，更心焦。

「隨它吧，能拿到出國許可最好，不能拿到，我就和姑姑一起。成了。」愛玲笑著，這麼想輕鬆多了。

「我才不和你一起呢！我可是再老也要找人結婚的！」姑姑瞅了愛玲一眼，邊說邊笑了起來。

夜裡涼風吹來颼颼的，雨淅淅瀝瀝灑進陽台，又一陣清明前小雨，整個上海彷彿在小雨中安穩地沉睡了，只有姑姪兩人的心還在命運之海上匍匐迴轉。[4]

4 從《對照記》，第四十八圖的文字說明，張愛玲寫道：「兩三個月前去派出所申請出境……警察一聽說要去香港，彷彿案情嚴重，就待調查定罪了。幸而調查得不很徹底，沒知道我寫作為生，不然也許沒這麼容易放行。」《對照記》是張愛玲生前最後一本出版的書籍。都已經幾十年前的事情，可見得當時的心情極為忐忑，能否申請得過，除了關係她個人的命運之外，還關係了整個華文文學世界是否還能出現復活的張愛玲，因為從一九四八至一九五二，張愛玲這三個字等於幾度銷聲匿跡於上海，取而代之的梁京只是文化圈知道，市民大眾是不知道的。要有復活的張愛玲，才能有張學徒子徒孫。在《浮花浪蕊》裡，描寫洛貞申請出國的困難，申請了幾次都不過，最後急哭了，發揮了年輕女性惹人憐疼的特質，審查同志當然是男的，才很快通過。出境申請成功之後，該要面對的就是旅途重重復重重，在《赤地之戀》裡劉荃搭火車往南方，以及《浮花浪蕊》裡洛貞搭火車過橋時候尖銳的廣播，過程非常相似，《浮花浪蕊》甚至形容出深圳海關是出了「陰陽界」。這些細節，沒親身經歷過，應該是想像不出來的。焦急著從羅湖出來的中國人都是「逃」出來的。而張愛玲正是當時大批難民中的一個。

一九五二年七月以後

最後一次申請出境的面談，她是沒辦法了，面對兩名山東大漢，應該是老八路幹部，說了：「因為長期寄居姑姑家。」一副寄人籬下的委屈相。

「自己姑姑，有啥大關係！」其中一個方臉的睜大了銅鈴眼說。

這可糟了，難道是說話的語氣杜撰得不夠像居人屋簷下的樣子？她心裡一著急，眼淚不假裝也撲簌簌掉下來，另一名坐著比較年輕的大個兒向銅鈴眼使個眼色。隨即起身過來，竟是柔聲說：「同志，回去等著吧！」沒說好也沒說不行，過幾天批准出境的文件下來了，才知道應該是年輕女性的柔弱博得同情了。

但是家裡該燒掉的都還沒燒完。每天燒一些，也不能太大量，要不然燒掉的紙灰會很顯眼，要是被左右鄰居看在眼裡可就更麻煩。《傳奇》、《流言》、《十八春》，之外，還有許多信件，那些「胡蘭成時代」的信件早在一九四七年九月搬離愛丁頓以前燒光了，還有些與炎櫻、張秀愛的信件，也必須燒掉，張秀愛嫁給外國佬，成為美帝官員太太，這種信件被翻出來可不得了。炎櫻一家人都移居到加拿大，也符合走資派定義。現在是人治的時代，哪種定義符合哪種人，什麼時候能寬容什麼時候必須嚴格，都像她申請出境面談，給好的給壞的，都在肉做的人心上。

全燒了倒出自姑姑的建議。因為姑姑自己也有好些朋友四九前就走往香港，最有辦法的當然是往英國美國走，還有些上不上下不下的，會考量去英美管轄過的東南亞，例如菲律賓、馬來西亞、新加坡甚至印度。不論如何，這些都是不忠於祖國的，要不是被美帝操弄，不然就是國民黨反革命，別跟他們有牽連的終極方法，就是把大家往來的書信都先燒掉。

「我去香港，指不定也成了姑姑的反革命家屬。」愛玲輕輕駭笑著說。她除了不想離開姑姑之外，還有這點擔心。七月熱，燒盆炭火更熱，兩人邊把紙扔進去邊擦掉額頭的汗說話。

「你現在已經是『國際友人』了，給核准的，不是逃走的反革命，」姑姑也小聲輕輕笑著說：「巴不得國際友人出去時多宣傳點中國好樣兒。不會為難你，也不會為難我的，欸。」

兩人沉默地又丟燒了一會兒，黑暗中愛玲的手觸摸到個硬殼厚本子，拿起來就著火光看，竟是家族相簿，應該是她在搬書的過程中迷糊誤放了，趕忙放到一邊，姑姑一見卻說：「這相簿你帶走吧！」

愛玲吃了一驚：「姑姑不留了？」她這幾天，天天都翻這相簿，是讓姑姑看在眼裡了？

「都是過去的人和事，看得多幾遍，都印在這兒了。」姑姑笑著指指自己的腦袋，又說：「你看爺爺奶奶的照片，沒的給人搜出來了，倒說我是封建餘孽！你要不帶走，看來是得燒了它。」

「也是，我帶走好了。」愛玲笑著說。她知道姑姑連這個都不想給她負擔。從港戰以來，已經是第三次，她努力的成績全丟了火裡，一點不剩，張愛玲這三個字，從《太太萬歲》以後隱沒，至今連她本人都得從上海的土地上消失。

「哎喲，這是什麼？都沒拆過。」這次換姑姑小聲驚呼，就著火光看，是一小紙袋疊厚的東西，似乎是郵航來的，姑姑看了看說：「日本漢字，是炎櫻寄來的麼？又不像，炎櫻不都寫英文。」

「噢，是池田，」愛玲接過來看仔細了，朦朧才想起來：「兩年前寄來的，那時根本收了不想拆看。」現在其實也並不想拆看，但卻也不想沒拆看就燒掉。正猶豫著，姑姑已經替她撕開封套，笑著說：「遲早要燒的，撕開了好燒。」姑姑也沒看愛玲的表情，撕了封套就把裡頭的物件放她們板凳旁，一封信，一張明信片，一張木框照片。只有信是池田篤紀寫的，明信片是京都上野公園風景，背面是胡蘭成的筆跡，幾行大剌剌的字，木框照片也是胡蘭成，似乎是得意地笑著。愛玲看也沒看，毫不猶豫把明信片和木框照片都放進火裡，火得了木質東西先是悶暗下去，沒幾秒鐘火光就彈跳高了幾倍起來。池田畢竟還是友人，從信封抽出信，共兩頁，就著火光讀完了才放下去燒掉。

「不把地址留著？」姑姑看著忽然問。意思是去香港說不定用得著。

「池田的地址早背熟了。他也沒搬家。」愛玲笑著說：「信裡頭就簡單的說，他先把無賴人接到香港，再等去日本的輪船票。」胡蘭成的上海話發音頗近吳攬勝，所以後來和姑姑之間說到他都說成無賴人。[1]

「這樣好，多餘的什麼都不留最好。」姑姑點點頭又嘆氣說。後面沒說出口的，應該是「人平安就好」，戰火、政局變動，就算買房子買土地，財產，也說不準哪時候都要消失了，只有腦袋裡的東

1 《張愛玲私語錄》裡與宋淇夫婦討論到胡蘭成，都寫成「無賴人」。她本人雖然沒辦法對胡蘭成出惡聲，她周圍的親人朋友可都已經先義憤填膺了。

西丟不掉。

「嬸嬸從前總說，投資到腦子裡的錢就貶值不了，倒是說對了。把東西都塞進腦子裡，人也拿不走了。」愛玲輕聲笑著說。

「說到錢，」姑姑左右看了看，明明沒人在旁邊，還是招招手，讓愛玲把板凳移近些，幾乎是貼耳說：「你那件藍灰夾襖內裡有張美金存款憑證，還好去年壓對寶了，聽開第的消息，說上海商業儲蓄銀行老闆陳光甫去了香港。都存那兒去了。」

「陳光甫，不就最近報上說他忘恩負義，不肯回國報效的銀行資本家。」愛玲也小聲地回答。知道這筆錢是姑姑多年來把分得的家族遺產物事慢慢變賣，又保守地做點黃金期貨得來的存款，這回整筆給她了，非常錐心，這表示姑姑是估計中國局勢要大壞。於是說：「我先保留這錢，等我在香港找到工作安定了，就可以慢慢把錢寄回來。」

「傻子，別寄，寄了人要說我是有錢人，反倒糟，難道你忘了阿秀帶香皂的事？」姑姑說。也沒多說些該用該花就用就花的廢話，又說：「聽說共產黨反倒對沒錢的人好，窮人身上沒得撈，也不必往窮人身上鬥，我去登記了翻譯專業，聽說工作要分配下來了。餓不死成了窮人倒好。安全。」[2]

說這麼多總歸要讓愛玲放心。一片燒透了的紙片黑灰，被風吹得在空中飄轉起來，越轉越高，最終隱沒在黑暗裡。忽然不知道前後哪一家傳來留聲機的唱片聲，那細細涓滴的女聲淒楚地迴旋在空氣裡：

月兒彎彎照九州

今天一去不回頭／誰叫你／走上了／虛榮的路呀／一朝墮落／一生休

2 三反五反以來，華北最大商港天津的商業批發、運輸、糧食成交量以及糧食生產量都大量減少，重慶的工廠歇業停工，幾萬工人失業，當時的西南局書記鄧小平向中央發出措辭嚴厲的電報，說很多市民陷入缺食物的地步。上海更慘，失業工人增加到十幾萬，經濟形勢比一九五〇年初還每況愈下。見張鳴，共識網博客，〈執政的道德困境與突圍之道：「三反五反運動解析」〉、〈「三反」成了「一反」，「五反」成了「六七反」〉。很多資本家被逼著自殺，工廠歇業，商店關門，藥局經營不下去，但是也有眼光準確的人逃過一劫，例如中國南三行中的上海商業儲蓄銀行創辦者陳光甫，於一九四九年國民黨軍隊節節敗退時，先到香港觀望中國政局的發展，於一九五二年三反五反運動興興火火時，明確拒絕中共的北上邀請，確定留在香港，繼續經營已經在香港註冊的上海商業銀行，之後又定居台灣直到去世。張愛玲在八十年代與姑姑又重新聯絡上時，曾向宋淇夫婦寫信中提及，從大陸出來香港時，曾經借姑姑的一大筆錢當路費和生活費，當她說要還姑姑時，姑姑不要她還錢，只看看她能不能回上海一趟。想當然那一大筆錢不可能以人民幣或銀元的方式帶在身上，要不然就是早存在香港能提取的銀行中，要不然就是打成薄薄的黃金葉子縫在棉襖棉絮裡，這是當年逃難的人都會做的。在《對照記》第四十八圖，張愛玲寫道：「離開上海的前夕，檢查行李的青年幹部是北方人，但似乎是新投效的，來自華中一帶開辦的幹部訓練班。我唯一的金飾是五、六歲時候戴的一副包金小藤鐲，有淺色紋路的棕色粗藤上鑲著蟠龍蝙蝠，他用小刀刮金屬雕刻的光滑的背面，偏偏從前的包金特別厚，刮來刮去還是金，不是銀。刮了半天，終於有一小塊泛白色。他瞥見我臉上有點心痛的神氣，便道：「這位同志的臉相很誠實，她說是包金就是包金。」」這整段透露的，首先，調到上海駐紮的軍隊幹部，絕對從內地或鄉下來的。不是上海本地人，檢查的時候才夠無情強悍，而那時候的中國去哪裡都需要路條。其二，因為整個中國都被三反五反整窮了，要出去可以，當然不能帶任何值錢的東西，所以行李檢查非常嚴格，要敢帶任何金子，除了可能當場沒收之外，以當時仇富的集體催眠氛圍，也真有可能立時被抓，所以張愛玲帶的只是有紀念價值的包金小藤鐲。宋以朗在《宋淇傳奇》中寫到父母親一九四九從大陸進香港時，卻是香港移民官把孩子們有紀念價值的金鎖片和小鐲子沒收，結果宋淇不服，用英文寫信申訴，後來就要了回來。那申訴對象還是在巴力門議會監督下的英國派港政府，而張愛玲面對的可是不能申訴的中國政府。雖然姑姑的家產繼承中有奶奶的金葉子，經過姑姑三、四〇年代做股票以及戰後經濟大起落，也不知道金葉子是有剩沒剩，就算有剩，以時局的嚴峻看來，把金葉子縫入棉襖裡的方法大概她們當時是不敢用了。可感的是姑姑把錢幾乎全給姪女了，根本張愛玲也可說是姑姑的親生女兒。

月兒彎彎照九州
人生的苦樂自尋求／好人到底／收場好否／可憐夜夜／淚雙流

那調子裡的歌詞有好幾段，愛玲聽得愣愣的，這是老上海的歌聲，她們默默地，彷彿一開口說話那絲線般的歌聲就會斷弦。那是早幾年陳雲裳主演的片子，演一個舞女因為家貧沒辦法，在燈紅酒綠的舞場子裡賣笑不賣肉，被一個嫖客看上了，硬要破她的身，她潑他硫酸，對方是有錢有勢的人，結果她被抓去關，被判了終生牢獄監禁，是典型上海都會的哀情片子，炎櫻那時快要去日本了，桑弧與愛玲才剛認識，又還沒跟胡蘭成完全了斷，跟桑弧交往時還得千方百計瞞著將去英國的母親。她母親那時總想說服她快點申請港大復學，也有意思想帶她一起出國，對於她的不願意一直不能理解，也非常失望。

那年她和炎櫻兩人去看了陳雲裳的電影，在烏黑的電影院裡頭她聽到鄰座周圍嗦嗦吸鼻子抹眼淚的聲響，出來之後去咖啡廳吃蛋糕喝巧克力茶，發現相互的眼睛也都有點紅紅的，除了都死不承認哭過之外，兩人還相互嘲笑一番，戲都是假的，看得那麼認真做什麼。在上海，妓女舞女的悲慘下場很多，也不止這個電影故事，這是海派文化之一，後來被她部分用在《十八春》裡曼璐這一角。[3]

那天還又去炎櫻家，炎櫻父母親早已安排全家移民，愛玲每次去，炎櫻母親都勸她早點做打算，說內戰打起來後面可收拾不了了，又不比日本人只來那麼幾年，後來知道她母親去了英國，也還問她為什麼不跟母親一起走。是啊，為什麼不？捨不得桑弧？當然不可能。捨不得姑姑？也不完全是。她心底總還期待著什麼嗎？期待上海人重新接納她看到她？上海人已經接納梁京了，還沒辦法重新接納張愛玲？她沒那麼純情。她還弄不清楚到底自己是捨不得什麼，已經必須離開上海了。那些她每天張開眼就看見熟悉的天光、電車聲和歌聲。

黑暗中那旋律還在反覆唱著，彷彿放留聲機的人一遍又一遍戀戀著，火盆裡因為紙丟得差不多了，火逐漸暗下去。

「怎麼還有人敢放這樣的歌曲。」姑姑顯然也在聽，語氣裡詫異，卻帶點高興。她們家中從不囤積中文流行音樂黑膠片，即便這樣，這時聽來也非常親切，彷彿上海回到了解放前。

「唔，真好聽。」愛玲看向姑姑輕笑著說。才說完，調子卻戛然而止，等了許久，也沒有接下去的歌曲，可能那家裡有人制止了。整個上海又回到黑夜的靜默中，愛玲一抬頭，天上掛的又是一輪橄欖月。

時代在破壞中，還會有更大的破壞。

她想起自己幾年前寫過的句子。那時胡蘭成狂捧了她幾個月，後來理所當然地天天來公寓找她。離開上海，和最親愛的姑姑分開，告別她的童年，不愉快的少女時期，以及她祖父母曾經生活過的土地，還有她那破碎的婚姻與愛情。這是一股無名卻強大的力量，她不想說那是命運，也不願意承認宇宙有造物主在安排，更不願意相信佛教的因果論，但是她卻無法握起拳頭對抗，只能忍心把自己從這塊大土地上割裂開，漂走吧！

3 張愛玲去美國之後，透過宋淇關係幫香港電懋電影公司寫的劇本《一曲難忘》，女主角就是典型的上海歌女，背景橫跨一九四一年十二月日軍占領香港。

她自身即是浮花浪蕊裡，一方隨著大洋海水漂流的孤島。

往廣州的火車上她乘的是硬席，照蘇俄制度，臥鋪男女不分，她選了上鋪，彷彿有掩蔽些，但是車頂上徹夜燈光雪亮，眼睛閉上也還沒辦法睡得穩。和衣而臥，因為狹窄，只要手一碰到衣紐，就感覺對過上鋪的男子眼光要直射過來。毫無隱私可言。下鋪一個年輕女子打著兩根辮子，倒是輕鬆地翹著腿看畫報，嘴裡哼著〈義勇軍進行曲〉。愛玲心想，左派還去香港做什麼？去廣州的直達車，也許不去香港，只是出差？

一會車廂裡的廣播器放送出解放歌曲與蘇聯音樂，蓋過女子哼著的〈義勇軍進行曲〉。嘈雜的，沒日沒夜的放。火車雖然轟隆轟隆向前疾駛，怎麼樣也衝不破那興奮催眠般的軍樂曲。忽然廣播機傳出一個尖銳的女音：「現在——開始——供應——晚餐——現在——開始——供應——晚餐。」乘客們開始騷動，尖銳的聲音調度著，按照車廂號碼分批輪流去餐車廂吃飯。

這是包含在票價裡的。那些菜飯可想而知，愛玲取出預先準備的餅乾盒子，裡面是姑姑幫她準備好的蛋糕捲和奶油麵包，下鋪對鋪的人都走光了，她安然地慢慢吃著，吃完又睡著了，對於震天價響的嘈雜樂曲不是很敏感，把上海人的特性發揮到極致，窗外一片漆黑。

過了不知道多久，另一陣尖銳的女聲又開始了：「偉大的——鐵橋——就要——到了！——偉大的——鐵橋——就要——到了！——大家——提高——警惕——保衛——鐵橋！——大家——把窗子——關起來！——大家——保衛——列車！——保衛——鐵橋！」車廂裡一片砰砰聲響，大家紛紛站起來關車窗，難道是怕有反動游擊隊躲在鐵橋下方伺機炸斷鐵路？不過，反正這是下鋪人的事，愛玲繼續把一本書蓋在臉上假寐。

她已經開始想念上海，她的房間裡有溫軟的床。現在身子底下一片僵，她稍稍挪了挪腰腿，不過仍然比去溫州的路上少許多委屈。

到了廣州還要換車去深圳，一出羅湖。緊繃的神經稍稍鬆懈了一下，是香港政府管理的地界了。但是要去香港島還有一段距離，必須搭公車才到得了天星碼頭。公車上一顛一顛，她在不安穩中睡著又醒來。她把手扶在行李箱上，證件都小心貼肉放，檢查完了就收好，怕會有扒手。她已經是安全通過了陰陽界，從陰裡回陽，陽光在車窗外耀眼，一路上兩旁的人家都像是蒙混在強烈的光裡，她告訴自己，這裡已經是她曾經生活過三年半的香港，她應當要放心才是。[4]

然而這次又不比上次來香港，有炎櫻一起，雖然她當時也跟炎櫻不熟，但總算有萬全的準備。是姑姑母親一起安排，母親安排得更多。那時 Uncle K D 在香港，雖然盡量不去麻煩，心理上總有依靠。現在母親與姑姑也同樣說了，拜託一位遠房親戚，也在港大教書的老教授，宿舍安排好了，原本的獎學金還在爭取中，如果真能爭取到，也許將來還能去牛津深造，那是圓了母親一直想成為女狀元的夢。

車子彎過半山，她忽然看到一整排的棕櫚樹，外面是海，長沿的海灘上，遠遠地有個人影，車子

4 《赤地之戀》第五章，劉荃與張勵在火車上的經歷，以及《浮花浪蕊》的洛貞搭火車到廣州換車，前者鋪陳一整章，後者只描寫一個段落，但硬席上下鋪的光景幾乎是雷同的。彷彿後者是前者的敘述縮短版。比對《對照記》圖四十八的說明，就會發現是作者自己的親身經歷。把一九五二年在大陸奔馳的火車風情描述得淋漓盡致。筆者把兩個故事的火車情節接榫，讀者有興趣可以各找來看看，張愛玲的筆觸把火車裡各種情狀都演活了，像個微米電影。

顛簸著，她看不清那人影，人影卻越來越大，恍惚中竟然錯覺這是去溫州路上的破公車，那人影走近了，陽光下分明是胡蘭成的臉，她想摸，那人影臉又褪遠了，在車窗外，她拍拍司機座位示意下車，司機根本不理會她，那人影在大片的海灘上逗著一堆孩子玩耍，難道他把青芸手上那些孩子們都接了出來到香港了？陽光太強了，她瞇起眼睛看時，心中忽然清楚知道那些孩子們都是她的，包括在黃浦江裡那個載浮載沉的胎兒也是。車子一頓，愛玲的頭磕到前座椅，她醒了，才知道光天化日下做了一場明晃晃的夢。大概是舉目無親的情況下，大腦安慰忽悠焦慮神經的最佳辦法吧！

她對自己嗤笑著。

彷彿經歷千山萬水，港大校舍終於到了。這是她熟悉的修會宿舍，經過這幾年，港戰時被轟炸破壞的部分已經都修整回復。她在乾淨的小房間裡疲倦地躺下，行李也沒整理，迫不及待鎖上門，她很想去校園走一圈。然後寫信給炎櫻和姑姑。分別寄往日本和上海。還有一封信，在上海時不敢寫，現在可以了，就是寄往美國給張秀愛。

能給秀愛寫信，是她重新呼吸到自由空氣的第一個表徵。[5]

因為還在放暑假，宿舍走廊空蕩蕩沒有人，她關起房門，稍微擦了一下桌椅，忽然打消去逛校園的念頭，雖然想做許多事，身體已經覺得快散了。她和衣躺在床上，回想剛剛在公車上打盹夢見的片段，那樣粗糙的夢境居然讓她心情變得很好。她閉上眼睛，希望再次睡著接續那個夢，如果她能用夢境隨意剪接，她想越過遇到桑弧的那段時間，說不定醒來之後，發現她其實生活在另一個時空，在那裡與胡蘭成早已結婚，一個沒有戰亂的平行宇宙，胡蘭成是個負責任又專情的男人，她則是個只會家務事的太太，父母親都沒離婚，她不必靠筆耕維持生活，是想寫就寫，沒壓力地自在發表。姑姑嫁給李開第也生了許多小孩。在草原上奔跑的小男孩女孩都是她與胡蘭成的。沒有前妻沒有應英娣沒有小周和范秀美。也沒有，池田篤紀信裡寫的，又一個女人佘愛珍。愛玲有過模糊的印象，似乎當時胡蘭成得意兮兮地說過，因為他的幫忙，設計把李士群殺了，為貝當路76號四大魔頭之一的吳四寶報仇，吳四寶老婆佘愛珍幾乎感動得想以身相許。

想到這些，她的身體很累，腦子卻又轉了起來，睡不著了。忽然一陣敲門聲，聲音雖然不大，因為不在預期中，她卻嚇得倏然從床上坐起，陡然發現自己的神經還活在三反五反的上海。待到告訴自己這裡是香港，平息一下心跳，才用英語問：「誰？」就聽到門外一個禮貌嚴謹的聲音回答說：「我是舍監。」

這倒是不能不開門了。

「您好。」愛玲見對方是東方人面孔，反倒提高警覺。不知道是不是光線的關係，這舍監站在門口看起來是方臉卻有著尖下巴，額頭高又寬，鼻根連著額面往下分開兩眼瞼，有點像魚，奇特的組合。

「我得到通知，說今天會新入住一位同學，特為拿宿舍規定來的。」舍監友好地笑著，邊說邊遞

5 《張愛玲私語錄》，宋以朗主編，皇冠，頁一四三，一九五五年十月二十五日張愛玲在往美國的輪船上寫給宋淇夫婦的信，這封信是以再一次離開家人的心情寫的，很長，輪船往美國走，在橫濱停留一天半，她進了橫濱市區，買了一瓶墨水，她寫道：「怕筆裡面的墨水會用完。事實是我除了寫兩封必要的信（給姑姑和秀愛和 Mrs. Rodell），詩一首也沒譯成。」可見得直到一九五五年她也還和姑姑通信。張秀愛是從聖瑪莉中學一起長大的好友，後來秀愛嫁給一位美國人。但是為什麼散文裡常常出現炎櫻，卻沒有張秀愛。推斷原因，應該是炎櫻的中文不好，也對中文文學作品沒興趣，但張秀愛可不一樣了，把秀愛寫進散文小說裡哪行？要惹好友生氣的。

過來一張紙，原來是按規定的，愛玲的神經稍稍鬆懈了一點。接過，說聲：「謝謝。」

「有沒有什麼需要幫忙的地方？」舍監又滿面笑容地問。臉上有點老練世故，看來年紀和她相仿，也不是稚嫩的小女孩了。

「一切都很好，謝謝！」愛玲笑著回答。

「行李都卸下了？晚餐知道在哪兒用嗎？」舍監繼續很熱心地說。眼角眉毛鼻子拉成一種九十度角的模樣，愛玲看著不禁有點怪異感，但是對方既沒惡意，愛玲強壓下自己的反感，連忙回說：「謝謝舍監，等等我就仔細閱讀說明，不懂再來請教。」

「你是來復學的？看你的打扮不像才考進學校的。」舍監笑著說。

「是啊，您看出來了。我讀到大三時港戰發生，只好輟學。」愛玲見舍監說話溫和，就多說了一點。

「其實我也是，只是我四九年來復學，就早兩年而已。我夫家一家都來香港了，說不復學可惜了學歷。」舍監一副歉然的樣子，又補充一句：「不過學費就自己賺不了，得花夫家的。」

「這是公婆對你好，真幸福。」愛玲很快就聽出舍監其實喜歡攀談八卦，所以順口稱讚了一回，這也是上海人擅長看眼色的本領。

「我是內地來的，你也是？」舍監忽然從英文換成中文，人不親土親。舍監的長鼻根皺了一下，表示關係變近的親熱表情。

「我從上海來的。」愛玲回答得老實，說完立刻有點後悔，怎麼對第一天見面的人就說這麼多。

「哎喲，我聽說有位上海高材生被教授保出來了，原來是你！」舍監的眉毛往寬額上挑，有點誇張地笑起來，眼瞼瞇成一條縫之外，兩頰仍然因為長鼻子作為分水嶺，而笑得露出顴骨。這是一種興奮的表情？愛玲看著竟覺得舍監好像抓到了什麼把柄，不過直到目前為止，談話還是友善的。

「四九年出來的人很多，五〇年就少了，到今年還能出來，都說得有點辦法，說是路條發放也越來越嚴格緊縮。」舍監說完，帶著一種待驗證的神情看著愛玲。

「是嚴格著，這一路上也擔驚受怕的。」愛玲回答得很正常又四平八穩，沒透露是「怎麼有辦法」出來的。不過腦子裡的警報器忽然全響了，這個女舍監表面上問話是一回事，如果不是個性天真八卦，那背後就不知道有沒有其他意圖。

「去哪兒都得路條呀，嘖嘖，我都聽逃出來的親戚說了，」舍監邊咂著嘴說，細長眼睛一瞟，走廊左右看了看，卻變得很小聲，像女孩與女孩之間說體己祕密似的，把頭湊過來說：「多半得有關係才出得來吧。」

「真感謝學校還願意讓我復學。」愛玲微笑著，只好說場面話應付，如果沒有這兩年三反五反，早兩年愛玲還說不出這種話。這個舍監，她已經很覺得不能隨意相信。

「這可真是重點。」舍監笑著說，高而尖長的鼻子收縮一下，鼻翼隨著呼吸一抽一抽。

愛玲被她這表情吸引住，心想中國人很少輪廓這樣深，她自己母親是一種特殊而優雅的深輪廓，這舍監又是另一種，像是混血雜種人的外貌，鼻根分水嶺的陰影處卻令人有陰沉感。正專心揣度著舍監臉部的線條，卻聽到舍監繼續說：「既然來成了，這兩天總得撥空去禮貌拜訪拜訪。我四九年來的時候，也帶了點禮物去幫忙的人家的。」

「他們都還在外地度假，暑假還沒完。」愛玲這麼理所當然地回答，心裡已經希望那舍監盡快結束話題走人。

「既然是親戚，怎麼也不多照顧你一點，送佛送上西，索性提供住宿給你不是更好？免得住宿舍委屈點，飯菜也不比家裡好。」舍監帶著歉然，又彷彿體貼理解地自顧自點點頭笑著說：「我們都不是那麼年輕的學生了。」

愛玲聽著心中錯愕，這分明是想猜測她和教授是不是親戚關係。話裡先肯定說了是親戚，等著她否認或是肯定，繞著彎子套話。她不是不懂如何回答，而是港戰前的經驗讓她更警覺。一九四一年十月左右，她母親在淺水灣飯店的房間就被搜過，母親也被懷疑是日本派的間諜，想從英國殖民地香港，以接近交往英國軍官獲取諜報消息。她母親被無預警地拘捕入警局看守所整整一天半時間。那時她和母親的朋友都嚇壞了。到了十二月八日日本人只花一天工夫，就把英國軍隊打趴，後來才知道，其實香港殖民地根本就沒有母國的軍力部署。[6]

「這，哪裡好意思，又不是真的親戚，不過是長輩拜託的朋友罷了。」愛玲又否認是親戚，也模糊了轉託界線，這是種拿捏分寸的方法，經過這許多年，她也不是二十歲的孩子了。

「哎喲，那你一人出來，可真說是舉目無親了。」舍監露出同情的樣子，又拍拍愛玲的肩說：「沒關係，人不親土親，咱們多多相互關照點，就當多個姊妹。」

「哎喲，看我這笨的，讓您站在門口說這麼久的話，要不，先請進來坐坐。」愛玲故意羞赧抱歉地說。把簡單的學生宿舍都說成了住家。

「不不，是我說多了，才卸下行李，該也累了，」舍監也順著愛玲的話講，看看走廊窗戶外又說：「天暗下來。趕緊先休息吧，等等晚餐記得下來吃。」說完輕提嘴角撐出個笑容，然後才轉身搖著臀一扭一扭走了。[7]

在港大宿舍住將近一個月，學校開學在九月底，八、九月的校園還空蕩蕩的，復學的想像對愛玲而言似乎有點遙遠，她正白白花著姑姑的錢，母親從英國來信、炎櫻從日本來信，又有居住在香港的老同學來聯絡，都無法讓她卸下這心理負擔。她已經寫了兩封信去上海，信裡都說些稀鬆平常的事情，應該到得了姑姑手裡。這天她懶洋洋拖著身子走回宿舍，見地上門縫裡躺著一張粗糙的信封。趕忙撿起來，她簡直歡快到要跳起來，千盼萬盼終於來了，姑姑的信。

6 《易經》與《小團圓》都寫過母親被當成間諜這個情節，只是《易經》寫得詳細，《小團圓》交代得簡單，都延伸自《燼餘錄》。戰後接連的美蘇冷戰時期，世界各地仍然繼續「小心匪諜就在你身邊」的恐怖氣氛，連毛姆在一次世界大戰二次世界大戰期間都去歐洲當過英國間諜，英國人顯然對於他國間諜有過度的敏感，尤其是接納了許多大陸難民的香港。

7 《張愛玲私語錄》頁一二三提到港大舍監，「想不到來了香港會遇到兩個蛇蠍似的人——港大舍監、潘柳黛。幸而同他們本來沒有交情——一看見就知道他們可怕——hurt也是浮面的。」宋以朗在這裡按下註釋，解釋港大舍監，引一九八〇年二月九日信件內容，張愛玲寫道：「剛從大陸出來的時候再進港大，有個女舍監是中國人，常跟我攀談，我以為是因為年紀相仿。她長得至少比我好，英文當然也說得好。她總是打聽我跟保我出來的老教授的關係，見確實沒來往，才不找我了。」後來這位舍監向香港警方指稱張愛玲有共諜嫌疑。至於潘柳黛與張愛玲的關係，因為認識的年份久，相對比較曲折些，潘柳黛與張愛玲在日治時代上海已經因為相互的文名出席以及共同座談會而認識，曾被邀請共同上舞台演出兩次，第二次在一九四五年初《古今》、《天地》等七家雜誌社連同演員女作家們在元宵節義演秦瘦鷗的《秋海棠》，張愛玲演女主角羅湘綺，潘柳黛因為身材矮胖所以演一個老娼。戰後一九四六年十月二十三日小報《上海灘》在〈張愛玲嗜吃臭豆腐乾〉裡，記者與潘柳黛攀談張愛玲：「一日，與潘柳黛閒談。論及張愛玲，潘說：『張愛玲這人脾氣真怪，真是冷若冰霜，我講十句，她說一句，並且還不喜見客！』同時她說：『張愛玲還有一個怪癖，便是喜歡吃臭豆腐乾。有一回的黃昏，她正在寫作，發現弄堂裡臭豆腐乾的聲音，連忙立起來，換旗袍、塗口紅、搽胭脂地走出去。可是化妝時間這一刻鐘太久，而張愛玲拿了碗追上去，已是過了兩條街。結果有志者事竟成，張愛玲追著賣臭豆腐乾的，買了四五塊，一面吃，一面嗅，那樣子真使人難過！』」這麼醜化還是記者寫的，後來潘柳黛自己又在〈記張愛玲〉裡冷嘲熱諷，酸她的「貴族血液」，可見張愛玲應該在不自覺的冷漠態度中無意間得罪了潘柳黛。

小煐：

兩封信收悉，上海很平靜，大家的生活都很好。你走後小魁來過，我說去香港了，沒留他說話。大家都忙，都好，勿念。

姑姑

只是簡簡單單幾句話，愛玲反覆讀好幾次，幾乎要親吻每一個字。這裡面每個字都能讓她打從心底笑出來，她可以就字面想像姑姑的表情和真正的意思。

「兩封信都收到了。」姑姑笑著說。想著愛玲可能希望知道多些，加了「上海很平靜」，聳聳肩，是無奈地翻白眼又望一下天空，接著下句「大家的生活都很好」。說完之後，忽然聲音小了下去，看看四下無人再說：「都窮了，沒得比，都好了。」然後搖搖手說：「信上該寫點表面工夫，要不，怎能通過檢查寄到你手裡。」最後想想還有誰是愛玲擔心的，於是加上「小魁來過，開門告訴他，你姊姊走了，不必多說廢話趕緊關門。大家都忙著政治運動，沒的多說多壞事」，都好的意思就是「沒消息可真是好消息，別擔心」。[8]

其實她想盡快找工作，銀行的錢雖然足夠讀完一整年的學費生活費，總不能沒良心地真這麼用光。於是她開始注意《南華早報》的職業分類廣告。專門注意翻譯的工作。這是她在行的，即使和文學不相干也沒關係。投出許多份履歷，日子過得很快，已經接近開學了，工作還是沒下文。

終於只好懸著一顆心開始上課。班上的同學都是二十歲上下的年齡，她是他們的老大姊了，這感覺更甚於一九四二年回上海後去聖約翰大學補讀大四課程，那時讀不到三個月她就放棄了，這次倒是一開始就懶洋洋。幫她辦到了港大復學證明保她出境的老教授夫婦非常怕事，如果不是他們堅持一定要她至少回學校上課一學期，她根本想直接工作賺錢比較實際。

她習慣性找教室最末端的位置，心理上就不希望誰看到她，這堂十八十九世紀歐洲史，教授是位英國人，頭有點禿，看上去大概五十多歲了。這裡是毛姆小說筆下的英國殖民地世界，教授邊用標準的英國腔上課，她邊往窗外看，這教室外邊有一圍扶桑花，大紅的花朵正吐出長長的蕊心，大叢的綠葉襯著，一陣風吹過，濕涼濕涼，大滴雨點已經潑在花葉上，愛玲抬頭看看天空，是大片烏雲掩湮而來，標準南國的初秋。使她又想起相同的教室場景，一九四〇那年，她大三下學期，一樣的歐洲史，只不過是春夏之際，天沒大熱，一樣的濕涼，滿山火紅的杜鵑早開了，教授邊上課邊問同學們問題。

「我們上次說到十八世紀末葉，歐洲各國發起了反法聯盟，這與拿破崙的霧月政變成功有什麼間接的關係？有誰能說說看。」這位教授是純種英國人，金髮戴著金絲邊眼鏡，雖然眼眶深凹，因為鏡片有厚度，所以看來是銳利又不願意讓步的，他的身高不過一百七十公分左右，在白種人來講算瘦小。因為常常嘲笑答錯的學生不用功，所以每每問題一發出，全班三十多人都低下頭看自己的書本或自來水筆，沒有願意主動回答的。這時他就會用點名的方式。一片靜默中，教授用教桿指著中前排的短髮

8 我們也能想像八十年代張愛玲重新與姑姑聯絡上，也能讀出姑姑信件裡的弦外之音。就算姑姑的信真的沒有弦外之音，張愛玲也會以原本姑姑說話的方式，去猜測比對字裡行間的意思。五〇到七〇年代，很多台灣家庭收到從香港或日本美國轉寄來的大陸家鄉信件，都得這麼辛苦的猜測，像是已經成為一種不成文的法則。

女生說：「Ms. 吳，說說看。」

「……」Ms. 吳抬頭愣著，見教授臉上嚴肅的表情，慌忙中答道：「大家反法了所以拿破崙會成功。」這回答一脫口，就惹得全班哄堂大笑。Ms. 吳整個粉臉脹紅了。

「總算不錯，你是聽進了我說的『反法』。」教授臉上又出現慣常譏笑不屑的表情，說：「今天要講的課程很多，乾脆不多問了，Ms. 張，你回答吧！」不論愛玲坐到多遠，這位教授總能迅速指到她的位子。

「呃，當時法國內部的保守派勢力越來越大，希望有強人帶領抵抗外國的反法，所以拿破崙偷渡回法國時候立刻成為英雄。因此反法聯盟可說是間接促成霧月政變成功的因素。」愛玲流暢地回答。那時候她戴著鵝黃色鏡框的眼鏡，對這段歷史原本有興趣，是小時候看到母親從歐洲帶回來的拿破崙像，也曾經好奇地問過父親許多關於拿破崙的事蹟。

「看來如果 Ms. 張蹺課，我這課就上不下去了。」教授又用英式冷笑話似的譏刺說。是要大家多用功些，還是討厭這些不用功的學生，英國紳士的表情是看不出差別的。這個學期結束後的暑假，為了鼓勵這位用功的學生，教授自己私下給愛玲八百港幣的獎學金，愛玲高高興興地拿著獎學金到母親住的淺水灣飯店，滿心以為能獲得母親的稱讚，卻得到最相反的結果。以後她只要遠遠地看到這位教授就開始感到不自在，整個四年級上學期，從一九四一年九月底到十二月，上這堂課簡直只有尷尬，除了無法專心聽課之外，又怕沒辦法好好回答教授的問題。歐洲史的課程不再是興趣和享受，而是像打仗般地。她不能讓教授覺得才拿了獎學金就鬆懈不用功了，那不只是沒面子，而是太荒謬。

歐洲史進入了十九世紀，仍然從拿破崙開始。一八〇七年到一八一四年的歐洲是一場混戰。通常學生們根本記不住誰和誰發生了什麼戰役，誰又拿了誰的好處跟誰同盟，最後誰又逼迫誰割讓國土給哪一個不相干的國王。複雜而且麻煩的歷史時空，只有引發學生的興趣，課才真正講得下去。於是這天教授帶了一個小箱子，打開來卻是一台留聲機，放上一張黑膠唱片，說：「這是英國倫敦交響樂團演奏的《一八一四》，你們將會聽到音樂中加入了加農炮聲，是非常特別的製作。」

陽光燦爛的午後，整個教室在抑揚頓挫的交響樂聲中，愛玲卻開始緊張地翻書，她知道教授等等就會問她，一八一四年拿破崙下詔退位與路易十八波旁王朝復辟之間有什麼牽連，她眼瞼下垂地翻著書頁，卻能感覺到教授銳利的眼光從她座位掃過，忽然她的手停在「一八一四大憲章」這個段落上。也不知道音樂什麼時候停下來，只聽到教授果然叫了她的名字。

「Ms. 張，你能說說拿破崙退位與路易十八復辟之間，有什麼重要的法令頒布嗎？給你一個暗示，是路易十八被要求頒布的嗎？」賓狗！愛玲照著剛剛才翻到的大憲章解釋了，教授的表情非常滿意。

接近學期末的時候，教授的課程已經講到一八四八年歐洲民族主義的興起。

「我們上次說到民族主義的興起，以及一八四八年義大利的燒炭黨和馬志尼的義大利青年黨，他們鼓吹全義大利的統一，這個革命卻失敗了。有誰能夠說說一八四八年的革命失敗之後的影響？」教授精銳的眼神照例掃過全班一次，又落到愛玲身上，當然又點名她回答。

「呃，可能是使得奧地利帝國日益自由化，為未來義大利統一以及德意志帝國統一奠定下重要的基礎。」愛玲努力搜索筆記上的扼要速寫，慢慢地說。

她又再一次贏得教授讚美的眼神，那眼神就像小時候父親高興的時候稱讚她一樣。不過愛玲卻很心虛。可能這次十二月的期末考不能如意了，她內疚地想，其實她不是個真正用功的學生，滿腦子不斷被母親的懷疑干擾著，她在母親眼裡這麼不堪，竟然認為八百元是她用年輕的身體與教授交換來的。那一種噁心的情緒每每阻擋著她對這門課程的用功，把她對歐洲史原本的好奇高感度全都消耗殆盡。那時她甚至經過修會教堂都進去禱告，希望天主讓她生病也好，可以剛剛好錯過期末考。

沒想到是十二月八日當天，日本飛機無預警轟炸香港，不但迫使期末考試全停，連教授都在轟炸中被自己人誤發槍彈打死。她的學業成績全在戰火中灰飛煙滅。她的生命充滿轉折點，十年過去了，這十年中發生的就是反覆地全毀和重建。她只能接受，並且等待不一定會來到的幸運。[9]

9 《小團圓》第一章九莉就被同學們認定是個用功的學生，幾個同學要她說說一八四八，給大家惡補惡補。開頭第一章的引語，與最後一章結束的最後一段，文字是一模一樣的：「大考的早晨，那慘澹的心情大概只有軍隊作戰前的黎明可以比擬，像『斯巴達克斯』（即電影《萬夫莫敵》）裡奴隸起義的叛軍在晨霧中遙望羅馬大軍擺陣，所有的戰爭片中最恐怖的一幕，因為完全是等待。」明顯地，一九七〇年代開始寫的《小團圓》，是五十幾歲以後的張愛玲在表達，人生過百的急景凋年（整排士兵還沒開槍），是必須或被迫面對生病、死亡與所有可能發生的，生命未知的恐懼，這就是真正人生的大考關。進入晚年以後的張愛玲，寫下三十歲時候的記憶。大考的夢不論在哪個階段都常做，面對生命的考關，準備了不見得會順利通過，不準備只會更神經質。尤其剛到香港初期，張愛玲這種不確定感應當是很嚴重的，用讀書考試來比擬剛剛恰到好處。

一九五二年十一月以後

習慣了教室宿舍到處都得爬坡下坡，像是腰腿恢復了十年前的港大生活記憶，腳力回來了，過三十的初老感褪了許多。炎櫻來信嘲笑她這麼老了還有耐心趴在教室裡聽課，她回信說，她的耐心倒是從小在聖瑪莉中學的寶貴所得。那時候每次做主日禮拜都得耗費三個小時，她什麼都不能做，只能看著窗外的藍天，或者盯著一劃一劃打在彩色玻璃上的雨痕。

兩人在信中來回訴說自己的情況，九月，炎櫻已經覺得愛玲快要受不了一事無成的頹廢感，香港又那麼接近龐大的紅色中國，從中國逃港的人越來越多，連炎櫻都替愛玲擔憂，會不會有一天英國政府也因為協商撤離香港？安全感又開始一點一滴剝落，趕緊來日本吧，每次信的末尾都重複一遍。說住的地方雖然小，再多一個女伴也能過得去。

然而信裡透露的，炎櫻並不那麼喜歡手上的工作，因為女上司有些怪僻，總在不很關鍵的字眼上挑毛病，彷彿很神經質。愛玲讀信邊笑著，也許過不久炎櫻會申請換工作，這時候去日本除了拖累同學，還會遇上兩人都不穩定的慘狀，時機不對之外，她還下不了決心。果然十月初炎櫻的來信說調動部門了，新部門是個大單位，根本可說是另外成立的子公司，主管是個規矩但有點笨拙的日本人，把她當正宗英美人士崇拜。炎櫻雖然在這公司已經待一陣子了，還是到這單位才開始工作順利起來。又不知道從哪裡打聽到，這個子公司有皇室的股份在裡頭，即使日本戰敗了，皇室的威望還是很足夠的。

又過不久，炎櫻說公司內部的人事變動已經開始部署，可能會為了節稅成立一個日美文化交流基金會，當然需要英文能力強、能即時口譯的人。日本戰後這樣的人才很缺乏，炎櫻很快地這裡那裡疏通，確定了機會，就三天兩頭不斷來信催愛玲先休學赴日本，要不然大好的工作機會要流失了。[1]

愛玲本來就擔心這麼坐吃山空下去，姑姑的錢遲早要花完。除了對不起姑姑之外，自己也將前途茫茫。花時間在學業上，又不能確定往後如何，這麼看來真是浪費時間了。她考量自己是沒耐心面對學生的，所以教書這條路不成。也不可能埋首在學術研究，那太無聊，所以又去英國深造做什麼呢？難道拿了學位後竟是等著找乘龍快婿嫁人？她又不是才二八年華的小姐，母親再有青年才俊的人脈，也不見得看得上她，像這樣接近後母那時嫁給父親的年齡，大概只能選擇離過婚或死了太太的，接下來還得面對前任留下的孩子，像她自己和弟弟，角色互換時，她也還不知道自己會怎麼做。更何況老教授幫她申請恢復本來的獎學金，這件事至今沒有確定的下文。

金錢是最現實的，逃難漂泊中什麼都能是多餘的，唯獨錢，簡直不能少。現在有了確定的好消息，她當下就決斷辦休學。

買到十一月中的船票，這艘輪船並不是高級的豪華郵輪，她當然不可能去浪費這種錢。而是艘貨輪也兼載客，頭等艙在最高一層機長室後方，她知道自己是真的沒辦法忍受幽暗又沒有窗戶的三等艙，不是怕黑，搭配的食物也是其次考量，主要那種艙等就算沒老鼠，蟑螂臭蟲也就多，彷彿一躺下，人體的溫度氣息就能引大蟑螂出來嗅嗅爬爬，如果趁開箱子時躲進行李箱又帶到日本，豈不是更大的災難，她連港戰後回上海，都搭的是二等艙，怎麼可能現在去搭三等艙。這又要內疚地浪費姑姑的錢了。

還好她即將開始工作，不久就能有收入，就先這麼安慰自己罷。二等艙房一溜也有四五間，輪船第一天入海，乘客中就有在甲板上暈了爬不起來的，有一吃就吐的，腸胃過了好幾天也一直沒辦法適應的，愛玲反倒還好，她兩歲時從上海到天津，八歲時又從天津回上海，十八歲坐輪船從上海到香港，二十一歲又從香港回上海，似乎她這一生輪船來去都反倒安穩，沒有絲毫暈船的現象。二等艙的伙食還可以，第一天同桌吃飯的客人除了她，只有另一位上海裁縫，是個典型精刮的道地上海人，早在一九四九年以前就遷移到香港，後來去東京開店，經常往返香港採辦衣料，坐船坐得精熟了，只願意等這艘船，說是因為載客量少，所以不另開飯，頭等艙跟船長一起吃，一等就跟船員一桌吃。一日三餐都是闊米粉麵條炒青菜肉片，比普通炒麵乾爽，不油膩，菜與肉雖然少，卻很新鮮。愛玲聽著忽然覺得慶幸，她不懂這些，也能搭到這小而美的貨輪。風平浪靜的時候，兩人互點個頭打招呼入座，吃完又往甲板上走回艙房，都不必多話。單調的海洋通天一片藍，夜晚則是一片黑，都沒有什麼好看的。這是一段真空管時間，做不了任何事，也完全不必考量人際關係，真可以有足夠的孤獨。從香港到日

1 張愛玲在一九五二年十一月向港大申請休學去日本，她在給夏志清的信裡提過，雖然已公開的各種資料，都無法得知她是怎麼申請到日本入境證，以她的專長推斷，她不可能去從事商業或商業祕書、行政業務類的工作，因為從來沒做過，她的小說散文書信裡，也從沒有過這類工作的描述痕跡。再說，她後來去美國，初期和喬治高／高克毅成為同事，做過非正職的即席口譯。看來她去日本找的工作，應該也有可能與即席口譯相關。

本，在海上走了十天，她就享受了十天從沒有過的悠晃，真想就這麼過下去。[2]

炎櫻在港口接她，從輪船下來一路上看到的都是日本人相互的九十度鞠躬。

「張愛，你怎麼變成這個樣子?!」炎櫻激動地拉住她的手說。認識愛玲十幾年，從沒見過她短髮的樣子。

「好看不?!」愛玲大笑著，又甩甩短髮輕鬆地說。通信總不比真正見面，快樂的感覺很真實直接。彷彿這幾年本來該有的大笑是被鬱悶的繩索綁死了，現在才忽然無預警釋放。

「真想帶你去逛馬路，我發現好幾家有趣的店。」炎櫻誇張興奮地比手畫腳說。

「先去放行李，再去逛街吃飯。」愛玲看著炎櫻，逛馬路的興致也來了。覺得在日本至少不像香港，舉目無親。老教授夫妻雖然是母親姑姑的朋友，卻總是哪裡不對，像隔一層山，望之儼然。

「我也想，不過放完行李，還有許多日本會社的規矩要先告訴你。」炎櫻說著竟然有種為難的口氣。她也從浪漫的學生時代脫離了，進入日日為食忙的上班族生態，生存恐懼擺在前面，不能多浪費點不必要浪費的時間。

「當然，」愛玲整個把嘻笑的臉收起來：「我需要生活費。再枯燥的事也能做。」反正張愛玲這三個字早已隱沒太久，到日本也不能用中文寫作，寫作如果不能維生，對她而言就是完全沒意義的方向。來日本前她就做好改行的心理準備了。

「ＯＫ，我會從明天的面談官，到你們基金會的老闆是誰都說給你。你看，是不是把你從那些沒意義的課堂上救出來了，還不快謝謝我。」炎櫻本來說著還有模有樣，說到最後兩句又露出原形，愛玲笑出聲，看見前面街角有家日式餐館，外觀搭配著淡淡的竹色木片，很是典雅。愛玲隨手指指說：

「要不要去那兒吃點東西，我餓壞了。」

「不要吶！那種店一進去就有人給你鞠躬又倒茶，看菜單每一種都嚇人，叫作什麼石頭煮的料理。貴死了！我買了蛋糕餅乾紅茶，還有很好的奶油，我們趕緊回家吃。」炎櫻急忙甩搖著手，直接把日文翻成英文說了。

「你是說懷石料理？那當然貴，我們還是吃蛋糕的好。」愛玲嗤笑著說。

炎櫻的家在一間洗衣店的樓上，典型的日本房子，窄又陡暗的樓梯往上走，直接遇到一扇門開進去，裡面是比上海的亭子間稍微寬闊點的房間，帶有一個小陽台，斜斜的屋頂下隔出很窄的浴室，僅僅能站著淋浴，旁開一個小門是廁所，有馬桶和洗手台，古老日式屋的乾濕分離，靠近陽台處隔出一方小爐子，底下是小冰箱，看來是閣樓改裝，房間小巧但五臟具足，有乾淨的木地板，沒有床，睡覺得自己鋪被子在木地板上。炎櫻的東西都靠牆堆著，很簡單的書櫃子還有行李箱，一個很矮的地板矮几，就算是小桌子了，弄了菜飯也可以就這麼席地而坐吃起來。

愛玲先洗個舒服的熱水澡。浴室很乾淨。愛玲想起離港前，她還是去找了老教授夫婦。港大宿舍沒有獨立的套間，學生當然是公用廁所浴室，有時抽水馬桶四周汪著髒水和撲鼻的尿騷味。她總是去

2 《浮花浪蕊》裡有洛貞搭輪船去日本，《張愛玲私語錄》中有一九五五年張愛玲搭乘克莉芙蘭號去美國的輪船上，寄給宋淇夫婦的信件，都詳細描述了船旅的過程和對輪船乘客的仔細觀察。而且在《惘然記》，皇冠，二〇一〇年四月，頁一四一、一四二〈吃與畫餅充飢〉中有一大段是一九五二年十一月張愛玲對這趟輪船真正的紀實。讀者有興趣不妨拿來三方對比。

廁所就換一雙拖鞋，回房又換回本來的，香港天氣熱，要不然印到房間裡也會微微蒸出尿騷味。當然每天洗澡必須將就那些氣味。教授夫妻知道了，見她還能像學生一樣吃苦，眼神上就先讚許了，教授宿舍又近，就告訴她，課後可以帶著盥洗衣物來家洗澡，他們的孩子都大了，結婚的結婚，移居外國的移居外國，讓愛玲去洗個澡之後回宿舍也沒什麼不方便。因此她也順理成章常常去教授家，並不打擾他們午餐晚餐，自己吃完了再去，兩便。及至愛玲決定休學去日本，心想總必須禮貌性告訴一聲，也謝謝人家保出境和這幾個月的照顧，以免將來母親知道了生氣，又寫信來教訓一頓。但是她也不敢直接說已經決定了。

「有個同學在日本，說是可能幫我找到不錯的工作機會，那公司也許能幫忙辦入境證。」愛玲用試探的口吻小心地說。

「這麼休學了不可惜麼？」老教授果然吃驚。

「港大的復學也是難得辦下來的，這麼決定不怕你母親姑姑失望？」教授太太自己也是一位學術有成的教授，臉上的神情除了詫異，說到第二句還現出瞬間的憤怒，他們當然知道愛玲出境也拿了姑姑不少錢，覺得她是對母親姑姑太忘恩負義了。不過她又不是他們的親生女，只能依然用微笑掩飾過去。

「都說日本入境證非常難辦，日本人很排外，尤其不肯給中國人。難得這個公司有可能替我申請。」愛玲以為自己已經說得很緩頰圓融了，也不是沒想到教授夫妻會覺得不堪，日本入境證難申請，難道合法入港就好申請？多少人就是偷渡也要游泳過羅湖九龍之間那條河！只是她想不出其他更好的說法可用。

教授太太臉色又更難看些，老教授臉上卻有種忍耐和修養，大概覺得年輕人多半不懂事，還是以長輩包容的態度盡力勸說：「看樣子美國人不會永久待在日本，美軍總要撤回的。這麼看，日本的工作機會能有多少穩定的可能？」

「其實我也明白不一定穩定，心裡也老懸著，不過總想去試試。」愛玲這就說了心中的實話，只是沒說已經都做了休學。她當然不能確定這個決定對不對，又不能在他們面前說，她已經接近三十三歲了，總不能婚結不了，事業前景看來又一片黯淡，她也是著急的。

「那麼好的成績，這麼放棄總是可惜，多考慮考慮吧！」老教授說這話音已經是父權式的結尾，不必再討論的意思。

「是啊，將來去牛津再深造，雖然教書的薪水不多，走學術的路線總是穩定，能結婚不結婚都有保障。如能去英國，你母親可要開心死了。」教授太太也一旁幫腔。

她應該非常感激他們這樣的好心，然而他們的熱切盼望並不是她需要的。[3]

3 《浮花浪蕊》裡，洛貞初到香港時租一個簡陋的居所，每天洗澡用的就是公用浴室廁所，後來范妮知道了，就讓她常常來家洗澡，最後決定離開香港去日本求職時，范妮出現了責備憤怒的眼神，覺得洛貞對不起姊姊姊夫，出中國的時候拿了姊姊那麼多錢，到香港也還匯錢給她用，結果說要離開香港，就二話不說決定了，錢也就不還了嗎？如果洛貞這段故事裡有張愛玲的影子和情緒，那麼所謂姊姊的錢，應該就是姑姑的錢。而關於去日本的簽證，這裡頭就有一段對話，很能影現當時張愛玲的難堪處境：「（范妮說：）『現在找事難，日本美國人就要走了。』洛貞笑道：『是啊，不過要日本入境證也難，難得現在有機會在那邊申請。』也許去得不是時候，美國占領軍快撤退了，不懂日文怎麼找事？她不過想走得越遠越好，時機不可失。」好不容易逃出恐怖的紅色大陸，香港還是距離大陸非常近，從四九年到文革期間，逃港潮一直非常多，一九五二年現在愛玲洗完澡，換了舒服的居家服，一路上的疲憊算是暫時放下了。和炎櫻就著小桌坐在鋪地日本靠椅上，炎櫻放一份文件在小桌上說：「練習一下吧。」兩人邊模擬應對，邊喝著奶茶吃抹牛油麵包，恍惚又回到從前的時光，東京的緯度高，十一月天氣已經很冷，不像香港還在又濕又熱裡。

「我喜歡這個小房間。」愛玲環顧著笑道。

「那得先喜歡我咧！快點，繼續感謝我吧！」炎櫻眨眨眼拍著胸脯說。

「吶，多抹點奶油外加一份奶油的這片麵包給你，算是感謝過了！」愛玲把麵包厚厚塗一層推給炎櫻。

「我要你帶來那種。」炎櫻指指愛玲從行李箱掏出來，整排的厚團團隔熱錫箔包奶油。

「怎麼你的眼光真好，這是Devonshire Butter。」愛玲笑著說，她還沒上課前窮極無聊，去九龍逛街時看到了小雜貨店裡賣的，吃了之後驚為天人，之後就經常去買。

「這種奶油在加拿大見過一次，也可以沖咖啡。」炎櫻順手抓了一個，剝開包裝外殼用湯匙挖了厚厚的，塗上自己的麵包。[4]

「噯，撕一點給我！」愛玲伸手去，炎櫻剝了一小塊給她，兩人都有滿足的神情。炎櫻一會又說：「明天只是約面談，這裡有份地圖，畫紅圈的部分是我覺得有可看的。讓我想想你還該帶多少錢在身上。」她覺得該把愛玲的整日行程規畫好，免得人生地不熟的，自己又得上班沒辦法陪著逛街買東西，她又不能連續請假好幾天，而且愛玲並不是來日本觀光，總得讓她在東京有獨自活動的能力。當然如果以後愛玲的工作穩定了，也許就能另租一間房分開住。

「我想好了。明天也許寫信問問池田，他家就住在清水。不過，就讓他坐車過來這附近吧。這兒有沒有合適的咖啡廳？」愛玲顯然想過正式上班前的時間如何運用。

「池田？」炎櫻有點疑惑的神情，過一下子忽然想起，說：「啊呀！就是以前很崇拜蘭你那個日本人！」

「我到香港時寫信給他了。」愛玲無可無不可地說。實際上心中有點說不上是什麼樣的餘波在起伏。這幾天都是這樣，但這個部分她是連炎櫻面前都不想洩漏的心情。

「唔，蘭你也在東京？」炎櫻不愧是多年的好友，兩眼直勾勾看著愛玲說。

底的張愛玲應該是看在眼裡，也有很大的不安全感。要申請日本簽證，當時的張愛玲只有兩條路，其一是請炎櫻幫忙，其二，就是本來從胡蘭成的關係而來的日本友人池田篤紀。池田在日本戰敗後回國，並沒有官職，而且也很慘，從賣水果蔬菜當小販這種勞力活重新開始他的人生，要不然胡蘭成一九五〇年九月也不必用偷渡的方式上船，下船前還要把自己僅剩的衣物東西扔下海，扮成日本水手的樣子進港口海關。見張桂華，〈民國浪子：胡蘭成佘愛珍結婚開妓院維生〉以及陳文華，〈野狐禪夢——記胡蘭成〉，風傳媒。

那麼只剩下她本來的好友炎櫻，以張愛玲的性情與家世教養，她是一定要合法入港，當然也要能合法進入日本，才會斷然休學搭船去。只靠炎櫻個人的力量，是不可能申請得到當時的日本入境許可，除非找黑道或人蛇。而炎櫻的成長背景也不可能幫好友找黑幫弄簽證，與黑道勾搭上更可怕。合理推斷，當然是炎櫻已經幫她鋪陳好了工作機會，由公司辦理才能申請得下來。

4 見〈吃與畫餅充飢〉，這裡面講的香港寓所應該不是港大宿舍，有可能是後來的女青年會，或者介於在港大宿舍與女青年會之間，還有過渡期，就像洛貞那樣租便宜的小房間，當時逃港的難民都是這麼做的，也可說，張愛玲這段初到香港的時間，應當是身心食宿都極端不穩定，不能否認的，難民生活形態也在祖師奶奶身上發生過。〈吃與畫餅充飢〉裡，張愛玲寫道：「我寓所附近路口的一家小雜貨店倒有黛文郡奶油（Devonshire Butter），英國西南部特產，厚得成為一團團，不能倒，用茶匙舀了沖在咖啡裡，連咖啡粉沖得都成了名牌咖啡。」

「那不關我的事。」愛玲聳聳肩，若無其事地說。

「但是池田如果要幫你約蘭你，你會怎麼做？說好？說不要？」炎櫻並沒有調侃，而是關心的神情，她不希望愛玲才到日本又發生麻煩事。

「他不會再問了。」愛玲直截了當地說。

「所以他在信裡已經問過。」炎櫻睜大了眼睛驚訝地說。

「嗯。」愛玲點點頭不想多說，又再重翻文件說：「快點，你這個教授很不盡責，再多幫我模擬兩下子，不然明天要丟你的臉了。」

「那可不，我會說那個張愛啊，剛來東京就犯睏，睡太多了所以沒準備好。不關我的事。」炎櫻笑嘻嘻地亂說一通，兩個人又像學生時代嬉鬧了起來。

接近十二月的東京，愛玲往窗格子外面看看，又是一輪冷冷泛藍光的橄欖月，窗上已經結霜。她是很接近胡蘭成了，他就住在池田家或者附近？她不屑自己去猜想，但又忍不住猜，在這裡他不可能還有小周和范秀美。又還有那個佘愛珍真的以身相許了嗎？森冷的月光穿透窗稜，她彷彿又看到那個夢境裡的大片草地上，跑出來的許多孩子，都是她與胡蘭成的。換炎櫻去洗澡了，馬桶廁間的洗手台牆上貼著面鏡子，她兩手撐著洗手台，對著鏡子傻笑，怎麼會做那樣的夢，她對著鏡子裡的自己指控：真是荒謬！但更不能解釋的，卻是她的確因為那夢境還開心到現在。

那個粗糙的夢。

日本人從明治天皇致力西化以來，用的是與西曆合併的格里曆，大多數地方不再用源自中國黃曆的舊曆。愛玲在日本轉眼已經兩個多月，跨入一九五三年了。東京街頭是整齊清爽的，並不是沒有破舊感，而是就連破舊也是整潔雅致的。炎櫻趁新年休假，先和愛玲去逛寺廟，即使寺廟也沒有俗紅俗綠的嘈雜。看見附近一家和服出租店，炎櫻興致大發，換上和服穿了木屐，炎櫻個子矮，穿了不顯得胖，從背後看反倒滿像日本女人。愛玲本來不要，在炎櫻的攛促下，也穿了一套，店員已經盡力搭配套飾了，但就是怎麼看怎麼不對勁，太高了，沒日本味。愛玲也不介意，笑著換回自己的厚呢大衣褲裝，陪穿了和服還不肯脫的炎櫻走進寺廟逛逛，由於和服可以租一整天，只要在下午六點鐘以前歸還即可。兩人一高一矮，一西一和，組合奇特，相視覺得好笑。但新年的寺廟裡裡外外行人多，這麼走也沒什麼奇特的目光投來。他們走到一株大樹前，那樹上白花花繫滿了籤紙片，都是些抽到不好籤言的人才繫上去的，據說這樣不好的運就能消除轉好。

「要抽籤嗎？我借你硬幣。」炎櫻好奇地問愛玲，她自己到這樣的地方是不拜拜不抽籤的，因為從小是回教徒，但是總好奇著抽籤是不是真的有應答。抽籤的窗口大排長龍，可能大家都是因為新年想求好運。愛玲笑著把好奇的炎櫻往外拉，說：「約的是下午兩點，我們現在應該可以慢慢坐車過去了。」

東京丸之內車站，一出站，兩旁很多餐廳咖啡館，按圖索驥，她們進了一家義大利餐館，這是與池田信中約定的地點。拉著炎櫻一起來，愛玲心理上比較能有安全感。

她們早到了，池田還沒到。

「你真的決定了？不再試試？」炎櫻撕開糖包倒進杯子裡，邊攪和調咖啡甜度邊說。

「公司要通譯隨時待命，這我可以理解，但是總待命又不發配工作，這就很奇怪，那薪水又按照接通譯次數算。」愛玲倒了些奶進咖啡裡，霎時咖啡混入白痕，她也不攪和，直接就著喝，喝到什麼是什麼。

「聽說你們長官很要人捧。」炎櫻忍不住提醒她。

「我知道，但是要人周六下班以後去指定的餐廳唱歌聚餐，這個我真的做不到。周末不該休息嗎？難道唱歌聚餐比好好工作來得重要？」愛玲不解地說。

「這就沒辦法了，日本人的文化是這樣。你又長得不像我。」炎櫻笑著說。戰後的日本人崇拜外國人，只要不像中國人的外國人，不論膚色人種。他們歧視中國人，就算英文說得再溜也一樣。

「為什麼你的上司不對你這樣？」愛玲不甘心地問。她其實知道答案，而且已經不覺得日本的工作丟了可惜。

「噯，管他娘的歧視，我們來吃蛋糕。」炎櫻直接把愛玲的憤怒說出了，轉眼又開心起來。這是她安慰愛玲的方式，一抬頭看了看，指指門口說：「是不是來了？以前只見過一次，我不大有印象。」炎櫻的座位面對店門口，又悄聲說：「他真的照約定沒帶蘭你來！」

「唔。他知道不遵守約定我會直接站起來走掉。」愛玲輕輕說完，轉身向走來的池田笑了笑，用日語說：「好久不見，您好嗎？」

「都好，您也好嗎？」池田穿著規矩的長褲襯衫外套，向愛玲鞠躬完又向炎櫻鞠躬，卻用生澀的中文說話。

「他能聽點英文嗎？」炎櫻問。她真的忘了從前是不是見過。

「可以的。也能說一些。您是炎櫻吧，這套和服真合身！」池田笑著先用日語，最後一句卻直接說英語。

「唉呀，真謝謝，我也這麼認為。」炎櫻一副西派，歡喜別人稱讚。

「她從早上穿了走，連腳趾頭痛了都還不肯脫。」愛玲嘲笑著說。

「看起來很有日本女子味！」池田豎起大拇指稱讚，他知道在日本的歐美人都喜歡這樣的稱讚，即使看起來根本不道地。

「就是麼，張愛淨是嫉妒我。」炎櫻哈哈笑著說，又忽然小聲地對著池田問：「你家裡的客人……知道今天你跟我們碰面嗎？」一副跟人家一回生二回熟的樣子。

「我告訴他了，這裡有一封信要我轉交。」池田說，他其實鬆了一口氣，本來一路上還想著該怎麼啟齒，沒想到才坐下不久，炎櫻立刻解決了他的問題。池田從外套內袋掏出信放桌上，推過去愛玲面前。

「太太孩子好嗎？」愛玲改用英文禮貌性問候，手一動也沒動，並沒有收起那封信的意思。

「別管張愛，請你告訴我蘭你的情況，是不是又有交往的女朋友了？」炎櫻像是脫口直問的外國佬，還故意叫池田別理會愛玲。

「我的家人都好，謝謝，」池田對愛玲還是禮禮貌貌，照規矩回答了，又轉頭對炎櫻說：「幽蘭

5 雖然張學研究永遠解不開張愛玲一九五二年十一月赴日本的三個月中發生了什麼事，但張愛玲去找工作是確定的，拿到日本簽證也是確定的，為什麼又回香港就非常耐人尋味。以張愛玲後來一九六九去加州柏克萊中國研究中心任職情況看起來，她不但與「團隊工作精神」格格不入，更不可能應付團體工作中各種不必要的人情，因為沒有人指點她工作上的人情訣竅。又且港戰後回上海，她就直接從寫作入行，開始賺錢維生，從沒在哪個公司機構上班過。去日本如果真的因為工作而有簽證，第一次成為上班族，當然必定要遇到各種公司人事主管上的磨難，通不過這些磨難，只好打道回香港了。這是邏輯推論，並不是史料。

的生活算還可以。女朋友的事情，就比較複雜了。」[6]

「複雜呀?!」炎櫻故意驚訝地重複，她有點急著想讓池田多說些。愛玲卻笑著打斷，又對池田說：

「您的工作生活都還好嗎？」她矛盾著不大想聽，所謂的複雜是有多複雜。

「我現在就是努力從頭來過，這幾年在市場的買賣算是好轉許多了，老朋友陸續聯絡上，也許有希望當個商會理事長之類。」池田也笑著說，表示自己的情況也沒有太差。日本男人總是不能在女性面前太失面子。

「在東京這兩個多月，我也覺得日本戰後是有希望的，大家過生活雖然辛苦，卻都很努力。」愛玲流利的英文還是說得緩慢一些，從池田說話的詞彙有限，知道他的英文能力僅及普通。

「我們的國家正在復甦。」池田的表情中有傷了自尊的驕傲。這是從他們的天皇在廣播中發表投降之後，大部分日本武士的心情。看著愛玲又問候說：「那麼工作上都還順利嗎？」

「在東京上班一段時間了。還是不能適應日本社會的上司下屬文化。我辭職了，買了船票要回香港。」愛玲拿起咖啡喝了一口，慢慢地說。

「啊！這樣可惜！」池田吃驚又惋惜地說，又看到愛玲根本對那封信一動也不動，不禁把信件再往前推了推，但是為了避免有逼迫的意味，他做這個動作時反而掩飾地說了別的話題：「那麼這兩個月有沒有到處走走看看？例如淺草寺、明治神宮？」

「我們剛剛去了淺草寺，覺得很棒，改天想去鎌倉，都說那裡是古蹟。」炎櫻高興著快速插嘴。

「鎌倉有著名的大佛，我可以開車帶你們去，尤其現在才剛過年後，如果時間剛好，還能看到祭典。」池田語調是禮貌的，聽不出是客套還是真心願意。

「好啊，張愛，我們這幾天可以安排一下。」炎櫻竟然興奮地回應。

「不不，您忙吧，我已經不像剛來的時候那麼陌生，都能自己搭公車了。太遠的地方我們也沒時間去。」愛玲說著把一份地圖從包包拿出來指了指。池田是個有家累的人。他陪著帶這裡那裡走，又礙著面子可能要搶著出車油錢飯錢，不但欠下了人情，另一方面，也不知道這麼聯絡來去，胡蘭成又會不會有什麼動作。

「幽蘭也說他可以來陪你們。」池田終於忍不住脫口而出。

愛玲微笑著搖頭。

「不是說複雜得很。」炎櫻的話沒頭沒腦，但池田和愛玲都聽懂了。

「他是這樣的，從上海逃到香港時，就跟佘愛珍有交往，偷渡到日本時佘愛珍和女兒沒有一起來，現在正想辦法看看能不能接她們過來。」池田說得並不馬虎，愛玲倒是覺得奇怪，以胡蘭成的習性，該會特別交代別在愛玲面前說的，不知道為什麼池田仍然把實際的情況說了。

「這名字很熟，張愛，你聽過嗎？」炎櫻有點困惑，不過隱隱覺得不大對勁。

6 見〈胡寧生回憶胡蘭成〉，胡寧生是胡蘭成次子，一九八一年八月從歐洲開會回南京後，得知父親已於七月二十五日於東京郊區自宅心肌梗塞突然去世，於次年七月獲准去日本參加父親的周年祭。寫下了這篇文章。文中一段：「乘大巴到清岩院墓地祭拜，那是一家寺廟後院的公墓，每座墓占地不到十平方米，都是石塊台基中間一塊花崗石墓碑，胡蘭成的墓碑正面是兩個大字『幽蘭』，是他生前自己寫的，在小字生平中才出現胡蘭成……穿了父親長衫的我就用日語背誦了由妹夫事先寫好的答辭。」佘愛珍的日本名字是翁乃廣，幽蘭既然會成為墓碑名，而且又是生前的字跡刻印，可見胡蘭成喜歡這兩個字，有可能在日本親友間不稱胡蘭成，而稱幽蘭。

「是吳四寶的太太。以前聽說過。」愛玲當然是聽胡蘭成說的。當時吳四寶與李士群同為關政治犯七十六號魔窟的「四大天王」之一，後來吳四寶被李士群用計殺了，胡蘭成卻「仗義」幫佘愛珍設計向日本憲兵隊遊說，結果也成功借力使力殺了李士群，為吳四寶報仇。想當時胡蘭成會得意兮兮地說起，全是因為柯靈陷入魔窟，愛玲太著急了，所以胡蘭成故意說個他出手成功的例子以為安慰，於是愛玲又微笑著說：「那吳太太應當萬分感激，一心以身相許了吧？」

「如果是就好，問題還多著。」池田忙亂搖著手說。他的語言越來越流利，並不是英文能力忽然變好，而是這件事情本來就困擾著他，見到愛玲之前，他就反覆練習過如何用英文或中文表達：「在香港，吳太太和四寶的徒弟李小寶同居，幽蘭算是第三者介入吧，等幽蘭成功到了日本，愛珍又寫信說要帶女兒同來日本，我們也不知道她和李小寶怎麼樣了，所以幽蘭一直猶豫不決該怎麼做，尤其現在還又……」池田說到這裡忽然停住，看著愛玲，似乎猶豫下面的話要不要說完。

「怎麼？錢不夠用嗎？」炎櫻雖然看起來莽撞，但實際上根本都在替愛玲問，不是錢的問題還又有什麼棘手的？

「生活費方面，我是盡量張羅著，但是吳太太花費很大，恐怕不是我們能負擔的。這是一個，還有一件，幽蘭似乎以為我完全不知道。」池田越說聲音越低沉。

「難道他在你家住又看上誰了？」炎櫻又問，愛玲看她一眼笑了笑。這個炎櫻何必搶話，池田其實會自己說下去。

「他不住在我家，我幫他找了租屋。」池田說著話又變慢了。

「那房東太太漂亮不？」炎櫻吃吃笑起來。

「唉，就是這點糟糕，我看了幾次她和幽蘭的眼神動作，根本就知道怎麼回事了。」池田搖頭嘆息著說。

「連你都能看得出，那房東先生應該早清楚了吧？」炎櫻幾乎是開心聽八卦的神情，她根本也是上海人。

愛玲聽著聽著有種奇妙的感覺從骨子裡升上喉頭，然後堵住，她並不難過，只是打從心底浮現一種徹底的厭倦，就像每天都吃荷包蛋，後來看到油煎荷包蛋就自然反胃似的。她彷彿又看見那長排棕櫚樹外的沙灘變成大草原，草原上的人影與孩童嬉戲著，這應該是科幻小說的情節，人影應該是威爾斯小說裡的科學怪人，並不能存活在這個世間。

「我很擔心。雖然房東先生是個入贅的，但總也是男人。而且和流氓幫派是有關係。」池田憂心地又加了一句：「我見過他揮武士刀的樣子。」言下之意，跟那有夫之婦交往久了，不知道會不會被發現，那種流氓會社一發動是要出人命的，這麼危險的事情胡蘭成也幹得出來。顯然池田又被胡蘭成這些風流帳弄得不知道該怎麼辦，及至聯絡上愛玲了，忽然覺得也許救星到了。如果愛玲已經在東京，又有了穩定的工作，那池田該是巴不得把胡蘭成塞回她手上吧。[7]

7 胡蘭成於一九五〇年逃到香港，九月就偷渡到日本，《今生今世》中寫，熊劍東太太拿一件皮衣要他去找吳太太／佘愛珍幫忙想辦法賣掉湊錢，那時佘正與吳四寶的徒弟李小寶住一起，李小寶是個黑道，吃喝嫖賭賣毒樣樣精通，在香港黑社會很吃得開，也有點響頭，熊太太以為佘應該神通廣大，並且以舊恩情來說，也應該很願意幫忙，沒想到佘邊梳頭邊哭窮說手頭也很緊，就丟了兩百元港幣總算作為資助，最終還是熊太太大力幫了六百元美金，才搭上祕密偷渡船。倒是才認識幾個月的唐君毅夫婦陪他上街打了三錢重金戒指，未來在日本下船就靠這金戒指典當，作為最初到日本的生活費。這段描述令人詫異，愛玲已經聽不下去，她心不在焉地望向窗外，這個義大利餐廳在大樓的六樓頂，斜陽失溫中的東京丸之內車站就在外頭下方，一隻大肥烏鴉安安靜靜蹲在窗外欄杆上向她凝望，彷彿神明附身的一雙老靈魂小眼睛，訴說著人世的蒼茫。

她後悔了，是應該聽從老教授夫妻的勸告。

照理在他鄉遇恩人，應當傾全力報答，怎麼哭窮又只輕蔑地丟個兩百元港幣？佘愛珍是廣東人，到上海混到嫁給黑道吳四寶。顯然原本就在八大行業中。這麼做的理由，要不是佘愛珍一向太精明勢利眼，因為在香港的胡蘭成落魄身無分文，已經不是當年可以運動日本憲兵隊的紅人，不然就是胡蘭成說的運動憲兵隊殺李士群為吳四寶報仇是誇張，實際上佘愛珍並沒有那麼感激涕零。當然這其中到底曲直細節如何，反正佘愛珍並不像張愛玲那樣，能寫一本《小團圓》反駁，就只能有《今生今世》中的孤證可查了。到東京後與租屋女主人一枝發生關係，相戀達三年之久，照《今生今世》的說法，是池田篤紀完全不知情，並且說三年就三年，時間一到，胡蘭成是男子漢大丈夫，說斷就斷，無情得很。不過池田是胡蘭成一到日本可以完全信賴依靠的唯一友人，幫他重新牽線清水董三，隨著池田自己的發展，一有機會就帶他去餐會認識其他政壇人物，又介紹演講與文章在雜誌發表的機會，處處為他著想，而胡蘭成又是常常得意自己可以把女色當花生吃（女人就像花生，有花生就一直吃個不停，這是《小團圓》裡描述邵之雍的精采句子），池田真會不知道胡蘭成與一枝的外遇畸戀？在邏輯上也很難說得通。

一九五三年至一九五五年

在日本過完新年，愛玲回到香港才幾天又遇到舊曆春節，二月十四日是正月初一，香港人有「走春」的習俗，從除夕晚上團圓飯吃完，人人從各家出門，維多利亞港兩岸，從銅鑼灣到旺角的年宵花市從中午開到子夜，人潮湧來湧去。然而從愛玲這個窗口向外看仍是一片漆黑，這個女青年會旅館所在地不是那麼熱鬧，又加上新年店家都不開，街頭巷尾反而顯得相當冷清。不過，新不新年，熱不熱鬧，一切都和她沒有太大相干。

她的房間很簡單，一張床、書桌以及衣櫃，她的行李靠牆邊放，YWCA的房間當然陽春，不過是獨立套間，至少上廁所洗澡沒困擾。上學期中辦的休學，連宿舍都退了。過年前她就想再回去試試復學。結果因為已經沒有全額獎學金的補助，教務處要求她要先補繳上學期的學費，那相對是一大筆款項，目前她是無力負擔。

恐怕還得回去找老教授商量看看。愛玲打開靠牆的行李箱，看看有什麼從日本帶回來的東西可以作為年節禮，總不能年初三空手去人家裡。以往她總和姑姑一起窩在公寓裡，自然有人上門拜年，這回竟換她去人家裡拜年，有所求於人了。

開門的是教授太太，滿臉驚詫地說：「你終於出現了，我們找你非常久，以為你失蹤了，把我們嚇得！」

「前幾天打電話來，府上阿媽說兩位可能今天會在家。我剛從日本回來，真抱歉讓兩位擔心了。」愛玲是真的充滿歉意，手裡是精緻包裝小禮盒提袋，教授太太並不接手，愛玲尷尬地放在茶几上，看著老教授慢慢從房間踱出來，也不敢坐下。老教授手上拿著一疊文件，慢慢拖著走到愛玲面前往几上一摔，眼也不抬，不慍不火地說：「我好不容易讓你的全額獎學金放入教務議程討論，結果卻讓人說你自己本人已經簽了放棄。」

「急著找你又找不著人，說是連宿舍都退了，唉！」教授太太雙手叉在胸前搖頭說。

「別告訴我們不是故意的，我們難堪沒臉也就罷了，你怎麼連自己的前途都直接不要了？」老教授終於看著愛玲說，修養再好也發火了。

「是我對不起您，真的非常抱歉！」愛玲對老教授和教授太太深深九十度鞠躬，她是真慌了，但從小訓練的，臉上總還是波浪不驚面色不改。

「你是去日本成了日本人了？這麼鞠躬我們也受不起。」教授太太哼著說。也難怪他們，將近三個月的忐忑不安，到最後只好放棄。儘管是個已經三十三歲的女孩子，也是託在他們手上照顧的，這不但對不起朋友，最可惡的還是她讓他們成了整個學院的大笑話。

「你的事情我們是管不了了，該怎麼就怎麼罷。我們現在是覺悟能力不足，不該攬事，也跟你母親抱歉過，你請吧。」老教授說完，手揮一揮，示意太太送客，自己轉身又回房間去，房門順帶關緊了。

這算是下極了馬威，愛玲並不知道，老教授夫婦是非常氣她不懂事，不過還是願意給她機會，如果她堅持磨蹭著哀求，那就表示將來一定會珍惜，他們應該也會回頭幫忙。但愛玲本來就沒那份堅持的心思，也從來做不出沒臉磨蹭的舉止，她又不是她弟弟，她是沒辦法了只好投機試試，誰教日本那條路走不通了。[1]

1 從上海黃氏小學到聖瑪莉中學，一路到香港大學，張愛玲因為父母親投資在她身上的錢，總是都像是手裡緊著硬逼出來的，所以非常努力用功，到香港大學尤其要爭取全額獎學金，結果讓母親姑姑誤以為她是個女狀元料，實際上她只是為了不讓花錢投資她的人失望。只想拿基本的大學文憑，而沒有繼續讀研究所深造的企圖，這很明顯從兩次能得到文憑的機會卻放棄能看出。第一次是一九四一年回上海，可以進入聖約翰大學續學完大四，她放棄了，直接進入寫作行業維生。第二次就是十年後一九五二年回港大復學，實際上那時她也才三十二歲，但難民心境和學生心境是完全不同了，這兩次的復學機會因為不同的考量都錯過。結果變成大學三年半的好成績努力全部付諸流水，從長輩的觀點看，當然都是眼光短淺，只著重眼前的賺錢利益。由於張愛玲的文學地位顯著，大學文憑對她的文學成就似乎一點也沒影響，然而實際上，再回到香港以後，乃至後來移民到美國，幾番的應徵面試每每需要大學文憑，對於三、四十歲的張愛玲其實是平添許多挫折困擾。見《張愛玲給我的信件》，夏志清，聯合文學，二〇一三年三月，頁四二，張愛玲一九六六年五月七日寫的第十二封信：「……告訴他學校文件都遺失了，因為以前沒找過事，一直沒用著，收到他的信後寫信到倫敦與香港去另要一份，還沒得到回音。倫大不過是考取的證書。港大有個老教授幫我弄入境證從大陸出來，這件事原經手人是我母親的朋友，夫婦倆都在港大教書，異常怕事，硬要我至少暫時重進港大，反正原來的獎學金仍在。讀了不到一學期，因為炎櫻在日本，我有機會到日本去，以為是赴美捷徑，匆匆寫信給 Registrar's Office，不知道這份獎學金還在開會討論，老教授替我力爭，然後發現人已經不在，大怒之下，我三個月後回港道歉也沒用。學校叫我補付學費，付了滿以為沒事，但後來有一次應徵一個譯員的廣告，有過這番過節，雖然那教授早已退休，可能還是不給。原來那份直到最近才發現丟了，與東西存在紐英倫有關。現在也還存著萬一的希望想找回來。」一九六六年張愛玲四十六歲，賴雅還活著，但已經癱床無法自主行動。她想找固定的工作，與賴雅結婚的十一年中，從教授家出來，香港二月的陽光已經耀眼又溫暖，是南國的春天，她瞇起眼睛看過去，滿山坡白白紅紅的杜鵑花竟然三三兩兩開了起來，她想到去年去日本之前的一兩個月中，因為看到報上刊登了美國新聞處徵翻譯高手，稿酬很不錯，所以投了履歷，沒想到很快得到回應，約了時間蹺課去美新處面談，面談官是個高高瘦瘦的中國男性，以及一位高度差不多的美國人。

那中國人見到愛玲就遞上名片，名片上的名字是 Stephen Sung，職稱為翻譯部主編。宋淇，這是他們第一次見面，並不知道將來一生都會成為朋友。美國人是美新處文化部主任麥卡錫。

「你知道海明威的《老人與海》嗎？」麥卡錫直截了當地問。

「是的，不久前才刊登完的中篇，相當精采，我認為是截至目前他的小說中最棒的一篇。」愛玲微笑著用緩慢而標準的英國腔說，給當場兩位面談官一種謹慎又優雅的感覺，尤其美國白人喜歡英國腔，聽著就直接回到祖父母時代的古典想像。

「顯然你相當熟悉海明威。」宋淇說，心中不禁泛起佩服，他們是在紛沓眾多的應徵者中赫然看到張愛玲的名字，他很興奮，麥卡錫也同意先通知她，現在看到本人的談吐，果然有深度的文化資本。

「我經常注意他的小說，是我喜歡的作家之一。」愛玲這倒是打心底的實話。回港大復學這段不想上課的時間裡，她老去泡圖書館，港大閱覽室訂閱各種領域的英文期刊和報紙，忽然在九月號《生活》雜誌看到海明威的小說，刊登時還廣告同一月份會出單行本，從美國寄到香港，港大圖書館十月初就能借閱，非常方便。因為生活動盪，愛玲對於喜歡的圖書雜誌都慣性盡量讀兩三遍以上，以便於需要用時手頭雖不一定有資料，卻能印象深刻。她母親說的，塞到腦子裡就掉不了。

「如果由你翻譯，你將如何忠實傳達作者的原意給華文讀者？」麥卡錫問。文化差異永遠是翻譯者最大的溝坎，他想知道眼前這位應徵者是否真有翻譯經驗。

「我將以小說的內在意旨作為翻譯準則。」愛玲當然知道翻譯的原則，卻更進一步以小說家的角度這麼說。她可是二十一歲就幫上海英文讀物《二十世紀》寫英文影評和散文，過後又自己翻成中文發表。十足翻譯老行家了。

「所以你認為海明威這部小說真正想表達的內在意旨是？」麥卡錫嘴角似笑非笑，神情中帶著有意思的揣量。

「海明威二十五歲成名，三十歲已經是大師了。他在文學領域一直把自己經營成硬漢，但他寫《過河入林》，眾所周知的，竟被評論家譏諷為矯揉造作，庸俗不堪又江郎才盡，幾乎過往的努力名聲全毀。我想這對他的打擊應當非常大。而《老人與海》正寫出了他內心的波折與辛酸。」愛玲流暢地說出想法，並不是她預先猜測面談會問到，而是海明威的遭遇使她想起自己。

賴雅的大大小小中風幾乎沒有哪一年沒有，醫藥費生活開銷都大，她需要積極賺錢維生。在夏志清的信後註中說，他已經忘了這封信開頭所說的相關人名是誰，有可能是一家學院的教務長或英文系主任，大約是需要一位駐校作家之類的應徵事情，才有文憑的需求。那麼就是連作品寄去都還不夠，仍然需要學歷證明。夏志清成書時年紀也大了，竟在註釋末尾加了一句：「愛玲有閒情逸致在信上講一段港大老教授的故事給我聽，很難得。」大概年代久遠，張愛玲當時字裡行間的著急與困頓，在老友記憶中也化成有趣難得的了。接著第十三封信，張愛玲寫到：「港大給我寄了張文件來，只說某年至某年在那裡，連及格與否都不提，我再寫了信去，回說沒有我得獎學金的記錄，或係戰時遺失——其實一九五二年他們的老書記告訴我全部保存著，而且拿出我那張的副本給我看，此間英大使館或者可代交涉。」這是多麼冤枉，學歷證明無從得到，學業成績無從證明，甚至獎學金記錄都煙消雲散，在張愛玲的文名於台灣重起之前，她是多麼無奈，完全是努力白費的無告狀態。

「是的，那時他不但被嚴重羞辱，而且身體健康因為長期酗酒而惡化，多處病痛使得他無法做喜歡的運動，體重增加血壓也變高。」宋淇不知不覺偏離了面談官的說話方式，竟像是跟愛玲意見交換起來。

「他描述老漁夫念天主經聖母經祈求，他求到了，捕獲比船身大三倍的魚。我相信他應該是受洗的天主教徒，然而面對困境時卻非常人性。從他以往的小說中也能看到這痕跡。老漁夫身上有他自己面對命運的掙扎與陰影。他說，事情太好了，總不會持久。」愛玲非常有感觸地說。[2]

「他是白費工夫了，誰讓他野心那麼大，離海岸那樣遠。」麥卡錫輕鬆地聳聳肩笑著說，像是愉快地說出閱讀感想。

「也許是海明威自己經常夢見獅子。」愛玲輕輕開玩笑著說。她快要放掉原本的應徵矜持了。這是面對熟朋友說話的態度。

「跟你聊天真愉快，」麥卡錫大笑，他本來就是個很開朗的人，說話直接又大聲，笑聲也響亮，當場轉頭對宋淇說：「我看這份工作非這位女士莫屬了。」

「我們希望翻譯工作能盡快趕在一個月內完成，十二月前就出書，不知道時間上是否允許？」宋淇說明了實際的情況。

「這沒有問題。」愛玲笑著說。

「太好了，真高興我們能夠合作。」麥卡錫也笑著說。

「您在上海寫的小說散文我都讀過，內人比我更喜歡，可說是標準張愛玲迷。」宋淇邊說邊把原本就備好的合約拿出來。

「都是過往的事了。」愛玲感嘆說。

2 《老人與海》的故事梗概：老漁夫向一個崇拜他又願意照顧他的漁村小孩說，已經第八十四天了都還沒捕到他想要的大魚，老人很窮，卻不屑於只為維生而捕一般的魚，為了捕魚成績一定要維持在超高水準，他寧願每天駕著漁船往更遠的深海處下餌（當時確然沒有遠洋漁船急速冷凍的概念，冷凍設備還沒發展到這個地步）。到第八十五天，老漁夫在遠離海岸的深海上念天主經、聖母經祈求大魚上鉤，竟然在拋下餌後釣線浮標動了，他開始收緊釣線，上鉤的魚竟然大過船身三倍，他警覺如果技術上沒弄好，會連他的船都被大魚翻帶入海底，他必須想辦法與大魚做最有技巧的生死纏鬥。他撐著體力不能闔眼兩天兩夜，筋疲力竭，帶出來的一瓶水也喝光了，右手和右肩幾乎被粗繩索磨破，白天太陽很大，他流掉過多的汗水，左手在緊要關頭抽筋（海明威年輕時去做戰地記者，曾經因為炸彈爆炸而全身傷痕纍纍活著回家，後來因為酗酒，健康每況愈下，抽筋應該是他自己的情況，才能描述得那麼活生生）。船被受傷的大魚帶到更遠的海域，他必須有足夠的理智等待海裡那傢伙掙扎暴怒。老漁夫和大魚只能有一個獲得勝利，雖然用盡畢生經驗，也還處處覺得懊悔，總想到他應該帶而沒帶上的工具，應該預先準備而沒準備好的步驟。老漁夫在懊悔與極度疲憊的頭暈下，不斷提醒自己，腦袋要清楚，扔掉不必要的情緒，最後拚比的，除了運氣之外，是堅強的意志力。他贏了，他殺了牠，因為太龐大只好把魚身綁在船邊一起航行，返航時可預見的凶險，必定是遭遇各種鯊魚群聞血腥而來分食，而他手上的武器一一折毀也不夠用。回到漁村時只剩下碩大的魚白骨和不完整的大魚尖嘴唇，留給驚訝的漁村其他人衡量他那完全白費努力的戰績。但是老漁夫並不沉浸在懊悔中，卻安穩地睡著了，在夢中他又夢到獅子。照顧他的孩子代表的是天真單純的心念，令人聯想到《聖經》中耶穌曾對門徒說，孩子要進天國比誰都容易。暗示老漁夫在熟睡之後醒來，仍會繼續他那越挫越勇的挑戰心。高全之在〈宏觀與細品——《張愛玲譯作選二》導讀〉中指出，張愛玲因為翻譯這部小說從而結識三位終生好友，麥卡錫、宋淇以及鄺文美。《秧歌》英文版完成於中文版之前，句子簡短、意象凸顯奪目，這部分的特質頗與《老人與海》形似，是張愛玲往年作品比較缺乏的強勁陽剛力道。高全之提出的觀點相當值得張學研究者深思比對。之外，張愛玲六十幾歲時發生皮膚蟲患的問題，她給宋淇夫婦的信中也描述皮疹：「馬上像鯊魚見血團團圍過來……」她過世前十年中與命運奮鬥的情況，也應該和老漁夫一樣辛苦堅毅吧！

宋淇因為見過很多流亡文人，也不以為怪，他把手裡一份英文合約移到愛玲面前，說：「請看看這些合約條款。」

「好的，不過，」愛玲邊翻著合約書，稍停頓一下說：「我希望出書時只用筆名。」

「筆名？」宋淇的表情有點詫異。

「是的。」愛玲很明確地說。

「用本名或筆名都可以，我們的重點只在翻譯的品質。」麥卡錫在一旁很快插嘴回答。

宋淇按捺下好奇，他全家是一九四九年移居香港，當然並不知道愛玲還用筆名寫了〈小艾〉以及《十八春》，看她專注讀合約，他忽然回想到上海戲院上映《太太萬歲》的轟動和隨之而來大量批判。那是一九四八年底的事情了。

「合約沒有問題，我簽這兒？」愛玲拿起筆來簽了一處。

「翻過來還有兩處也請簽名。這是您的稿費匯入帳號以及住址，都要填。」宋淇說。

「好的。」愛玲很高興這麼順利就能有不無小補的收入。那時的想法，至少去日本初期的生活費不會有問題了。

「這是香港大學宿舍？」宋淇有點詫異。

「我是以港大復學身分來港，現在還不確定會不會休學。」愛玲說著心情上也帶點不安。

「如果變動請再通知我們，這是我和麥卡錫辦公室的電話。」宋淇說。

「好的。」愛玲很快完成合約簽名，她的不安也慢慢平息。

「真高興你今天來訪。」宋淇與麥卡錫起身送愛玲到門口，都以歐美的禮貌性握手做結束。

那天還是一九五二年初冬，但是香港的冬天簡直不冷。她從美新處出來之後，去維多利亞港繞了繞，和十年前港戰停火，日軍占領的時候已經大不相同，港口外遠遠可見連著有好幾艘高大的機械船以及鷹架搭建，她走了許久，港灣外圍停著一隻隻收帆的漁船立著桅杆，而步道這裡已經是被填平的舊銅鑼灣避風塘，新建成為充滿美麗花卉的維多利亞公園，與海爭地的成績赫赫可見，港灣裡浪平風和，一點也感受不到海洋多變的面貌與凶險。

然而錚錚地要證明自己的老漁夫，始終迴盪在那海天之際。她用將近一個多月的時間翻譯完畢，邊翻邊覺得老漁夫在對她說話。「如果有什麼地方賣運氣，我很想買一點。」是啊，去日本也需要運氣。「以前的成績都不算，他必須一次又一次證明自己的能力。」去日本的結果會不會也只是白費工夫？就算命運這麼對待她，她也能夠一次又一次證明自己的能力。

《老人與海》在一九五二年十二月由香港中一出版社出版，小三十二開本，封面署名范思平。筆名字面意思想來應該是：「想望每日都得溫飽平安」，這是個卑微的願望，但足以顯見她在困境中的意志力。那時她已經在日本開始翻譯員的憋屈了，勉強撐過一九五三年一月，盼望著的工作卻一直沒下文，她在無奈中卻用空餘的時間寫些札記。寫下的都是前兩年在上海看到聽到的，阿秀、學生在上海街頭練習秧歌、整隊整隊扭舞著，李開第和姑姑的對話，每天新聞紙上跳樓自殺的人，上海市長陳毅戲稱的「空降部隊」，[3]抗美援朝的志願軍以及虹橋西郊農民的挨餓。像噩夢一樣揮之不去的難受心情，像甩不掉的行李包袱，只能在札記中獲得一點緩和的救贖。

從決定回港後，心情上又多了更多的矛盾。因為她也怕再一次復學後還是受不了枯燥乏味。現在連教授夫婦都明白拒絕了，她反倒鬆一口氣。《老人與海》的稿費雖然打入銀行存摺，她總應該再去見見那個老外和宋淇，因為他們還欠她幾本該給譯者的書，也許從這裡能出現另一條希望之路。

她很快回到女青年會，心中有點遏不住的興奮，也顧不得一整個早上到中午從老教授家出來是空著肚子的，隨意買塊麵包填填，就從行李箱抽出整疊筆記紙，她看著自己的書寫，原來不知不覺中她已經累積了這麼多，但是筆記橫豎雜亂，她笑著直搖頭，這樣不行，她將面對的是美新處的文化部主任麥卡錫。

這部小說直接用英文創作，她去買了英文稿紙整整齊齊地重謄，命名為《The Rice Sprout Song》，才寫就幾章，卻已經呈現出雄心壯志，站在香港往西方世界看，彷彿十幾歲時候曾經有的天真，立志要超越林語堂。現在已經三十幾歲的她，打算用西方人能接受的故事敘述，寫出共產中國真實的狀況，那裡面有她對姑姑的思念以及對上海的情感。

希望麥卡錫能欣賞。

香港春夏之際陽光已經有強烈熱度，這是一九五三年四、五月交，她穿著墨藍灑花布旗袍，經過女青年會樓下大廳，她下意識看了看玻璃鏡面，是很端莊。電車噹噹經過的街市很熱鬧，恍若上海，卻沒有上海的整雅，匆匆下電車後腋下夾著稿子再一次大步踏入美新處大樓，名義上本來她就是為了來拿書的。又因為海明威的《老人與海》獲得一九五三年的普立茲小說獎。她更有理由來了。一進門她就被邀請到麥卡錫辦公室，宋淇當然在。

「美新處從來沒有哪一本翻譯書在香港賣超過一千本，《老人與海》現在卻已經賣到兩千多本。愛玲的翻譯簡直是經典水準。」麥卡錫開心地說。美新處所選擇的文學譯叢都是歐美大師級的暢銷書，翻譯書的銷路好壞除了小說內容好讀與否，當然也與翻譯手法是否能打動華語讀者有極大關聯。

「往後還請多多幫忙了！我們又拿到許多書的中文版權。」宋淇客氣又期待地說。

「當然，我很願意的。」愛玲禮貌地微笑著說，又把手上的一包稿紙放在桌上，向麥卡錫說：「這是我以英文創作寫的小說，頭幾章在這裡，請你看看。」

「哦，」麥卡錫沒料到愛玲竟然有英文創作稿，十分感興趣地立刻抽出來翻看，才看幾頁就說：「這文筆簡直不輸英文母語作家，頭幾頁就非常好看，如果我不需要在這裡上班，可能就連著讀完了。」麥卡錫用手指頭扣著整包稿件，幽默地說：「這可是剛出爐的麵包呀！太好了，我們正需要這種小說。什麼時候可以完成呢？」

「這是我醞釀了一兩年的故事，也許幾個月內就能完成它。」愛玲感受到麥卡錫的熱誠，覺得彷佛有股勇氣從心底升起。

「我們有個委託授權寫作的項目，能用這個名目提供作家們一點生活經費。」麥卡錫看出她需要經濟上的安定，直接說了他的想法。

「委託授權寫作？請問……創作內容需要經過美新處同意嗎？」愛玲小心翼翼地問，她不想再寫出另一本《十八春》或《小艾》，那是為某一種意識形態完成的樣板作品，即使是相反的意識形態她也不要。

「委託授權的意思是，主題由我們與作者共同討論，作者如有想法，可以先提出創作大綱，通過申請就可以得到一筆經費開始寫。不過這本書既然是你已經開始寫的，應該只需要再簽個合約就行了。」宋淇雖然是說明委託授權，但其實麥卡錫已經讀了部分稿子，是大為折服的樣子，又主動提出

3 《赤地之戀》裡真的有一位上海市長陳毅，和一九五二年上任的上海市長名字一模一樣。小說中寫道：「為了響應三反運動，趙楚天真地寫了一封匿名信去檢舉上海市長陳毅」，光是這完全相同的姓名，就足以諮明目睹了上海三反五反的張愛玲，的確深深地受到病態政治氛圍的刺激，一九五二年整年她沒有任何創作，到了香港才從「范思平」重新出發。

經費申請方案，很明顯就是不必再審核討論大綱了。

「既然已經寫出這麼多了，先寫個故事大綱給我們應該沒問題吧？」麥卡錫見愛玲有點猶豫，又催促地說，似乎不太懂她為什麼猶豫。

寫故事大綱，聽起來像有個權力機構要來審核她的想法，愛玲雖然很想快速同意，但畢竟經過四九年以後的上海，心中難免有個小警總。但是看麥卡錫的表情又不像有限制約規，以她目前需要生活費的處境，也不好直接說不行，怕斷了真正的路，所以沉吟著回答：「好的，請讓我回去擬擬看。」[4]

4 《秧歌》與《赤地之戀》都是張愛玲在香港時期由美新處撥經費寫作完成的，所以後來選擇出版社或到美國以後又討論在美國、台灣重新出版，都必須經過美新處同意。見《張愛玲給我的信件》，夏志清，頁九一，第三十封信末尾寫道：「《秧歌》《赤地》再版要得美新處同意，已寫信去問。」後來常常被研究者引用張愛玲自己說的話，《張愛玲私語錄》中〈寫作〉內好幾條，說《赤地之戀》寫得不順暢，總覺得不是那麼喜歡，又寫得吃力痛苦。由此衍生判斷是張愛玲配合反共文宣所不得已的被限制性創作，認為這部作品在文學境界上有意識形態攪和在裡頭，進而影響作品的文學價值。不過學者王梅香從真正完整蒐集資料做了公允的判斷，見〈不為人知的張愛玲：美國新聞處譯書計畫下的《秧歌》與《赤地之戀》〉，直接從美國國家檔案中，取得當年美國新聞資料中心的全球譯書計畫，與美新處的中國報告計畫表格檔案，清楚列出表格比對，澄清了《秧歌》是張愛玲自主創作，由美新處購買版權再發包給出版社印行。在麥卡錫來說，是屬於作家自主創作「正常」範圍內的譯書計畫。而《赤地之戀》則不同，王梅香的論文摘要寫道：「這兩部作品既是『委託之作』，又是『授權之作』，更是當時的美援文藝體制『反共文宣』的具體成果。然其製作過程頗為不同，在譯書計畫的屬性也非全然一致。《秧歌》是最初張愛玲的自主書寫，在其寫作過程中被納入美新處譯書計畫，《赤地之戀》原是香港政論家徐東濱所申請的《告別朝鮮前線》，屬於美新處與作家『共同合作』的作品。張愛玲在此寫作大綱下接續書寫，該書被納入中國報告計畫。張愛玲在美援文藝體制下的創作，雖然受限於體制的要求，但仍保有鮮明的自身風格，是一種『不自由的自由書寫』」。

從王梅香的資料檔案取得中可以看到，《告別朝鮮前線》主要故事大綱講的原本是徐東濱自己的經歷，從解放後，經過大學生參與三反五反、土改以及抗美援朝等各種政治活動，後來極度失望而流亡香港，雖然這些事件發生與張愛玲經歷是重疊在同一時代，但張愛玲既不畢業於國內大學，也沒有真正參與過那些政治活動，她的思考邏輯中壓根沒有政治熱情，這一點完全與徐東濱迥異。這是為什麼張愛玲會感到寫來吃力困乏，除了因為是別人的故事以外，那個人的性情人格根本和她大相逕庭。實際上張愛玲本來就不屑對政治理念投入過多熱情，從她交往過的胡蘭成和桑弧看，雖然他們都對政治有很大的關注，她卻絲毫不受他們這方面的影響。

所以當《赤地之戀》故事大綱沿著青年學生劉荃與黃絹開始發展的時候，她仍然寫成了自己的小說風格，進入生活細節與情境引發的「轉彎思考」。那麼張愛玲寫作時所感受到的吃力、辛苦，顯然並不是受限於意識形態，乃至受限後發生了創作自由度不完全的情況。而是因為她必須捨棄自己對政治熱情無感的天然人格特質，進入好幾個對政治極度熱中的小說角色中，去發展她並不熟悉的人物互動與衝擊後的生活細節。不要說男女主角劉荃黃絹，連張勵、戈珊乃至農村中原本對政治沒有熱情卻被迫開批鬥大會的農民們，張愛玲都必須進入極度的政治狂熱才能有真正的理解，簡直是她從小到大從沒有過的思維大挑戰與反轉。

其實她於一九四九至一九五二年在上海的眼見與聽聞，早已經有部分的「政治學習」了，因為共產黨的思想批鬥是不允許個人「包括在外」的，報上天天在刊登各種走資派、反動分子的自我檢討書、悔過書，如果哪個人還想包括在外，那只有死路一條。不要說文化大革命，在五十年代末期的反右運動中，很多文化人和知識分子不是被折磨到奄奄一息，什麼都不敢表達了，不然只剩下自殺一途。這是張愛玲為什麼在《小團圓》、《相見歡》、《重返邊城》中三番兩次寫「共產黨來了，可厲害了！」，寫出這兩句，已經是意味太深長。

《赤地之戀》不像《秧歌》，完成之後既沒有在美新處的雜誌《今日世界》連載發表，也沒有得到媒體大量關注，因為在麥卡錫來說，這是一本有真人真事性質的反共文宣小說，是訂好大綱寫成的，說簡單點是「訂做的」。張愛玲的〈自序〉寫得

「我們非常期待。從今天開始你每天的工作量將要忽然變大許多了，又要趕著寫自己的創作，又要好好翻譯。」麥卡錫大笑著說。

「噢，那麼我一定要被錢驅使著如期交稿了。因為我非常需要錢。」愛玲自我調侃地說。戰後的社會誰都需要錢不是？宋淇和麥卡錫就在她面前，彷彿在香港又一次出現了像龔之方和唐大郎這樣能欣賞她的朋友，讓她絕路逢生，幫助她在文學領域重新站起來。往日成績就算都被鯊魚吃了，她還是能再次證明自己，成為獅子。[5]

皇后大道上掛著各式紅綠招牌，感覺街道雖不寬綽，行人卻很多，隔幾步也有茶樓餐廳，愛玲穿著灰藍底梅枝緞旗袍，罩一件淡色絨線衫，腳上是一雙舒適的黑底繡紅花布鞋，手上已經有包提袋鼓著，前面一個女子燙俏麗短髮，一身黑底灑粉點旗袍，腳踏半跟皮鞋，轉頭臉上泛出甜甜的笑，向愛玲招手要她趕緊過去，似乎看到了什麼，很興奮。這個女子就是宋淇夫人鄺文美。

一九五五年九月，才剛剛升起弦月，是已經過中秋了，天氣不熱，但也不大算涼爽，白天太陽累積的熱氣到晚上也還沒完全消退。她們是在美新處舉辦的一次節慶宴會中偶然認識，後來卻共同經歷過許多事。

一九五三年愛玲的確為了生活拚命翻譯，九月出版瑪喬麗．勞林斯的《小鹿》，[6]十一月出版《愛默生文選》，雖然翻譯者都用張愛玲本名，不過比較不為人知，愛玲自己也並不很重視這兩部譯作。[7]真被麥卡錫說中了，她住在女青年會的時間裡，幾乎從早工作到晚，一天十幾個小時不是翻譯就是寫非常短，但是句句重點，她說：「我確實愛好真實到了迷信的程度。我相信任何人的真實經驗永遠是意味深長的……《赤地之戀》所寫的是真人實事，但小說究竟不是報導文學，我除了把真正的人名與一部分的地名隱去，而且需要把許多小故事疊印在一起……但也並不能表現今日的大陸全貌，譬如像『五反』，那是比『三反』更深入地影響到一般民眾的，就完全沒有觸及。當然也是為本書主角的視野所限制。同時我的目的……盡可能地複製當時的氣氛。能夠多少嗅到一點真實的生活氣息。」從序看來，五反沒寫進去她是有遺珠之憾，因為那才是張愛玲自己看到的「真人真事」。雖然我們並不知道寫作過程中，張愛玲有沒有請徐東濱陳述他自己的親身經歷，但報章雜誌的時事報導蒐集閱讀，資料也夠大量了。張愛玲還是「自由地」把真實的反共文宣處理成虛構的小說。這是為什麼當高全之訪問年邁的麥卡錫時，後者堅決否認美新處「主導」了張愛玲的創作。見《張愛玲學》，高全之，麥田，二〇一一年七月，〈張愛玲與香港美新處——訪問麥卡錫先生〉。張愛玲後來一直還想寫篇關於中共的文章，又在英文自白書中寫到共產黨以國家名義收取人民的自由權（見高全之《張愛玲學：張愛玲的英文自白》），在《小團圓》中又一次藉由邵之雍演講內容的無意義說到共產黨（皇冠版，頁一六六。），這麼看來，她並不排斥「反共文宣」，對於反共主題是願意寫的，又有真人真事放在那裡讓她寫，根本一開始簽約接續《告別朝鮮前線》就一定不是被迫的，相反的，還說不定是張愛玲想挑戰自己的寫作廣度，連帶突破思考模式的限制，做個題材翻轉嘗試。這是一個盡心盡力開拓自己的小說家一定會做的事。

5 這位麥卡錫與冷戰時期主張「麥卡錫主義」的那位政治人物麥卡錫不是同一位，這位麥卡錫的身分，見高全之〈張愛玲與美新處——專訪麥卡錫〉：「張愛玲一九五五年到美國以後繼續為香港美新處翻譯，一九六一年訪台，稍後為美國之音翻譯，都與麥卡錫先生有關。以下麥卡錫的生平簡歷取自美國喬治城大學圖書館所藏美國外交研訓協會外國事務口述歷史計畫的檔案資料：麥卡錫畢業於愛荷華大學，主修美國文學，一九四七年至一九五〇年派駐中國，任副領事，後轉至美新處服務，在北平親歷「解放」。一九五〇年至一九五六年派駐香港，歷任資訊官、美新處副處長及處長等職，一九五六年至一九五八年派駐泰國，一九五八年至一九六二年派至台灣。皆任美新處處長，在台灣經歷金馬炮戰危機。一九六二年至一九六五年返美任美國之音東亞及太平洋區主任。一九六五年調往越南，次年返美。一九六八年請辭公職，在民間機構工作並退休。一九八五年復出，在美國之音工作至今。」

《秧歌》，這時候她在香港還沒沒無聞，《老人與海》雖然大賣，卻沒有人知道翻譯者范思平是哪根蔥。

一九五三年底愛玲的《秧歌》終於完成，一九五四年的文學世界大事是海明威獲得諾貝爾獎，而對於愛玲的大事，卻是從一月到七月，美新處發行量非常大的雜誌《今日世界》第四十四至五十六期連載《秧歌》，七月十五日由《今日世界》社出版中英文版，同時翻譯成二十幾國語言，美國《紐約時報》書評專刊連評兩次，《星期六文學評論》、《先驅論壇報》都有好評，連選書極嚴格的《時代》雜誌都出了書評，可說是大獲全勝。《赤地之戀》在同一年十一月後由天風出版社出版。她在上海出版的《傳奇》，也在這時候更名為《張愛玲短篇小說集》，在天風出版社重新出版。一九五四年是熱鬧而忙碌的一年。

張愛玲三個字又在香港聲名大噪，她又捕獲到大魚了！逐漸她住在女青年會的消息傳開了，隨之而來的困擾竟然重複上海盛名時期的情況，常常有慕名者不請自來敲門，迫使她不得不裝作沒人在，又不得不向美新處的宋淇夫婦告知，請他們有事先打電話到櫃台，櫃台人員通知了她再回撥。這樣畢竟非常不方便，於是很快地幫她找到他們家附近一個小巷弄裡，算是不錯乾淨的一個小房間。愛玲和文美因為翻譯稿件的關係，本來就經常聯絡，又住得近了，才發現彼此性情居然相當合，從工作進入生活，從聊文學進入談心，竟成為無話不談的好友。

現在她們更珍惜一同逛街的時間了。

「找了好久的，終於在這裡又看見了。」文美捏起一條藥膏笑嘻嘻地端給愛玲看。

「真的！」愛玲也興奮地叫了一聲，街上人多，也不覺得聲音大，根本沒人注意，她最喜歡這麼無目的悠哉地走著。

「這店鋪也不顯眼，竟是各種東西都有，這下你可不必擔心了。」文美笑著說。

「每回臉上發痘子，就想起你第一次到女青年會敲我的門。」愛玲笑著說。又向店家問藥膏現貨有幾條，說：「那時我還心裡嘀咕，又不能叫她別來，就讓她逐漸對我失望幻滅，幾次就不再來找了吧。」

「幻滅?!你這樣單純可愛！」文美好笑地說。

「不過我真沒想到你會帶治青春痘的藥膏給我。那時我們又不熟。」愛玲吃吃笑著，把許多條藥膏又放入提袋裡。

「有一次看到你來美新處，下巴旁長兩顆，粉也蓋不住。又想著中秋節快到了，要不要送什麼禮。」鄺文美抿著嘴笑。

「這禮送得真好。真沒見過治痘這樣有效的，下午搽晚上就消癟了。」愛玲邊說邊看路邊櫥窗，忽然指指一台相機說：「這是新款。」

「你會用照相機？怎麼從沒見你用？」文美有點疑惑。

「我不會用，不過以前桑弧很會用。炎櫻也喜歡。」愛玲說，帶點遺憾的神情，其實根本因為桑弧的關係，她還滿清楚相機型號更新的變化。

「啊，你告訴過我。無賴人之後還好有他。」文美說著也湊上去看，彷彿這樣可以想像桑弧的樣子。

6 後更名為《鹿苑長春》，與海明威的《老人與海》合為皇冠二〇一二年版《張愛玲譯作選二》。

7 《張愛玲私語錄》甚至可以看到她說翻譯愛默生和華盛頓·歐文的小說真是枯燥乏味。最妙的是用牙醫書來比喻，為了生活什麼都能翻。牙醫書這個小橋段在《小團圓》裡也重複了。

「時間真快。轉眼來香港已經三年了。」愛玲說。她其實是說她離開上海已經三年了。她那麼愛的上海。

「是啊，我有時也想，我們離開上海已經六年了。不過你現在又要離開香港了。」文美也感嘆地說。

「還好你母親手足也都出來了。但 Stephen 就不一樣，他母親還在上海。」愛玲說的是宋淇。

「現在是傅雷住在我們上海的家，婆婆就住在樓上，他一家真是我們的好友，也幫我們照應著老人。只是現在我們也不太敢跟他通信了。怕連累他。」文美有點心煩地說。[8]

「看來你們上海的地產該是保不住，老人家和朋友的性命比較重要。」愛玲說著，摸摸櫥窗玻璃，彷彿這樣可以觸摸到遙遠的上海，又說：「我也真想念姑姑，姑姑也說了，沒必要別寫信。知道彼此都平安就好。」

「姑姑最近沒有信來吧？」文美也同愛玲一起稱呼姑姑。

「就是去年那封信。」愛玲低頭說著，去年的信是姑姑通知她父親在一九五三年過世了，當然文美知道這件事。

「你父親走了，還好沒有留下財產，不會連累你弟弟。」文美是熟人，這麼說實話反而有安慰的效果，愛玲果然笑了笑說：「是啊，都說敗得好，要不然老早連我姑姑都要牽累了。」

她想到的是姑姑平安無事，倒不是弟弟，父親過世的傷感似乎也就平淡了。那時她希望姑姑一起來香港，於是又說：「還好麥卡錫願意幫我作保，美簽這樣快下來。當初想也沒想過秀愛、炎櫻都去了美國，凡事一二不過三，我想將來你們也會去美國的。」

文美聽著心中難受，但也試圖安慰說：「難保有一天英國政府也要收手，香港回落中國手裡，其實我母親是美國公民，就剩我一個在香港。我家兄弟姊妹都移民了，是宋淇早年患了肺炎，被庸醫用硫磺誤治了，一直拖著病根子，現在要辦移民，先是遇到肺病檢查就過不了，不過我們還是會繼續嘗試。」

「你一定有辦法的。連我的痘子和眼鏡都是你給改善的。等等又還要去找周裁縫，連衣服都是你給打算好的。」愛玲笑著說時還帶點稚氣，彷彿是賴上這個朋友了。文美雖然只比她大幾歲，有時錯覺文美就像姑姑，生活起居一切事物不知不覺交給她就沒錯，而文美在各種安排上也都比她有耐心妥善。現在又要遠渡重洋，未來她該把這過度的依賴擱到哪兒去呢？

「那得歸功於算命先生，還好我道聽塗說帶你去了，說是眼睛不夠亮，戴了眼鏡運氣能變好。」文美笑著說。

「這就連運氣要不要變好都得賴著你了。去美國剩我一人。也許將來再寫一本美國版《異鄉記》罷。」愛玲表面上是開玩笑地說著，心中卻慘然。

「你給我看了《異鄉記》，做年糕、殺豬的段落，都放進《秧歌》裡了，還有待宰的羊伸頭進廚房吃菜葉子，放到《赤地之戀》裡。不知道的人還以為你真的去鄉下參加過土改。」文美說。她知道《異鄉記》對愛玲有著最沉痛的意義。

「一九四五年冬天到一九四六年春天，我在溫州鄉下住了很久，加上舟車往返，的確算得上四五

8 傅雷是宋淇的好友之一，其子傅聰就是著名的鋼琴家。一九四九年宋淇一家出來到香港時，兩人通信還很頻繁，可能因為宋淇在美新處上班，看到的大陸資料多，對於政治嗅覺敏銳，所以越來越怕往來書信會連累朋友，後來連傅雷來信詢問關於家產的處理方式，宋淇都沒有寫信回應。傅雷後來在文革開始的時候自殺了。見《宋淇傳奇》，宋以朗，牛津大學出版社。

個月在鄉下了。」愛玲微笑著說。說這些當然引起她更多的回憶，心情變得很複雜。

「這些痛苦都沒有白費，至少你寫到書裡了。其實《異鄉記》也可以整理成一部小說。」文美說完，看愛玲神情落寞，知道觸及更多與胡蘭成相關的傷心事，忽然心念一動想了一個辦法，解鈴還得繫鈴人，文美又說：「還好你那次把那信原封退回。」

「哼，那還真可笑，他不知道怎麼打聽的，以為我在美新處上班當翻譯，又以為美新處的上級主管單位就是美國中情局。」愛玲果然從悲傷轉為憤怒。[9]

「要不，你把《異鄉記》擴大，寫成另一篇完整的小說，那女子千里追尋，結果卻發現那男人最不堪的真面目。那種人，真應該給他個教訓。」文美說。

「我現在還沒辦法，一翻這篇文章就變得沒心情。」愛玲說著，連微笑都從嘴角隱沒了。[10]

「還覺得不行，那就先擱著別處理。」文美替她覺得心酸，又想轉移愛玲的注意力，很快碰碰她說：「這裡有鬧鐘！」

「哎呀可不是！我們到底走過一整條街了。這裡又全是賣鐘錶的。」愛玲把鬧鐘一只只拿起來前後左右瞧著，說：「總沒有從你家拿來借我的那只好。」

「那只就帶去美國吧！」文美爽快地說。

「不行，我要你長白櫥上那只小白鐘。所以還是要買一只鬧鐘才行。」愛玲故意任性地說。

「好吧，就給你小白鐘，」文美說著笑起來：「都說不能送鐘，送鐘送終，我們這下可不管了。」[11]

能這麼童言無忌也只剩下幾天的時間了。她的船票是十月中旬的克利夫蘭總統號，她這一生的船旅又將多增加一次，雖然別離是悲傷的，但她堅定地相信更多的希望會在大西洋彼岸，她想她一定會等到大魚。

9 見司馬新〈《張愛玲與賴雅》之又一章〉：「宋淇夫人準備的年表……胡蘭成得知張愛玲在香港美國新聞處做短工翻譯，誤以為是中央情報局同一機構，就寫信致張，求她介紹胡到中央情報局工作，嚇得她從此來信原封退還。宋先生對胡下流作風，非常不齒，一次在信上直指他『無賴人』，因在吳語中與其姓名（胡蘭成）同音。」這整段也間接證明，直到張愛玲從日本回到香港，胡蘭成還時常寫信給她。只是從求職中情局這信之後，張愛玲就真的不再拆信，接信原封退還。那麼令人猜想的卻是，張愛玲去日本三個月，應該也至少和池田真的見過面了。

10 《異鄉記》雖然在張愛玲生前沒有發表過，但裡面許多段落出現在《秧歌》、《赤地之戀》甚至後來的《小團圓》中，宋以朗也發現了這個比對。張愛玲到底有沒有參加過知青下鄉土改雖是眾說紛紜，在回答水晶的訪問時，又說「曾經住在鄉下四個月，那時是冬天」，比對之後可發現，時間上正好吻合一九四五年十一月底到一九四六年三、四月間。土改運動可以不一定參與，看到資料就能了解，但是鄉下生活的細節就必定要生活過，才寫得出來。

11 治療青春痘的藥膏和戴眼鏡增加運氣，以及周裁縫、小白鐘，都可見於《張愛玲私語錄》。

一九五五年冬天至一九五六年

紐約冬天暴寒，在炎櫻的安排下，愛玲選擇了最便宜的住處，教會辦的救世軍女子宿舍，她沒有多餘的錢可浪費在租屋上，紐約這個美國大蘋果，不論哪個時代都是居住大不易，炎櫻當然先幫忙看過的。這裡住著三教九流的貧民，有失婚的，有無力償還債務的，雖然有年齡限制，但也有幾個胖太太可能因為和教會的關係，打算住到老。附帶的一個餐廳，裡面的侍者常常是附近的醉鬼流浪漢，由說話直言不諱的老女人管理，大家稱呼她們為「少校、中尉」之類。對於入住者，幾乎軍事化管理。公寓規範中不准打架吸毒滋事，不准養貓狗，因為是女子宿舍，也不准任何男人進入，這幾項為最大原則，這對愛玲來說相對是安全的。房間裡只有很簡單的一架床，木製書架書桌和衣櫃，卻比香港宋家附近那個斗室大多了。書桌前一面大窗，光線很明亮。她卸下行李後就先挖出宋家的小白鐘放在架子上。

光影透入窗棱灑在小白鐘上，使得這只鐘終日在光暈中朦朧著，北國的夜晚來得特別快又長，愛玲不在乎白天的朦朧，她只需要夜晚的清醒。從十月底到紐約，炎櫻來陪過她幾次，去買些需要的什物，後來就得學著搭公車認路，因為炎櫻也忙，雖然這裡是她嚮往的美國，在心境上卻是焦躁不安的，凡事都得自力更生，不像在香港，雖然住在斗室，卻常常有文美來說說笑笑。不但與文美聯絡的信件，連幫美新處翻譯的稿件、美新處所支付的稿酬支票，也都必須依賴航空郵件往返，信件寄出去的當下就開始擔心對方能不能收到，還又盼望著要收到對方的郵件。

信件是她走向未來的生命線。

日日這麼過，唯一的安慰是姑姑讓她帶走的家族照相簿，就放在架子上小白鐘旁。輪船停靠橫濱時她寄了一封信給姑姑，來到救世軍女子宿舍之後又寄出一封信交代美國住址，之後就收到姑姑一封簡單得奇怪的回信：「一切都好。」沒有上下款，她就知道姑姑的意思，是不能繼續通信了，從此想念姑姑的時候只能翻翻相簿以療飢。[1]

這段時間她還繼續和宋淇合譯《美國詩選》，美新處的翻譯工作持續著，她不是很愛雪萊的詩，但畢竟可以拿到現錢生活。光影從小白鐘挪到照相簿的一角，白日又即將過去，她反正都從半夜睡到中午，才慢慢起床梳洗，預備晚上清醒的工作。不過這兩天不大一樣，她又要打包行李了，所幸她從母親身上學會如何用最短的時間準確排列最精省的行李空間，判斷最需隨身攜帶著的物件，不拖泥帶水的遷移自己。她環顧這個居住了幾個月的地方，並不後悔從香港來到美國過這種貧窮簡單的日子，因為她換得的是更多的自由和更廣闊的天地。

她把家族照相簿拿下來，忍不住又翻開看，「砰！」一隻鴿子撞上窗戶發出巨響，因為雪地反光的關係，鴿子可能常常看不見窗玻璃。她雖然早已習慣，卻還是不免嚇一跳，手陡然鬆了，相本翻落到最後幾頁，那照片是去年一九五五年十一月，那一天下午紐約有罕見暖暖的太陽，照片裡的炎櫻像平常一樣，笑得多開心，挨著炎櫻的是和炎櫻差不多高的胡適夫人，然後是瘦長身量的胡適和愛玲，高矮兩兩相映成趣。在胡適家裡，適之先生和夫人都喜歡這個不怎麼會說中國話的女孩。他們也並不知道愛玲凡是見長輩或去陌生場合，心中都膽怯，所以才老需要依靠炎櫻壯膽。

那是一棟非常類似港式的建築，使她想起香港。上樓進了門，屋裡的陳設也看著眼熟，只是少了父親家裡終年不散甜甜的鴉片香味。適之先生穿著長袍，胡太太帶點安徽口音，那家裡的說話氣氛更熟悉了。適之先生和母親姑姑同桌打牌過，姑姑老早說的。

書房裡整面一溜書架，是訂製的，高齊屋頂，他們聊到《海上花》、《紅樓夢》、《醒世姻緣》以及許多其他中國章回小說。適之先生鼓勵她做《海上花》的英文翻譯，又盛讚她的《秧歌》。臉上架著小圓眼鏡，是五四時代人物特有的樣子。她父親也有這種眼鏡，如果父親讀到《秧歌》，也會像適之先生那樣盛讚嗎？早年父親還沒娶後母的時候，也曾經圈點過她寫的《摩登紅樓夢》，他寂寞的

1 司馬新訪問李開第時，李開第說一九五二年七月之後，姑姑和張愛玲約定好去香港就不通信了，但是《張愛玲私語錄》中，張愛玲給宋淇夫婦的第一封信曾說在日本買墨水，是為了寫幾封必要的信，姑姑、張秀愛、炎櫻都在必要之列。可見直到一九五五年她和姑姑仍有通信，確實斷訊的時間雖然不知道在何時，但邏輯推算，有可能最遲至一九五七年反右運動之前，她們應該會斷了音訊，因為反右運動就會牽扯到李開第。但最可能是在一九五五年。因為這一年八月以後中國大陸掀起大規模「肅清暗藏的反革命分子」運動，肅清對象包括黨政軍中國各級政府機關內部，本來是針對有思想偏差或看起來是思想偏差的人，後來根本找不出這種人，就直接從鬥爭對象的家庭背景人際關係去調查，於是只要能聯繫得上一點點海外關係的知識分子，都要被揪出來嚴格審理，李開第所屬的九三學社原本是個政黨屬性的組織，這時候就更被牽扯進去了。這個肅反運動造成一百多萬知識分子被迫害，數十萬人被捕，直接槍斃的就有兩萬多人，一九五五年八月到一九五六年底的死亡人數高達五萬多人。見王功彪〈日本侵略軍與中共暴政對中國人民造成傷害的比較〉，《議報》，二〇一九年六月二十二日。

時候是愛她的。

這一頁還有另一張照片。她自己穿著又長又厚的大衣，套著圍巾皮手套站在雪地裡。炎櫻母親邀請她到他們加拿大的家裡去玩的時候拍的。那是去年聖誕節到新年之間，炎櫻家在多倫多市，冰天凍地的，兩人照樣像在上海的時候，一道上街逛看櫥窗，忽然在一家糕餅咖啡店前的玻璃櫃裡見到久違了的香腸捲，不由得讓愛玲想起八歲時舉家從天津回上海，等著迎接母親姑姑回來的日子中，父親帶她到飛達咖啡館，父親自己總是買香腸捲，卻叫她揀喜歡的幾塊蛋糕，有時在咖啡店裡也逗留一陣子，自己的蛋糕吃完了，偶爾還任性吃一只父親的香腸捲。她那時胃口那樣好，也永遠能記得父親溺愛她的少數時刻。

她們那天因為時間的關係沒進咖啡店，愛玲在街上說著，炎櫻卻記住了。從加拿大回美國的時候先替她買了四隻香腸捲帶著。油漬浸透了的小紙袋，放在海關櫃檯上，炎櫻偷偷向她伸伸舌頭，海關人員一臉不願意的樣子，因為她們沒買別的，無稅可納。美國就沒有香腸捲，似乎是上海、香港、加拿大，那些大英不列顛屬殖民地或聯邦國才能有。在回家的巴士上等不及嘗一口，油漿太多又太辛辣，其實也不是香腸捲，只是裡面塞些碎肉，哪裡是她偶爾吃一只的父親的香腸捲，味道全走了樣。

記憶沒有時間排序，相簿裡的父親永遠是二十幾歲，胡適先生卻已經是長者的樣子了，十一月底以前有天胡適先生竟然來女子宿舍，是長輩來看看小輩的意思，這次才聽適之先生說起他的父親曾經接受過愛玲祖父幫助的事。救世軍宿舍樓下黑洞洞的大客廳，足足有學校禮堂大小，空落落放著些舊沙發，他們就坐在霉味十足的沙發上聊著，適之先生一直說這地方好，說與他自己從前做學生時的宿舍相仿，愛玲心想，總是中國學者的涵養好。

這宿舍隔條街就是赫貞江，那天她送適之先生到門口，又站在台階上說起話來，適之先生偶爾望向街口露出的一角灰色河面，河上漫著霧，適之先生不知怎麼的老是笑咪咪地望著，看得怔住了，他脖子上的圍巾裹得嚴嚴的，脖子縮在半舊的黑大衣裡，厚實的肩背，頭臉相當大，整個凝成一座古銅半身像。

她也看傻了，年紀小的時候在父親桌上有一本《胡適文存》，她讀來讀去跟著這本書裡的指引找父親的章回小說看，問過父親不少問題，那時父親對她是耐煩的。後來和姑姑同住，又看到這本書在姑姑的架子上，他們兄妹吵架後，《胡適文存》和蕭伯納的《聖女貞德》精裝本姑姑都沒還，作為兄妹倆最後的絲線聯繫，彷彿還了書，人情也怕要斷乾淨似的。姑姑因此說了適之先生留學時和韋蓮司的戀情。[2]

那段迷離的美國戀情，也許還殘憶著在哪條河邊的漫步，那記憶之河也像赫貞江那樣霧濛濛。她跟著往河上望過去，卻似乎看到上海冬天黃浦江的河面，也是這麼迷離朧朧的，一陣悲風，恍若從十萬八千里外時代的深處吹來。

無法回頭了，她和適之先生都一樣。

但是她才三十五歲，她只能往前衝。這是最後一次面見胡適，這位長輩給她莫大的鼓勵，然而並沒有立即可得的固定職位，或像麥卡錫那樣，能給她提供翻譯打工的實質幫助。[3]

她不能只靠精神鼓勵生活，她在經常去的紐約市立圖書館翻閱的各種雜誌中發現了一個機會。

2 胡適與韋蓮司的戀情，見《何處尋你》，蔡登山，印刻，二〇〇八年五月。

3 張愛玲把哈德遜河翻譯成赫貞江，是因為萬國音標的英國音和ＫＫ音標的美國音腔調不同。一九六八年寫〈憶胡適之〉，主要是為了介紹正在翻譯的《海上花》，刊於香港《明報月刊》，那時胡適已經過世六年多。一九五五年，中國大陸掀起批判胡適狂潮，主導者當然是毛澤東，是為了拉下組織中陶知行派系的右傾知識分子。陶知行和胡適都是杜威的學生，這個大規模知識分子的鬥爭，使得胡適在美國大學的聲望也發生動搖，從胡適於一九五五年十二月十九日給趙元任的信上，可看到他對美國一流大學東方學系的普遍狀態十分失望，許多左傾學者明顯排擠或忽視他的論點，遇到張愛玲的時候，胡適自己已經從普林斯頓大學兩年期約卸任，也沒有固定職位，當然不可能有分配利益的權力，因此只能給張愛玲這樣流浪異國的晚輩非常溫暖的精神鼓勵。見余英時《重尋胡適歷程：胡適生平與思想再認識》，頁一三二、一三三。一九五八年四月，胡適受邀回台出任中研院院長，過兩年，他連署反對蔣中正違反中華民國憲法三度連任總統，蔣那時已大有邁向終生執政的態勢，胡適是經過袁世凱時代的五四人物，當然能看穿。隔不久，《自由中國》雷震案於一九六〇年九月爆發，胡適為雷震多方奔走，每每焦心勞頓，導致心臟血管發生問題，經過一年多的治療，身體越見衰弱，一九六二年二月二十四日，中研院舉辦第五屆院士歡迎酒會，據當時中研院士的回憶，酒會後胡適舉起手表達堅持自由理念的同時，身體應聲倒下，心臟病猝發，就這樣溘然長逝。幾十年後蔣介石日記被公開，這一段時間內胡適在蔣的日記中被狂罵為「那瘋子」，也許胡適死得其所，如果再多活幾年也難保會不會成為政治犯。

張愛玲於一九六一年底來台期間是否曾與胡家聯絡並未可知，但她那次來台甚至也聯絡了舅舅家表妹黃家瑞，張小燕的母親。張小燕在二〇〇八年十二月接受東方衛視《可凡傾聽》節目專訪時，承認那次張愛玲來台他們見過面，但是連一張照片也沒留下，「因為不知道原來她那麼有名。我母親後來也很後悔，也說不知道她那麼有名。」如果張愛玲連黃家瑞都連絡了，那就不可能沒聯絡胡適，胡適除了在學問與創作上激勵她之外，一九五八年四月胡適回台出任中研院院長之後，還寫推薦信，使她成功申請到加州亨廷頓．哈特福基金會的文藝創作營居住，顯然她和胡適維持著長期聯絡的關係。尤其為了預備《少帥》創作，她想訪問被軟禁在台的張學良，必須至少有學術界或黨政軍的關係才能見到，而胡適當時在中研院院長職位，影響力頗大，已經不是一九五五年孑然白衣書生的樣子。就這一點來說，她更應該想到要拜訪胡適，並且胡適也不可能拒絕她。但一九六一年底的胡適已經身體相當病弱，經常需要往來醫院，也許可能約了時間見面卻因病無法見到。胡適在台灣的事蹟是學術界普遍知道的，這是否也影響到後來張愛玲就算作品在台灣重印又大發利市，卻終生不肯再來台？

須知從張愛玲出生到去美國，原本她的家族都居住在上海天津的租界地，不論是英租界法租界還是美租界，都是人治的中國法律管不到的地方，租界巡捕房循著他們自己母國的法律管理租界，這種法律包括了家中地位最低的女傭如有被虐事實，也可以去提告主人的，相對落後的中國法律是較有規則可循的，因為外國人要的是賺錢，最怕治安變壞，所以包括李鴻章、盛宣懷在內的大官商賈，沒有人不愛租界，那裡相對是全中國最安定繁榮的。

港戰之後回到上海，一九四四年她寫過〈打人〉，這篇小散文最後竟寫：「一氣之下，只想去做官，或是做主席夫人，可以走上前給那警察兩個耳刮子。」這時張胡正熱戀，引起汪政府內部的人對胡蘭成發出警告，說：「她還想做主席夫人，這可不好辦！」在日本憲兵隊嚴厲管控下的上海，張愛玲尚且對於政治力的不公火氣這樣大。等到二戰結束，一九四五年至一九四九年變成在國民政府管轄下，於一九四九年五月以後又換成中華人民共和國政府，直到一九五二年七月，張愛玲在中國人自己的政府下生活，總共不過六、七年的時間就受不了了，她在情感上是愛中國的，在《浮花浪蕊》描述邊界士兵為中國難民抱不平中能看到，但理智上卻是「走得越遠越好」，與其投身民族國家而得到思想拘禁火焚，還不如遠走他邦獲得徹底的身心自由。

胡適與蔣介石的關係，以她一向的政治敏感度絕不會不知道，當然台灣也就被她列入獨裁政權所在地了。子曰：「危邦不入，亂邦不居，天下有道則見，無道則隱。邦有道，貧且賤焉，恥也。邦無道富且貴焉，恥也。」中國文化自古以來沒有國家主義和民族主義，不是以實際的土地邊境做範圍，而是以文化的深入與否定義漢胡，區分中外，是大氣的，而非國家主義和民族主義的狹隘。張愛玲好幾次在小說和書信中寫到對「國家主義」的看法，英文自白裡面有，《小團圓》裡寫得更明白，頁六四，她寫道：「國家主義是二十世紀的一個普遍的宗教，她不信教。」政治觀念而成為宗教的意思，就是一種近似集體催眠的迷思，這麼寫必然經過深思。別忘了，她在港大的成績是優秀到得獎學金的程度，光是《小團圓》裡提到期末考的歐洲近代史，就充滿了民族主義和國家主義興起的複雜過程。難怪她能夠思緒清明地分清楚不能碰政治的界線。

一九五六年二月十三日她填寫了申請表格，希望能去傳聞中讓文藝工作者們安心創作的新罕布夏州麥道威爾文藝營，在申請信中，她要求於三月十三日到六月三十日期間能居住在文藝營。

現在她就準備於三月中旬結清救世軍女子宿舍的帳目。她將去文藝營住幾個月，希望能完成她改譯《金鎖記》，成為繼《秧歌》之後，第二部在西方世界出版的英文小說《Pink Tears》。

窗外下大雪，大廳裡壁爐柴火正燒得嗶剝響，水晶燈與麗緻的地毯，這是麥道威爾文藝營的交誼大廳，典雅得像富豪的鄉村別墅。整套咖啡厚呢十字繡花沙發散發出洗淨烘乾過的氣味，愛玲深深窩在沙發裡，身旁緊靠著一個圓臉老人，他的頭髮半禿了，胖凸的肚子堆在胸膛下，坐在沙發裡顯得全身腫擠，卻蹺著不成比例的細細二郎腿，一手跨過愛玲瘦削的肩膀搭在沙發背上，另一手隨著話語揮舞著手勢，整個外型滑稽可笑，眼神卻永遠奕奕不顯老。

甫德南．賴雅出生於一八九一年，比愛玲的父親還年長。他有每天寫日記的習慣，所以精確地記下他們認識的時間是在一九五六年三月十三日。三月十五日這地區出現一年之中最猛烈的暴風雪，所以大家都在溫暖的室內談話，那天她和賴雅開始變得熟悉，直到三月底，他們開始互訪對方的工作室。四月一日他們並肩坐在大廳中共享復活節正餐。

四月愛玲把《秧歌》和正在寫的《粉淚》拿給他看，賴雅除了提供意見之外，還說了許多奇異的故事，混合了他的想像、閱歷和讀過的書籍，時時讓愛玲覺得驚奇有趣。她像回到小時候，和父親坐在咖啡館裡吃蛋糕喝巧克力奶，父親覺得她可愛時，會笑著摸摸她的頭，她那時也有個嫩墩墩的小圓臉，她一生都喜歡自己照相像個圓臉。

她把劉海斜披過額頭，在賴雅面前她應該也像個年輕的圓臉女孩。他像個有耐心又慈祥的祖父，他或許也是個不錯的父親，她猜想。她想起童年，有一陣子母親堅持要跟父親離婚，父親不只鴉片成癮，乾脆打嗎啡麻痺自己。如果她父親沒有娶後母，她會不會照顧他到晚年？她到香港時，他應該已經躺在床上整天需要人把屎把尿了，後母會怎麼對待像個廢人一樣的丈夫？她不忍心也不堪想像，而且她也真的無能為力。

外頭風雪呼號著，新罕布夏州的彼得堡地區比紐約更北邊些，一年到頭有一半左右是冬季，有時到五月都還會有暴風雪，屋外的溫度總在攝氏零下二十幾度。夏季要等到六月才遲遲來臨。沒有春季。但是現在她看著賴雅深凹的大眼睛和飽和高挺的鼻梁被擠壓在兩坨圓潤的臉頰肉之間，她沒大聽見他到底都在吹噓些什麼，只覺得那誇張的表情和笑容在她眼前有無邊的親切感，因為他盛讚她的文字，又理解她想在美國用英文寫作的野心。

暴風雪在四月底以前幾乎結束了，愛玲一旦開始寫稿，常常就忘了去交誼廳，甫德南只要沒看見愛玲，就會在晚間八、九點左右去敲敲她工作室的門，手上帶點交誼廳的餅乾奶油蛋糕和一壺咖啡，輕輕放在她桌上，見她有精神就聊聊，沒精神的時候說個兩三句話就體貼地轉身走人。他的性情溫和、說話風趣，這個部分比胡蘭成更甚，和他的年齡與臃腫的外型其實很不相稱，交際手腕上他是個輕巧完美的男人。

五月他們不再是交誼廳裡和大家混在一起談話的情況了，他們不但只單獨拜訪對方的工作室，談中國的書法藝術、文學詩歌、她的翻譯工作以及小說創作進度，甫德南還關心她有沒有按時吃東西，睡不睡得充足。

甫德南幾乎天天都去她的工作室，因為他在文藝營的居住期限是五月十四日，快到了。

「天啊，這棉花棒！你哪裡流血了嗎？」甫德南吃驚地說。捏起愛玲桌上散放的幾根棉棒，每根棉棒上都有些淡淡的粉色暈絲。又站到愛玲椅子旁，以指頭抬起她的下巴，俯身貼近愛玲的臉頰細看，他們四目相對，甫德南眼裡除了吃驚還有難受的神情，愛玲心想：「他真的關心我。」輕輕地把頭從他那圓圓肉厚的指頭移開，微笑著說：「這沒什麼，老毛病了。」

「不不，你得告訴我是哪裡出血，流鼻血嗎？」甫德南說話的語氣像個過度溺愛孫女的祖父，又要抬起她的臉。

「不，鼻血又濃又髒的，當然是眼睛。」愛玲很想笑得自然，但她不能夠，因為臉又被甫德南的手指抬起來，可是她心裡其實已經笑開了。

「眼睛?!讓我看看！」甫德南的大眼睛湊到愛玲眼睛前面，詳詳細細也看不出端倪，才說：「眼角很多血絲，我去告訴營主任，讓他請醫生來。」甫德南轉身就要開門出去。

「不不，」愛玲連忙拉住他的袖子說：「這沒關係，只要我連續三四天趕稿就會這樣，睡飽就好了。醫生也會這麼說的。」她不知道該如何用英文解釋這個老毛病，其實就是睡眠不足造成的自體免疫疾病，自己的白血球誤把自己的眼球血管細胞當作敵人來攻擊。醫學名詞又不在文史學範圍內，她沒想過有一天需要做這種表達。醫學知識不是就該在醫科學生或醫生的腦袋裡？

「但是你不覺得痛嗎？這是流血呢！」甫德南的聲音變得很柔和，卻沒有放掉手指頭的意思，他們的臉貼得很近。愛玲有點窘，眼睛有點痠澀，她應該是眨了眼睛，卻被甫德南誤認為是閉上眼，他吻她的額頭，很快地唇往下蓋住她的，她真的閉起眼睛了，這樣根本看不到他的老態，只感受到他火熱的溫暖，像早晨剛出生的太陽。在他來說，無疑她就像他自己所信仰的左派中國，那樣柔美充滿浪漫，她真是從中國來的。

現在，不論外面的風雪多大都沒關係了。五月十二日，賴雅日記裡記著一行字：「Went to the shack and shacked up.」[4]

賴雅離開文藝營那天，愛玲不但送到車站，還給他一筆錢。賴雅離開後，愛玲自己的居住期限也剩下將近半個月而已。她在四月分提前申請延長居住，但並沒有成功通過。現在她居住在紐約市比較邊緣的區域，紐約全市是以棋盤設計的橫直交錯道路，從中央公園往外輻射，第九十九街在五十年代還充滿許多貧戶。炎櫻開車過來接愛玲時，有個流浪漢正翻著垃圾桶找麵包什麼的，一群黑人小孩在附近玩籃球。

「你這公寓租金多少？」炎櫻劈頭就問。愛玲還沒大坐穩，慢條斯理拉好前座的安全帶，才對炎櫻眨了眨眼睛說：「你猜！」

「難道比救世軍更便宜？還是不用錢？」炎櫻有點不相信的口吻說。救世軍女子宿舍還距離紐約市立圖書館近，沒車走幾步路也能到吃飯買日用品的餐廳和店面，她開車來這西第九十九街，雖然也看到有些新蓋的公寓住宅群，卻不知道是什麼鳥不拉屎的窮荒地方，因而心中忖度著，將來也許這裡會成為市府規畫的新興區域。[5]

「不用錢。」愛玲大笑著說。

「真的?!怎麼弄的！」炎櫻一副不可思議又佩服的表情。

4 見司馬新《張愛玲與賴雅》，大地出版社，一九九六年五月，頁九八。

5 如果參照紐約電子地圖，當年的 W 99th 似乎屬今天的哈林區。

「其實本來我也很慌，文藝營只能住到六月底，四月初提早申請延長又沒准。」愛玲有點賣關子地說。炎櫻做房地產買賣，對新開發區域的價位也會有興趣。

「我也奇怪你怎麼沒告訴我，自己就住到這裡。你的男朋友送你住的？」炎櫻疑惑地問。她也只能往這方面猜測。

「不是男朋友，」愛玲說著帶點好笑的神情，說：「是女朋友。」不論愛玲的情況有多麻煩悽慘，只要是炎櫻來了，似乎就永遠能帶來歡樂。

「真的？你現在也搞同性戀愛了？」炎櫻握著方向盤邊看著前方邊稍稍轉過頭認真地看了看愛玲，惹得愛玲又大笑。

「有個剛入住文藝營的營友，她住在文藝營這幾個月裡，說自己的公寓反正也就空著沒人住，可以讓我暫住不用錢。」愛玲說。

「這人真好，以後可以報答她。」炎櫻這才搞清楚，笑著又說：「不過，是什麼神祕兮兮的事情，非得見面才告訴我不可？你要結婚了？」這是她們一向說話的方式，也只有炎櫻才能這麼魯莽直接。

「我懷孕了。」愛玲也直接說。

「呃，你確定過？會不會只是太累月經沒來？」炎櫻完全沒想到是這回事。

「我要找醫院拿掉。你知道，」愛玲輕輕地說，根本沒理會炎櫻的疑問：「我討厭小孩。」

「可是你對蘭你的小孩很好。」炎櫻其實不知道該說些什麼，在這方面她也很沒經驗，更不知道愛玲後來跟桑弧怎麼樣了，她那時已經在日本。

「不行的，總得拿掉。」愛玲再一次斬釘截鐵地說。

「你男朋友不要？」炎櫻斜過頭挑起眉毛說，她討厭不負責任的男人。

「他太老了，你看到就會知道。」愛玲帶著一點為賴雅不要小孩分辯的口氣說。

「老也不是問題，他有太太小孩？」炎櫻想到別的去了，因為胡蘭成是那樣。

「二十幾年前離婚了，但是他了解我。」愛玲說完往窗外看，車窗外的大樹飛速往後倒，每一棵枝椏都猙獰地往天空伸抓，七月的紐約很熱了，太陽很大，車子裡雖然冷氣十足，她還是感覺非常煩躁，又懊惱地說：「他老指著我的肚子說『那東西』。」

「真沒禮貌，而且祕密打胎很貴，他要出錢嗎？」炎櫻皺起眉頭問，開始對這個什麼老頭感到不耐煩。

「當然是我自己出。也是我堅持不要的。」愛玲說得理直氣壯，沒有委屈的口吻。她沒提給甫德南錢的事，一方面她希望炎櫻體會她不舒服的心情，但是另一方面，她又矛盾地不希望炎櫻真瞧不起她未來的老公。

「這算什麼！他應該堅持由他付費，要不然將來拍拍屁股走了，女人多不划算！」炎櫻更生氣了，大聲地說。以前胡蘭成是讓愛玲自己湊合著辦婚禮，現在這老頭更過分，還讓她自己想辦法打胎！

「他跟我求婚。」愛玲知道說了可以讓炎櫻氣消。

「噉——」炎櫻拉長了尾音，表示她開始改變對這人的看法了。

「他說如果生下個小愛玲也好。他是跟他女兒滿好的，他女兒歲數還大我一點。」愛玲說。總不能讓炎櫻來參加婚禮見證時對賴雅的表情怪怪的，現在就得給個好印象。

「他有錢嗎？」炎櫻還是忍不住問了，不論如何，有沒有錢對女人的婚姻是個非常重要的元素。

「我就知道你的重點。」愛玲大笑起來，說：「他沒有固定收入，不過總能拿到錢享受生活，他曾經是個好萊塢劇作家，懂得去哪裡申請創作經費過活。像這次紐約一家出版社就先預付他三千美元版稅，很會吃也很會玩。」她沒對炎櫻說謊，但也沒有直接露骨說賴雅窮。不過炎櫻當然聽得懂，於是重複愛玲開頭說的話：「但重點是他了解你。」她們十幾年的交情都建立在相互尊重，絕不批判對方的決定上。[6]

「Yes，非常。」愛玲說。

「真該去慶祝的！」炎櫻又開心起來了，忽然變得很興奮地說：「我們找個餐廳吃牛排，我知道一家不錯的，他們的烤奶油馬鈴薯和餐後甜點很別致。你就要結婚了，我們兩人來開個告別單身趴。」

「你先幫我找醫院吧！」愛玲又笑出聲，說：「這些天我都在紐約，還怕沒時間慶祝？」說得輕鬆平淡，像在說幫她找個圖書館似的。

「我得問問我的上司，我覺得她應該知道該怎麼做。」炎櫻忽然把方向盤打個大U型轉，車輪胎發出急擦滑劃的摩擦聲，刮過愛玲心坎。

「就是去年你帶我去吃感恩節餐那個美國女人？」愛玲十分不願意地說。難道要把她的事情又暴露給第四個人知道？

「反正將來你們也可不見不碰面，她又不熟你的中國朋友，像那胡博士。你不說，這事就算在時空中消失了。」炎櫻說一大串，愛玲悶悶地聽著，車子繼續往前開，炎櫻打算不管愛玲高興不高興，打胎事關人命，何況這時的美國打胎不合法，一定得找人問，不能隨便看廣告找的。她換了一條車道。車子停在曼哈頓一棟灰磚大廈前方的專用停車場，她讓愛玲在車子裡等著，這種事情沒什麼好去打招呼的。過不久，就看到炎櫻捏著手包從大廈走出來。

「醫生和診所地址都有了。在這裡頭。」炎櫻指指手提包說。一坐進駕駛座就轉過身對愛玲笑著說：「你決定了？畢竟你們是會結婚的，其實生出半個小愛玲，我也可以逗著玩玩。」

愛玲搖搖頭，笑笑沒說話。同時想到她那天去薩拉托卡溫泉鎮的情況。

賴雅後來申請到薩拉托卡溫泉鎮另外一個文藝營，不過只有六周的免費食宿。六周之後他就用愛玲給的錢租了小鎮上一晚五美元房間的羅素旅店。薩拉托卡溫泉鎮是個風景優美的觀光區，自然鎮上的旅店水準都不差，當時一間公寓一個月租金也不過七十到一百美元，五美元一晚的價位算中高級了。這不是為愛玲租的，他原本就是個喜歡生活好品質的人。

愛玲下火車後，他像個老嚮導，去哪個好玩的地方繞，哪裡有好吃的青魚，又哪裡有非看不可的典雅小鎮街道和特殊小店，他都是識途老馬。又和愛玲討論她未來的文學計畫，幫著想到可以往哪個基金會申請下一個文藝獎金。賴雅是個最佳美國文化界入門引路者。

「我愛你，甜心。」賴雅舉起愛玲的手親吻著說。

「醫生說有兩個多月了。」愛玲不想讓賴雅避開這個話題，雖然氣氛很浪漫。

「那東西，三個月內的應該都能簡單處理掉。」賴雅的句子也很簡單，但他說完立刻覺得不大對勁，她可能會認為他很無情，她可是送了他一筆生活費的人，所以他又緊接著說：「但我一定會在你身邊，我們一起面對那東西，別擔心。」

「你不在也沒關係，我想你也幫不上忙。」愛玲微笑著說。「那東西」聽著是很刺耳，她心底已經打算請炎櫻幫忙了。

6 預付賴雅版稅的事，見朱天文〈花憶前身．獄中之書〉所披露的張愛玲給朱西甯信中所說。

「我會在，至少我得握住你的手。」賴雅誠懇地說。

「你的手能給我滴出止痛劑還是什麼的？」愛玲忍不住諷刺地說。賴雅立刻變得羞赧起來，他的圓臉嚴肅的時候也帶點無所謂的和藹，但羞赧的時候卻有可憐相。愛玲忽然有點後悔說了這句話，但是她心裡實在難受，怎麼十萬八千里來到異國，也還是走上了崎嶇的道路。

「要不，」賴雅猶猶豫豫地又說了：「生下那東西我也不反對。」他還是說「那東西」，愛玲打斷他的話笑著說：「不，我不要，就算在有錢有人帶的情況下也不要。」

賴雅沉默了一會兒，他感覺到愛玲的怒氣，雖然她的聲音還是柔柔的，臉上也笑笑的，但她已經把頭轉向其他地方，假裝看風景。一片草花被風旋起落在愛玲頭髮上，賴雅輕輕捏起掃掉，忽然打破沉默說：「你也知道，我沒有能力。」

愛玲驚訝地轉頭看他。只聽他自顧自繼續說：「其實我無權干涉你該不該拿掉那東西。但我恐怕生了你就得終生很辛苦的打算。其實我不是個好父親，我的前妻就是自己想辦法賺錢養女兒的。現在的我更是沒有錢又老了。想到這裡，我不但對不住女兒，也是真對不住你。我這人一向闖了禍就跑，是個壞傢伙。」

這些話聽在愛玲耳裡有另一番震動，他愛他女兒，只是他沒有經濟能力，他生活的方式太浪漫，年輕時賺多少花多少，沒想過要儲蓄。和她父親不同，她父親有的經濟能力是繼承來的，錢多的時候只想到自己，連她弟弟也顧不到。甫德南也和她前面兩個男人不同，那兩人從來不肯直接說對不起的，也絕對不會坦承有什麼無能之處，中國男人肩上的五千年使得面子變得特別重要。這個外國老男人卻能完全坦白自己最脆弱荒唐的部分。

是西方人的男女觀念先進東方人三十年嗎？

不論如何，她看到甫德南身上沒有橫霸的大男人氣。他是少了五千年的包袱。

「我先去紐約找朋友幫忙，約定了時間再打電話過來告訴你。」愛玲第二天要回紐約前在車站這麼說。這次她仍然是自己對自己的身體做決定。

「好，我等你的電話。親愛的，我們將會在紐約結婚，一定。」甫德南已經不再堅持，他會尊重她的決定，畢竟將來生活費是她要負擔，而且他也會明白表示非常感謝她的負擔。

「這三百元你拿著，昨天今天的花費都算在這裡面了。」愛玲又給甫德南錢，而且為了顧及他的面子，說成是來小鎮住宿吃飯的費用。根本連現在他的生活也已經是她負擔的了。

還好她與香港美新處和宋淇夫婦的關係都沒斷。

她是個可愛溫柔又賢淑的亞洲女人，而且還是個願意為了夫婿拚命賺稿費的年輕女子，她還有強大的野心，她認為將來她會在西方文學市場殺出一條血路，成就一番事業，現在她第一次遇到願意給她正式婚姻身分的男人，即使他又老又窮，要生下他的孩子的確一點也不上算。但結婚又是另一回事。人生每往前踏一步，做下的決定必定帶著風險，看來沒有孩子的人生，對她的將來會更好些。她母親是在沒辦法下結婚生了孩子，兩個孩子就算母親總想甩也沒完全甩掉，最終還是花在女兒學費上許多錢，要不然也許現在不至於落魄到去英國工廠當女工。[7]

孩子真是討人厭的東西。她母親的想法總是對的，她想。

7 見〈張愛玲之母生前事再揭開，學者王賡武回憶黃逸梵〉，證實張愛玲母親在英國時已經手頭非常拮据。

現在愛玲在炎櫻的車上，看著車窗外一個金髮女人穿著矮跟鞋，優雅地推著罩上白蕾絲遮陽布套的嬰兒車走過去，從這個角度能看到嬰兒的短肥手伸出車外舞動著，她不必有那樣的生活，即使嫁給有錢人又有傭人帶小孩，她母親當年不就是這樣。那她應該也會像她母親一樣，總覺得小東西一定要拖累她的人生。她那燦爛的未來裡不容許有絆腳石，那東西。她認同賴雅[8]的稱呼了。

這麼做了決定之後，她將會是她母親命運的改良版，她又想。

「早決定了。」愛玲從車窗外收回目光，冷冷地說。[9]

8 張愛玲在信中常常只寫 Fred，可翻成甫德。但賴雅全名是 Ferdinand Reyher。所以也翻成甫德南。

9 張愛玲過世後，炎櫻才願意對司馬新露一點口風，說當時人工流產的醫生的確是炎櫻的女上司提供的，但否認她的女上司和她參與這件事。見司馬新〈《張愛玲與賴雅》外一章〉，不過以一九五六年七月張愛玲的情況，炎櫻既然連祕密墮胎的醫生都幫忙問到了，怎麼可能沒有後續的幫忙？而張愛玲接受人工流產，到底是她自己決定的，還是賴雅強烈要求，或者兩人都決定不要？這是個謎，因為司馬新也發現賴雅日記中並沒有人工流產這小段時間的記錄。不過從炎櫻告訴司馬新的，當時張愛玲說：「你知道我討厭小孩。」看來像最後的決定權在張愛玲手上。

再看看《小團圓》裡怎麼敘述這一段，九莉在紐約打胎時胎兒已經四個月大了，租借了一個空公寓請醫生來打胎。汝迪／甫德南最初知道九莉懷孕的反應是有點遲疑地說：「生個小盛（九莉姓盛）也好。」醫生用藥線讓子宮自然收縮，九莉腹痛得翻江倒海的時候，汝迪正津津有味地吃著買來的烤雞，並且無視於她痛到極點，還好心分一些烤雞給她。到她真的快撐不住時，只能沒什麼幫助地握握九莉的手，夜間九莉在抽水馬桶裡落下那足足十吋長男胎，「是從前站在門頭上的木雕的鳥」（呼應了前面章節，九莉與邵之雍上床時在門頭出現的木雕鳥）。她驚恐的按下抽水馬桶機鈕，本以為沖不下去，竟在驚濤駭浪中沖掉了，像一場驚悚的夢境。比比／炎櫻後來還追問到底打下了什麼沒有，彷彿是不是白花了四百美元。見《小團圓》頁一七七—一八〇。

藥線打胎是中醫藥民俗療法中的一種，在《歇浦潮》第七十八回〈孽海猛回清綺障　春江小住掃情魔〉，賈少奶請來穩婆王老娘，看看能不能幫三小姐打胎，情節中有如此一段：「……賈少奶起初還當她不肯，聽到後來，方知是生意經絡，聽她開口倒還不大，只二十四塊錢，一想我不如先拿洋錢填飽她，教她不能再為推託，然後同她講下文。因說：『他們出二十四塊錢，我這裡給你三十元，你看怎麼樣？』王老娘的意思，不過想敲二十四塊錢的竹槓，聽她忽肯出三十塊錢，真是睡夢中不曾想到的，一時倒反難為情答應起來，對著賈少奶，嗤嗤只顧發笑。賈少奶道：『現在你可答應了？』王老娘笑道：『少奶奶的吩咐，我也沒什麼答不答應，倘使好留的還是留著，如其不好留，那就只得打咧。』賈少奶笑道：『你大約是癡的，人家好留的，自然要留，只為不好留，才請教你打呢。』王老娘笑道：『不瞞少奶奶說，我老太婆果然有點兒癡病，但不知這身子有幾個月了？』賈少奶道：『大約四、五個月。』老娘道：『究竟四個月還是五個月？不是我老太婆多說話，喜歡嘮嘮叨叨，皆因打身子的藥線，大有輕重，月份小的，藥頭輕些。月份大的，藥頭重些。就為這個緣故。』賈少奶道：『這話不錯，但我也不大仔細，請你等一等，我梳好了頭，同你去看一看那人的肚皮便了。』」

這裡有幾個重點，首先三小姐的胎已經滿大的了，四、五個月，可能一開頭就不願意去真正的西醫院處理才拖到這麼大，因三小姐已經訂的另一家婚約，事關名節，所以要祕密找技術高超的穩婆才不致出人命。其次，這穩婆卻想多賺點錢，才會露出洋錢的價格和藥線的用法。

賴雅日記既然是在五月十二日才出現同房之好，五月十四日就離開麥道威爾文藝營，這人從年輕到老的習性，也算是胡蘭成類的，但和胡蘭成最大的不同在後頭的誠懇態度，也可能是老了。到七月初接到張愛玲的信說懷孕了，孕期至多也不過兩個月出頭，絕不像《小團圓》中九莉懷孕已經四個月多了。並且在美國怎麼也不可能找到的是用藥線的西醫。西方人的傳統墮胎也有用草藥的，例如馬郁蘭之類的草藥就對孕婦非常不利而可能導致流產。或者用尖鋭利器伸進去刺破子宮壁，導致胎盤流出而落胎，但這樣很危險，因為刺破的力道沒控制好，就會穿透子宮壁甚至附近的大血管，直接造成孕婦血崩死亡。這個方法衍生出後來醫院內較安全的「刮宮」手術。張愛玲借用《歇浦潮》這整段情節的兩個重點，四、五個月的大胎以及藥線處理，而且還很誠實地說出借用來源是王老娘的故事，這麼寫不但在告訴讀者，九莉這段不是作者真的發生過的，還能凸顯「女人總得把命拚上」、汝迪的荒唐可笑以及九莉不願意生下小孩的情緒，用藥線才能夠讓宮縮陣痛後產出的胎兒是完整人形。如果是子宮刮除術，或者用鉗剪子在裡面剪碎了拿出來，那只會看到血肉模糊一片的碎屑。成人型的胎兒有手腳、眼睛和充滿血管的皮膚以及皮膚褶痕裡隱隱的血漬，疏離的母親經過好幾個小時的陣痛，直接於夜間生產在抽水馬桶裡，足足十吋長，沒想到竟能被水直立立沖下去，這些描寫都製造出駭人聽聞的恐怖影像效果，是高段小說手法，卻也是張愛玲直到臨終前久久不能磨滅的惡魔，她在鞭撻自己，直指人工流產的決定與情緒經歷，是驚濤駭浪卻如夢如幻的，她要表達的是炎櫻依然如故，問東問西。而賴雅簡直是老頑童，只顧著他自己的安穩快樂，沒真正體會她的死活，而她自己和她母親一樣自私。人工流產這件事，到底在張愛玲心中印存多少對賴雅的不屑，可能從後來賴雅過世到《對照記》出書，張愛玲一個字也沒提到他看來，她對這個婚姻的感受絕不是無怨無悔的。連夏志清在一九九六年為《張愛玲與賴雅》寫的序中都說：「書裡不刊胡蘭成的相片，情有可原。但賴雅的相片一張也不登，假如真如司馬新所肯定，『他是她一生中唯一如此愛她、關心她的人』，也更奇怪。很可能在他去世二十多年後，她對他的感情變得淡薄了，覺得即在當年，他的才華就不高，年齡也太大，配不上她。或者下嫁洋人，本身就是件難為情的事，不要讀者們知道。試看三毛、聶華苓這兩個相反的例子，為了他們心愛的異國夫婿，寫下多少悼念讚美的文字？」

夏志清發出的這個疑問，相信很多人也有。《小團圓》裡面唯一提到汝迪的這段卻有一整句的答案：「她（九莉）也不相見恨晚，他老了，但早幾年未見得會喜歡她，更不會長久。」重點在最後這個「更不會長久」。張愛玲非常清楚，她願意跟賴雅結婚是為了尋求安穩。所謂的安穩，並不是需要快速入美國籍，因為麥卡錫幫她申請的專業難民移民美國的簽證，已經可以直接拿到綠卡。應該是她不想再一次遇見類似胡蘭成或桑弧的情況，是不是真愛賴雅根本不重要。而賴雅會表現得對她癡愛迷戀，至少炎櫻和賴雅的女兒菲斯都這麼覺得，是因為張愛玲年輕有東方美之外，更重要的是一開始張愛玲就願意無條件供應錢給他，張愛玲看穿這最現實的層面，她是讀透了中國章回小說的小說家，不可能對這婚姻有幻想。他們是各取所需，現實得很，什麼癡愛著迷，在現實生活中根本微不足道。《小團圓》的文字平淡精鍊，但幾乎不能忽略哪一條句子，要不然就會錯失張愛玲本人某一大段人生的隱藏心緒。

一九六七年至一九八三年

小白鐘在白日與黑夜的光影中滴答，她正在客室前開放的小廚房吧檯裡洗洗弄弄，美國超市什麼都有，每種東西分量都很大，只是她沒車子，出入都必須花費很多時間等公車。今天花一上午去買了必要用的奶油、冷凍披薩和冷凍蔬菜，看見豆芽菜新鮮，忍不住買了一些，她其實不習慣買新鮮的蔬果，容易壞之外，平常也真的沒有那些慢慢揀菜做飯的細緻心情。今天特殊些。偶爾也該做點甫德南喜歡吃的。

上海人炒銀芽得把頭尾都掐掉，只剩銀白多汁的細芽桿兒，肉絲切細，蔥蒜先下去爆香，這麼翻炒幾下起鍋，香的。她想起離開上海前，姑姑買不到肉絲，把豆干切絲抵著用的樣子。姑姑做什麼都好吃。她第一次下廚就做這道看似簡單、卻頗費工夫的中國菜，甫德吃得滋味無限的樣子。

她大概擅長用潛意識篩檢記憶，不論什麼時候她都能記起他們牽著手走在紐約第五大道，才從《月亮與六便士》劇場出來，開心地討論要去哪個餐廳吃東西。又去大都會博物館看展覽，甫德對著非洲鳥圖騰柱子比中指開玩笑的樣子。在華盛頓菲斯家附近購物，他們對於大包哥倫比亞咖啡豆品頭論足，彷彿是在挑剔一件大衣或是要不要購買哪一型TOYOTA汽車。甫德南的幾千冊藏書也派上用場，一冊不留地變賣為生活費，這麼瞻前不顧後地，他們的日子也能過得還可以，每搬到一處，他們挑選住家地址，最重要的就是住家附近有沒有走路走得到的圖書館，以及公車一趟可達的購物中心。偶爾手中有餘錢，還能規畫攜手去看歌劇、舞台劇，享受這些精神食糧之後，又能去好餐廳吃一頓。甫德在吃喝玩樂上，完全是個活指南。就這些美好的回憶而言，愛玲覺得她的確得到一位神仙伴侶。每年他們都會有兩次比聖誕節和感恩節還更重要的大節慶，那就是他們兩人各自的生日。他們假裝對方完全不知道，祕密策畫生日當天會讓對方驚喜的行程，然後真的就非常驚喜地接受對方的慶賀。他們比各自的家人更在意這個出生日期。因為沒有出生就不會有遇見。

然而事情太好了，終究不會持久。

在他們婚後兩個月，甫德南就中風了，她驚嚇之餘，只能接受無怨地成為二十四小時私人護士，其實他們結婚前甫德已經中風過好幾次，她不是不知道，只是以為他看起來根本和正常人沒兩樣，至少還能健康好幾年罷！甫德的生活享受和活動力以及說話的聰明度，看來都不是奄奄一息的病人。

中風三個月之後他又全好了，他是個生命力旺盛的人，他喜歡活著，這一點愛玲覺得他們是相同的，活著總好過死了。

但是想要活著就得盡力。因為甫德在往後的十一年中有許多次的中風，幾乎平均一年一次以上，一九六五年以前中風還能在兩三個月間吃藥恢復行動力，她和菲斯也很習於料理這些醫療大小事情，看到他滿臉脹紅就知道可能他要發作腦門充血了。一九六五年卻是從家走到國會圖書館的途中跌跤，大腿股骨骨折之外，還因為傷到頸椎而全身癱瘓，大小便失禁。藥物治療只恢復了腦部的血管神經活力，這樣更糟了，有著清醒的腦袋，卻沒有能被指揮的身體。

她現在邊掐著銀芽，邊想該怎麼刪節《海上花》，這部以吳語創作的清末上海章回小說，彷彿有根無形的絲線與她的童年緊繫著，和胡適，不，其實是和他父親幾乎更早或同一個時代的韓邦慶所寫，她想深入韓邦慶的世界。這本書被胡適認為未必不如《紅樓夢》。她也想再深入《紅樓夢》，那是另一個潦倒的創作靈魂，曹雪芹的世界。她喜歡的創作靈魂都是經過風光的歌舞綾羅而後潦倒的，韓邦慶、曹雪芹，她的父親最是，胡蘭成和……現在的甫德也是！胡蘭成?!她怎能在這時又想起他，大概在日本沒有舞台了，窮極無聊，把她寫成他的妾之一，到底是什麼意圖？她是不忍看穿自己曾經愛過的男人除了私德惡劣還作風下流。

銀芽正掐到一半，門鈴響了，應該是來上工的黑女人。

她起身走出去，鎖上自己公寓的門，帶那黑女人直接在過道上插入鑰匙開了旁邊一扇門，裡面是個套間，擺了一只氣墊床，床上是剩下皮包骨的甫德南。

這個套間也有面大窗戶，十月的冷空氣已經沿著窗棱結一層白霜，窗玻璃顯得霧白。一邊牆角地下堆著許多紙尿片包，自從幾年前紙尿片發明後，他們不論搬家搬到哪裡，家中堆積的紙製品絕不是書，而是愛玲發揮了上海時期囤貨的精神，堆積紙尿片包。即使甫德情況好的時候，她也隨時預備有好幾包，手頭的錢寬裕些就買好一點的，不寬裕時就買便宜的，總派得上用場，她是被他頻繁的中風弄怕了。

原本這些都堆在隔壁愛玲公寓裡。現在甫德南眼睛總是閉著，似乎是熟睡了，她不去叫醒他，因為叫醒也沒他的事，他只負責活著被照顧而已。他們搬到麻州康橋來的時候，甫德南一個表弟愛玲倒是通知了，來看他的時候，他是負氣把頭轉向牆壁的，根本不願意說話。愛玲找來照顧的鐘點傭工每次來時，面對陌生人甫德南反而是安靜的，因為他清醒的腦袋禁不起自己在外人面前失禮。[1]

甫德本來一直在愛玲身邊，同一個套間裡，鐘點工來來去去也換了好幾個，總是領幾天薪水就不做了，地方太狹隘，女主人在一旁工作，就算真沒監督著，感覺上也像是監督著，頗讓鐘點工不自在。但有傭工時愛玲工作進度能多些，沒傭工時甚至全部得停擺，換尿片擦背都沒什麼，也不知道是不是因為藥物的關係，甫德常常閉著眼睛無意識地呻吟，使得她沒辦法集中精神寫稿。就這麼拖泥帶水混日子也過了將近兩個多月，還好隔壁空出來，她趕緊租下。她申請到每年三千美元的《海上花》翻譯費，後來因為校方看到甫德的病況，還主動增加為五千美元，她不能不盡心盡力，而且又是翻譯她喜歡的書。

甫德躺在床上已經兩年多，時間越久似乎就越不像本來的他，以前愛笑體貼和幽默的說話方式一點一滴流失，現在要不就不說，要不就說些喪氣或尖酸的言外之音，她試著忍耐不理會，但是這麼折磨久了，嚴重時她的身心都受干擾，晚上失眠，白天無法做任何事，好幾次她在給莊信正和夏志清的信中都說自己心境大壞。能怪甫德？他也不是故意的，每天吞那麼多藥物，身體手腳都萎縮了，當然哪裡都不舒服，要他怎麼樣呢？

又不能拿枕頭摀住他的臉。她心情好時尚可哄著，心情不好身體也差時，只能把他擱著，因為她當然不是沒有情緒的機器人。

從紐約搬家來麻州康橋，腳扭到筋還沒好，夏秋交際的這個月又感冒了，她是災難不斷，從來一感冒就是幾星期像快死了一般，動不動發燒鼻塞咳嗽，頭昏便祕，渾身沒力氣，全都蜂擁而至。好容易擠出點能力弄吃喝的，端到甫德面前餵他，常常他還把頭別過去不吃，說是他死了還比較好。她常常得用海明威的句子提醒自己，「不必要的情緒先擱在一旁，別被憤怒淹沒了，以至於做出錯誤的判斷。」她必須腦袋清醒點，做準確的判斷，把自己撈出這種處處困境的命運漩渦。

眼前這個黑女人很胖，兜著肚子到處找椅子。

「真抱歉，沒有椅子，你可以坐在地上照看他。明天來的時候仍先來找我拿鑰匙。」愛玲說。

「就是他？」黑女人指指地下的甫德說。有點鬆一口氣的感覺，他本來比愛玲還高些，還又有壯而肥的肚子，倒在床上久了竟只剩副骨架子，又老縮，所以要翻身拍背換尿布擦澡，這種重量對瘦瘦的愛玲是難題，對黑女人來說卻輕而易舉。

「你的工作內容，是下午一點鐘餵他午餐，七點鐘餵他晚餐，午餐和晚餐我會準備好，中間再請你幫他拍背，翻身，晚餐後幫他擦澡，八點鐘到時你就可以下班鎖上門，並且把鑰匙還我。」愛玲井

1 司馬新在《張愛玲與賴雅》中寫到賴雅一九六五年跌跤股骨骨折，接著下一段就是賴雅癱瘓了兩年。參照夏志清的信件，也只說癱瘓大小便失禁。從醫學角度看，股骨是大腿骨，骨折可以用鋼釘修復，除非是粉碎性骨折，修復會比較困難，倒不至於導致大小便失禁以及癱瘓。然而因為賴雅無法寫日記了，司馬新也只能訪問賴雅女兒菲斯，菲斯可能因為不是照料者，所以怎麼導致大小便失禁的過程也說不清楚。反推有兩種可能，其一是連頸椎都骨折了。老人跌跤如果頭部肩膀也著地，顱骨、頸椎、肩膀都可能骨折。其二是反過來的，在往國會圖書館的途中忽然腦門充血中風，身體失去指揮而跌跤，就可能直接癱瘓並且股骨又骨折。癱瘓的情況也有兩種，一種是身體動彈不得但腦袋清醒，但另外一種是身體動彈不得腦袋也不清醒，是昏迷狀態。一九六六年聖誕節，菲斯的孩子們還見到外公，他們跟外公說話，看到這樣都哭了，菲斯的敘述證實賴雅是頭腦清醒的。搬到康橋後，賴雅看見表親來探病還氣悶地把頭別過牆去。這代表不論有沒有中風，他是神智清醒但身體動彈不得，因此是連帶頸椎骨折的可能性最大。所以要分辨這些細節，關係到張愛玲如何對待賴雅活著的最後階段。這樣的病人相當可憐，脾氣也會越來越古怪，然而張愛玲並沒有棄他不顧，反而在與菲斯大摩擦之後悄悄帶著賴雅去康橋賴氏女子學院出任駐校作家。

然有序地說。這樣的時間規定能夠符合愛玲自己的作息，不至於一早就被門鈴吵醒。她看見甫德張開了眼睛一下，他沒睡著。她知道他一直不願意單獨住一間房，他要張開眼睛就能看得到愛玲，現在他的情緒就像個老嬰兒，黏人。

「OK，」黑女人邊聽邊點頭，又問：「每日下工給薪水？」

「不，每周五下工的時候給。」愛玲說。這當然是為了預防三天兩頭換顧工。又說：「如果你願意周六周日也來，那麼我們照每日時薪多加三小時給。」愛玲希望黑女人一周七天都來，她現在正忙著英譯《海上花列傳》，又還有香港美新處的翻譯工作，並且修改自己的英文小說《Pink Tears》，擴大故事為《The Rouge of the North》，希望能被西方讀者接受。另一方面也積極修訂《怨女》中文版稿，宋淇和夏志清都在幫她計畫刊登後出書。[2]

「我想周末應該雙倍，七小時，如果你願意給十四小時的錢，我是可以來。」黑女人討價還價說。愛玲見黑女人鬆口表示有可能願意，本想很快答應多加一倍的錢，因為這種照顧工難找，一轉念，又怕立刻答應會被黑女人當肉頭，倒不是怕敲詐或偷工時，而是隨手牽羊摸走一些物件，例如甫德吃的奶粉尿片什麼的，她又沒車，去最近的購物中心補貨都要開車一段路。她有時還得等到搭便車的機會才去得成。

於是愛玲假作為難，說：「我沒有那麼多預算，要不然，七小時給十小時的錢，如果你覺得不行，那周末只好我自己照顧了。」黑女人見她說得斬釘截鐵，覺得這價錢其實是比較高了，當下答應了。

愛玲望著床上甫德枯瘦的臉頰，想起他還能活動時在廚房邊哼著貓王的《傷心旅店》，邊做美式漢堡煎餅，繫著圍裙臉色紅潤地端到床邊給她吃，那次她收到整箱從英國寄來母親的遺物，整個月她吃什麼都吐，她的理智是願意吃的，把漢堡煎餅吃進肚裡，卻不一會全吐光，滿地都是，甫德拿著抹

《Pink Tears》就是《金鎖記》，《The Rouge of the North》中文翻譯書名為《北地胭脂》，中文版就是後來皇冠出版的《怨女》，於一九六六年經由宋淇介紹到《星島日報》連載。許多讀者看來看去搞不清楚，其實簡單說就是，《怨女》是《金鎖記》的故事擴大，但裡面各種角色人名已經完全不一樣，也可能《金鎖記》創作於二十歲出頭，角色性情和故事發展都比較「尖銳」。一九六六年當時賴雅已經癱瘓快一年了，《怨女》版權張愛玲授權夏志清直接處理，要求《皇冠》連載刊登後要再經由作者本人修改後出書。這本書是張愛玲與皇冠出版社合作的第一本。所以交由夏志清，一方面宋淇在香港，這時常常身體抱恙之外，夏志清剛好也常往返美國台北，與台灣文壇熟稔，直接與平鑫濤談版權更好。見夏志清《張愛玲給我的信件》第十六到十九信。當然另一個原因不排除剛開始張愛玲知道平鑫濤是平襟亞子姪時，也應該有些不信任。第一本書合作愉快之後，接著一九六七、六八年就接連好幾本書稿給皇冠。但《赤地之戀》早早也簽約了，卻遲至一九七七年未見出版。一九七六年宋淇夫婦經由張愛玲同意，寫〈私語張愛玲〉，由當時主編《世界日報》的平鑫濤刊登，照理此後張愛玲對平鑫濤的信任應更上一層。張愛玲忍耐許久，一直以為又像當年平襟亞的出版精算，尤其這本書英文版在美國英國都乏人問津，是不是平鑫濤作為老闆也有商業考量？張愛玲忖度大概是認為這本書的書寫主題太嚴肅才讓人感覺不好賣。所以她打算把版權換簽給慧龍出版社的唐吉松。後來宋淇告訴張愛玲，是因為《赤》其中有一段打倒反革命的遊行，情節描述有假扮蔣介石坐牢車，干犯了台灣的政治忌諱。雖然知道了皇冠遲遲不出書的真正原因，張愛玲不免嘀咕著拖了這麼多年，為什麼不先說明白，如果平鑫濤早說了，她也可以為了政治環境修改成「淨化版」。而另一方面唐吉松竟在合約條件上非常寬鬆到請張愛玲自行填寫版稅，而且每條合約看起來都非常配合作者的要求，因此張愛玲還是把合約簽給唐吉松，但一九七八年初慧龍出書了，張愛玲才發現出版社完全不尊重作者，因書前有夏志清的序，張愛玲在信中道歉：「《赤地之戀》被慧龍竄改過關，整個這件事糟不可言，也還未了。讓你給這麼本書寫序，實在使我內疚。」慧龍出書始末見《張愛玲給我的信件》第七十九到八十五信。這時已經在蔣經國時代了，和張愛玲頻繁聯絡的除了宋淇夫婦之外，學者們最主要就是夏志清和莊信正，都經常往返美國台灣大陸，但張愛玲對於這兩地一點興趣也沒有，不要說什麼立場左右，《赤地之戀》等於是被兩岸政府當作禁書封殺，兩邊不討好。平鑫濤對於張愛玲合約轉簽先是隱忍，後來才對宋淇解釋，直到一九九一年《赤地之戀》終於仍由皇冠出版，是因為這時台灣已經解嚴了，從一九五四年香港天風版出書到在台重見天日，幾乎經過了將近四十年之久。平鑫濤一直是以優厚的稿酬及編輯台百分之百配合的態度對待張愛玲，從六十年代末開始，幾乎每半年有兩千美元以上的版稅加上稿費收入，讓張愛玲的生活安穩不少，這是平鑫濤作為出版社文化人的有守有為，在台灣的文學出版界應有一定的歷史地位。

布擦地板沒怨言，又擁著她，讓她好好大聲哭泣。他們後來把那箱遺物稱作寶藏，生活實在拮据的時候就拿出來變賣，立刻可以換成好幾百甚至上千美元現金。

每次手頭緊，愛玲總想起炎櫻大學時代常安慰她的：「Life has to live. 這輩子終究得過。」多無奈的日子都必須活下去，愛玲邊規畫用度，還是想看看能不能創作出轟動西方世界的英文小說，她仍然認為自己不輸林語堂和賽珍珠。西方人不過想看點有東方神祕味的愛情，她那龐大的家族系統當然包括後母認識的人，連陸小曼都來過她父親的家，其中還有趙四小姐。

後來她把焦點定在趙四與張學良身上。循著最為人熟知的《傾城之戀》模式，就為了成全趙四的愛情，時代歷史的發展軟禁了張學良。這構思先得到宋淇夫婦的肯定，定名為《少帥》，這些都在書信往返和她的腦中計畫著。

即使距離現在的六年前，一九六一年，她早已感覺到甫德越來越不能離開她。她選擇這個婚姻時，就因為看準了這老男人一定離不開她，但是真沒想到是這樣的離不開法兒。她只好密不露風，等機票都買成了，說飛就飛走。

要完成《少帥》，她必須回亞洲闖蕩一下江湖。一九六一年底，她前腳才離開美國到台灣，後腳就接到菲斯透過麥卡錫傳來的電話，說甫德南又中風了，他十足是個接近七十歲的老者，經不起驚乍，原來甫德以為她不再回美國，他實在只是把她當作生命最後的浮木，他想抓牢這塊浮木，卻並不了解她，她除了美國還能到哪裡去呢？畢竟她是好不容易才逃離恐怖的亞洲。

甫德好好的時候，生活是有樂趣的，也願意用心給溫暖取悅這個小孫女似的妻，但問題是他的中風太家常便飯了，簡直要磨光她的愛，而且愛要磨光之前還先得準備好大筆醫藥費，即使她夜以繼日機械性地持續翻譯工作，那醫藥費就像無底洞。除了翻譯、寫電影劇本之外，她還用自己的經歷為藍本創作英文小說《易經》，希望能夠有出版社賞識出版了大賣，結果一樣一場空。

即使如此，她沒有其他技能，只能繼續孜孜矻矻的賣命給格子紙。早幾年甫德南每次中風，菲斯還願意讓他們住到華盛頓她家附近，方便她自己去照看爸爸。等到甫德全身癱瘓了，愛玲也不是要菲斯都來當特別護士，而是由愛玲出錢請人一天照看兩次，但總得有親人每天盯著，她希望菲斯能幫忙，讓她全心賺錢。那次菲斯斷然拒絕，認為愛玲本就應該克盡做妻子的職責，怎能利用她爸爸拿到美國身分之後，癱瘓了卻把他棄之不顧，再推回女兒手上。

她也不想辯駁。美國身分不是因為嫁給賴雅才能拿到的。

長久以來她在錢上頭是一家之主，說是搖錢樹也不為過，是她自己甘願，誰叫她就喜歡甫德那副輕鬆自在望前不顧後的德性。既然菲斯的態度如此決絕，她連告知也不必了，直接把甫德從紐約搬到康橋。要當個搖錢樹就得專心當，不能夠又兼任二十四小時私人護士。用錢能解決的問題就花錢罷！

和一九六一年時一樣，沒露半點口風，先租了隔壁公寓，請到傭工直接就麻煩宿舍經理幫忙搬甫德過去。她已經無法考慮甫德同不同意，她這個再婚的年輕後媽是注定要被冤枉的，她也不在意，不論如何她的良心很是過得去，起碼和她那蜘蛛精似的後母不同，她是倒貼錢在丈夫身上，也沒虐待他不讓他吃藥看醫生，反倒他動過好幾次大手術也都是她付的醫院帳單。[3]

3 賴雅動四次大手術都是張愛玲付費，見朱天文在〈花憶前身．獄中之書〉披露張愛玲給朱西甯的信。一九六六年十一月四日張愛玲給夏志清第二十三封信中寫道：「Fred 久病，我在華盛頓替他安排的統統被他女兒破壞了，只好去把他接來，預備黑女人已經來還鑰匙了，想必幫他擦澡過，愛玲炒了豆干銀芽肉絲，挖起一瓷碗，又在爐上烘個蛋皮鋪上去，甫德喜歡她做的中國菜，有時脾氣壞，聞到香味仍要忍不住張口吃。

她在婚後他中風時照顧他，起初就當作是照顧父親，她的童年在上海租界，時常看到外國夫妻帶著金髮小女孩小男孩在草地上跑，那時她常常想，會不會有一天她一覺醒來，其實真實身分是那金髮女孩，黑髮女孩的生活不過是金髮小女孩頑皮的夢境而已。後來到華盛頓時，看見菲斯家裡的三個兒子和菲斯丈夫之間的關係親密，她也羨慕。雖然她沒辦法出生成自己喜歡的樣子，但終究得到一個高鼻子老外當父親了。

晚上八點多，她放了一台收音機在甫德套間裡，她可以把收音機轉到甫德喜歡的新聞台，左傾的，然後邊餵他吃這消夜。她小心翼翼地捧著碗開門進去時，甫德轉頭看她一眼又把臉轉向牆壁。

「親愛的，你今天很乖，讓我親親你的耳朵。」愛玲拍拍他的手，像哄小孩。

「唔，你是來看我死了沒有？」甫德對著牆壁說。

「你不覺得這點心很香？乖乖，把頭轉過來才吃得到。」愛玲輕柔地說。甫德不理會，過一會愛玲自己吃起來，說：「好吧，也許你不餓，我肚子是真餓了，從下午到現在都沒吃半點東西。」

「為什麼不吃？」果然甫德轉頭過來問她。

「有個太太要我去為他們做演講，還出個我不熟的題目。」愛玲今天得對他好些，怕他第一天搬離她身邊不適應，雖然也就在隔壁而已，畢竟晚上不會聽到他發出的呻吟，而他也看不到愛玲半夜工作的樣子，她能專心寫稿，寫累了也能安然睡著，想想都覺得有點開心。

「你以為我不知道？你是不想看到我才把我扔在這裡。」甫德並沒有回應她的話，如果是以往，他應該會繼續問那不熟的題目是什麼，然後用他自己的思考想法幫她做整理。

「如果我想扔掉你，可以租一個更遠又便宜的公寓。」愛玲的耐心不能持久的，她也坦白地說。

「你可以這麼做。連菲斯都不願意照顧我了。」甫德說著忽然從眼角流出淚。

「甫德，你得講理，我必須工作，我們兩人才能有飯吃。」愛玲雖然心軟，卻也不想一直哄他，因為這種情形幾乎每天重複上演，他們的對話越來越沒意義。

「今天我才知道你也會拋棄我。你已經拋棄我了。」甫德抽噎地說。

「這點心被我吃得差不多了，你真的不吃一些？」愛玲開始收拾碗筷，又硬聲硬氣地說：「要是你不吃，那以後我也不做了，反正你都說了我要拋棄你，我得回去趕稿了。」

「好吧，我吃一點，好像很香。」甫德反而回過頭來說。讓愛玲料準了，他說那些喪氣話都是真怕愛玲不理他。

「喏，看你吃得香，我真開心。」愛玲笑著一口一口餵他吃。

「我讓你覺得很累吧！我很對不起你。」甫德把食物嚼著吞下之後說，臉上是真心的歉意，這就是他的好處。

在附近城裡找個公寓給他住著，另找個人每天來兩次照料，但迄未找到人，在我這極小的公寓裡擠著，實在妨礙工作，與在華府時不同，《怨女》抄到現在還剩兩章，你給講成的出書條件已經非常好了，就是這樣。」這時是正預備《怨女》的連載以及在皇冠出書，也由平鑫濤代談拍攝電影的事項。如果不是張愛玲這樣死撐活撐著賺錢，生活費早就發生大問題。房租、生活雜費開銷、水電瓦斯費之外，他們當然出不起昂貴的保險費，所以還要加上賴雅上醫院以及拿藥的大量醫藥費，最後還有看護費用，這段十一年的婚姻簡直是一場完全的金錢硬仗，時時刻刻磨難著張愛玲。

「不，我永遠愛你。」愛玲吻他的額頭和嘴唇說。在她眼裡，他比她父親還慈祥一萬倍。

「昨天夢到我父母，我還是個小男孩，父親牽著我的手去公園練習騎腳踏車，母親在一旁微笑著。」甫德嘆氣閉上眼說。

「你那時一定很可愛，是個有趣的金髮小男孩。」愛玲也微笑著說，覺得今天終於有好的互動。

「其實我一直沒對他們很好，他們年紀大的時候，爸先中風，過世後，媽也中風，我只分別照顧了他們幾個月，」甫德感嘆地張開無神的雙眼看著愛玲，又說：「其實我也以為我只會多活幾個月，沒想到這樣拖累你。」原來他要說的是他也沒對他自己的父母多好，現在卻怕愛玲對他不好。愛玲聽著錐心，卻在臉上保持微笑著，又親吻一下甫德的臉頰說：「你沒拖累我，你不是每天陪我解決工作上的難題嗎？」她是為了讓他躺在床上不無聊，常常挑些與友人信件聯絡後的結果拿來跟甫德說說，那都算是她「闖蕩江湖」後出現的問題。

甫德是她生活中實際可見的生命線，而信件是她另一條生命線，這兩條線的交叉點是她自己。

「那個難題是什麼？說來聽聽。」甫德吃了好吃的點心，說了這麼多話，心情顯然變好了，主要是知道她還是在意他，她希望他繼續活下去。

他們晚上直聊到愛玲幫他又換兩次尿片之後才回自己的公寓。第一步是做到了。她可以好好的工作又兼著照顧她丈夫，這天晚上她睡得很安穩。第二天黑女人來找她拿鑰匙時，她正準備午餐，她這間公寓的廚房就在大面窗下，今天有罕見暖暖的陽光，窗棱上的白霜不見了，真該心情好的。她先放下手上的勺子，對黑女人吩咐幾句，讓她先去幫甫德換尿片翻背，免得長褥瘡。

黑女人才過去不久，門鈴又響了，這次卻是急切的連續按鈴。

「夫人，他……他沒氣了。」是黑女人又回來，睜大的眼睛裡充滿恐怖地說。

甫德走了，她的前一晚成了絕響。

她這條生命線斷了。

她可以省下公寓費、看顧費、醫藥費以及無數費用，她不但可以存錢，而且還自由了，沒有人再跟她賭氣說話，她能省下更多的時間精力做自己想做的事，一九六七年十月八日，這是個明淨如水的秋天，她應當開心的。但是從此以後她只剩下自己，她的第二個父親也走了。

她彷彿聽到八、九歲時的自己，在上海洋房的花園裡小方磚上跳唱著：「一天過去了，離墳墓又近一天。」

洛杉磯常有這樣好的天氣，在金色的陽光中一路走去，道路兩旁人家屋簷下種著各色大理花，張開熱烈的花瓣迎風散發香氣，每次這麼走，都彷彿她又回到一九三九年的香港山，每一棟古典的英式建築都站在那裡默默地給路人安寧的想像，這時轉身才忽然發現她其實不是一個人在散步。身旁是興高采烈的甫德，他們手牽手走入一棟建築，侍者領他們走過整片鋪著古典黑白方格地磚的過道，天花板上是仿中古的霧玻璃嵌木製吊燈，轉個小彎踏上鋪著地毯的較高一排座位，刀叉餐布整齊排在粗呢白布桌面上，她意識到這裡是好萊塢著名的布朗德彼餐廳。她驚訝地看到座位上已經有一男一女，甫德笑著說：「為了讓你驚喜，我邀請了宋淇鄺文美夫婦。」愛玲欣喜之間定睛看了看，是宋淇沒錯，但身旁卻不是文美，而是文美的母親，她不是才收到他們的信說岳母百歲過世了？正奇怪著，卻有個不認識的金髮男童蹦跳著撲到甫德身上，宋淇也不以為意，文美母親跟男孩打招呼，他們把男孩當作是甫德和她的孩子，雖然一切都非常美好，她卻不想跟那男孩同桌吃飯，因為金髮底下是雙怪異的黑眼珠，老瞪著她。她想大叫，甫德，快把這野孩子趕走，卻怎麼也喊不出聲。她極厭惡地轉頭看向甫德，卻驚異地發現他的側臉竟肖似胡蘭成，正巧甫德一轉臉，她嚇一大跳，真是胡蘭成，倒抽一口氣，夢卻醒了。

自從住這莊信正夫婦為她找的公寓，她的感冒發作雖然每年還有，卻明顯減少很多。在這城市已經第十二個年頭了，現在是一九八三年，連胡蘭成都已經成了歷史人物。她詫異，這兩人怎能出現在同一個夢境裡。她想起童年時在天津老宅，冬天大雪，帶她的何干、毛娘和母親的陪房丫頭翠鈴圍著炭紅爐火，張干一把抱住弟弟，騰出一隻空手拿卷勸世文念著，又說些古書奇談給大夥聽，誰有疑難雜症就該這時提出來講講，張干總能為大家解惑。

只見粗做的席干搓著手踱進來，一屁股坐下，急著說：「哎喲，見你們大夥都在這兒，就知道張奶奶一定又講古了，可得先幫幫我，昨兒個夢醒嚇出一身冷汗。」

「夢見什麼？」何干唬得睜起老皺眼問。那時何干已經有年紀了，她是他們家三代老人，先是做愛玲父親的保母，把愛玲父親帶大了，又帶女兒。愛玲靠在何干身上，見眾人都屏息聽著，只有弟弟在張干手上掙扎著亂動。

「夢見人請我吃大菜，桌上挺豐盛的。」席干說。

「這有什麼不好？挺好的呀！」毛娘是個直爽的人，笑著大聲說。

「都是些什麼人？」張干是老經驗，切入重點問。

「這些人，兩個是遠房老親，前兩年都作古了。另三個也像我們這班年紀，前陣子地裡帶信來，說都生病著。」席干忐忑地說。眾人聽著都屏息，也覺得不大對勁了。

「是怎麼嚇醒的？」張干還是不動聲色地問，她是愛玲母親嫁時帶過來的保母，識字裹小腳，帶的又是兒子，自然地位在何干和其他傭人之上。每年地藏菩薩生日，女僕們也都由張干領著在後院各點一炷香向天地拜幾拜，由張干領頭說些吉祥話，大家都尊敬她是特別懂如何敬神拜佛。

「那作古的其中一人瞪著我，要我吃下面前那盤瓜子，才拿起瓜子卻見滿盤瓜子變作小蛇。」席干說著表情上還心有餘悸。

「都是作古的人、生病的人，這夢可不好。」張干沉吟著說，也邊想著如何拿捏分寸說話，可別把人鐵口直斷嚇倒了。

「張奶奶別猶豫，直話直說的好！」席干臉上都是準備承受的樣子。

「毛哥別扭了，不准上史爺那兒，髒的！」張干邊把掙扎著想脫出掌控的弟弟抓得更緊，邊回頭跟席干說：「整盤瓜子兒在眼前變小蛇，怕是冤親債主討債來了，看來像是有場大不大小卻不小的病災。」

「這可怎麼辦才好，我得有好身子做呀，要不我那老頭子，你們是知道的！」席干急得說著眼眶都紅起來，彷彿病就這麼生了。

「他敢來，我幫你打他！我要打死他！」小熯忽然像電到似的，從何干懷裡跳起來大叫。連她弟弟也嚇得停住不扭了。

「嚇咦，不干你的事！」何干把她抓著按回小椅子上制止說。

「毛姊講義氣嘞！他老是爛賭再來三天兩頭跟你要錢，不給又打人，真不是東西！」翠鈴也忍不住說。

「我一定要打死他！」小女孩兒又激動起來。何干很快摀住她的嘴。

「你又挑唆！看毛姐要出事了大夥沒完！」張干瞪翠鈴一眼，翠鈴馬上頭低了下去，她的地位是最末尾的，尤其張干一句話，她說不定就得好幾天難受。張干又向席干說：「這天冷的，你該睡該吃就睡就吃，別煩躁，有什麼大不了心事大家說說也就開了，身體最要緊。」

席干聽著卻哭了，大夥忙著安慰，弟弟卻趁張干手鬆了，一扯開，逕自往男僕聚集的門房跑去。急得張干大叫：「快別過去，小心土狗子咬！」

弟弟沒讓土狗子咬上，席干過兩天卻真被蚤子臭蟲咬上幾口發起寒熱又出疹子，幸好素日身體強健，幾天內勉強好了，卻一整年連天熱都見她裹著脖子穿長袖，說是病根子沒完全蠲除。

現在愛玲夢裡也有兩個不在人世的人，一個生病的，還一個應該不成人形，那個黑眼珠，算她對他不起。如果能夢見 Mae 多好，偏偏沒有她。活生生的宋淇這幾年一直生病。這夢算什麼?! 她從脊背不由自主颳上一陣寒意。但是她又不信邪，一定是她正寫的《小團圓》和《愛憎表》，裡面有太多往事，日思夜想太深慮了。這夢應該告訴 Mae 的。寫信太麻煩，講電話長途又費錢，不如腦子裡常常跟 Mae 聊天就好，她也常常在腦子裡跟姑姑聊天，現在越來越少在腦子裡跟炎櫻聊天了，主要因為炎櫻對於在台灣開展的文學市場一點也不關心，生活在美國也越來越定型，沒什麼超過日常生活的大事，大家都懶得寫信了。雖然友誼並不淡薄，是都知道有事還有個人在那裡能幫忙的基本程度。

她本來就是個從小頗能自得其樂的人，在父親還沒娶後母以前，她最自在的時光就是在空空的飯廳大桌上，一本本翻讀著父親收藏的書報雜誌。那時她就像永遠無法填滿的書饕餮，嗜書如命。

「加州暴風雨，又有輕微地震，你都好嗎？」文美問。愛玲覺得今天文美也許會想問她這個。她是個小說家，有時也假設姑姑會問些其他什麼瑣碎的事。現在又能跟姑姑通信了，有時也寫信給姑姑。其實愛玲整天很忙，一點都不寂寞。

「我躲在家裡寫稿，你看，這房子小，也放不下什麼桌椅，就這麼兩只紙箱子夠了，靠在上面寫，省事。」愛玲就是自問自答也很開心。她撫平紙箱子上疊著的雜紙，連拆開的信封空白處都可以記札記。

「Stephen是病魔纏身，這幾個月漸漸又好了，算是身經百戰。我還好靠著信天主，不然恐怕早就精神崩潰。」文美無奈地說，卻沒有喪氣。其實文美一直以來的信仰她是知道的。

「有信仰真好，我也很想相信。」愛玲說。讀聖瑪莉中學時，每天上課前要做半小時的短彌撒，主日時每個學生被迫去教堂坐著做三小時的彌撒，常常有女生彌撒中昏倒被抬回宿舍，她是看著偷笑，卻裝不出這麼浪漫的病。王禎和帶她去花蓮的一路上聊天，說到台灣的小學中學開朝會，常常一開一小時，有些學生耐不住熱中暑了，被抬到保健室。全世界的學生被強迫的事情都似乎差不多可以類比。到甫德數度中風時，她常常也想藉著禱告得到安慰，卻怎麼樣也像隔層靴子皮，就是沒辦法發自內心相信而得到感動。

也許是因為太理智，她沒有時間感動和浪漫。

「我們都到六十幾歲的年紀，轉眼移民美國快三十年了。」愛玲喟嘆地說。她的英文著作完全沒在英美市場打開銷路，包括受到好評的《秧歌》，以及沒沒無聞的《赤地》、《北地胭脂》，受賴雅稱讚的自傳體小說《易經》，和賴雅走後兩年才完成的《雷峯塔》。西方之路，她是努力全然白費。

「但是你的歲月並不空白，你看看這幾年在皇冠陸續出的書，《紅樓夢魘》、《張看》，連載的《海上花列傳》，發表的小說《相見歡》、《色戒》、《浮花浪蕊》，當然，還有你正修改的《小團圓》。」文美總是肯定為她打氣的。這些的確是她的成績。她的掌聲在遠東的一個小島上遍地開花，這是她始料未及的。

「是啊，寫《小團圓》，同時修改《愛憎表》，這裡面有我的一生，但也不全然都是我的。多半是我的情緒貫穿，哎呀！」愛玲腳上刺痛了一下，她反射地往腿上一拍，這把她拉回現實，縮回手掌看時，一隻壓扁的跳蚤在掌中。再看被叮咬處，已經紅腫出一個小條塊。小腿到腳踝共有三個小紅條塊。

半年前這裡的公寓管理人通知每戶說要找噴殺蟲劑的人來大消毒，她因此把所有架子上的東西都搬下地，讓牆根隱角露出來，才不會白白花錢噴了殺蟲劑又沒效。沒想到結果噴殺蟲劑的沒來，那些搬下地的東西就這麼拉拉雜雜擺了半年。反正就她一人居住，也沒有朋友會來訪，亂就亂一點。

「所以是半年沒整理打掃了？」文美有點驚訝地問。

「這半年都忙著讀書寫稿。」愛玲無辜地說。

「不是吧！」牆角有個聲音忽然開口諷刺地說：「你忘了，偵探雜誌寄來的那幾日，根本是廢寢忘食的迷在謀殺案裡，根本是躲懶吧！」

「對了，你不是抽到得去當陪審團？是謀殺案嗎？」愛玲不理會那聲音，他也不是第一次發話了，早在前兩年她雙手皮膚腫癢的時候就出現的。

剛好香港和美國的法律制度都是英美法，需要陪審團，她對於朋友們被隨機抽中去當陪審員感覺非常有趣。總在寫信時問他們參與的是不是謀殺案陪審。她的書信是一條有效的生命線，根本可以不屑那個牆角的發話者。

也許她過天會寫信給 Mae 說跳蚤的事。

「我被跳蚤咬了，怎麼辦？」她還是在腦子裡告訴 Mae，但並不覺得情況太嚴重。她放下書和稿紙，找來吸塵器開始吸地毯，她的腳被咬的地方已經整個連成一氣紅腫起來，她本來就有輕症皮膚過敏，這是在香港時 Mae 就知道的，還因此記成《張愛玲私語錄》發表，宋淇夫婦對待她是真的沒話說。她的吸塵器邊吸邊撞到雜物，這樣是吸不乾淨的，她有點懊惱。這間公寓的窗簾子已經破成布條子，她也並不在意，但是跳蚤可不能輕忽。這時忽然還想到近半年來搬進來的鄰居多有養貓狗的，這公寓並不禁止。貓狗越多，跳蚤蜱蟲就越多。

她從小就怕蝨子跳蚤臭蟲，吸塵器轟轟的聲響彷彿連牆壁都震動，她的視力又不好，這些蟲子除非被她拍死踩死吸死，否則躲到哪個縫隙裡她也看不清楚，這麼一想，忽然就像有幾千隻小眼睛四面八方盯著她這個肉頭看，那些小眼睛裡竟然各個都有雙黑眼珠，她想到那個夢境裡男童怪異的黑眼珠，難道他就是那個牆角發話者？她不寒而慄。

甫德，求你把他帶走吧！甫德，我也沒對不起你。

她相信甫德總是愛她的，從這一刻起，她決定把自己的信箱和寄給友人的信件封緘都換成 Reyher 姓氏。活到六十幾歲，雖然她翻譯過牙醫的書籍，也頻頻去看醫生，但對於醫學常識她並不重視，也不覺得需要清楚。她並不知道跳蚤蜱蟲叮咬後，立克次體已經大舉進入她的皮膚血液循環中。從此她的身體將與這些看不見的特殊菌種做長期攻守殊死戰。[4]

4 一九八三年七月二十四日張愛玲給莊信正的信件五十九，照常和他討論書籍，還講到一九三〇年代發生的非洲肯亞英國勳爵殺妻案。但從這封信開始封緘改為賴雅，而不是本來的張姓。下一封十月二十六日信六十就說到跳蚤了。從此不論是張愛玲自己或周圍的朋友，甚至她過世後的評論家、研究者，都高度懷疑她感覺的皮膚齧咬是身心症。從信件資料整理出張愛玲全部的疾病史，其實可見這疾病其來有自。詳細疾病史的排列以及說明請見附錄。

一九八八年以後

黃綠色的山坡地，很有些地方根本挖開成土黃色，表示那裡可能整片要蓋起新社區。南加州比北加州四季溫暖，但雨量也並不完全充足，是乾燥的大陸型氣候混合了海風，所以除了高大樹木能一路墨綠囂張地伸展向天空，矮灌叢和坡地雜草就長成了不黃不綠的整片蕾綠色。愛玲才從購物中心走出來，拎著個大購物袋走到公車站牌，意外看到站牌旁的木製座椅上竟有華人情侶刻字，她饒有興致地看著，想像他們的情況，把自己的無奈和苦悶寫成了饒富趣味的散文〈一九八八至——？〉。

陽光下感覺不到那雙黑眼珠。

全美道路以橫直線規畫作為道路編號，大型貨櫃車、卡車在橫直高速公路上奔馳，國境內東西南北貨物的每日交流經濟命脈，就靠這夜以繼日的川流不息完成。八十年代也有許多從城裡搬到城外住的居民，都是開著新流線型的私家車或較大些的休旅車，當然還有運送新轎車的長鏈楊車時時往來經過，沒有上班族不開車，沒有車就等於沒有腳，就算離家最近的購物中心超市都得開車十分鐘左右，所以各種品牌轎車銷路都好。然而這些呼嘯而過的車輛都跟她無關，她需要的只有半小時或更久才會來一班的公車。只有買不起車的無業遊民或窮人才會搭的公車。

她不是無業遊民，也不能算窮，只是她一生從沒學過開車，卻來到一定得開車才能行動自如的國度。她甚至不辦信用卡，在這個國家也只有窮人才付現，身上帶著現鈔上公車，因為睡眠不足疲倦到被扒過三次，共丟了一千多美元，這個時期她幾乎每天去超市。

洛杉磯已經不是十幾年前她才剛搬來的樣子，這個城市的面貌也正劇烈改變著，由於人口不斷增加，大型購物中心和量販店一家家像種蘿蔔似的，從黃綠色的地表矗出一方方白色建築。雖然她一向喜歡小型又擺置溫暖的 Trader Joe's，那裡的許多地中海食品和特殊的紅酒、手工起司、發酵奶油，都是很鮮明的好品質，日用品也較有創意又好用，但後來她只能去 Walmart，因為她怕低階小旅館蟲多，都選擇每天五十美元以上的中上階三四星以上商務旅館，鍋碗瓢盆杯具成了多餘的考量，衛生紙毛巾那些瑣碎的日用品也根本不必自己準備。Walmart 在一九六二年創立後，迅速連鎖擴散到各州，裡面什麼都賣，商品最齊全又最廉價，能配合她隨買隨丟。

她從小不喜歡運動，沒想到這個年紀了，卻被迫每天走不少路，從旅館到公車站牌，從公車站牌走到大超市，在大超市商品架之間到處走，又走出超市搭公車，每天就這麼疲於奔命地來回於日夜之間。

能活得這樣廉價卻又不妨礙理智，也不是件容易的事。

後來幾乎每個新社區旁就能有一家 Walmart，她常常像老漁夫一樣告誡自己，必須決定好那些不必要做的事情，得多省點時間給睡眠。所以她總選擇最近 Walmart 的旅館，實在不行，就選距離公車可直達的 Walmart 附近的旅館，她必定要與那些昆蟲們做生死鬥，不是她死就是牠們亡，不論牠們多麼能適應環境，她知道每換一家旅館或房間，他們就縮小一次。尤其感覺得到那黑眼珠飄移在無數蟲子瀰漫的黑點上時，有時牠們會凝結成一抹煤灰。

每一家 Walmart 都是標準挑高，有一般公寓的五六層樓高，裡面每種商品區過道間隔很寬，她經常光顧的並不是生鮮食品部，而是內外用衣物鞋襪帽子。一排排架上排列的商品應有盡有，愛玲挑選材質較軟的浴袍、塑膠鞋、簡單樣式的洋裝，每種兩件，滿足一日更換就好。這麼做她的兩手也才提得動。她的隨身行李很簡單，就是一個可丟棄的購物袋裡的隨身衣物和一個必要的手提包，其他的書籍雜誌什物都租個固定的倉庫存放。公家的郵局不租給居無定所的人，所以她必須在私人郵局租個信箱，她的手提袋裡有正寫的稿子和一疊沒拆的信件。從一九八四年到一九八八，這些信件她來不及拆開閱讀，都是親愛的至親朋友寄來的，包括炎櫻和姑姑的，因為一拆信就得回信，她的回信每一句都是用了心思的，她的生命線，她不能失去這些信件聯繫。

她不想管黑眼珠，即使黑眼珠要求她應該覺得內疚，她也還是認為當時的決定是對的。他們連自己的生活都這餐顧不及下一餐了，如果孩子生出來豈不是終身累贅，那樣長大的孩子應該會對她，比她自己對母親更壞吧！

她也還在大幅修改永遠也修改不完的《小團圓》，本來是對胡蘭成《今生今世》的氣惱，非得完成不可，及至胡蘭成也離世了，《小團圓》就成了單純的「生命創作」，是她的生命的一部分。

她在台灣香港又已經大大出名了，皇冠繼續出《張看》、《續集》、《餘韻》，《聯合報》副刊重新刊登她的中長篇〈小艾〉，中國大陸對她的「小資產階級」作品解禁了，《傳奇》、《流言》、《十八春》、《半生緣》、《愛默生選集》重新印行，剛好請 KD 姑丈幫忙版權事務。姑姑於一九八二年與 KD 結婚，那時她還住在好萊塢 Kinsley 街的公寓，一住十二年，生活安謐。現在每天換旅館，有時經過那條街心中也不免有些沮喪，她在那裡也曾經快樂過。

安穩的日子太好了，總不能持久。

這是她一直以來相信的，所以來吧，黑眼珠，她也許會失敗，但絕不會喪失鬥志。出版書籍之前必要的修改整理，她即使在痛苦無奈地遷移中，也絕對要完成，幸好宋淇夫婦抱病使力幫助她。他們三人相互的通信裡充滿了病痛的陳述。彷彿大家都到了不得不生病的年紀。

他們是她的好友兼出版經理人兼存款理財專員，連《續集》、《餘韻》都由宋淇寫序，以及代為處理稿件抽換整理校對，他們簡直是她在這世上唯一的親人。宋淇從六十年末就開始多病災，隨著年齡增長越嚴重，每次都從死亡線低空掠過，好幾次她總是戰戰兢兢地拆信，希望不要有壞消息。他們的信是她少數絕對要拆看回覆的。所以當她接到宋淇的信說 Mae 得胃癌時，除了震驚還相當沮喪。

她記不清是打電話還是寫信，或者根本還是自然地在腦子裡和 Mae 說話：「你不可以生病。你知道，」愛玲難過地說：「雖然我也理解人老了一定會生病。」

「好不容易母親百年了，卻換我自己，不知道天主這麼安排的旨意是什麼？」Mae 溫和冷靜的臉上有抹愁容。

「天主能有什麼旨意，像我，每天的垃圾量奇大，天主這麼安排也太可笑了！」愛玲憤怒地說。她從進旅館房間門口開始，趁走道上沒人時閃電脫衣，用報紙全身摩擦過，鑽進門裡，務必比任何蟲子都快速。脫掉的衣物連鞋襪在內都放門口垃圾袋裡讓清潔人員收走，房間裡只有她一個人，整個大房間就是她的衣服。

「蟲還是不放過你。真令人心焦！」Mae 焦急地說，即使她自己都生病了，也一樣是周圍所有人的天使，Mae 就是這樣的人。

「我能勝過牠們，今天看到好幾隻自己撞到電視螢幕上，血肉模糊。」愛玲哼著說，她不斷在奮戰。

「記得趁機撿起來送去化驗。」Mae 提醒說。

「送驗過好幾次，醫生都說太小沒用。我懷疑醫生根本敷衍我。他以為我是瘋了。神經錯亂才看到蟲。」愛玲無奈地說。

「你要不要回香港，我們給你找間合適的房子，香港聖瑪麗醫院有很好的醫生，做個全身徹底的檢查。」Mae 幾乎請求地說。

「志清也要我去紐約，說那裡有他和信正可以照顧我。不過現在看牙沒法斷，又還有耳朵和眼科都還在看。我這樣的身體，恐怕坐飛機也不成的。」愛玲越來越多不大不小的麻煩，但最大的原因，實在是一個人生活慣了，和再好的朋友們也都用書信往來。年紀越大越發現她自己的當面表達是有問題的，辭不達意的時候居多，尤其她回想從小到二十幾歲在母親面前說話，不是那個意思都被誤解成那個意思了。結果還是順暢的文字最能讓她維持與人安全又親密的關係。

「你怕跟我們近距離相處會重蹈覆轍？」愛玲確定這話是她自己想像中 Mae 說的，因為 Mae 絕不會這麼直接。愛玲知道自己從來沒有自言自語的習慣，因為生活中有太多有趣的東西可看，好書可讀，還有電視脫口秀、民主黨與共和黨的政治情勢影響的金融危機，偵探雜誌裡的小說，與稿費版稅相關的業務往來信件，她根本每天可以忙得團團轉，連打掃都沒時間做，哪來自言自語的無聊事。

都是從一天換一間旅館開始，身體越忙，腦子越不能動到寫稿閱讀上，只能遊戲般地跟 Mae 對談，有時根本長篇大論在告訴 Mae 她的想法和生活細節。

「你是說一九六一年底那件事？」愛玲答。

「這幾年你也經過有人發表〈張愛玲生病了〉和記者掏垃圾。人紅了真是什麼奇怪的狗仔事都會發生。」Mae 苦笑著說。愛玲發現是她自己苦笑著，她能理解那些窺看心理。

「我這個人還真不合適和親人朋友共處，就連姑姑要我回上海，我都懷疑是不是姑姑本意，別是統戰什麼的吧？」愛玲說著摸到桌上一疊旅館放的便條紙，猛地望鏡子上一拍，小黑點死在那裡了，她驚恐地發現這是一種她沒見過的小蟲，她得準備等等漏夜搬，她可以換另一層樓的房間，今天不是周末，住房率應該不那麼密。[1]

「你想太多了，健康能整理好不是挺重要？」Mae 著急著說。

「當然，但是像我母親讓我去英國跟她一起住，事實證明我沒去是對的。親生的血緣關係不過就只是這麼回事。」愛玲說到後來變得很大聲，因為她又看見黑眼珠在牆角盯著她。

「你也寄了我寫的和夏志清介紹你的文章去，她不是挺開心的？」Mae 說。指的是〈我所認識的張愛玲〉和《中國現代小說史》第十五章關於張愛玲的小說評介。

「是啊，我應該不必有遺憾。和她面對面生活我是無法喘息的，書信往來到底還能相互關心點，客客氣氣說些有趣的新鮮事讓她開心。新鮮事倒不能天天有。要是真去一趟，說不準她看著我那些不合適標準的說話動作，倒又生氣也指不定。」愛玲聳聳肩說，她又決定不換房間了，因為實在太累。

「不是吧！」牆角的黑眼珠忽然插嘴。愛玲雖然不想看向他，但轉念一想，她對黑眼珠也沒什麼不能面對的，女人懷孕當然有自身的決定權，她從來沒後悔過打胎。於是挺起頭來說：「好吧，你是知道的，我那時為了省機票錢，甫德的醫藥費開銷實在大，所以只寄一百美元過去。我對她那是壞。」

「你也知道壞了?!她還留下一箱寶藏給你，讓你們去變賣，生活過得好逍遙。」黑眼珠說。

「一百美元，總比花上一千美金坐飛機經濟又實用。」愛玲說。

「去香港就能花一千美元買機票？以前還用她那麼多錢讀書。我看你這個人不只沒良心，應該是恨她吧！」黑眼珠一項項指責說。

1 一九六一年十月張愛玲到亞洲來，原本除了想訪問張學良，也是為了寫電懋電影劇本，從一九五五到一九六一張愛玲給宋淇夫婦的書信中看得出他們的友誼已經非常緊密，賴雅數度中風每次都需要兩三個月的時間恢復，她應該覺得結婚後其實有時更寂寞。隔著十萬八千里，她依賴鄺文美幫她訂做衣服以及生活瑣碎物件，在書信中聊天，也非常感謝宋淇熱心幫她找賣文寫稿的機會。張愛玲與夏志清的書信從一九六三年開始，與莊信正的書信互通更晚，從一九六六年開始。到美國以後她又已經不能跟姑姑通信了，炎櫻是個懶得寫信的人，有事直接來個電話應該比較快。宋淇夫婦幾乎是這時期她唯一的精神支柱。到香港三、四個月後，張愛玲的《紅樓夢》劇本上下兩集，由於電懋的對手邵氏公司忽然公布要提前開拍《紅樓夢》，致使商機被搶走，有可能電懋高層不付劇本費了，宋淇夾在中間左右為難，而他當時身體健康也有狀況。

以當時張愛玲的美國房租一個月是六十一美元來看，一部電影劇本費即可拿到八百美元，張愛玲遠渡重洋原本抱著賺錢的大希望不但落空，還累得宋淇夫婦借錢給她又還不了，這一點從張愛玲給賴雅的六封家書可見，見高全之《張愛玲學》中的家書翻譯。兩面尷尬膠著的情況，差點弄得好朋友兩方扯破臉。其實宋以朗在整理他父母親書信的時候，也發現從一九六一年十月十日張愛玲發信到香港，到一九六三年一月二十四日張愛玲重新致鄺文美另一封信之間，有一段無信期，但重新開始書信往來之後，還是非常正常地聊著各種合作事項，宋以朗推斷這中間他們是持續有某些業務上的合作。

友情必定是小心呵護才得建立，一旦有了嫌隙，就須經過多年的相互補綴和信任的重建，張愛玲會認識夏志清當然和宋淇有很大的關係，因為夏宋兩人是至交，宋淇為人對朋友從來是真心熱情，坦白說話直接給意見，也不怕被朋友誤會，會有一年多的無信期，到底發生過什麼狀況卻是耐人尋味，以至於後來張學研究者中有人說成張愛玲給A信抱怨B，給B信又抱怨C，好像張愛玲很喜歡到處抱怨似的。從給夏志清的信件中，可以找出一點線索。

一九六六年十二月三十日信二十五提到《十八春》改編電影找人拍片的事，張愛玲說：「這事不能找宋淇，他為了從前我寫劇本的事夾在中間受委曲，後來他離開電懋後，又因為我有個老同學的丈夫在電懋，叫太太找我寫劇本（夫婦與陸運濤同墜機死），更生氣了。——他最近來信建議《十八春》也港台同時連載，可以早點預備起來。我回信說你代接洽的稿費高些，如果香港給得少，台灣會不會不高興？等我寫信去讓你跟他商量。你這一向如果沒有空寫信，等見了面再跟他談也一樣。這件事我別的都不在意，不希望太費事。」看得出張愛玲謹慎小心處理的態度。一九六七年二月十六日第二十七信寫道：「（夏）離台前末了一封信上說到香港跟宋奇說我的小說拍片事，我不想找他，因為他如果有意拍，早就跟我說了。直到最近對這件

「對，就像你恨我一樣。我心知肚明。」愛玲冷冷地說。

「對，我恨你。如果你真把我生出來了，我可能更恨你。」黑眼珠忽然笑起來，說：「要成為人就得經過愛恨交錯的洗練。不過，你根本忘了天主教徒不能墮胎。」

「我又不是天主教徒。」愛玲簡直不可置信，黑眼珠怎麼說得這樣離譜。

「你忘了？你為了讓物理數學可以加分及格，就跟修女說願意聽道理，然後受洗。」黑眼珠說得證據確鑿。

「是麼，我不記得了。不過這像是我會做的事。」愛玲說著自己也笑了起來。她從小就很實事求是。

「你是個背叛者。聖瑪莉也是你母親堅持讓你進去的。雖然她是為了圓她自己的夢。」黑眼珠殘酷地說。

「我就是猶大。背叛耶穌的猶大。雞鳴前三次不認耶穌的猶大。」愛玲答。連說了三次猶大，她喜歡猶大接近人性的黑暗特質。

「哼，你的朋友 Mae 老早告訴過你許多次，出賣耶穌的是猶大，雞鳴前三次不認耶穌的是叫作伯多祿的。為什麼你到處都這麼寫錯老不改？」黑眼珠不屑地說。

「我是猶大和伯多祿的綜合體，既背叛嬸嬸又不認嬸嬸。」愛玲又把「母親」改回順口熟悉的「嬸嬸」。[2]

「唔，你還算誠實。不過我也不可能因此就不恨你，你最好覺悟，蚤患不會停止。」黑眼珠神情複雜地說。他簡直在宣戰。

「等著瞧吧，我不會放棄努力，也不會對誰客氣，尤其是你，因為我對自己也一樣不客氣，以後還要把蚤子這件事寫成小說，」愛玲雖然疲倦，鬥志卻很高昂。她把空調往上調到華氏八十度，每個旅館本來的空調設定都在七十度。然後直接掀開被子躺下閉上眼，她不願意再看黑眼珠，不是因為害怕，而是她得非常理智地指揮自己，她需要睡眠，包括恐懼在內所有無用的情緒都應該先屏除，明天還有許多事要做，睡一會兒醒來，還要留點力氣回必要的信件。

她重新想像 Mae 的臉龐，那溫和的笑容最能給她放鬆的安全感。她最重要的生命線。

2

事的態度都彼此心照。」所以心照不宣與往事當然相關，從一九六一至六七年，這已經不是介意，而是小心考量維護彼此的友誼，算來也有數年。但張愛玲的作品在亞洲發展快速，甚至八十年代在中國大陸重新風行，都和宋淇夫婦的出力脫不了關係，再加上張愛玲自己越來越多的身體狀況，出版、版稅業務上、電影版權上，全都由這對可靠的夫妻幫助，再怎麼小心翼翼的友誼也會恢復成緊密深厚的互動了。

無論是《小團圓》、《易經》還是《愛憎表》，張愛玲三次寫到四歲時父親那妓女出身的外室幫她添置新衣裳，都用猶大在雞鳴前三次不認耶穌來比喻，是小女孩被物質誘惑而背叛對母親忠誠的心情。但是宋淇鄺文美是《小團圓》的首讀者，他們都是虔誠的天主教徒，不可能不指出這點錯誤。猶大是出賣耶穌的十二門徒之一，帶領士兵在最後的晚餐那一夜來捕捉耶穌，而耶穌被抓之後，伯多祿也被士兵詢問認不認識耶穌，他因為害怕被迫害，士兵問三次他都答言不認識，第三次答的時候剛好雞鳴，他才想起耶穌在晚餐時已經告訴過他，「你在雞鳴前將三次不認我。」《聖經》故事原委如此，但張愛玲是真的搞混猶大和伯多祿？還是為了在小說技巧上有所考量，只用猶大？她在《愛憎表》（《千迴萬轉》．八三）、《小團圓》（皇冠．二〇〇八）等等好幾處重複寫的都是猶大，所以很難令人相信是真的搞混了。把猶大和伯多祿合成一人，就像把現實裡母親的陪嫁丫頭翠鈴和毛娘在《小團圓》中合併為一人一樣，是為了使讀者閱讀時印象簡便深刻，猶大的「背叛」和伯多祿的生存恐懼合而為一，成為小女孩在沒有自己母親的保護下，面對無力改變的大人世界所必須採取的因應辦法。張愛玲甚至在《小團圓》中毫不留情地說姑姑是女騎士，可也無法伸手把他們姊弟倆拉出可怕的命運深淵。這讓她隨時存著不能靠任何人的心態。在書信中處處可見，面對無人能理解的蟲患，她絕對只能自救。

「好好睡吧，我會幫你禱告。」Mae 安慰說。

「我也可以跟著你一起禱告，十二歲進聖瑪莉中學時我就學會了。」愛玲含糊不清地說，實際上她真的快睡著了。

「你母親有她自己的夢想和人生，你不該跟她比較。」Mae 應該是聽到她和黑眼珠的對話，才接著這麼說。其實黑眼珠的確引出許多愛玲心中最深的複雜情緒。

「她應該覺得嫁錯人了，人生因此 mess up。我竟從她的遺物中看到她申請入英國籍的文件上填寫姓盛。真的，盛宣懷的盛。」愛玲終於坦白說出多年來的疑惑。

「你們張家和盛家有關係？」Mae 好奇地問。

「當然有，姑姑說清朝末年所有的大官都是互相聯姻的，所以怎麼算我們這幾家都是表親。如果我是盛家的孩子……」這點從她揣想祖父母的事蹟時就曾反覆思考過。

「有沒有可能你母親曾喜歡過盛家的男子？」Mae 問。

「我母親常常跟姑姑聊天聊到半夜，有一次他們說到幾個親戚，忽然姑姑問：『這幾天盛家倒熱鬧，說是老姨太生日，飯店裡請吃大菜，明天我們一起去？』我母親說：『我還有其他事，時間撞上了，你自己去吧！』姑姑沉默一會說：『聽說那盛家哥哥這一時也不在上海，你何必——』姑姑聲音忽然停頓，我從餐桌這邊悄悄看過去，正巧看到那一瞬間母親對姑姑使眼色，又用手指在唇上噓按了一下。Mae，這不是此地無銀？」愛玲一古腦說完。

「如果你母親真嫁了姓盛的，你想你會成為怎樣的人？」Mae 興致地說。

「她嫁不到的，家門不夠高。至多成為姨太太。」愛玲說，這也是她想過的。

「你還在修改《小團圓》吧，就讓九莉姓盛！」Mae 建議說。

「我正要告訴你，九莉的確得姓盛。我們真是心有靈犀！」愛玲開心地說。

累極了，在腦子裡通篇大論地跟 Mae 說完，竟可以不理會腳趾頭被蟲咬得紅脹腫痛，她知道黑眼珠在那裡，但是他也不能拿她怎麼樣。她躺在床上很快睡著了。[3]

3 見石曙萍的〈從「女工張逸梵」到畫家「黃逸梵」——張愛玲母親晚年在倫敦〉，刊於第一九二期《印刻文學生活雜誌》，作者從證件、戶籍以及居住地發現以往許多不為人知的張愛玲母親的事蹟，其中一段作者查到：「入籍證上父母一欄，黃逸梵填寫的是「Shih Sheng and Shih Chang」（盛氏及張氏）。這相當令人困惑。黃逸梵的父親姓『黃』，『張』是前夫父親的姓。為什麼她不填寫生父的姓？而她前夫母親姓李，自己生母姓氏不詳，難道姓『盛』？張愛玲《小團圓》裡的女主角九莉也姓『盛』，莫非兩者有什麼關聯？」女子嫁人冠夫姓，直到今日全球女性還這樣做。張愛玲母親選擇盛姓，要不然就和自己一生的想望相關，希望當盛家的子女，但是盛家名望雖高，家族中女性同樣不被重視，當盛家子女應該沒比較好。另一種可能就是婚前的戀情，嫁入盛家冠夫姓可就與當盛家女兒不同了。張愛玲一再於小說中暗示，在散文以及《對照記》中明示，她母親其實對父親並不是很滿意，結婚也是被嫡母逼迫的。張愛玲父母同齡，結婚時都是二十歲，的確有可能十幾歲時早就情竇初開，心中有中意的對象，只是礙於婚約，不得不上花轎。張愛玲當年收到的整箱文件中當然會有母親入英國籍的文件。以張愛玲的思考邏輯，當她看到母親這種填寫方式，會聯想到的比較可能是婚前沒結果的愛情，就如《小團圓》中寫蕊秋打胎次數很多，她母親是個想循著自己的理念找尋理想伴侶的新女性，挑選男人的條件高，交往的對象也多，但最終仍落下一個人孤獨地去世。果真盛姓指稱如此，那麼張愛玲的「盛」九莉就是全然為母親叫屈的。如此優雅又有原則的母親嫁給混亂的父親，其實是一朵鮮花墜入牛糞中。盛九莉的父親當然姓盛，如果母親當年有勇氣跟情人跑了，或者成為盛家公子的姨太太，張愛玲也可能成為盛家子孫，那能不能連她的命運也全然扭轉呢？也許母親會委屈安分地在自己喜歡的人身邊，並且照顧為喜歡的人生出的孩子們。不過張愛玲筆下，民國遺老遺少都沒什麼真正好貨色，所以盛九莉的父親在小說裡最後也敗光了家產，仍是張愛玲自己父親的影子。

她已經瘦弱到不能再搬家了，自從記者翻垃圾之後，三番兩次由林式同幫忙，最後找到這個房子住到現在已經也四、五年。這期間她不是沒創作，而是寫了沒發表。現在的她和二十幾歲的張愛玲很不相同，再也沒必要為了得到掌聲表現出驚人的創作力，寫作只為了她還有很多想寫的故事。連遠東那個小島上給她的特殊成就獎，她都只在意那獎金可以豐富點她的養老金。並不是她的境界和修養高超，她只不過拚命把握腦筋清醒的時間，想完全把精力灌注在《小團圓》裡，修改再修改，這本小說根本和她一樣是個孤島，越流浪在孤島上，越要在月色明亮得荒涼的時候想起故鄉。那故鄉不可及不可說，更不可觸摸。她只能源源不斷地咀嚼自己，把咀嚼之後的精髓鋪排成一頁頁的稿紙。

十六本書，出版社已經幫她出齊了全集，包括《對照記》。這全集裡收錄的，也還只是她這些年所「生產」的文字量三分之一多一些。沒收錄的，包括甫德看過和沒看過的《雷峯塔》、《易經》還有《少帥》、《異鄉記》以及《愛憎表》、《同學少年都不賤》，小說、雜文都有。甫德，她現在還在用他的姓氏，一九八三年更換信箱姓氏時告知朋友的理由是怕收不到信，後來不再住旅館，固定住家後，這個理由消失了，她也還順理成章用這個姓氏。[4]

現在已經是八月下旬，再過一些時候就是她的生日。她一向只過農曆生日。她對自己駭笑起來，她竟然拖著這病懨懨的身體過了古諺七十古希好幾年，這公寓雖不滿意但還可接受，黑眼珠時不時也還流連在各角落間，蟲患也還不斷，天氣也不夠暖，她經常想搬去更熱些的鳳凰城，但是她真的沒有體力，所以林式同陪著她又去續了兩年租約。

電視裡大聲播放著名嘴對北美貿易協定的批評，美國金援墨西哥二十億，現在還欠十億沒出去，看來美國的國力要往下走，該把現存港幣美金拿來買日圓？她應該寫信跟宋淇討論這個，但是宋淇已經嚴重到必須用氧氣罩，無時無刻吸著純氧，Mae 自己胃癌化療跌跤也全都發生過，他們三人簡直在比誰的災難多。

看起來她反而像是比較好的一個，反正成天不是皮膚就是耳朵眼睛牙齒，小毛病死不了，雖然想不到可以變得多健康，至少這次換成林式同的醫生，吃了最新的抗生素，臉上、肩膀上、耳朵、手腳的皮膚潰爛全都收口了。就因為這麼神奇，使得她對未來又開始充滿希望，她本來就不是個容易憂鬱的人。

人生短暫，不能浪費時間在憂鬱上。

也許 Mae 幫她禱告發生效力了，她有時被 Mae 感動得幾乎想學她禱告，但真的靜下來想禱告時，又打從心中感到可笑，說實在她無法勉強相信真有造物主，超越死亡這樣的事情，總得死過才知道，然而活著的人誰也沒死過。

能活著總是好。

她打開日光燈，調整一下行軍床的位置，照射燈開五分鐘得休息二十分鐘，她是照著一本書上所寫的做，說是一天需要光照十三小時。半夜的老電影正播放《荒野大鏢客》，熟悉的口哨調子，她不覺哼了起來，這麼躺著曬光，眼睛閉上耳朵自然能張開，那藥片吃了是連耳朵聽力都變好了。電視裡

4 一九八四年十一月五日張愛玲給夏志清的信第一〇六封中寫道：「我因為老房子蟲患被迫倉皇搬家……信箱上只有 Reyher 一個字，以後來信就請免用『張』了，我也不署『張緘』了，免得寄不到或退不回。」為了信件安全收到的理由很正當，後來幾次再更換信箱地址時也不再換回「張緘」，是否心理上用 Reyher 更有安全感些？不無可能。

的情節就這麼輕輕鬆鬆地像廣播劇一樣流到她耳裡。

她開始睡意朦朧。

有一陣子她想戒睡藥，戒睡藥的前提是願意正常至少晚上十二點鐘前就上床，醫生說那樣才能真正使身體變得健康，但是吃一陣子睡藥後發現耳朵開始不靈光，怕是不是睡藥的副作用，而且聽說一直用安眠藥更會上癮，她愛惜身體，小時候見過父親吸鴉片到打嗎啡，毒癮發作的恐怖她是絕對知道的。不論安眠藥多好用，她還是放棄，重新回復本來的習慣，半夜三四點想睡自然就睡了豈不是好。幾十年的生理時鐘硬扳不過來的。

「紫外線曬太多！」黑眼珠又來囉嗦：「皮膚曬傷還會變成皮膚癌！又讓水晶體『烤』成白內障。」她不理會這些威脅，這些年來沒有人了解她所受的苦，只有Mae夫婦願意抱病讀她的信，聽她的各種抱怨，但是他們也可能並不完全相信她真有皮膚病，因為連她自己也弄不清到底怎麼回事。所以她也不再說直到現在還常常覺得皮膚瘙癢，感覺蟻行，只要日光燈照了就能好多了。她沒有選擇，這方法只能繼續用下去。

「你不是恨我嗎？」愛玲閉著眼睛仍然能跟黑眼珠對話，現在她的體力與腦力成強烈反比，體力越削減，彷彿腦子就越清明。她是個十分聽話的病人，治好創口的醫生建議應該去看內科，因為抽血檢查看出血管內壁不太健康，有血栓產生的危險，內科醫師才能開抗血栓的藥物。她已經在食物上非常小心翼翼遵守低膽固醇原則了，瘦到這樣的程度，還能再怎麼辦？她是一定會找時間去看內科醫師，只是最近連起床走點路都會喘著無力，還得搭那麼遠的公車，於她是有些太勉強了。血栓、心臟病，真要發生那也就沒辦法，隨它去。[5]

反正早在三年前她的遺囑就寫好在法院公證了，這三年來她時時恐懼的只有宋淇夫婦其中的誰會比她先離世，他們是她所有未發表的中英文稿繼承人，她知道他們會用生命去維護她和她的創作。包括直到目前為止也還在修訂的《小團圓》。

「這樣吧，跟你交換條件。如果你安分守己，不再弄那什麼《小團圓》，我就放過你。」黑眼珠得意地說。

「怎麼放過？可以讓我恢復年輕？有體力？哼，但是我的皮膚已經好了。」愛玲輕輕笑了起來，她覺得現在黑眼珠只能給她些微的、她不那麼在意的困擾。林式同真是她的貴人。除了蟲患，其實她什麼也不怕。

「你會死。而且沒有用的，你修改不完。」黑眼珠的語氣變得很怪又輕柔。

「誰不會死？」愛玲冷笑地說：「改到哪兒算哪兒，怎麼讀都能算完結。」

「原來這就是你的打算！你根本不想銷毀《小團圓》！」黑眼珠驚訝地說。

「我的朋友們會活得比我久，他們有天主保護！」愛玲執拗地說，她自己不信教，但只要關係到她的朋友們，她又真誠地願意這麼相信。

「太可笑了，你明明知道他們絕不可能燒掉你的手稿！」黑眼珠叫了起來。

「你覺得不公平罷！」換愛玲得意地笑了起來。

「你不能把裡面的孩子統統變成那個姓邵還是姓胡的！我不同意，那個無賴明明沒資格做我的父

5 張愛玲疾病史請見附錄。

親！」黑眼珠憤怒地抗議道。

「資格不資格，嗯哼，」愛玲輕蔑地說：「誰又有資格做誰的母親？人真是矛盾啊，即使這樣多災多難，能活在這世上終究比沒活過的好。」她在刺激黑眼珠，她像她母親一樣，從來沒真心愛過不是她最愛的男人的孩子，甚至還覺得老早丟了孩子這種累贅真好。

「我得姓賴雅。」黑眼珠堅持而且任性地說。

「那我呢？我應該姓胡？還是姓李？還是姓盛？或者隨便找個賴雅以外的姓氏作為那個姓氏的子女，賴雅太窮了，不行的。姓張，那命運還又重蹈覆轍。」愛玲說著深深嘆氣，她的皮膚在光裡總是停止搔癢的，真舒服，這樣的感覺不知道能不能持續久些，再更久些……

她已經聽不見黑眼珠說些什麼，她覺得自己的身體是睡著了，但腦子卻異常清醒，她張開眼睛，詫異第一次看見黑眼珠真正是個金髮男童，這不是夢境。最奇怪的，他把手牽在一個大手掌裡，她順著那個大手掌往上看，她認得這個人，根本是賴雅。他的臉色紅潤，帶著滑稽的圓臉，不協調地向她微笑著，一跛一跛想努力走向她，她卻往後退，她的身體變得很輕盈，往後跑一點也不費力，不，她不想再次經歷貧窮和辛苦的私人護士歲月。

有個人在她的背後呼喚她，她掉轉頭看見這一生唯一了解她的何干就站在那裡，一張慈藹卻老皺的臉，老保母看起來對她欲言又止，走在旁邊的竟然是她穿著旗袍戴眼鏡的姑姑。她開心大喊，姑姑的臉卻變成了母親的樣子，使她倏然停了滿心的歡唱。

那窗外的弦月靜悄悄地，彷彿潤轉潤轉著，就豐滿成一個水瀅瀅透亮的大圓月，不再老發出森冷的藍光，時序又倒回那年中秋，庭院裡點上幾盞紅燈籠，姑姑還是一抹劉海的姑娘打扮，正歪過頭去和幾個親戚聊天，她還是個嬰兒，被何干抱在懷裡一口一口小心餵著肉粥糜，圓桌對面端坐著個莊麗的四十幾歲婦人，正看著這小嬰兒微笑，她母親和父親分坐在婦人兩邊，許多伺候的僕傭戰戰兢兢立在兩旁端茶水遞毛巾瓜果，那莊麗的婦人把眼神掃過父親時有一抹嚴厲，是愛玲自懂事以來魂牽夢縈的祖母，她多麼希望祖母是長壽的，而現在這裡的祖母的確是長壽的。但是她母親的表情卻非常不開心，父親一樣是個無所謂的樣子。

她忽然明瞭，這是威爾斯科幻小說裡寫過的平行宇宙，在另一時空內，她祖母能活到很老，拘束著她父母親，一個不亂揮霍擺闊，一個不耍高傲脾氣，只能忍耐著不離婚，這麼一來她父母鐵定不開心的。但是管他們開不開心，她愛她長壽的祖母，親愛的慈愛的奶奶，她正饒有興味地盯著小女嬰，這個小生命是她生命的延續，她將越過兒子媳婦直接傳遞家族遺產給這孩子，未來的張愛玲不用姓盛就能命運變好。

她的父親也許會娶姨太太，她也許不會有弟弟，就不必一定讓他在十七歲的時候就死在她的小說《雷峯塔》裡頭，像弟弟這樣的悲劇性人物，連出生都不該出生。不必有胡蘭成了，就算有，也是另一種胡蘭成，她隨手把《小團圓》甩到遠方，她已經用不著這個心血了，這是個完美的平行世界，並且真的不是夢。

她微笑著，血栓停止了心臟的跳動。

（後記）

祕密語——張愛玲的生辰與《金瓶梅》

兩張證件能看到張愛玲的兩種生日時間，港大入學證上填寫一九二〇年九月十九日，赴美公民證上填寫的卻是一九二〇年九月三十日，這麼一來把所有對張愛玲生辰有興趣的人弄得相當迷糊，大家紛紛用她在對朋友的書信中提到的，過了一九六三年生辰運勢將好轉，來猜測她的出生時辰。香港作家馮晞乾還以一九二〇年九月三十日為準，找出農曆為八月十九日，先以八字推命排出年月日三柱，再以一九六三年交運的十年運限回推起運年，印證張愛玲出書成名、赴美以及與賴雅結婚的幾個重要年份，輾轉猜測出生時辰為寅時，再以紫微斗數排出寅時命盤，推演過程的論述十分有趣。

二〇一〇年出版的《張愛玲私語錄》第一二五頁，收入鄺文美記下張愛玲說自己的生辰心情：「秋夜，生辰，睡前掀簾一瞥下半夜的月色，青霜似的月色，半躺在水門汀陽台欄杆上，只一瞥，但在床上時時察覺到重簾外的月光，冰冷沉重如青白色的墓石一樣地壓在人心胸上，亙古的月色，閱盡歷代興亡的千百年來始終這樣冷冷地照著，然而對我，三十年已經太多了，已經像墓碑似的壓在心胸上。」這條下有宋以朗的註釋第一百二十五條：「張愛玲生日是農曆八月三十日……」宋以朗接著又引《小團圓》首章九莉三十歲生辰夜的描述對照，與這一段非常相似。

這一條因為是註釋，容易被研究者忽略，但以宋淇夫婦與張愛玲的關係，並且宋以朗還特別加註，應該十足可信。如此張愛玲的生辰出現了第三種，一九二〇年農曆八月三十日是西曆十月十一日，中秋節過後十五天，月亮已從飽滿復又下弦。農曆八月三十生日的人其實每四年才能過一次生日，但參考賴雅日記成書的《張愛玲與賴雅》中，司馬新敘述兩人每年過張愛玲生日都在不同日期，因為張愛玲只過農曆生日。這樣看來，顯然他們是以農曆生日或之前取一天作為慶生日。從張愛玲的小說散文中幾乎不見家人為自己慶生的描述，想是一方面父母親各自過活，沒太多精神力氣花在子女身上，另一方面，中國自古孩童生日與一般庶民沒兩樣，都不值得多麼重視。除非做官發財了，官老爺官夫人、太夫人或寵妾、公子才有慶生的必要。以此可推賴雅幫著慶生，雖然花的錢還是張愛玲的，她應該仍然超級開心！

鄺文美記錄下的張愛玲私語，應該在一九五四年前後，因為那時他們才成為好朋友，當時張愛玲已經三十四、五歲了，雖在壯年，但卻早已經歷過各種迭宕起伏，「墓石壓在心胸」的心情是孤寂森冷與未知是否接近散滅的恐懼。然而孤身一人在香港的她還是必須挺起胸膛步步前行，能靠的只有高度的文化涵養與意志力。而從小親炙的幾部章回小說簡直深深根植入她的思考邏輯和生活對應裡

胡蘭成在〈今生今世．民國女子〉中寫，張愛玲稱讚他怎麼如此聰明，「敲敲頭頂腳底板會響」。《金瓶梅》第十三回，李瓶兒還是西門慶結拜兄弟花子虛娘子的時候，兩人言語秋波遞送，紅杏已探出牆去：「這西門慶是頭上打一下，腳底板會響的人」，接著就想辦法背著花子虛偷情了。女色當前，

胡蘭成與西門慶同受五千年男權血脈萬世一系的傳承，祖師奶奶年輕時送情郎這句話也很恰當。〈紅樓夢魘．自序〉中說的：《金瓶梅》與《紅樓夢》「這兩部書在我是一切的根源。」水晶的〈蟬——夜訪張愛玲〉中寫道：「每當她（張愛玲）讀到宋蕙蓮以及李瓶兒臨終兩段，都要大哭一場。但是，我堅持說，《金瓶梅》寫得甚為粗糙，……很多人看《金瓶梅》，無非垂涎其中猥褻的部分罷了。她（張愛玲）說看過『潔』本，仍然覺得好。」《金瓶梅》裡其實最多的並不是性愛描寫，而是每個女人，甚至包括妓女在內，對於自己所愛不放過的強烈占有欲。顯然祖師奶奶對女子的情欲執著特別有感慨。在《小團圓》裡兩三次罵邵之雍沾惹眾女的情況是「一鍋粥」。這根本不只出自上海話而已，《金瓶梅》第四十六回，西門慶對家裡說外出辦事，結果是去麗春院找李桂姐，被善妒的潘金蓮對大娘子月娘帶嘲諷口氣說道：「像人家漢子在院裡嫖了來，家裡老婆沒曾往那裡去尋？尋出沒曾打成一鍋粥？」

在《愛憎表》中，帶弟弟的保母張干裹小腳，是從母親陪嫁來的，能識字，常常念些勸善文給眾女僕聽，一日讀到：「今朝脫了鞋和襪，怎知明日穿不穿？」惹得大家長吁短嘆紛紛淚下。反映當時代前望無奈不安的庶民感受。張愛玲給夏志清的信中曾提及將來要寫回憶錄，結果只完成了《對照記》和永遠未改寫完成的《小團圓》。這句話於是鑲嵌在她的童年回憶中，《雷峯塔》和《小團圓》裡都有類似張干角色讀勸善文的小情節。

這句話的出處是《金瓶梅》第九回，武松交差回家，發現不見了哥哥武大郎。其實在他回清河縣之前，西門慶早買通驗屍仵作將武大郎入殮，送到城外化人場燒灰，骨殖撒在池子裡，一乾二淨一點不剩。武松只能找隔壁王婆問話。這王婆正是西門慶與潘金蓮的牽頭，也是替兩人出點子毒死武大郎的人。王婆見到武松並不害怕，穩穩老辣地對應，武二道：「我的哥哥從來不曾有這病，如何心疼便死了？」王婆道：「都頭怎的這般說？天有不測風雲，人有旦夕禍福。今晚脫了鞋和襪，未審明朝穿不穿，誰人保得常沒事？」

所以這根本也不是什麼勸善文。雖然張愛玲錯寫能用一根柴就能煮爛整個豬頭的宋蕙蓮為潘金蓮，被許多人揪出這個錯，認為張愛玲其實沒那麼懂《金瓶梅》，然而記得情節忘了人名卻是她常發生的，正因為深入骨髓地喜愛，需要用時根本不必查書，直接反射就寫下了。

張愛玲讀《金瓶梅》的深深共鳴，除了移花接木在散文小說中，和友人的書信裡也會不自覺用上，幾番說：「我的身體又啾啾唧唧起來。」意指小毛病不斷。《金瓶梅》中共有三處出現這「啾唧」，第三十九回月娘懷孕已經六七個月，去探看新買的房子，不小心踩空了朽壞樓梯木板，受驚落胎，成人型的孩子半夜就落在馬桶裡。簡直是《小團圓》裡九莉半夜腹痛在馬桶裡生下成形四五個月男胎的原始模型。這月娘連懷孕落胎一聲不吭，還與丈夫籌劃著要幫李瓶兒的新生兒祈福還願，月娘說：「嗔道孩兒成日恁啾啾唧唧的，想就是這個心願還壓的他。」

第二處在第四十六回，門前經過一個卜龜算卦的老婆子，月娘找進家裡算命，婆子說月娘：「疾厄宮上著刑星，常沾些啾唧，虧你這心好，濟過來了，往後有七十歲活哩。」這一段可呼應到第一百回最終，月娘的確活到七十歲。第三處在第九十七回，前情潘金蓮與侍女春梅因與西門大姊老公陳敬濟有姦情被月娘識破，兩人都被趕出去打發媒婆賣與人家，潘金蓮被武松尋獲殺了，春梅卻賣入周守備府裡，極受寵愛之外，又生了個兒子，然而春梅戀戀不忘陳敬濟，假說陳是她的姑表兄弟，要求周守備尋找，周守備對陳敬濟說：「自從賢弟去後，你令姊晝夜憂心，時常啾啾唧唧不安，直到如今。」自此陳敬濟住入守備府，與春梅暗度陳倉，陳最後被周守備的下人張勝殺得慘死，周守備在抗金入侵征戰中也戰死，春梅那時已經是扶正的大奶奶了，繼續找年輕力壯的僕人為入幕之賓，最後死在行房中。

《金瓶梅》缺少節制又有美感的性愛描寫，致使禮教社會稱之為「天下第一大淫書」，雖然金聖嘆、胡適以及研究者盛讚為「天下第一大奇書」，張愛玲的貴族教養畢竟對這方面常常避重就輕，不去和人公開討論《金瓶梅》「淫」的部分，就連寫各種妓女嫖客的《海上花》，她也在給夏志清的第九十四封信說：「我一直覺得這書除了寫得好，還有氣質好，但是沒有pin-point它好在男女平等與不殘酷上。」同樣描寫情欲，《金瓶梅》當然是「殘酷」，而且有「物化」女性嫌疑的。

書中對於性器官的描寫比之於現代小說有過之而無不及，寫到風月激情處，卻並無許多現代小說的喃喃自語與乏善可陳，可說是走在超時代先鋒。其故事雖然完成在明代，小說內在時間架構卻在宋徽宗欽宗的時代，拿出《水滸傳》裡武松的一段相關小故事出來演繹成一大部書。張愛玲在《國語海上花譯後記》中說：「把姦夫淫婦移植到一個多妻的家庭裡，讓他們多活了幾年。這本來是個巧招，否則原有的六妻故事照當時的標準不成故事。」

放大故事裡的多妻男女情愛之外，西門慶從街坊小混混一直做到買官賣官，往來大商賈，甚至朝廷大官皇親貴戚、太監內官都互通熱絡，人物場景每每細細描畫物品、菜餚、衣飾的華貴品味，食與色分不開地滿溢著每個人對銀錢物質的慾望。販夫走卒依靠有錢人買賣提攜，女人依靠男人在綢緞豐渥中吃穿生活，男人則疏通錢財往上爬，金銀越多越好，官勢越大越得人望，最終就是朝廷的中心，皇帝是終極的腐敗點，中國數千年父權文化就在這些反覆的富貴與傾頹起落中嗆呼成型，而這些林林總總的熱鬧喧囂，正是張愛玲所喜愛而覺得最真實的「人間味」。這是為什麼她對水晶說，就算讀「潔本」也覺得好看。

雖然張愛玲受訪問的時候說不出為什麼這本書不能夠沒有淫穢的性愛場景，但其他《金》學研究者就說過，如果不描述西門慶攀爬到最顯赫的時期，可以修整家園廳堂，大開大闔地擺闊，連請巡撫御史吃飯，大小官員們都來他家借場地，那就無法比較西門慶一死之後接踵而來的朋友背叛、夥計捲款遠走，曾經枕畔的山盟海誓，幾個姨太太一一出醜或嫁人，最後只剩下月娘。盛極一時的花園美景也全都荒蕪傾頹（《紅樓夢》裡的大觀園也可說是放大了《金瓶梅》這個花園而寫就的）。若沒有從一開始西門慶對每個女人的情色春宮，就無法寫至取得胡僧壯陽藥之後，西門慶更加淫樂無度，最終喪精血尿而死。西門慶的淫逸程度與他攢來的家業成正比，越荒淫家業越大，簡直沒有天理可言，那是北宋末年民窮官奢的混亂情況。而其中妓女與嫖客的關係，根本是往後《海上花》甚至民國初年《歇浦潮》、《海上繁華錄》的鼻祖。

如果把故事開場時二十幾歲的西門慶減少十幾歲，那就成了賈寶玉，那些妻妾妓女們，也可回到金陵十二金釵在大觀園的純情世界，兩者一是大人世界的色欲情愛，一是未成人的青澀耽溺初試，有著相同的模組。所以張愛玲說，中國人的情愛遊戲只能在兒童時期，賈寶玉十四歲，林黛玉十三歲，而大觀園其實是兒童樂園。當然《金瓶梅》的歷史時空與文學價值另有《金》學研究的學者們深入探討，張愛玲的觀點不見得都對，只是這兩部章回小說在張愛玲的生命歷程中，特別要和她的家族生活、父母親與她的對待有深切的關聯。

這些淫書在保守的家庭社會中只能祕密窺看。但張愛玲姊弟從小沒有大人這方面的管束，十幾歲前早已經看得精光。從章回小說裡學習人生，張愛玲年紀很小的時候就寫出一篇未完結的小說《摩登紅樓夢》。

沒有父母親盯著管教的小孩，長大之後為什麼會有三個西曆生日？張愛玲曾因為拒絕聯副的作家資料回填，而寫了一封短箋，即是出名的散文〈把我包括在外〉，除了出生年月日不能公開給所有的人知道之外，所有切身的資料都沒必要洩漏出去，這是張愛玲本來的態度。

所以生辰算是祕密語了，不可說不可說！

張愛玲生於中秋以後，逝世於中秋之前，古命書常說，「秋金為煞，秋生秋死，其人多肺大腸之疾，髮膚之損。」她的命運已定，真正的生辰年月日時已經不重要，但生辰之謎卻顯現出一定的意義。張愛玲的父親從年輕時候狎妓揮霍家產，根本一派西門慶的樣子，只是沒有西門慶賄賂官員的神通廣大，和勾引女人的神技。家中曾經多少僕傭圍繞，年節人來人往的大排場幾日不歇。她的母親雖然堅持女兒的教育，在上黃氏小學和聖瑪莉中學時，也並不特意為她想個真正的中文名字，而是把英文名字翻譯過來，權充為學名。考倫敦大學時填寫報名表格，也出自母親的堅持，西曆生日因此出現，也不好好對照萬年曆找出真正農曆生日時的西曆時間。這樣心不在焉的原因，只能說她母親自己那時才三十幾歲不到四十，自己的愛情、人生前途的糾葛也還剪不斷理還亂，她母親也繼承自家的財產，依恃這些財產自視甚高，覺得可以掌控自己的命運，也有許多情人，可說是孟玉樓、孫雪娥、李嬌兒、潘金蓮、李瓶兒的各種性格混搭，但絕對不是月娘型的顧家女性。對張愛玲而言，他們是一對絕對自私的父母，她不只一次在《雷峯塔》、《易經》、《小團圓》這三部自傳性小說中用「恐怖」形容琵琶和九莉的父母。

她的生日，她的父母親沒有哪一位是在意的。她的誕生，對他們而言，不過是性愛之後一個多餘又不礙事的發生，而且這個發生只讓她母親感到麻煩，至少張愛玲自己這麼覺得。什麼是父母之愛，手足之情，夫妻之義，世間人情，她只能從閱讀中熱烈汲取，慢燉細火地咀嚼在她的文學作品中，沉溺在她的人生裡。

謫花差一字即是謫仙，《紅樓夢》裡的金陵十二金釵和賈寶玉，都是仙界癡男怨女下凡，生長在貴族家庭卻各自命運不同，多是繁華一時，損敗以終，謫含有貶謫之義，凡謫之，其人定然從好到壞，動盪的時代中多少人的努力是有功無賞，但求無過，一如張愛玲的人生，繁花看盡，不留一絲風景。

（附錄）

一襲被冤枉的華美袍

——張愛玲疾病年表以及立克次體病症狀

一九八三年張愛玲寫信給莊信正，說鄰居家貓狗的跳蚤傳入，下一幾封信就開始「跳蚤漂流」了。張學研究者總喜歡引用張愛玲二十幾歲寫的句子：「生命是一襲華的袍，爬滿了蚤子」，做為張愛玲晚年的確有身心症的總結。只有林幸謙在〈張愛玲（未公開）書信的檔案考察與蚤患病痛〉最後幾段，認為她也許真有嚴重的皮疹與身體問題，不光是她的精神幻覺。對於蟲患的恐懼，幾乎成為張愛玲因為種種原因得到身心症的定論。

然而，判斷一個人是否有身心症，必須先謹慎排除原有的身體問題，發生在張愛玲身上，使得這議題不只是健康醫學常識，而是關係到張愛玲一生創作的毅力，以及最後十幾二十年，她的身心受健康折磨時對未來生命抱持的態度。事實看到，即使她在痛苦地遷移、手腳水腫、皮膚糜爛不收口的情況下，還在持續不斷寫作，靠著宋淇夫婦的幫忙繼續出書，用非常理性清智的思維邏輯立遺囑。她簡直是海明威筆下老漁夫的化身。

張愛玲最不喜歡聽信人云亦云的造神說法，所以現在也應把祖師奶奶還原回血肉之軀的病痛經歷上，才能知道究竟真相是什麼。

二十出頭寫的〈私語〉中即可見十七歲時生了兩場傷寒大病，此後她許多次在散文小說中重複「十七歲」。第一次傷寒，在被父親毒打關禁閉之後，張子靜回憶父親其實有幫她注射救命針劑。後來在母親姑姑家，去香港讀書之前又發作第二次，是母親想辦法讓她住院在醫生好好照顧之下恢復，而隔壁床同是十七歲少女卻死了。[1]

接下來是鄺文美一九五七年以章麗為筆名發表的〈我所認識的張愛玲〉中，說張愛玲其實有輕性過敏。而司馬新的《張愛玲與賴雅》根據賴雅日記，指出張愛玲三十六歲在紐約打胎後大病一場，無法讓文藝營的朋友去紐約公寓拜訪她（司馬新‧一〇七），一九五七年五月因為《粉淚》被原本出版《秧歌》的出版公司退稿而大受打擊，病倒，注射幾劑維他命B，到六月初才康復（司馬新‧一一五）。一九五九年五月以後搬到舊金山居住期間，張愛玲感到隱形眼鏡不合，幾次找眼科醫師，甚至懷疑左眼有潰瘍。並且多次發作莫名腸胃不適症狀，不能進食，否則會嘔吐。每次只要好好休息，三五天內就可霍然病除。除了打胎虛弱和眼睛潰瘍，感冒嘔吐看來應是腸胃型感冒症狀，從後來的書信中可看到張愛玲說，這毛病在上海時就有了，只是不常發作。

舊金山天氣四季平均溫度在攝氏十四到十六度之間，而亨廷頓文藝營又在海岸山崖上，更冷，直到一九六一年底前這種時常發作的嘔吐，和後來於七〇到七一年到加州柏克萊二度居住舊金山時經常感冒，天氣一暖和馬上就好的情況相當。只是五十歲出頭了，當然不比三十幾歲的身體，更差了。

所以鄺文美所說的輕性過敏，恐怕不只是皮膚的問題，而是根本體質上的。張愛玲的吃食本來就謹慎。得過傷寒大病的人這樣小心翼翼是應當的，不能說她是神經質。不時會有很多小毛病，也非常可能，而從她的病史中最常見的，就是感冒和手腳扭了筋，最後二十年又還加上手腳水腫和皮膚磨破久不能收口。

剛到紐約救世軍女子宿舍居住時，有張愛玲自己在一九六八年寫的〈憶胡適之〉記下了她在一九五五年十一月感恩節，和炎櫻一起去美國女友家吃火雞大餐（她寫成「整天吃鴨子」），晚上返家的路上心情正愉快，卻因為吹了寒風回到宿舍就吐了。一九五五年十一月是在打胎之前半年以上，這表示張愛玲本身的體質幾乎是中醫所說的「冷底子」，天一冷就多有毛病發生，再加上一九五六年打胎傷身，以及離開上海前已經有的眼睛出血毛病。六十歲以後再遇到跳蚤蜱蟲蝨子類的節足動物叮咬，當然會出現全身系統性疾病。

張愛玲所得過的兩次傷寒大症，當然不是古代中醫所說的傷寒，而是十九世紀末就被發現的西醫病名，斑疹傷寒、傷寒或洛杉磯出血熱。主要由跳蚤、蝨子、蜱蟲、恙蟲、蟎蟲噬咬之後造成。這些節足動物都會傳播的病原體是立克次體，而雞豬牛羊貓狗都是這些昆蟲的宿主。

立克次體的種類很多，所導致的輕重症狀也有很大的不同。所以不稱為細菌，而稱次體，是因為細菌有細胞核而立克次體沒有，但卻能與細菌產生基因交換的交叉感染。

1 張子靜的回憶屬於孤證，並沒有張愛玲的文字可以佐證。母親為救女兒跟醫生上床，也因為《小團圓》和《雷峯塔》是小說，同樣無法印證。不論過程如何，兩次傷寒大病是張愛玲到處寫了好幾次的事實。

感染者的症狀輕微的，會在幾天之內自行好轉，而病情較重者，常常有猝發且持續性反覆的高燒、惡寒、盜汗甚至頭痛、背痛、淋巴結腫大、侵犯神經系統，以及反覆皮疹的情況。發燒四到七天後，四肢的皮膚會出現紅色斑狀丘疹，常常在數天之後免疫力較好時消失，又在身體虛弱時重新出現。皮膚經常比較敏感的人會在被叮咬處有潰瘍性咖啡色焦痂，到結痂時大多已經沒有養痛感，但有些人會重複紅腫發癢和潰瘍。

由於立克次體主要寄生於血管內皮細胞，使得血管內皮細胞增生而形成血栓，造成血管阻塞或破裂出血。特別喜歡侵犯腦、皮膚、心臟血管內皮細胞，皮膚原本不好或免疫力、肝功能差的人，丘疹就會成為反覆潰瘍，如果營養還有不對的情況，產生心臟血栓的可能性也很高。

到這裡，幾乎可以印證張愛玲晚年的症狀，皮膚反覆潰瘍，心臟查出有血栓，最終死因也是心臟血栓而導致心肌梗塞。

立克次體感染過的人，對於同一型的立克次體可以有長期免疫力，但對於其他型的立克次體只有很短暫的免疫力，如果那地區貓狗很多，有草叢或者居家環境不整潔，是有可能一次又一次感染上不同型的立克次體。如果不做徹底的治療，也有可能皮膚或內臟大出血造成低血壓休克或心臟血栓猝死。

這種病原體通常必須經由感染科化驗，確定種類之後用特定幾種抗生素做治療。也因種類繁多而使得病徵急緩不一，雖有特定抗生素治療，醫生有時也視情況兼用紫外線照射，經由紫外線照射過的立克次體可以降低感染性和活性。目前使用的是多西環素、米諾環素、氯黴素、阿其黴素之類的有效抗生素。[2]

大日光燈含有人體可忍受的紫外線光，這是張愛玲發作皮疹紅腫之下，非常無奈時想到的方法，卻是完全想對方向了。她的書信中也說，照射後感覺有改善，因此才會一直用。她去世時林式同和警察進門還看到大日光燈開著。

這樣看來，最後折磨張愛玲將近十幾年的疾病，其實根本不是她的精神幻覺，而是真正的感染麻煩。如同她的皮膚科醫生說的，「有時被跳蚤咬是很麻煩的」。一方面由於張愛玲沒有長期的健康保險，這表示沒有得到固定的家庭醫師照顧。美國的醫療，接觸病人的第一線一定是家庭醫師，再由家庭醫師判斷應該轉診到皮膚科、內科或感染科的哪一科。在沒有固定家庭醫師的建議下，遇到感冒以外的問題，張愛玲只能自己判斷該去找哪一科。而以一般常識，當然皮膚出問題就找皮膚科，不會去想到感染科，這是張愛玲錯過治療機會的第一個原因。

又因為八〇到九〇年代能針對各型立克次體治療的抗生素並不多，從一九八三年底到一九八八年，張愛玲過了四年多一天換一家旅館的生活之後，某天忽然看到整大落沒折的賀年卡中，有鄭緒雷（司馬新）的一張，於是去找了上面介紹的皮膚科教授醫生，吃了最新型抗生素，馬上好轉。因此她非常惋惜地覺得自己沒努力好好找醫生，白糟蹋許多年的時光，早知道就可以用那些時間寫更多精采文章。

看到這樣的信件，真不由得令人感動萬分，撐著這樣虛弱的身體，卻意志力超級強，這種人會得憂鬱症身心症才真奇怪。

但是千金難買早知道，更早一些也許她遇到的也不過是沒有新型抗生素的醫師。一九九一年定居於林式同新蓋的公寓，在最後一封給宋淇夫婦的信中抱怨皮膚科庸醫，這就不知道是否為原來鄭緒雷

2 以上參考引用衛福部網站，王任賢〈立克次體感染與防治〉。

介紹的那位。忍無可忍之下換成林式同的醫生之後，再次給了最新的抗生素藥片，皮膚又全好了。

從一九八八年到一九九五年，她也常常向朋友們抱怨，藥片剛吃總是非常有效，吃一陣子之後就失靈了。這表示她的免疫力非常差，立克次體被抗生素殺一陣子之後就產生變種和抗藥性，又需要換新的抗生素。

所以如果只把皮膚病當成皮膚病，感冒當成感冒，血栓當成血栓，當然無法看到所有疾病的關聯性，之外，也會直接漏失她真正的精神困擾。生病了當然心境大壞，誰不是這樣？但是精神幻覺則是另一回事，立克次體侵入神經系統，也會導致患者在極度疲倦下，恐怖地看到自己身上或周遭忽隱忽現的蟲泡痕跡。林幸謙非常盡力地找出未公開的相關信件中，即有一封是張愛玲洗澡後忽然看到肩膀上有抹煤灰，還能刮下來去送化驗。自己覺得是蟲或蟲卵。又多次描述蟲的樣子，還會隨著她每次搬家縮小，這些描述都很像海明威在描述老漁夫在跟上鉤的大魚對抗，所以她才說要自己寫一篇人蟲大戰的經歷。

張愛玲最可憐處就在於，她怎麼努力向醫生、朋友描述自己的淒慘處境，都會被認為她是不是「瘋了」，怎麼可能出現這種事。包括去世時候也還全身赤裸在大日光燈照射下，而沒被這麼感染過治療過的人，根本覺得這是超出常理的作法，由於無法理解，只能憐憫地覺得張愛玲是獨居到走投無路了。

但這種感染應該都是急症，為什麼還能讓她活那麼久？不是應該兩三周沒治好就猝死了。這就必須回頭仔細列出張愛玲的病史，才能看到她的全部疾病都不是個別發生的。

感冒、骨折或是牙醫根管治療時所用的抗生素，都不足以對抗立克次體，但卻可能抑制它的活性。張愛玲所以經常必須看牙，從以下的疾病表列能看到，一九五五年她給鄺文美的信中已經提及全上口的假牙，表示三十五歲的年紀牙齒就壞到一個程度，往後有可能因為營養不良或是睡眠不足等等因素，而發生牙齦腫痛萎縮、牙骨質快速流失而蛀牙或牙根發炎壞死的情況，牙齒是先天體質和後天睡眠習慣不良造成的。

口腔牙齒是腸胃的入口，當然牙齒狀況不好的人，腸胃也不能好到哪裡去，張子靜回憶姊姊小時候就有便祕，每次上廁所如臨大敵。長大以後她當然會想改善，一九五五年搭船去美國的時候，寫給鄺文美的信中就提及在日本買了一只「方便泡藥」的容器，幾十年後又在信件中向鄺文美抱怨諸事不順，連素日函購埃及草藥的店家都從洛杉磯遷到內陸去，寄草藥曠日廢時，結果寄來的草藥包裹裡出現小霉蟲。可以合理推測這兩處所寫的「藥」，應該都和調整腸胃有關係。因為在書信中其他病症她都會去找醫生，唯獨沒提過腸胃病或嘔吐會去找醫生拿藥。

雖然不能判斷她使用的草藥對皮膚或免疫力是否有影響，但卻可以知道張愛玲其實很愛護保養自己的身體。她多次向朋友解釋自己並沒有偏食，也盡量營養攝取均衡，還向夏志清解釋了吃維他命B&C只能一天一顆，不然真會有副作用（應該是夏志清建議過她多吃些維他命。）身體瘦弱又經常日夜顛倒的人，本來對於食物和營養品就比較敏感。吃進去的東西不對就吐，或是營養品攝取不對就渾身不對勁，是很有可能的。美國超市根本是營養品的天堂，整大架整大架地排列，任由客人挑選。張愛玲在超市買東西的時候，一定參考過每一種她沒見過的營養品瓶身說明。

然而歲月不饒人，三十幾歲時日夜顛倒，到五十幾歲六十歲還習慣不改變，健康就會往下走，從扭手腳筋的情形越來越頻繁可以證知。食物的油脂進入肝門脈到肝臟，會產生高密度和低密度膽固醇，兩種膽固醇的量需要一定的比例才能維持人體健康，睡眠太短或日夜顛倒的人體常常低密度膽固醇分泌量會增高，原因是肝臟沒得到足夠的休息。從給莊信正的信中看到張愛玲有段時期在「戒睡藥」，安眠藥在美國一定是醫師才能開，由此可推知，醫師應該發現日夜顛倒對她已經開始老化的身體很不好。也許她不知道該戒除咖啡、茶類等醒神的飲料，或者她戒除了，但生理時鐘卻已經無法不日夜顛倒，尤其在趕出書或寫稿正酣熱時。總之，後來決定不吃安眠藥，就只好恢復本來日夜顛倒的作息了。

這麼一來，低密度膽固醇會持續增高，醫生就要建議不可吃高膽固醇食物了。來到一九八九年快七十歲了，她有兩封信對朋友抱怨健康食品難吃，必須自己實驗做菜。本來張愛玲非常喜歡奶油蛋糕，喝牛奶也不喝低脂的，因為沒味道也不夠營養，她一直根本需要增胖而非減肥。忽然在一次身體檢查後被醫生禁止吃蛋，全脂低脂奶也換成脫脂奶。當時美國ＦＤＡ還認為蛋的膽固醇太高，近幾年才修正說其實蛋類只有高蛋白，和膽固醇沒關係。張愛玲因為醫生要求低膽固醇飲食之後，是不是反而逐漸失去製造抗體蛋白和對抗立克次體與感冒病毒細菌的營養？她過世時林式同看到的她是奇瘦的。

證諸她的書信，可發現感冒次數發作的頻率不但越來越頻繁，而且每次發作的時間還越來越長。三十幾歲的時候是幾天，四、五十歲時會到兩三星期，六十幾歲後幾乎都是每次一個多月，或連續多次一個多月一個多月地發作，從冬天拖到春天還不好。而感冒的長度、嚴重度也帶動手腳扭筋水腫現象越趨嚴重。甚至逃蟲患時期有次感冒後幾乎耳全聾，晚上又雙腳紅腫。而後，一九八九年被迎面而來的南美洲男子撞倒右肩骨折，或許和耳聾也有關聯，正常人走路時不自覺會眼耳並用，可以很快閃避迎面而來的目標物。而且手腳擦破皮後不收口的時間也越長，當然與營養和免疫力以及血小板、修補母細胞不足夠都有關係。及至後來林式同的醫師才要她喝安素，是高蛋白飲料，血液檢查就能知道蛋白質指數，應該是缺乏得太厲害，醫生判斷這樣下去抵抗力太弱之外，皮膚潰瘍也不容易好。

病史中還能看到。往往看了牙醫、耳鼻喉科之後，還又大感冒一陣子，這種現象張愛玲自己也覺得詫異，還跟朋友幽默地說：往往「看了醫生之後就病了」。然而從自體免疫疾病機制看，這就正常。張愛玲很年輕時就有眼睛出血的情況，即是自體免疫疾病的一種。自體免疫的意思，就是自己身體的免疫細胞會因為肝功能或睡眠不足、藥物過量等等原因發生免疫失調，白血球或帶有抗體的細胞，誤將自己的細胞或器官當作敵人來攻擊，在新陳代謝科檢驗就會發現發炎指數超標，醫師會投以類固醇藥物治療。張愛玲與賴雅婚後一次眼睛出血，應該就是用含有類固醇的眼藥水滴劑治癒的。

美國醫生如果判斷是感冒，有可能不開任何藥物，但是牙醫、皮膚科和骨科醫生就一定會開抗生素。類固醇和抗生素雖然不完全是相排斥的藥物，但藥物機能屬性上的確相反。類固醇是要讓身體的免疫機制平息，不過度反應。而抗生素是要激發身體的免疫機制，多多要求免疫細胞拿起武器攻擊敵人。而有自體免疫疾病的人，在需要抗生素時，往往必須由長期照顧這位病人的家庭醫師統籌考量，當家庭醫師無法判斷時，就應該轉診新陳代謝科醫師或內科做決定，而不是任由病人自己找哪一科醫師拿藥，這樣可以避免病人藥物劑量太大或重複，而導致過敏或其他的副作用。

輕性藥物過敏會像感冒一樣，流鼻涕、咳嗽以及腸胃不適、全身不舒服沒力氣下床，或者甚至發類似蕁麻疹或風疹塊的皮疹。但嚴重過敏會導致可能奪去生命的氣喘或休克。這一點，又回到張愛玲並沒有固定的保險上，這顯然非常糟糕，所以後來有一位醫生就說，她的感冒其實可能根本只是一種過敏。

對於昆蟲的懼怕，乍看之下張愛玲似乎在書信中呈現「太神經過敏」的表達，也難怪她要這樣被冤枉多年。如果張愛玲的神經過敏是一朝被蛇咬，因為她得過傷寒，兩次死裡逃生，會懼怕是理所當然。然而蟲患也的確可怕，大家可看看真正醫學宣傳上，如果被帶原立克次體的蜱蟲叮咬該怎麼處理。看過之後，就能知道張愛玲為什麼要那麼小心別被蟲咬，說真的，要真遇到了的確是很麻煩的。[3]

以下為地毯式搜索排列出的張愛玲病史。以宋以朗《張愛玲私語錄》、夏志清《張愛玲給我的信件》、莊信正《張愛玲來信箋註》、《千迴萬轉張愛玲學重探》中林幸謙的〈張愛玲（未公開）書信的檔案考察與蚤患病痛〉，這幾種已出版可見之信件，整理歷年張愛玲疾病年表，因張愛玲寫信常常習慣中英夾雜，為方便閱讀，原文節錄中如遇英文部分即直接借用編著者翻譯，或由筆者翻譯成中文。書信日期之後括弧內為引用書籍以及頁數。《張愛玲私語錄》以《私語錄》表示，《張愛玲給我的信件》以《信件》表示，《張愛玲來信箋註》以《箋註》表示，〈張愛玲（未公開）書信的檔案考察與蚤患病痛〉以《未公開》表示。並且期待未來張愛玲其他的未公開書信也能夠出版，讓更多研究者發現更多真相。

（《我的姊姊張愛玲》）張子靜回憶姐姐有便祕情況。

一九三七年

被父親毒打關在房內，未幾發寒熱。（傷寒或斑疹傷寒）

逃出父親家與姑姑母親同住再次發寒熱住院。十七歲連兩場大病。

以下為原文引用。

一九六一年五月十七日（私語錄 頁一八一）

黃醫師給裝全部上牙，離港數月後全部後縮。

一九六三年四月二日（私語錄 頁一八四）

最近我的身體又啾啾唧唧起來，病了幾天。

一九六四年十月十六日（信件　頁二二）

這兩天又在忙著看牙醫。

一九六四年十一月二十一日（信件　頁二六）

收到你的信的時候我正在患感冒。

一九六六年七月八日（信件　頁五十）

我因為心境壞，儘管自己保重，也一磅一磅瘦下來。

一九六六年十月二日（信件　頁六四）

我這幾天正患傷風感冒。

3 同樣衛福部網站王任賢醫師所寫：被蜱蟲叮咬，應該「慢慢地施壓把蜱拉出，然後消毒被叮咬的部位，並用肥皂及清水洗手，在移除蜱時要小心不要把蜱捏碎或扭斷。還應該定期替寵物除蟲、定期檢視寵物的寢具及除蟲、定期修剪植物，尤其是處所內的草。並且要預防老鼠的侵擾，最佳辦法是斷絕其糧食並使其失去匿藏之所。應妥善存放食物及處理垃圾。牆壁及天花板的孔洞亦應修補妥當。此外，蝨可寄生於人體上，因此保持良好的個人衛生，可有效預防流行性斑疹傷寒的蔓延。」）

一九六七年四月二十八日（箋註　頁二四）

搬家累著了，扭了筋。

一九六七年四月二十九日（信件　頁九七）

我十八日離開 Ohio，到紐約暫住兩個月，有些小毛小病要找醫生。……我搬家累著了，一隻腳扭了筋，很不便。

一九六七年五月十四日（信件　頁九八）

忘了在電話上告訴你，腳一好一隻眼睛就出血，在華盛頓看醫生的，說不要緊，隔兩小時滴次眼藥，這兩天已經快好了。……星期一、二都約好去看醫生，以後還要去許多次，天天從下午忙到天亮。

一九六八年三月六日（信件　頁一一〇）

Mrs.Goldman……後來約了……那天我又重傷風，打電話去攔住了。

一九六八年三月三十日（信件　頁一一四）

我越是胃口壞，越是肯費事，加上十幾種香料——不辣，很淡，因為這裡的肉，雞有羶味——蝦、番茄、厚奶油做的湯，都是當飯吃的，飯只點綴點綴。一般的中西餐澱粉質較多，我吃了又脹又營養不夠，因為腸胃不大吸收營養。等有空還要到中國城去買東西。

一九六八年七月一日（信件　頁一二八）

上次殷允芃小姐來找我，我那天正不大舒服。

一九六八年九月二十四日（信件　頁一三〇）

我寫的是考據（?!），這兩天正在把第一篇趕完，其餘還待改。搬家兩次傷手，寫字不便，所以又更忙些。

一九六九年五月三十日（箋註　頁四一）

又患感冒占掉兩星期的時間……我想七月初來〔這裡在請託莊信正找房了〕。

一九七〇年一月二十九日（信件　頁一六四）

我過年牙痛接著感冒，拖到現在還在看醫生，病前又正趕工作。

一九七〇年十二月二十一日（箋註　頁六十）

我這兩個月接連的患感冒，今天剛好些。

一九七〇年聖誕節（信件　頁一六八）

今年秋冬不斷的患感冒，更佔據時間。

一九七一年五月七日（箋註　頁六四）

一冬天老是感冒，到春假又連發兩星期，起因當然也是身心的，你這樣熱心幫忙結果帶累你聽陳先生這些話……陳家請客我沒去只有一次，是真的病著。

一九七一年六月十日（信件　頁一七〇）

我自從聽見世驤寫信給你，帶累你聽抱怨的話，心裡非常過不去，一直想告訴你是怎麼回事，但是是真從去年十一月斷斷續續病到現在，感冒從來沒有像現在連發。……因為我對自己寫的東西總是盡到最後一分力。但無論怎樣不讓它影響情緒，健康很受影響。預備找水晶來，因為久病耽擱。

一九七一年九月二十四日（信件　頁一七八）

這兩天感冒又發。

一九七一年十一月十日（信件　頁一八〇）

我這些天一直感冒。

一九七二年五月十三日（私語錄　頁一九八）

最近接連感冒。

一九七二年五月二十六日（信件　頁一八八）

我這次到北加州後總有三分之一的時間在患感冒，去冬起更是一發一個多星期，好了三四天又發，一直維他命C與肉類吃得不能再多。每次都是天一暖和馬上霍然而癒。戶內暖沒有用，所以終於決定不能搬到三藩市，要暖和地帶。

一九七二年五月二十六日（箋註　頁七十）

這些時一直不斷接連感冒，每次都是天一暖和馬上好了。搬到三藩市一定更壞，考慮很久想搬到鳳凰城，當然這不像搬到三藩市簡單，因為老是感冒耽擱了下來，在家裡工作倒還可以，不過好的時候太少，總是乘那幾天趕得昏天黑地。

一九七二年七月十三日（信件　頁一九四）

這一向天熱，所以一直沒患感冒，在趕工作。這怪病在上海就有，不過不常發。這次查得不能再徹底。醫生總說很健康。

一九七二年九月二十五日（信件　頁一九八）

今年只有七月熱過幾星期，我感冒沒發過，一交八月又常發，剩下的時間拚命趕……這病雖怪，從前住在三藩市的時候，Fred 有個表弟也過不慣北加州的天氣，常常感冒嘔吐，我要不是最近這兩年接連的發，也不去管它。但是每次氣溫一過七十度，馬上好了，所以沒辦法，終於決定往南搬。

一九七二年十二月二十日（箋註　頁七二）

我剛好趕上寒流，感冒又發過。

一九七二年聖誕節（信件　頁二〇四）

我搬到洛杉磯又遇上寒流，這兩天感冒剛好。……信正他們倆幫我找的房子非常適合。

一九七三年五月二十五日（箋註　頁七四）

我前一向有點不舒服，老沒出去……拿電視做為「背景噪音」，老電影最有效。

一九七三年八月十六日（箋註　頁七六）

我因為戒睡藥，每天花在睡不著的時間太多，所以剩下的時候永遠忙忙碌碌，需要去看耳朵（因為洗頭有個小意外）也沒工夫去，挨了幾個星期，明天是不能不去。〔莊註中寫道：「少女時代她已習於夜間工作，終至變成失眠，要早睡也不能了。長期服用安眠藥必然有副作用，除了看電視和老電影以外，她偶爾會喝點烈酒催眠。」

一九七三年十二月十七日（箋註　頁七八）

我入秋以來又老是感冒，尤其感恩節前起一直鬧到最近這兩天剛好。

一九七三年聖誕節（信件　頁二〇六）

前一向又感冒，從感恩節前拖到現在剛好。

一九七六年一月二十五日（私語錄　頁二〇六）

耗費時間的例行公事越來越多，裁了一樣又出來一樣。如右手經常有點皮膚破了不收口，不能下水，只好什麼都是左手做，奇慢。

一九七六年七月三日（私語錄　頁二一六）

有個治扭了筋與風濕的偏方，不知道對止痛可稍微有點效用——用棉花蘸金縷梅酊劑揉擦，貼在上面，睡覺的時候把蘸濕的棉花縛在患處，普通扭了筋三四天就好，我試過。〔這是給宋淇夫婦的建議。〕

一九七六年七月二十八日（信件　頁二四六）

說我一定好久不傷風了，正又暑天著了涼，等於熱傷風，不過我從來不傷風，馬上變感冒。

一九七六年聖誕節（信件　頁二五〇）

入冬以來輕性感冒，拖到這兩天剛好。

一九七七年十一月十一日（信件　頁二六二）

精神還是壞，需要集中，什麼都免了。

一九七八年八月二十日（信件　頁二七四）

〈同學少年都不賤〉這篇小說除了外界的阻力，我一寄出也就發現它本身毛病很大，已經擱開了。我還是虛弱得非常厲害，多吃維他命 B&C 也會吃不下飯，只能每天一顆。

一九七八年十一月二十六日（信件　頁二八〇）

多吃維他命我的確有副作用，平時胃口很好，也非常注重營養。

一九八〇年七月十三日（私語錄　頁二三四）

從過陰曆年以來，我兩個指關節上擦破了點皮，兩三個月都兩隻手不能下水，不能洗頭洗澡，（人太髒了也不好意思到理髮店去洗）擔心生蝨子，附近貓狗多，是真有蝨子，手剛好，一隻手臂肩膀扭了筋，又延遲發作起來，幾個月後才現出大塊烏青，別處任何急促點的動作都震得痛徹心肺，我不相信此地的脊背按摩師，只自己搥打，勤搽金縷梅酊劑，不搽更壞，但也沒好過。

一九八〇年九月二十七日（箋註　頁一〇二）

海上花大致譯完，至少要自己打一遍，但是因為失眠症，晝夜顛倒扳不過來，晚上打字怕鄰居嫌吵，進行慢得急人。

一九八一年十二月十一日（未公開　頁一四七）

我手上的皮膚近來惡化，多年前醫生開的方子失效，看樣子又要兩隻手都不能下水了，年底放假無法找醫生，只好提前去。同時又看牙齒又看手，忙亂可想而知。

一九八一年年底（信件 頁三〇六）

這一向夾忙裡又在看牙齒，要看到明年。

一九八二年一月二十二日（信件 頁三〇九）

我因為冷牛奶吃了作氣，多年不吃了，近來改吃熱的，脫脂的不吃。

一九八二年無日月（信件 頁三一二）

還是忙著看牙齒。牙醫生問我醫生有沒有告訴過我為什麼始終沒養成人到中年就有的蛀牙免疫性，老了又失去的。難怪到了別人失去免疫性的時候，就更看牙齒看個不完了！

一九八二年七月五日（箋註 頁一〇六）

今年春天好萊塢圖書館被人放火燒了，只有這一家「公車直達」我剛好又腳扭了，不能多走路，正愁讀物斷檔，收到毛姆傳，……四月一日愚人節，好容易最後一次看牙醫生出來，因為久坐麻木，過街跌了一跤，真覺得蠢。這就又日夜輪流搽藥，兩三個月收口，扭了筋還沒好全。

一九八二年十月十四日（箋註 頁一一三）

我倒又要去看牙齒，新的小橋下的牙幾個月內直蛀到根，要拆橋，還有別處。

一九八三年七月二十四日（箋註 頁一四一）
牙齒好容易又看完了，倒是一直不疼，至多隱隱作痛，不過痲煩頭痛。

一九八三年八月二十九日（信件 頁三二二）
我近來精神更壞了，非常容易疲倦。……大陸攻擊你的小說史，又被我帶累。

一九八三年十月十日（未公開 頁一四八）
久不打掃，公寓裡貓狗的跳蚤傳了進來，需要地毯吸塵後全公寓噴毒霧，等於職業殺蟲人的工作，但街口藥房就買得到，不免要試一下，真是不行再找人來。

一九八三年十月二十六日（箋註 頁一四四）
牙醫生現在正式退休，寄通知單來介紹另一醫生，接收了原址。公寓派人來噴射蟑螂，需要出清櫥櫃，太費事，很少人簽名要他來。今年來通知單說每月一次，再不讓來要逼遷，只好把東西搬出來堆了一地，總不能一次次搬上搬下，結果是半年來一次，不是每月。東西攤了一地，半年沒打掃，鄰居貓狗的 fleas 傳入，要吸塵器吸後再噴毒霧。但是牆上粉刷的片片剝落，地毯上的粒屑揀不勝揀，吸入吸塵器，馬達就壞了。我叫了殺蟲人來噴射，只保三十天，不用吸塵器清除無法根除。只好搬家，痲煩頭痛到極點。久住窗簾破成破布條子，不給換我也不介意，跳蚤可馬虎不得。

一九八三年十一月五日（箋註 頁一四六）

附信講蟲患被迫搬家，找到的房子其實於我也不合適，太講究了點，有冷氣而沒家俱。

一九八三年十二月二十二日（信件 頁三二四）

維他命 C&E 我吃了不見效。

一九八四年一月十三日（未公開 頁一六二）

已經開始天天換旅館，一路拋棄衣物，……又病倒。因為我總是乘無人在戶外閃電脫衣，用報紙連頭髮猛擦，全扔了再往房裡一鑽，當然這次感冒發得特別厲害，好了耳朵幾乎全聾了，一時也無法去配助聽器，十分不便。也還是中午就住進去，一到晚上就繞著腳踝營營擾擾，住到第二天就叮人，時而看見一兩隻。看來主要是行李底，鞋底帶過去的。

一九八四年一月二十二日（箋註 頁一四八）

連冰箱都沒有……買一個小舊貨店的一隻，不料這冰箱底層絕緣體裡帶來一種特別厲害的跳蚤，……這次叫殺蟲人來，又老遠到獸醫院一兩百元買了十隻跳蚤炸彈，……接連兩天用掉，都毫無效力。再次搬家，結果也是白搬，只好把東西存倉庫，從聖誕節起，差不多一天換個汽車旅館，一路扔衣服鞋襪箱子，搜購最便宜的補上，累倒了感冒一星期，迄未痊癒。還幸而新近宋淇替我高價賣掉《傾城之戀》電影版權。……再去找房子，一星期內會猖獗得需要時刻大量噴射，生活睡眠在毒霧中，也與健康有害。

一九八四年四月二十日（箋註　頁一五〇）

搬來搬去，同一個汽車旅館也換房間，稍微可疑點的衣物全扔掉，也還是住進去數小時後就有跳蚤，多住幾天才老辣起來，會叮。……我這大概是因為乾性皮膚，都怪我一直不搽冷霜之類，……在看皮膚科醫生，叫搽一種潤膚膏汁，倒是辟跳蚤，兩星期後又失效——它們適應了。腳腫得厲害，內科醫生查出是靜脈血管毛病，治好了又大塊脫皮，久不收口，要消炎等等。又還在看牙齒，除了蛀牙，有隻牙被新裝的局部假牙擠得搬位，空出個缺口，像缺隻牙。牙醫師說是從來沒有的怪事。

一九八四年五月二十七日（未公開　頁一六四）

我那皮膚病醫生就一直不大相信，因為沒有跳蚤咬痕。那是因為旅館的跳蚤來不及長大，不大叮，叮了也一小時就消失了。近來我只看見一隻在桌上滑走，……此外還有撞死在TV玻璃上的，「血肉模糊」，只看得出沒翅膀，不是果蠅。醫生背後告訴另一醫生我是乾性皮膚糜爛。但是對我說他不是不信，跳蚤有時候是非常麻煩。

一九八四年七月五日（私語錄　頁四二四）鄺文美致張愛玲：

聽說你仍然擺脫不了那些鍥而不捨的 fleas，心裡真焦急。

一九八四年八月二十六日（私語錄　頁二四七）

兩邊都是大房子，上下樓再迷路，筋疲力盡，完了出去吃飯，沒看見一個極淺的台階，絆跌了一跤，膝蓋跌破還沒好又摔破，第二天還流血不止，去看醫生叫吃抗生素藥片，說也許兼治我的跳蚤敏感，我腦子裡已經在告訴你們我因禍得福，結果猛吃了幾星期也無效，除了治腿傷。最後似乎不像是藥片的滯後作用。

一九八四年八月二十九日（箋註　頁一五三）

剛找到個好牙醫師……六月間我因為跳蚤如縷不絕，加上奧運壓力，冒了個險租了個公寓。……半個月後又不得不搬出來。八月初終於擺脫了跳蚤，……還有一種小爬蟲，我也是住旅館以來才見到的。

〔本封信開始請林式同幫忙〕

一九八四年十月十四日（箋註　頁一五七）

林先生介紹的殺蟲人來過，也還是當晚就又有跳蚤。……不得不搬。……此地天氣好，難得感冒，近年來失效，是老毛病加劇。……我不喜歡小城，上次檢查發現一兩年前有過一次小型心臟病發作（請不要跟人提起），所以也要顧到看醫生方便。

一九八四年十月二十三日（箋註　頁一六〇）

現在這個公寓因為沒家俱，只有個充氣床墊，坐臥都在地毯（跳蚤的溫床）上，更糟了。

一九八四年十一月五日（信件　頁三二六）

我因為老房子蟲患被迫倉皇搬家。

一九八四年十一月二十七日（未公開　頁一六八）

坐臥都在地上，地毯是跳蚤的溫床，一個月住下來，更糟了。跳蚤已經不知道幾代了。適應演變得快，又屢經殺蟲人清剿，變得細小得（加上速度）肉眼看不見——至少我這近視的人——而專逐體溫。

一九八四年十一月二十八日（箋註　頁一六二）

租個民營信箱，……天天惦記著，十分內疚，但是每天忙得都睡眠不足，成天奔走買東西，補給扔掉的衣物。一天搬一次家，現在需要三小時的準備，經過 Vista.St. 一個月的席地生活，跳蚤演變得更棘手了。又感冒病倒。……I.D. 證件在旅館被墨西哥女傭偷了去……近視有時候是遺傳的，像我五、六歲就已經看不清楚電影，與看書光線等等無關。

一九八四年十二月二十二日（信件　頁三二八）

我這一年來因為逃蟲難，一直沒有固定地址，真是從何說起。

一九八五年二月一日（私語錄　頁二四八）

疾走幾條街，心口又有點疼，想起可能心臟病發倒在街上，……就填你們倆作受益人……應當立遺囑。

一九八五年二月十六日（箋註　頁一六四）

接連幾天三小時睡眠，出去奔走就屢次差點闖禍出事。休息一天不搬家只夠補覺了。……心境太壞……

如果還有跳蚤就住公寓，又重蹈覆轍，一兩個月內又不得不遷出，而且一次比一次壞，更難脫身了。前幾年有個醫生說我整個皮膚是濕疹病，（也並看不出，除了手臂上褪皮，不過一碰就破，多走點路腳就磨破了，非得穿拖鞋——我也喜歡散步，不過是拿著大包東西趕路的時候居多）無疑地是跳蚤鍥而不捨的原因。

一九八五年三月三日（未公開 頁一六六）

有一天累極了，沒執行三小時消毒手續，下午有事出去，好幾個鐘頭不能用火酒擦，就此紮了根。大量用消毒劑，都蠕蠕爬了出來，（也還半小時後就又重新出沒。不過好些，儘管一天消毒兩次）這次收集了些標本，預備送到診所化驗。太小，（比蝨蟲還小，蛋只是一個小黑點）又浸濕模糊，恐怕沒用。以前送去的兩個普通大小的，一個是「一種種子」（別的房客吃的麵包上的），一個「也許是個跳蚤腿」。

一九八五年七月二十七日（未公開 頁一五九）

有一天剛「出浴」，還沒擦乾，肩頭一陣癢，一看，有一抹灰，中間許多小黑點。在潔無纖塵的旅館房間裡——天冷，小旅館暖氣熱水時有時無，無法執行午前三小時的消毒，所以一直住五十元一天的中上級旅館——門窗緊閉，哪來的煤灰？我最近告訴一個醫生，他說那一抹灰應當送去化驗。其實體內擦下的小黑點，上次也已經送去過了。長形稍大的我想是蟲，小圓點是蛋。前兩天有兩隻大一點的淹死在溫熱的牛奶裡，黑白分明，看得清清楚楚，常會與捲曲的身體一樣長。我神經緊張太久，一恐慌，馬上倒掉了牛奶。下一隻保存了下來，但是太小了點，醫生說太過小沒用。

（未公開　頁一六一）

迄今還沒碰上一家有跳蚤的旅館，這次終於碰上了！連夜又把行李搶救出來，原來奄奄一息的跳蚤輸入新血，又惡化，最近這兩天更是一天一個危機。

一九八六年六月九日（未公開　頁一六一）

最善適應的昆蟲接受挑戰，每次清剿到快沒有了就縮小一次，（現在小得像鬍子渣，而細如游絲）變得像細菌一樣神出鬼沒。還是會飛躍叮咬刺痛。我最近才知道螞蟻叮也沒痕跡，大群螞蟻咬了才有一片皮疹。變小的跳蚤一度也叮了有一條幾吋長的紅紅的皮疹，再小就皮疹也沒有了。

一九八六年九月二十五日（箋註　頁一六七）

抗跳蚤工作等於全天候帶加班的職業，上午忙搬家，下午出去買東西補給藥物與每天扔掉的衣履與「即棄行李」——「大購物袋」——市區住遍了住郊區，越搬越遠，上城費時更長。睡眠不足在公車上盹著了，三次共被扒竊一千多，三次都是接連三天只睡了一兩小時，只好決定除每天非做不可的事外，什麼事都不做，多睡兩個鐘頭，清醒點。……天天搬家史無前例，最善適應的昆蟲接受挑戰，每次快消滅了就縮小一次，終於小得幾乎看不見，接近細菌。但絕對不是過敏或皮膚病。

一九八六年十二月二十九日（未公開　頁一六六）

地上跳蚤最多，〔此段寫到去租的倉庫整理東西〕……回去才發現兩腿沿著內褲一邊一排三四個大皰，整齊得嚇死人。

一九八七年九月九日（箋註 頁一七〇）

遇到這種奇禍，只能自己 sweat it out。收到信也全都沒看就收起來。

一九八八年二月十二日（未公開 頁一六八）

我每次懷疑跳蚤的存在，就想著可會是這怪異的一種過敏。但是我一直告訴自己這與跳蚤的存在並不是互斥的。現在看來，二者並存，錯綜複雜，兩三年前我以為跳蚤忽然變小得幾乎看不見，其實就是絕跡了。照樣騷擾，那是本來不過是皮膚過激，但是過敏性外化到這地步——在頭髮裡距離頭皮半吋遠，或在帽子、頭巾外——實在難於想像。現在搽抗生素特效藥，馬上好了。（從前那「無為而治」的醫生也說過特效藥也許有效，當時只是為了跌傷流血不止，給吃藥片防炎，說也許會產生副作用抗跳蚤。結果沒有。）

一九八八年三月十三日（箋註 頁一七二）

〔莊註中說明二月十五日林式同電話中說十一日張愛玲從旅館來電，說跳蚤已經絕跡，卻又犯皮膚病。可以住公寓了。〕這幾年浪費許多錢與時間精力，累得無法看信回信，連我姑姑的信也都不拆看，儘管擔心她八十多歲的人，信上會有她病了的消息。……賀年片，鄺緒雷的一張上寫了幾行字介紹醫生，去看醫生，說是皮膚特別敏感，敷了特效藥馬上好了。大概跳蚤兩三年前就沒有了。

一九八八年四月六日（信件　頁三四〇）

鄭緒雷的一張上附有「聖誕信」，介紹醫生。去看這醫生，是UCLA教授，診出是皮膚過度敏感，敷了特效藥馬上好了，大概fleas兩三年前我以為變小得幾乎看不見的時候就已經沒有了。……水晶……我自己預備寫一篇關於這場人蟲大戰，不是針對他那篇，所以不用看。生命太短暫，不犯著為這種人生氣。不管他怎樣誤引你的話，我反正不理會。……我搬到這裡很好，稍微安定下來一點就去看牙齒，因為一直住得太遠，交通不便……統統壞得特別棘手，往往去一次回來躺兩天，……天天上午忙搬家，下午遠道上城，有時候回來已經過午夜了，最後一段公車停駛，要叫汽車。剩下的時間只夠吃睡，才有收信不拆看的荒唐行徑。……我糊塗，沒更努力去找好醫生，白糟蹋了兩年光陰。

一九八八年四月二十六日（箋註　頁一七五）

匆忙中又看錯了以為要發表我所有的信，實在荒唐可笑。一住定下來馬上忙著看牙齒，也是因為耽擱太久，統統壞得不可收拾。〔莊註，五月二十一日與張愛玲通電話後，又因為接到林式同電話，說有記者為了寫關於張愛玲的文章搬進她公寓隔壁，隔牆偷聽張愛玲的起居動靜，即是著名的記者翻垃圾事件，迫使好不容易安定下來的張愛玲即刻漏夜搬走。所以莊信正又寫了一封信給張愛玲：「……知道您搬家的事……以前您住處被記者翻查了垃圾，寫了文章，幸好編輯對您loyal，未用。」信中的編輯指的就是當時的人間副刊主編季季，季季在二〇一五年九月寫了一篇專文〈我與張愛玲的垃圾〉，有興趣的讀者可以在網路上搜尋閱讀。〕

一九八八年五月十四日（私語錄　頁二六六）

我這次感冒，終於得閑……

一九八八年六月二十六日（私語錄 頁二六八）

我告訴林我搬家搬得筋疲力盡，再搬實在吃不消了。

一九八八年七月二十五日（私語錄 頁二六八）

我搬家前後兩個月一直感冒，好了沒兩天又發。

一九八八年九月二十一日（箋註 頁一七九）

記者掏垃圾使我毛髮皆豎。尤其是臨走因久病積下十二十袋垃圾，剛好點就整行李搬家，精神不濟，有一包東西混入垃圾袋內，裡面有一大疊信，是幾年前流浪中收到，一直帶來帶去的。沒什麼秘密也頭痛，這篇掏垃圾記雖然沒刊出，恐怕遲早會出現。我其實最注重平衡飲食，除了澱粉質吃得少，高蛋白膽固醇太高，影響心臟。現在也改吃脫脂牛奶了。……我買的都是冷凍盒裝，……我告訴過林式同我常吃派，（其實是雞或牛肉餡的，甜品只吃山胡桃派，不是天天有，碰上就得多買點）……一天兩條魚，深綠菜葉，無鹽花生醬，水果不好就吃黑棗……沒廚房，不得不吃館子的時候就叫個青菜炒肉片之類，不吃飯，把菜全吃了，葷素都有了。此外除非你是聽於梨華說……那是因為我不要她請吃飯，下午兩三點上飛機前路過冰淇淋櫃台吃了一客冰淇淋蘇打——飛機上沒飯吃。也是因為我老是病病哼哼的，不怪人總以為我不善攝生。前一向接連感冒兩個月，一直這些年醫藥無靈，這次又去找醫生，說也許是過敏，給了一種新出的藥，居然見效。就又繼續看牙齒，要看到明年了。皮膚病忽然又惡化，醫生看得不停。（莊註：六月二十一日林式同電話中說：公寓經理發現她房間內溫度高至華氏八十度，他幫忙調低到七十度，第二天又恢復到八十度。飲食不正常，只吃店裡面買來的派，張愛玲說吃其他的東西會吐。）

一九八八年十二月十四日（信件 頁三四八）

這次搬家因為感冒一個月，剛好點就忙著搬，精神太壞，病中累積的十二十袋垃圾內，混入誤扔掉的一包東西，裡面有這幾年來收到的一大疊信。越是怕丟的東西越是要丟，損失不起，實在不能再搬了。……interplak 牙醫也叫我買，另給了兩種小器械，我都不會用。Mae & Stephen 輪流生病，實在使人焦憂。

一九八八年十二月十七日（箋註 頁一八二）

前一向因為感冒，好幾天沒去開信箱。〔莊註：於十一月七日與林式同電話，林提到張愛玲怕冷，房間溫度總保持八十度。這與她常常感冒該有關係。〕

一九八九年三月六日（私語錄 頁二七一）

我寫信非常費力……我想我們都應當珍惜剩下的這點時間。

一九八九年四月三日（私語錄 頁二七二）

傷臂手腫，不大能寫字。

一九八九年五月三日（私語錄　頁二七二）
過街被人撞倒，一個月後才照Ｘ光，右肩骨裂——手臂骨折！醫生說只要讓它自己長好。

一九八九年五月九日（信件　頁三五二）
我過街被人撞倒，右肩骨裂，算手臂骨折，在養傷。

一九八九年五月二十日（箋註　頁一八四）
傷臂寫字不便，……*N.Y. Times Book Review*啟封爬出一小花甲蟲，（一種小蟑螂？住旅館見過。）還有過一個壓扁了的……嚇得連夜整大捲扔掉，不要再寄給我了。

一九八九年八月六日（信件　頁三五四）
我過街被一個迎面跑來的中南美青年撞倒，跌破右肩骨，醫生說讓它自己長好，但是奇慢，整天做體操、水療，累極了。……寫字手臂痠痛。

一九八九年十月十日（信件　頁三五六）
手臂好了還是要勤做體操才可望復原。又去看牙齒看眼睛，有白內障，幸而不嚴重。此外「遵醫囑」改「低膽固醇飲食」，好費事，健康食品難吃。要想法子找能吃的東西，再自己實驗做兩樣簡化菜——照食譜做太費力。

一九八九年十二月十一日（箋註 頁一八八）

醫生派下的瑣事又永遠有增無減，投入的時間越來越長。眼睛生白內障，雖不嚴重，又多一門功課。改低膽固醇飲食，要自己試驗著做菜，現成的健康食品難吃，我也不想食不下嚥，再更減輕體重。此地新房子蜜月期已過，蟑螂螞蟻小花甲蟲全有了。……買較好的殺蟲器材。房東也叫了殺蟲人來。（莊註：一九八八年十一月五日接到林式同告知張愛玲過街被撞倒手臂骨折，手臂腫脹如球，沒有去看醫生。一九八九年七月二十三日張愛玲回電公寓經理：「我覺得我這樣按月收入的人，醫療費還是現付合算，但是現在此地醫院往往不收沒保險的病人，所以預備保個短期住院 Blue Shield。」）

一九九〇年三月二十三日（信件 頁三六〇）

我成天只夠伺候自己，瑣事永遠有增無減，……此地墨西哥糕餅有一種像 scones 而略大，不過太甜一點，又一股生雞蛋味。

一九九〇年六月六日（私語錄 頁二七六）

實在沒功夫，右臂只好隨它去。

一九九一年二月十四日（箋註 頁一九二）

……殺蟲工作。最近找管理員拆掉浴室抽風機，泥水堵沒屋頂燈旁別的縫隙，不然洗一個澡要撈三四次掉進浴缸的蟑螂。新屋兩年後生蟲，……我實在搬怕了。

一九九一年八月三日（箋註 頁一九四）

我寓所蟑螂激增，只好還是搬家。〔這次丟了正寫的一大卷稿子，莊註：林式同替張愛玲在洛杉磯市內加州大學附近找到一所公寓，七月份搬進去，直到去世，共住四年多時間。〕

一九九一年十月十二日（箋註 頁一九七）

從租信箱處取回的報上發現一隻螞蟻。

一九九一年十一月一日（信件 頁三六六）

先時我又因為逃蟲患搬家，本來新房子沒蟑螂，一有了就在三年內氾濫，殺蟲人全都無效。最近又發現租信箱處有螞蟻……接連鬧跳蚤蟑螂螞蟻，又不是住在非洲，實在可笑。

一九九一年十二月七日（私語錄 頁二八五）

接連兩天奔走，就又「寒火伏住了」，感冒快一個月，六年來沒發得這麼厲害過。

一九九二年六月二十七日（私語錄 頁二九二）

牙齒又要根管治療。

一九九三年一月六日（信件 頁三八二）

我前一向又感冒一個月，又恢復得越來越慢，……各種醫生派下的任務再加上我確實精力不濟，做一點事要歇半天。

一九九三年一月六日（箋註　頁二〇二）

前一向我去作幾項延擱已久的身體檢查，打感冒預防針，連日奔走，就又感冒一個月才好，是我常有的笑話，看了醫生回來就病了。

一九九三年四月二十五日（私語錄　頁二九四）

此地自冬徂春天氣反常得厲害，我三次感冒每次快一個月……腸胃老毛病又加劇，久未敷藥，又腳腫得嚇死人。……我還是小事故不斷，……例如一直這些年來函購埃及草藥的三藩市一爿店遷往加州內陸。

一九九三年九月十三日（箋註　頁二〇四）

去年冬天接連感冒，老毛病，徹查過多次無效，吃低膽固醇飲食也更抵抗力低。醫生叫吃一種高營養飲料後，臥病時間從一個月縮短到一個多星期，但還是好不了幾天又發。〔莊註：醫生要她吃的是安素類飲品。〕

一九九四年三月五日（私語錄　頁三〇三）

我牙齒問題還沒解決，皮膚病倒又侵入耳朵。

一九九四年五月二日（信件　頁三八八）

被我的各種疾病困擾著，都不致命而要費時間精力在上面的，又精神不濟，做點事歇半天，過去有一年多接連感冒臥病，荒廢了這些日常功課，就都大壞，好了就只顧忙著補救，光是看牙齒就要不斷地去兩年多。迄今都還在緊急狀態中，……信寫到這裡又擱下，因為看醫生剛暫告一段落……倒又感冒——又要重新來過！吃了補劑好久沒發，但任何藥物一習慣了就漸漸失靈。

一九九四年十月五日（箋註　頁二〇六）

各種不致命的老毛病不斷加劇。〔莊註：三／六林式同通知張愛玲所租倉庫通知過期未繳費，張愛玲答以因為牙痛耽誤了付錢日，會自己補繳。〕

一九九四年十一月七日（私語錄　頁三一〇）

只要接連簽字四五次就累得筆跡走樣。

一九九五年三月十六日（私語錄　頁三一三）鄺文美致張愛玲：

你三月四日的航簡，可惜你仍不適。耳朵發炎，極不好受。我們愛莫能助，唯有默默代禱。

一九九五年四月二十七日（私語錄　頁三一三）

皮膚科醫生叫我去看眼耳鼻喉科，但還是需要傾全力自救。

一九九五年五月二十一日（私語錄 頁三一四）

我目前一天十三小時照日光燈——家用的日光燈照十分鐘要半個多鐘頭，（它需要五分鐘暖身，二十分鐘冷卻）又只照一小塊地方。座位調整得不大對就照不到——接連多天睡眠不足，以致於忘了背書支票。〔是獲得《中國時報》特殊成就獎的獎金。〕

一九九五年七月二十五日（私語錄 頁三一五）

前信說過皮膚病又更惡化，藥日久失靈，只有日光燈有點效力。是我實在無奈才想起來，建議試試看。醫生不大贊成，只說了聲「要天天照才有用。」……決定買個家用的日光燈……其實足足二十三小時，因為至多半小時就要停下來擦掉眼睛裡鑽進去的小蟲，擦不掉要在水龍頭下沖洗，臉上藥沖掉了要重敷。有一天沒做完全套工作就睡著了，醒來一隻眼睛紅腫得幾乎睜不開。沖洗掉裡面的東西就逐漸消腫。又一天去取信，揹回郵袋過重，肩上磨破了一點皮，就像鯊魚見了血似地飛越蔓延過來，團團圍住，一個多月不收口。一天天眼看長出新肉來又蛀洞流血。本來隔幾天就剪髮，頭髮稍長就日光燈照不進去。怕短頭髮碴子落到創口內，問醫生也叫不要剪。頭髮長了更成窠巢，直下額、鼻，一個毛孔裡一個膿包，外加長條血痕。照射了才好些。當然烤乾皮膚也只有更壞，不過是救急。這醫生「諱疾」，只替我治曬傷，怪我曬多了，正如侵入耳內就叫我看耳科，幸而耳朵裡還沒灌膿，但以後源源不絕侵入，耳科也沒辦法。他是加大膚科主任，……生意不好，替我清除耳蠟……顯然是承認無能為力。等到發得焦頭爛額……以為是蟲，「其實是膚屑」……他本來也同意我的青筋不是青筋，有些疤痣皺紋時來時去，也同樣是濕疹的保護色。當然膚屑也有真有假。真膚屑會像沙蠅一樣叮人，直插眼內造成一陣刺痛，眼睛輕性流血已經一年多了。我終於忍無可忍換了個醫生，林式同的，驗出肩膀上潰瘍發作，治了幾星期就收了口，臉上也至少看不大出來了。上兩個月勞累過甚元氣大傷，傴僂著走路。希望我姑姑直不起腰來的退化病不是遺傳性的。還沒空去看內科，更急需去看牙醫生與兩個眼科醫生（分工），要配新眼鏡，過街連紅綠燈都看不清楚，目前只好做局部體操硬扳過來。……原定七月底搬家，也沒力氣，……我的皮膚病就是在三藩市住了兩年老房子——維修得也還好——下一年去香港就告訴Mae從臉盆上染上「睫毛頭皮屑」。〔張愛玲一九五五年十月從香港赴美之後，再回去香港只有一次，就是一九六一年底，所以她這時是認為三十多年前就已經染上這種皮膚病了。因此她的皮膚困擾根本是長久的，只是越到晚年越發作得不可收拾。〕

（）為張愛玲原信括弧；〔〕為作者註釋，以示區隔。

INK PUBLISHING 文學叢書 637

謫花——再詳張愛玲

作　　者	魏可風
圖片提供	魏可風
總 編 輯	初安民
責任編輯	陳健瑜
美術編輯	陳淑美
校　　對	呂佳真　陳健瑜　魏可風
發 行 人	張書銘
出　　版	INK 印刻文學生活雜誌出版股份有限公司
	新北市中和區建一路249號8樓
	電話：02-22281626
	傳真：02-22281598
	e-mail:ink.book@msa.hinet.net
網　　址	舒讀網 http://inksudu.com.tw
法律顧問	巨鼎博達法律事務所
	施竣中律師
總 代 理	成陽出版股份有限公司
	電話：03-3589000（代表號）
	傳真：03-3556521
郵政劃撥	19785090 印刻文學生活雜誌出版股份有限公司
印　　刷	海王印刷事業股份有限公司
港澳總經銷	泛華發行代理有限公司
地　　址	香港新界將軍澳工業邨駿昌街7號2樓
電　　話	852-2798-2220
傳　　真	852-2796-5471
網　　址	www.gccd.com.hk
出版日期	2020年 9 月 初版
ISBN	978-986-387-358-7
定價	499元

國家圖書館出版品預行編目(CIP)資料

謫花：再詳張愛玲 / 魏可風著. --初版.
新北市：INK印刻文學，2020.09
面；17 × 23公分. --（文學叢書；637）
ISBN 978-986-387-358-7 (平裝)
1.張愛玲 2.傳記
782.886　　109011800